铁血文库

战士之路

WAY OF A FIGHTER

[美] 克莱尔·李·陈纳德◎著

曹磊◎译

时代文艺出版社

图书在版编目（CIP）数据

战士之路 / （美）陈纳德 著；曹磊 译.—长春：时代文艺出版社，2014.6（2017.8 重印）
ISBN 978-7-5387-4593-1

Ⅰ. ①战… Ⅱ. ①陈… ②曹… Ⅲ. ①陈纳德，C.L.（1890～1958）－自传 Ⅳ. ①K837.125.2

中国版本图书馆CIP数据核字（2014）第137031号

出品人 陈 琛
产品总监 郭力家
责任编辑 方 伟
装帧设计 孙 利
排版制作 李玉龙

战士之路

[美] 克莱尔 · 李 · 陈纳德 著 曹磊 译

出版发行 / 时代文艺出版社
地址 / 长春市泰来街1825号 时代文艺出版社 邮编 / 130011
总编办 / 0431-86012927 发行部 / 0431-86012957 北京开发部 / 010-63108163
网址 / www.shidaicn.com
印刷 / 三河市京兰印务有限公司
开本 / 710mm × 1000mm 1 / 16 字数 / 335千字 印张 / 22
版次 / 2014年10月第1版 印次 / 2017年8月第2次印刷 定价 / 56.00元

图书如有印装错误 请寄回印厂调换

第一章

我的中国岁月其实始自阿肯色州的一张病床。1937年春天，我结束了在陆军航空队20年的战斗机飞行员生涯，带着低血压、听力减弱，外加精神抑郁之类的慢性病，来到位于温泉城的陆海军总医院休养。那时的我马上就要47岁了，由于疾病缠身，已经获准提前退役。然而不到4个月之后，我就重披战袍，在中日战争的硝烟之中，越过日军高射炮和战斗机的封锁，飞临上海上空。

这次人生转折的让我实现了我长久以来的职业梦想。终其一生，我始终希望自己可以成为一名真正的战士。可是在过去的飞行生涯中，我却没能实现这个愿望。

我的先辈是法国胡格诺派教徒，1778年，他们离开阿尔萨斯—洛林地区，跟随拉法耶特将军参加了美国独立战争。战后，他们在弗吉尼亚州西南部定居。后来，他们的后代又曾经在田纳西、密西西比，以及路易斯安那等地居住。就在路易斯安那州，1842年，我的祖父买下了一块面积300英亩[①]的农场种植棉花，并组建了一个大家庭。西进运动时期，我的家族和得克萨斯州的开拓者山姆·休斯敦结了亲，他的母亲是我祖母的亲姐妹。我的母亲杰西·李和罗伯特·李将军[②]沾亲，她的父亲威廉·罗尔斯·李博士是当时在弗吉尼亚军团服务的外科医生。

尽管1890年出生在得克萨斯的科莫斯，我关于人生的最初记忆却是路易斯安

---

① 1英亩=4046.8564224平方米。——译者注

② 美国内战时期南军总司令。——译者注

那西南部广袤的橡树林和布满苔藓的沼泽。即便是在今天，那里依然保持着原始、质朴的野性。面积有限的人工棉田周围，狼群、灰熊、野鹿、火鸡，偶尔还有豹子之类的野生动物仍然在茂密的丛林中游荡、欢唱。

我的母亲在我5岁的时候就去世了，我的父亲约翰·斯托维尔·陈纳德则活到了80岁高龄。他很理解一个男孩子对森林的强烈好奇心，允许我在里面四处漫游。有好几次，我只带着一点烤鱼用的咸肉和做面包用的玉米，就在森林里待了一个星期。胜利归来的我，总可以为家人带去说不尽的逸闻奇事。在森林里，为了吃饭，我学会了打猎。这种对打猎的热情伴随我一生。8岁的时候，我得到了自己的第一支枪，那是一支温彻斯特步枪。在此之前，我就已经依靠自己的猎狗打到了成堆的田鼠、负鼠和臭鼬。成年之后，我又在世界各地打过猎、钓过鱼，却始终没有忘记儿时腾萨斯的那条大河。即便是在这个秋天，身处中国都市喧嚣中的我，耳边似乎仍然回荡着森林中公鹿狂奔时的雄壮之声。在过去的10年中，只要回到美国，哪怕只逗留很短的时间，我也要回路易斯安那的河边看看，钓一会儿鱼。我认为，那些仅仅因为畏惧冬日严寒而放弃这项娱乐的人是可悲的，因为他们错过了用猪肉鱼饵钓大鲈鱼的最好时机。

路易斯安那州东北部林中和水边的生活帮助我养成了自信、独立的个性，迫使我自己给自己拿主意。就这样，我长到了12岁。长年狩猎、钓鱼的生活让我习惯了独处。尚且年幼的我还无法加入成人的社交圈，可是丛林生活获得的丰富阅历又令我不屑于和同龄的孩子相处。于是，我只好自己露营，自己打猎，自己野餐，享受着丛林里的孤独时光。

我10岁的时候，父亲又结了婚。新娘名叫洛蒂·伯纳斯，是我就读的吉尔伯特中学的老师。父亲的这个选择再明智不过了，因为我和继母，也是我的老师之间几乎没有什么隔阂。继母出生在路易斯安那州卡尔霍恩附近的一片农场，她也很喜欢大自然。在和父亲结婚之前，我们就曾经一起骑马、散步、野餐。继母鼓励我追求自己想要的生活，还鼓励我始终保持进取的欲望。在她看来，仅仅在同龄人圈子中拥有一个最出色的猎人和渔夫的头衔，对我来说，是远远不够的。她要求我在学业方面也要做得同样出色。尽管继母在和父亲结婚5年之后就去世了，然而在我和父亲心中，她都是一位可遇而不可求的理想伴侣。她去世那年，我刚刚15岁。从那以后，我再也没能遇到这样一位能够获得我毫无保留的钦佩、尊重和热爱的朋友。

童年时代自由自在的生活，以及继母无微不至的爱怜，使我养成了与同时代人迥然有异的独特个性，有时候甚至显得与当代社会格格不入。尽管最终并没有走上自闭、反社会的极端道路，不过独立、倔强的个性却让我在面对那些年龄大一些男孩的时候，显得不那么顺从，往往拒绝服从他们的权威。于是，我不得不经常和他或他们拳脚相向，最终让他或他们对我俯首帖耳。实力不凡的我很快就在男孩圈子里树立了威信，还经常扮演矛盾仲裁人的角色。这完全是出自一种潜意识的冲动，我总是要把事情做到最好。我要求自己必须跑得更快，跳得更远，游得更猛，潜得更深，钓最大的鱼，打最多的猎物，做更多的农活，读更多的书，还要在功课方面门门优秀。总之，就是要全方位地超越自己的同龄人。中学时代的我参加了棒球队、篮球队，还在橄榄球队担任四分卫。但无论干什么事，只要当了第二，没拿到第一，我就会认为是自己输了。我将荣誉视为生命，对周围人的议论很在意，而且从不向年长者掩饰自己真实的思想感情。我拥有强烈的求胜欲望和领导欲望，参加各种活动的时候，总是好为人师地指教那些自己看起来不那么在行的队友。可是一旦取得胜利，我又能对到手的荣誉淡然处之。

年少时代的我在生理、心理方面的养成都是非常出色的。我总是可以很容易地适应环境，对周围的情况做出判断，制订相应的计划，然后及时采取行动。对于那些跟不上我节奏的人，我往往缺乏足够的耐心。在后来和上级们打交道的过程中，我因这样的个性和他们造成了很多不愉快，因为我总是懒得向他们详细说明自己的计划。当军令难违、不得不这样做的时候，我就故意把问题说得很复杂，让他们摸不着头脑。对于我来说，最大的幸福莫过于独揽大权，自行其是。

当我还在中学就读的时候，就已经从祖父的藏书中了解了伯罗奔尼撒战争①和布匿战争②。尽管那时的我对希腊、迦太基、罗马这些古代国家所知甚少，却依然

---

① 雅典与斯巴达之战。——译者注
② 罗马与迦太基之战。——译者注

被温泉关战役，扎马战役，坎尼战役和萨拉米斯海战彩图中冲锋的战象，全副武装的战士，还有燃烧的战船迷住了。

我在历史、地理和数学方面天分很高，读起这些书来，就像其他孩子读童话故事一样如饥似渴。进入中学以后，我经常把暑假当成自己的第三个学期，全部用来读这些专业书籍。勤学苦练的我在13岁之前就修完了吉尔伯特中学的10年制课程，却不得不继续留校就读一年，因为当时的我年龄尚小，还不能被大学录取。历史领域的广泛涉猎使我不知不觉地接近了《圣经》，并在很小的时候就顺理成章地对宗教产生了浓厚的兴趣。11岁那年，我接受洗礼，成为浸礼派教徒。

我第一次接触军事领域，是在被路易斯安那州立大学录取那年。那年，我成为该校农学专业的新生。实话实说，我对种田一点儿兴趣也没有，可是在吉尔伯特中学就读的经历，再加上那一年额外的留校时间却让我只能报考这所大学的这个专业。于是，14岁的我只好和许多同伴一起，走进了像军营一样被五边形砖墙包围着的校园，见识了它闻名遐迩的军事化管理。

入校之后没几天，我就从一位冒充当天值日官的学长那里，领教了新生的“必修课”。那天，我被这位假冒的值日官从宿舍叫了过去，得到了一把上刺刀的步枪。我的具体任务是在学校大门那儿来回巡逻，禁止人员出入，除非他们持有值日官签发的通行证。正当我在校门口执勤的时候，几位学长从边上建筑物的二楼窗口朝我兜头泼了一桶凉水。尽管胸中的怒火已经可以把身上的水滴蒸发掉了，我却没有理会他们，继续执勤。午饭铃声响起的时候，我坚守着岗位，却在心里打定主意准备报复他们。学长们从楼上蜂拥而下，直奔食堂，却遇到了我的刺刀，以及刺刀后面愤怒的眼神。整个下午过去了，学长们原先的快乐已经被没吃午饭的焦灼所取代，却没人敢来和我打个照面。最终，他们找来了真正的值日官。值日官解除了我的勤务，也把学长们从饥饿的折磨中解救了出来。

不久之后，我向西点军校和印第安纳波利斯海军学校同时提交了入学申请。1909年，我如期来到印第安纳波利斯海军学校参加入学考试。那所学校灰色的围墙，以及校园里压抑的气氛着实打击了我梦想成为一名海军上将的热情。两天的紧张考试之后，我反复在内心深处提醒自己，要想成为一名水兵，就必须在这所学校待上两年。两年灰墙后面的刻板生活，对于一个已经习惯了在路易斯安那的旷野上自由地度过整个夏天的小伙子来说，实在是太漫长了。于是，我在最后一门考试的时候交了白卷。这之后，我打电报通知父亲自己没能通过考试，然后就坐火车回了路易斯安那。

置身路易斯安那州立大学军事化生活中的我始终被去腾萨斯河边钓鱼的渴望干扰着。要知道，钓鱼的最佳时机是在初夏。可是等到学校放暑假的时候，这个最佳时机就已经过去了。渴望钓鱼的我最终想出了一个办法。每个学期，我都会有意犯一些小错，得到记过。这些记过积累起来刚好可以在我结束期末考试、拿到学分之后，被学校处以停课的处罚。于是，我就可以提前回家，在腾萨斯河边争取到宝贵的一周。当然，秋天开学的时候，我总会因为这些记过遇到各种各样的麻烦。好在我的成绩不错，我的叔叔尼尔森又是州里知名的教授，所以我最后总能得到学校的宽恕。

有一年，我遇到了一次严重的"危机"。临近期末的时候，我的记过没有攒够，仍差3次。为了实现预期目标，原本对酒还没什么兴趣的我决定和同学一起违反校规，痛饮一番，顺便补齐欠缺的3次记过。于是，我翻墙出去，来到一家名为"巴吞鲁日"的酒馆，为大家买了满满一桶冒着泡沫的啤酒，然后躲过学校的警卫，把酒带进了校园。畅饮之后，我又主动找到警卫"投案自首"，让他去报告我的违纪行为。

还有一次，为了得到记过，我特意趁全体学生集合的时候把裤腿卷了起来。于是，教官把站在后排的我揪到大家面前示众，还断言说："陈纳德，你永远也成不了一个真正的士兵。"

有意思的是，我从一位名叫萨蒙的上尉那里也得到过类似的评价。这个人的名字我记得很清楚，因为就是他签署了禁止我接受飞行训练的文件，理由是"该申请者不具备成为一名飞行员的起码素质"。

萨蒙上尉恐怕绝对没有想到，我后来会成为一名战斗机飞行员。在1910年路易斯安那商品交易会上，一架摇摇晃晃划过天际的蔻蒂斯飞机燃起了我的飞行热情。像很多年轻人那样，我渴望探索未知的世界，却又只能抱怨自己生不逢时，以至于那么多有意思的事情都被别人抢了先。天空中那架摇摇晃晃的飞机总算让我看到了新的希望，在我的心中播撒下了渴望飞行的种子。话虽如此，这颗种子真正开花结果也是很多年之后的事情了。在此之前，我成为一名飞行员的前景始终非常暗淡。

为了在毕业之后谋取一个教职，我大学生涯的最后一年是在路易斯安那州立师范学校度过的。毕业之后，我在路易斯安那州一家只有一间教室、生源几乎都是超龄农家子弟的乡村中学找到了一个教师职位。对于任何一位老师来说，这个工作都无异于噩梦，几乎没有人能坚持超过一个学期。我之所以能得到这份工作，最主要的原因就在于我还是一个初出茅庐的新手，对学生的不敬和调皮具有更强的容忍度。要知道，这些学生中的很多人年龄比我还大。为了履行职责，我不得不时常把这些"大爷"集中起来，在学校后面的空地上搞思想教育，有时候还不得不骂几句娘。第二年，为了帮助学生们发泄过剩的精力，我组织他们成立了一支棒球队。这支球队在全路易斯安那所向无敌。为人师表的我也经常耐不住性子，赤膊上阵。观众们根本分不清谁是老师，谁是学生。尽管这份工作的薪水十分微薄，我还是逐渐喜欢上了它。最主要的原因是，学校每年春天的时候都要给学生放农忙假，直到秋收之后才开学。于是，我就可以有很长一段时间用来打猎和钓鱼了。

后来，我结了婚，又先后有了两个孩子，这令我的手头变得拮据起来。为了谋生，我只好放弃这份工作，来到密西西比州，在一家名为"百乐"的商业学院担任英文教师。不久之后，我又来到路易斯维尔的基督教青年会①担任体育助教。1916年的时候，我到了俄亥俄州一家名为"阿克伦"的工厂，为协约国生产汽车轮胎。1917年美国正式参战之后，我立刻报名参军当飞行员，却反复遭到军方拒绝，理由是当时的我已经26岁，又是3个孩子的父亲，理论上很难适应现代飞行训练。

1917年8月，位于路易斯安那州的一所陆军军官学校录取了我。同年11月，在一群基层军官的带领下，踢了3个月正步的我顺利毕业。毕业后，我被分配到驻扎在圣安东尼奥特拉维斯堡的第90师任职。那座城市边上有一处被棉花地包围着的名叫"凯利庄园"的地方，陆军航空队正在那里使用一种现在被称为"杰尼（柯

---

① 即YMCA，基督教青年会是全球性基督教青年社会服务团体，已具有160多年的历史。——译者注

蒂斯JN–4型）”的老式帆布木制飞机训练飞行员。人手不足的他们打算从现役军官中征召志愿者，怀揣飞行梦想的我立刻欣然前往。遗憾的是，我的工作只是为那些在圣安东尼奥接受初级军事训练的飞行员们喊口令。就这样，我在“凯利庄园”混了差不多一年的时间。尽管这期间训练基地的指挥官至少3次拒绝了我参加飞行训练的申请，可我还是偷偷学会了驾驶飞机。

为了学习飞行，我成功利用了“凯利庄园”的管理混乱，四处偷师学艺。一位名叫查理·莱蒙德的资深教官自愿指导我飞行；年轻的飞行员、陆军中尉拉尔夫则为我提供训练必需的飞机。每当我打算偷偷训练的时候，他都会用自己的名义把飞机开出来，然后再交给我驾驶。除此之外，一位名叫王林的机械维修方面的负责人还有意给我安排了检查进出机场的飞机的工作。我的任务是登记这些飞机的飞行时间，以便定期维护。于是，我就有机会趁周围没人的时候，开一会儿飞机。

对于当时的陆军①来说，飞行仍然是一个全新的课题。这方面的规章制度因此很不完善，方便了我的各种钻空子行为。有一次，打算偷偷度个假的我甚至把飞机开到了达拉斯，并且当了一个星期的逃兵。这期间，根本没人想起我和这架飞机。还有一次，一位手头不太宽裕的飞行员干脆趁大家午餐的时候，偷走了一架飞机。他后来把飞机开到了布鲁克斯农场，并藏在一个大水罐的后面。有意思的是，等到检察官准备对他的罪行进行起诉的时候，却发现根本没有可以依据的法律条文。

1918年秋天，我来到位于长岛的米切尔基地，作为第46战斗机中队的副官，准备渡海前往法国。同年10月的一个下雨天，我们带着包括折叠脸盆在内的全套野营装备，穿过米尼奥拉平原，坐火车前往戈登市，准备登船。走到半路的时候，火车又突然停下，调头开了回去。因为就在那天，停战协定正式生效，所有的海外军事运输都奉命停了下来。

返回米切尔基地之后，很快来了一道紧急命令，要求所有南方军官前去镇压

---

① 美国“二战”结束前没有独立的空军，航空兵作为一个兵种分别隶属于陆军和海军。——译者注

一支正在弗吉尼亚州扩建兰利机场（这个地方靠近切萨皮克湾的沼泽地区）的黑人工程部队的哗变。好在哗变问题很快就得到了解决，我甚至都没来得及搞清楚兰利机场一带的具体情况。不幸的是，致命的流感又开始闹腾了起来。患病的人数如此之多，以致机场的机库都被腾了出来，充当大批被感染官兵的病房。得了病的我被送进一个装着102名病人的机库。在那里，病人一个接一个地死去，医生却毫无办法。后来，病情严重的我被送进一间专门留给垂死者的小屋子等死。我记得，躺在我边上那张病床上的军官第二天早上就死了。我还记得，曾经有医生和护士来为这个不幸的家伙检查，然后派人把他抬了出去。这之后，医生告诉护士把门锁上。

护士反对说："可这儿还有一个没死的呢。"

"他到不了明天早上，"医生回答，"锁门吧。"

第二天早上，我还活着，可是已经离死不远了。真正救了我命的，是我的好朋友拉尔夫中尉。他从凯利机场专门赶来，协助负责兰利机场的保卫工作。这家伙随身还带了一大壶从走私者那儿缴获过来的朗姆酒（这种酒很快就在切萨皮克湾地区流行了起来）。正是拉尔夫给我灌下的1/4公升烈酒，让我最终恢复过来。大难不死必有后福，病愈不久的我终于接到了飞行学校的录取通知。我马不停蹄地赶回圣安东尼奥接受训练，却在几个月之后得到消息说拉尔夫在一次武装冲突中阵亡了。

返回凯利机场的我第一次合法地驾驶飞机飞行，这令我兴奋不已。由于在此之前我已经有了80个小时的"私自"飞行记录，养成了一些坏习惯。这让我在得到正规专业指导的时候，经常觉得很别扭。不幸的是，我的飞行教官和我一样，是个火暴脾气。这位教官有个坏习惯，就是当学员犯错误的时候从不耐心讲解，而是把他晾在一边，直接代替学员驾驶飞机，以此表达自己的愤怒。有过这么几次经历之后，怒不可遏的我向教官明确表示，如果他再这么干，我就彻底拒绝驾驶，直接让他来开算了。我这么说了，也这么干了。有一次，我们正在一片玉米地练习迫降。我驾驶飞机边滑行边减速，可是教官再次越过我直接操纵了飞机。于是，我说到做到，彻底放弃了驾驶，任由飞机向下坠落。教官以为我意思意思就会恢复驾驶，可是我打定主意，任凭飞机带着呼啸声冲向地面。最终，教官在我们的飞机已经碰到玉米梢头的时候，重新把飞机拉了起来。这件事情终于让他意识到，我是个比他更倔的人。等我们安全降落之后，这家伙已经被吓得腿软，根本没法跑着去找长官告我的状开除我了。

所幸事故调查委员会原谅了我，并重新指定欧内斯特·埃里森担任我的飞行教官。他是位善良又称职的飞行员，更难能可贵的是，他对各种人情世故的了解和对飞机的了解同样出色。来基地之前，埃里森当过很长时间的邮政飞行员，担任过波音公司的试飞员，还在中国航空公司做过飞行员和运营总监。在我写作本书的时候，他已经是中国航空亚洲境内所有航线的负责人。

在我们第一次教学飞行的过程中，埃里森耐心地听我讲述了自己的经历，特别是与前任教官的不愉快。出乎意料的是，他并没有因此放弃我。一个小时之后，他示意降落，爬出机舱，然后放了我的单飞。对于这所飞行学校的学员们来说，我无疑是幸运的，因为学校的最主要功能之一，就是剔除像我这样的刺儿头学员。

正是在艾利[①]的引导下，我才真正爱上了飞行，爱上了天空。在此之前，我的所谓“飞行”只是一些简单、机械的动作。埃里森教会了我不少高难度技巧，让驾驶飞机的我自由驰骋，好像腾萨斯河里的鲈鱼。然而埃里森自己很少尝试它们，真正对这些技巧着迷的其实是我。我喜欢那种地平线在眼前不断翻转的感觉，喜欢天空和大地的景色好像万花筒一样在眼前交替变换，喜欢倒飞时头朝下的失重感，喜欢人机合一之后的自在轻灵。1919年春天，我学会了埃里森交给我的一切，顺利从航校毕业。此时的我已经无愧战斗机飞行员的头衔了。

1920年春天，我从战时陆军复员，可是那时的我已经对飞行爱入骨髓，再也舍不得抛弃它了。于是，我回到自家的棉花农场，等待自己加入新组建陆军空中勤务部队的申请得到批准。那年秋天，我成了这支1000多人队伍中的一员。这支队伍，就是“二战”时期那支300万人规模的陆军航空队的雏形。

第二年夏天，著名的第一战斗机大队来到了我所驻扎的、位于得克萨斯州的艾灵顿基地。这支队伍在“一战”时期战功赫赫，它的指挥官是卡尔·斯帕茨少

---

① 埃里森的昵称。——译者注

校。少校在后来的“二战”中先后被任命为欧洲和太平洋战场轰炸机部队的指挥官，并在战后以上将，美国空军唯一的五星上将是阿诺德的军衔出任了已经成为独立军种的美国空军首任司令。第一战斗机大队主要驾驶法制“斯帕德”S型和英制SE-5战斗机，机身上喷涂着早已在欧洲西线战场扬名立万的星条军徽。第一战斗机大队之所以在“一战”结束后继续使用法制和英制战斗机，是因为当时美国的军工企业仍然无法拿出水平相当的产品。这种情况直到1921年才有所改变。

没过多久，我就被安排在第一战斗机大队接受强化训练，随后又被吸收进第九十四战斗机中队服役。后来，我又转到了弗兰克·亨特的麾下。他是一战时期的王牌飞行员，后来成为驻英国的第8战斗机司令部（指挥第8航空队战斗机部队）少将司令官。这个司令部的徽章是一个扔进圈里的帽子图案[①]，不少美国王牌飞行员都曾经在那里服役，其中就包括埃迪·里肯巴克上尉。在第一战斗机大队受训的日子里，与我一起训练的还有乔·坎农，他后来担任过驻意大利第十二航空队的指挥官。[②]

整整4个月时间，我们在得州的天空中跟随第一战斗机大队的老手们学习那些在西线战场上衍生出来的各种战术技巧，比如编队飞行、搜索目标、空中缠斗等。在我看来，这些技巧更像竞技体育，而不是真正的战术。空中缠斗的战术太接近中世纪的骑士对决，却缺少应付现代战争所必需的冷静和理智。在这样的对决中，兵力和火力都被错误地分散使用，明显违背了最基本的战术原则。

作为一群毫无经验的新手，与那些战功卓著的老油子相比，我们仍显得很稚嫩。在一次战术演练中，乔·坎农几乎送了命。事情是这样的，由于认识到向下俯冲翻滚脱离尾随敌机战术动作的先天不足，我建议采用更具攻击力的“伊麦尔曼式筋斗翻转”[③]。主意拿定，有两个人同意和我一起试验。乔·坎农驾驶SE-5负责尾随攻击唐·斯德斯（他后来担任过驻日本的第七航空队司令）和我分别驾驶“斯帕德”飞机。遗憾的是，“斯帕德”飞机的爬升功能本来就不太好，而且斯

① 美国拳击场上的规矩，把帽子扔进比赛场地的圈子带有向对方挑战的意味。——译者注

② 我和他并列同班第一。

③ 因首创者德国飞行员伊麦尔曼得名，动作要领是飞机做半筋斗翻转后还原平飞。——译者注

德斯以前从没飞过“伊麦尔曼式筋斗翻转”。

坎农对我们发起俯冲尾随攻击之后，我们便拉起机头，做“伊麦尔曼式筋斗翻转”，悲剧就此发生了。动作做到一半的时候，斯德斯突然改变了主意，直接来了个小翻转后改为平飞。跟在后面的坎农没能及时收住脚，两架飞机的翅膀撞在了一起。一时间，飞机零件满天飞。

斯德斯好歹操纵着受损严重的飞机完成迫降，并且没有受伤。坎农的SE-5却几乎散了架，它从5000英尺（1英尺=0.3048米）的高度直坠下来，一路上还不停地掉零件。那时虽然已经发明了降落伞，但大家根本还从没用过那玩意。坎农就这么掉了下去，直到摔在了地上。我在驾驶飞机返回基地的途中围着坠机现场盘旋了一圈，然后直接通知基地，我们需要灵车而不是救护车。毕竟，从那么高的地方掉下来，几乎没有生还的可能。出乎意料的是，坎农不但活了下来，返回基地后还完全靠自己的力量从救护车上爬了下来，带着折断的肋骨、脱臼的下巴和差不多被毁容的脸，走进医院治疗。

那之后直到1923年奉命驻防夏威夷，我才再次得到了试验新战法的机会。我在夏威夷待了将近3年，负责指挥部署在福特岛卢克机场的第十九战斗机中队。那个岛正好在珍珠港中间，后来被划归海军。1941年12月7日“珍珠港事件”时，那里是日本人的主要攻击目标之一。

为了彰显我们的好斗精神，第十九中队的飞行员全部都在自己驾驶的MB-3飞机上喷涂了斗鸡图案。这种精神让我们成为美国陆军航空队中最出色的一支队伍，同时也是一支动不动就惹是生非的队伍，尤其是在喝了两杯之后。正是由于这个原因，我们在最初两年和周围驻扎的海军，以及那些狂热反对飞机的“高炮主义者”的关系处得一直不怎么样。在我的记忆中，只有一次，我们的狂妄势头遭到了严重打击。那次，另外一个中队的军官提议和我们进行440码（1码=0.9141米）游泳接力赛，我们当然毫不犹豫地接受了挑战。可是直到跳进游泳池，大家才发现，原来全中队包括我在内，总共只有3个人能游上超过100码的距离，而且没有一个人参加过类似的接力赛。我们当时骑虎难下，唯一的希望就是我这个“密西西比渔夫”可以以一敌二。我率先游了第一棒，并且获得了一定的领先优势。这之后，另外两个人在我的基础上再接再厉，我则趁机躺在泳池边抓紧休息，准备游最后一棒。不幸的是，问题出在了第三棒上。对于那个家伙来说，110码的距离实在有点长。他还没游到一半，就开始全身抽筋，往下沉。于是，我只好放弃比赛，跳进水里把他救了上来。

现在回想起来，驻扎夏威夷的日子可能就是我在陆军航空队度过的最幸福时光了。在那里，我有了自己的第一支团队。对于每个士兵来说，第一支团队就好像初恋情人，虽然后来还可能遇到其他中意的伴侣，但初恋情人在心中的位置是永远无法动摇的。

正是在夏威夷，我迎来了自己的第六个也是最后一个儿子博比，拥有了一个其乐融融的大家庭。那时的我身体结实健壮，还按照战斗机飞行员的传统留着浓密的黑色山羊胡，笔挺的白色制服搭配晒成深褐色的面孔，显得英俊又潇洒。那把山羊胡子我一直留到去布鲁克斯机场担任飞行教官时才剃掉。没了胡子的我，着实把学员们吓了一跳。

夏威夷时代的我对飞行的渴望空前绝后，几乎每天都带着自己的中队搞飞行训练，演练各种战术动作。还有一点不得不承认，夏威夷也实在是个钓鱼的好地方。

当时我们生活中唯一的不和谐音符就是那些“高炮主义者”和海军。“一战”结束后的日子里，“高炮主义者”曾经着实风光过一阵子。其中的原因不言而喻，在他们看来，高炮和高射机枪的出现已经让飞机过了时，任何飞机都将在到达目标上空之前被地面火力揍下来。为了证明自己的观点，他们还搞过不少试验。当然，试验的条件完全是按照有利于地面火力的标准制定的。例如，他们会让靶机在固定高度保持匀速飞行。出色的高射炮手对付这样的目标当然是小菜一碟，所有的飞行员对他们来说都不在话下。

我之所以对他们这么了解，是因为曾经和阿尔弗雷德·赫根伯格一起驾驶轰炸机为高射炮手拖拽过靶机。阿尔弗雷德·赫根伯格是个出色的飞行员，他在和平时期就因为担任旧金山至夏威夷航线首航的领航员，以及开发出盲降驾驶技术这两项杰出成就，荣获了两枚“杰出服役十字勋章”。“二战”中，他成为我所领导的第十四航空队的参谋长。战后，阿尔弗雷德·赫根伯格升任少将，负责指挥根据停战协定移驻中国的第十航空队。夏威夷时代，我们经常做的工作就是耐着性子，限高、限速地用轰炸机为高炮部队拖带靶机。到达指定空域之后，就用一个空中翻转扭断与靶机之间的绳索，然后加大油门开回家，任由高炮对靶机狂射一气。

有一天，恰好赶上第十九中队在瓦胡岛周边担负战备巡逻任务。我们发现，一列沿海岸沙滩布置的高炮正在准备射击由倒霉的赫根伯格拖带着来回飞行的白色靶机。心血来潮的我决定为这种花架子式的训练增添点实战气氛，也让那些高射炮手知道，什么才是真正的战争。于是，我晃动机翼，发出指令，命令全中队做出俯冲轰炸高射炮阵地的样子。当我们重新拉起机头的时候，高射炮手已经被吓得四散奔逃。这之后，大家又在100英尺的低空来回飞了几圈，继续吓唬那些惊恐的炮手。我驾驶飞机，专门负责追逐指挥高炮部队的那位上校。当时飞机的高度如此之低，以至于我可以清楚地看到上校被晒得黝黑发亮的光头在阳光中熠熠生辉。这家伙实在太可笑了，我忍不住从驾驶舱探出身子，大声地嘲笑他。

我们返回福特岛的时候，机场里早已闹翻了天，上级司令部的电话已经快被愤怒的高炮部队打爆了。大家这时才知道，被我们骚扰的那支高炮部队当时正在进行年度射击考核。由于我们的恶作剧，他们得花上几天时间才能恢复正常状态。

“知道是谁干的吗？”我假装无辜地问。

“不知道。”基地指挥官回答，“不过据高炮部队的上校说，领头的是个长着黑山羊胡子的法国佬。”

虽然因为这次事件被关了一个星期禁闭，不过我觉得还是很值得。若干年后，当我的部队奉命攻击占领中国汉口的日军时，我们正是采用相同方法对付他们的高炮部队的。为了成功轰炸他们重兵布防的军火库，我们首先派出战斗机和装备加农炮的“米切尔”式轰炸机袭扰日军的高炮、探照灯阵地。同时由重型轰炸机跟进，轰炸军用仓库区。

1925年，在和海军举行的联合演习中，我们第一次尝试了编队攻击的战术。按照演习预案，陆军航空队负责防守珍珠港上空，来自海上航母的海军舰载机则扮演攻击的一方。实话实说，驻守珍珠港的部队早在1941年以前其实就很重视来自海上舰载机攻击的问题，并进行过多次演练。只可惜，最终还是在关键时刻掉了链子。

通过实践，我发现要想在空战中保持队形的完整和火力的集中，避免让其演变成瞎打一气的混战状态确实很难。即便是对于当时最疯狂的飞行员来说，要求他们在编队飞行中，紧挨着自己的队友做出各种绕圈、翻滚，以及“伊麦尔曼式筋斗翻转”之类的动作，也仍然是一件令人毛骨悚然的事情。因为在那种情况下，撞机的危险实在太大了。

为确保万无一失，我特意找了两位年纪最大、性格最沉稳的飞行员一起讨论编队飞行的战术。我们的讨论极其认真、严肃，详细到了每个细节。最后，大家胸有成竹，决定实际检验一下讨论取得的成果。经过反复实践，我们最终确定编队攻击的战术在3机编队的作战情况下是可行的，而且也可以应用到更大规模的编队中去。我们把这个成果当作秘密保守，直到后来，才在卢克机场的一次战术演示中给了大家一个惊喜。这之后，我们中队的所有飞行员都必须掌握编队作战的技巧，除非他打算在大家面前栽面子。

在那次演习中，我们的编队攻击战术确实令海军飞行员大吃一惊。一天下午，正在瓦胡岛巡逻的我们发现了一批正准备去“轰炸”珍珠港的“沃特”俯冲轰炸机。有意思的是，他们采取的战术与16年之后的日军非常相似。这些轰炸机随后也发现了我们，却认为我们的高度太低，对他们构不成威胁。于是，这些家伙对我们不理不睬，径直去“轰炸”自己的预定目标了。我们当然不会眼睁睁地把他们放过去。随着我的一声令下，全中队立刻保持编队，整体来了个“伊麦尔曼式筋斗翻转”，占领了海军轰炸机尾部的最佳攻击位置。然后，大家打开节流阀，保持队形从海军轰炸机的编队中穿了过去。这期间，有一名海军飞行员甚至被吓得驾机脱离了编队。幸亏演习规定不允许射击，否则这些“沃特”轰炸机恐怕根本来不及搞清楚是谁在攻击自己，就彻底报销掉了。

演习中，为了尽早发现来袭的“敌军”，我们还尝试建立了最早的防空预警系统。当时的夏威夷还没有预警雷达，我们便因陋就简，采取在一座水塔上设立双人防空哨的方式。这两个人分别配备一架双筒望远镜，背靠背站着，每人负责观察自己面前180度角之内的范围。实践证明，这样的防空哨可以发现6英里（1英里=1609.344米）之外的来袭“敌机”，并及时发出警报，为我们升空迎击争取时间。

一个周六的早上，也就是演习预定结束日期的前一天，水塔上的防空哨发现了一架海军侦察机正从海上向我们靠近。我立刻驾机起飞截击。一个漂亮的俯冲之后，就占据了他机尾的攻击位置。当时两架飞机的距离如此之近，以至于我的螺旋桨几乎削到了它的屁股。我永远也忘不了那个海军飞行员看到此情此景时，那一脸的恐惧表情。为了摆脱我的追击，他开始向下俯冲。我紧随其后。在差不多2000英尺的位置，我擦着海浪及时收住了脚。那个家伙却没这么幸运，他失去了控制，径直冲了下去，一头扎进了海里。

这名飞行员很幸运地活了下来，只是受了点轻伤，不过他后来却遭到了降级的处罚。原因据说是因为我们的搜救队在他的公文包里发现了海军的一份官方声明，主要内容是向外界宣称海军舰载机在与陆军航空队的对抗中取得了完全胜利。最有意思的是，这份声明的落款日期居然是周日，也就是说海军在演习结束至少36小时之前，就提前“预知”了自己的胜利。要知道，此时我们的官方声明还在撰写之中。为了杀杀海军的傲气，我们把这名海军飞行员作为“战俘”带到了卢克机场，让他当着当地记者的面，展示了海军的这份声明。

演习之后，海军专门派了一位军官，来我们中队学习战术。我也依据自己在第十九中队的经验，撰写了新的战斗机战术手册。这份手册起初受到了官方的重视，可后来就被丢在角落置之不理了。

驻扎夏威夷的任务结束之后，我又回到了得克萨斯的布鲁克斯机场担任飞行教官，后来还升任了基础飞行训练方面的总负责人。这期间，在黑人中士尼古拉，这位专业机械师兼业余跳伞运动员的影响下，我对空降技术产生了兴趣。那时，关于空降作战的最初理念已经被比利·米切尔准将提了出来。我们的目的，是要找出将其付诸实践的可行方案。

最终，我们研究出了一种由两架后座各自搭载一名伞降员的“哈维兰”双座飞机，以及一架福特运输机组成的“V”形编队空降战术。我本人驾驶福特运输机装载着准备空投的各种装备，位置处于“V”形下面的那个尖上。到达预定目标之后，伞降员首先跳伞，然后再空投装备，以保证它们可以落在距离伞降员很近的范围内。

我们按照这个战术反复演练，熟练到伞降员落地后1分钟内就可以投入战斗的程度。1928年，我们骄傲地向来布鲁克斯视察的时任陆军参谋长查尔斯·萨默罗尔少将做了战术演示。在演示过程中，萨默罗尔将军耐着性子看伞降员跳了伞，然后就背过身子根本不再看我们的演示，还发牢骚说：“这帮飞行员真他妈的扯淡。”

将军没等到演示结束就离开了。他再次表达了对比利·米切尔准将设想的反对，并断言说在平时根本就没必要保留一支战斗机中队，只要在战前48小时临时组织一支就成了，而且也没必要在平时为战斗机提供训练用油。我记得这位将军还担任过驻夏威夷陆军司令，曾经视察过我的第19中队。在检阅部队的时候，我特意在每架飞机前面安排了一名飞行员和一名机械师。将军觉得很奇怪，他不理解为什么飞机前面站着两个人，却只有一个人背着降落伞。

驻扎布鲁克斯的日子里，我还第一次和苏联人打了交道。萨默罗尔将军视察之后几个星期，一支苏联军事代表团由巴拉诺夫将军率领，坐着黑色的帕卡德豪华轿车来基地参观。陆军部的指示是什么都可以让他们看，于是，我们又组织了一次空降战术演示。

演示结束，苏联人纷纷钻回了汽车里面，只有一个家伙留了下来。他自称苏联驻美国安托格贸易公司的头头，打算和我单独谈谈。初步寒暄客套，并送上了伏特加、巧克力和鱼子酱之类的礼物后，然后这家伙直奔主题，邀请我去苏联组建一支空降兵部队。

“不会吧？”我敷衍说，“我是名战斗机飞行员，当伞兵只是副业。”

“我们不这么认为。”他回答说，“你可以把自己的条件都写下来，然后详细说给我听。”

那时的我已经在陆军服役9年，军衔是上尉，加上飞行补贴，以及家里农场的利润，每月收入差不多是225美元。我以此为依据，向安东诺夫开出了自己的价码：军衔上校，每月1000美元，而且有权驾驶红军的所有飞机。

苏联人居然答应了，他们的回复是：“没问题，你什么时候来？”

我只好继续敷衍，声称自己搬家需要时间。这些家伙又纠缠了我几个月。这期间，我把他们的来信全部以不封口的方式寄了回去。说实在的，苏联人的确很慷慨，可我却有自己的理想，我希望帮助美国建立一支世界第一的空军。遗憾的是，几个月之后，陆军部的命令来了，要求我们在有人受伤之前彻底停止这个扯淡的空降兵计划。

第二章

官方对于航空兵建设的轻视使我战前的军旅生涯遭遇了严重的危机。陆海军官僚们对于航空兵的盲目反对，令每个飞行员看起来都像是与命运绝望抗争的十字军骑士。直到“二战”爆发后两年，航空兵在战争胜负方面的决定性作用才让那些官僚意识到了空中力量的意义，意识到了我们有必要建立一支独立的空军，并且不能再像战前那样，把它交给那些愚蠢的、对航空兵心怀成见的将领指挥。

我在空中力量之争中扮演的角色微不足道，但对我个人是决定性的。就在1934年，亚特兰大一位名叫克拉克·赫韦尔的出版商被任命为联邦航空委员会主席，并被授权就航空兵的发展问题组织一次阶段性的调研。这反映了和平时期公众对政府在航空兵建设方面短视行为的关注。

5名来自阿拉巴马州麦克斯韦尔陆军航空学校的军官自愿去赫韦尔组织的委员会做听证陈述，他们是：罗伯特·欧德斯，重型轰炸机方面的先驱，“二战”期间担任过运输机部队的指挥官，并在自己的岗位上鞠躬尽瘁，战争后期还曾经负责训练轰炸德国的轰炸机驾驶员；肯·沃克，在所罗门群岛的拉包尔（原文如此，实际上拉包尔属于俾斯麦群岛的新不列颠岛）上空阵亡；哈罗德·李·乔治，“二战”中继欧德斯之后出任运输机部队指挥官，战后当上了秘鲁国际航空公司的总裁；唐·威尔森，“二战”时期在西南太平洋战场担任过乔治·肯尼将军的参谋长；还有我本人。

在听证会上，前面几个人陈述的问题局限在战略空中力量的理论与实践，我所谈论的话题则比较敏感，涉及1934年的一系列演习。这些演习大多是由陆军部的克里博奈将军，同时也是一位对航空兵抱有很深成见的陆军将领指挥的壕堑战。

克里博奈将军的演习普遍涉及了一个在后来的“二战”中反复出现的问题，也就是如何在敌方重兵设防的海岸线实施两栖登陆。克里博奈将军的设想非常理想化。按照他的要求，驻守大西洋海岸线的蓝军并没有直接在海滩上布防，而是选择在海岸线后方30英里的地方掘壕据守，建立支撑点。担任进攻方的红军在没有受到任何阻击的情况下登陆海滩，并向纵深前进了30英里，然后才遇到待在战壕里负责反登陆的蓝军。

在这次演习中，陆军航空队最初的计划是连夜进驻位于东部的各个机场，并做好随时攻击登陆红军后勤补给线，以及运输船队的准备。然而克里博奈将军否定了这个计划。对航空兵深怀成见的他严格限制了空中力量在演习中的使用，就连比较“受宠”的重型轰炸机部队的任务也仅仅被限定在轰炸敌军战壕方面。将军认为，“一战”时期的实战经验已经证明，轰炸机执行这样的任务就像是用锤子砸核桃一样简单。在这种理念的指导下，战斗机中队的角色就变得更加尴尬。以至于后来曾经担任陆军航空队副参谋长的奥斯卡·韦斯托弗少将曾经断言：要想劝说这些“花岗岩脑袋”重视并正确使用航空兵，简直就是以卵击石。

我们的陈述被安排在航空委员会官员的一次例会过程中。当我们列队走进议事厅的时候，发现克里博奈将军以及来自陆军部的两位军官也出席了听证会。这说明官方对我们的陈述极其重视，而且有阻止我们行动的打算，然而当时的我们已经无法收手了。在前几位同行阐释空战理论的过程中，克里博奈将军始终一言不发地坐在那里。可是当我刚刚完成对最近几次演习的分析之后，他却忍不住跳了起来。尽管听证会事先并没有安排他发言，克里博奈将军却仍然亲自对我关于演习的一些批评进行反驳。怒不可遏的他一只手猛拍桌子，另一只手指着我的鼻子，为自己在演习中的失误辩护，并且最终得出结论：只有他的登陆战理论是唯一正确和可行的。

“将军，如果你坚持认为只有自己的理论才是应对未来战争的最好办法，那么我们陆军航空队恐怕就只有解散回家了。”我反驳他说。

由于这次听证会，几周之后，原本准备去堪萨斯州利文沃斯堡参谋指挥学校深造的我，被从预定的名单中除名。在和平时期，这几乎意味着我军旅生涯的终结，因为没有军官可以在未经利文沃斯堡参谋指挥学校培训的情况下，被提拔到更高的指挥职务。尽管4年前我曾经被选派去弗吉尼亚州兰利机场的陆军航空队战术学校学习，毕业后还以战斗机高级战术教官的身份留校任教，但是由于当时人们对战斗机部队的偏见，我仍然无法凭借这些资历在陆军航空队有个光明的前途。

在那时人们的心中，只有重型轰炸机才是航空兵部队的主角。由于比利·米切尔将军轰炸机战略的深远影响，战斗机虽然在“一战”之后也有了一定规模的发展，但是这支曾经称雄天空的部队却不得不频频向轰炸机让步。战后的日子里，许多曾经在西线战场建功立业的战斗机飞行员纷纷改行开起了轰炸机。轰炸机部队在战略和战术层面因此也确实有了很大提高，然而这种提高却是以对战斗机部队的忽视为代价的。就在1941年“珍珠港事件”的前夕，这种政策还使得阿诺德将军在对西点军校学员的演讲中断言：“实话实说，战斗机部队水平的高低其实无关大局。”

由于对战斗机战略、战术的忽视，1931年我在陆军航空队战术学校学习的时候，我们的教官克莱顿·比塞尔，一位“一战”时期的飞行员，仍然在向我们传授1918年的战斗机战术。要知道，在当时的情况下，类似“空中混战”之类的老掉牙战术确实已经无法制衡日新月异的轰炸机。比塞尔以此为依据，彻底放弃了使用战斗机对抗轰炸机的想法。这位教官在战斗机战术方面的唯一“创新”就是建议学员在参战时携带一副链子锤，以便与轰炸机狭路相逢的时候可以扔出去，破坏对方的螺旋桨。

不仅如此，时速235英里的马丁B-10重型轰炸机的出现，以及杜黑《制空权》一书中对于轰炸机地位的强调，都让人们对轰炸机抱有太多不切实际的幻想。那时，正如“大舰巨炮主义”主宰了海军战略一样，“轰炸机优先”的理念也深刻影响了航空兵部队的发展。航空兵领域的很多将领对于轰炸机的迷信简直到了顶礼膜拜的程度，并因此破坏了一些比较明智的陆海军人士均衡发展航空兵部队的努力。

当时，杜黑的《制空权》一书早已成为航空兵部队的《圣经》。作者在书中为他的读者描述了一个不切实际的未来空战场景：所向无敌的轰炸机群在没有战斗机护航的情况下，对敌人实施轰炸；对方的战斗机和高炮部队却隔岸观火、无所事事。

在我看来，杜黑对轰炸机的一味推崇并非完全没有道理，当时的战斗机和轰炸机无论在技术还是战术层面确实存在不小的差距。例如马丁B-10轰炸机时速235英里，装备5挺机枪，相比时速225英里、只有两挺机枪、作为当时陆海军海空队主力战斗机的波音P-26来说，的确具有很大的优势。更何况，由于人们对战斗机战术发展的长期忽略，以及战斗机部队方面及时搜索并发现敌人的装备和能力的缺乏，也使得轰炸机和战斗机两者之间的差距被进一步拉大。

为了尽可能缩短这个差距，作为高级战斗机战术教官，我以极大的热情投入到新战法的开发方面。尽管不少朋友都已经改行开起了轰炸机，我却根本不为所动。只要我还能开飞机，那就一定要当个战斗机飞行员。夏威夷的服役经历使我坚信，缺少了战斗机部队的空中力量肯定是不完整的。在未来战争中，战斗机肯定会扮演与轰炸机同等重要的角色。最关键的是，我们要以实际行动与那种敌视、忽略战斗机的言行做斗争。

通过仔细研究“一战”档案，我发现自己在夏威夷时代开创的一些理念其实早已经被一位名叫奥斯瓦尔德·冯·布尔科的德国飞行员提出并实践过了。他称得上是真正的“战斗机战术教父”。这位飞行员最早创制了双机编队战术，并认为这一战术具有极其深远的意义。他发现，至少从拿破仑时代开始，由于武器和战术的改进，战争双方的力量对比公式已经发生了变化。这个力量对比不再是根据各自的火器数量呈1：1的简单正比，而是与各自火力单元数量的平方成正比。打个比方来说，如果布尔科用两架战斗机组成双机编队去攻击一架敌机，那么双方的力量对比就不是2：1，而是4：1。

在1916年10月与己方一位飞行员发生撞机事故、不幸身亡前，布尔科将自己的那套理论传授给了年轻的曼弗雷德·阿尔布雷希特·冯·里希特霍芬男爵。在1916年至1917年的漫长冬季中，里希特霍芬男爵驾驶着最新型的“福克”飞机不断在实践中磨合布尔科的战术。等到1917年开春，天气重新适合升空作战之后，里希特霍芬男爵和他的手下便为协约国飞行员带来了一场噩梦。

根据我的研究，里希特霍芬男爵率领的部队是第一支依据正确的军事原则组成的、真正意义上的战斗机编队。在里希特霍芬男爵被击落阵亡、并由戈林[1]接替指挥这支部队之前，协约国飞行员在他们面前根本没有反抗能力。遗憾的是，戈林彻底放弃了里希特霍芬男爵取得的成果，重新让他的部队退回了一对一空中混战的落后水平。正是由于这个原因，他们很快就从战场上销声匿迹了。

我担任飞行教官的那个时代，制约战斗机部队发展的最主要瓶颈就是情报的及时获得。由于无法及时得到准确的情报，搞不清来袭轰炸机的具体位置，战斗机对它们的拦截就变成了大海捞针。于是，1931年的我们只好和那些1918年的战斗机飞行员一样，四处碰运气地去寻找轰炸机。这显然非常不靠谱。

那时候，我们所谓的“防空预警系统”，其实就是一些零散分布、装备着电台的防空哨。它们最主要的功能是在空袭之前通知居民紧急疏散，而不是为截击战斗机提供敌情通报。当时的防空战斗机部队经常可以接到类似这样的截击命令：据报，上午9点，敌方战斗机出现在X点方向，起飞去干掉他们。

接到命令的我们手忙脚乱地起飞，可那时就已经是上午9点15分了，更何况X点方向还在20英里以外的地方。等我们赶到目的地的时候，敌方轰炸机早就没影了。实际情况的确是这样，在1931年举行的多次演习中，拉尔夫·劳斯莱斯少校（后荣升少将，并在“二战”初期取得了不少战绩）指挥的第1战斗机大队连续两周根本就没能发现从赖特机场来袭的“敌军”轰炸机。那些轰炸机主义者由此认为，这种情况就是战斗机不可能被用来拦截轰炸机的铁证。负责演习讲评的沃尔特·弗兰克少将则进一步得出结论说：“由于速度和体积的限制，战斗机根本无法有效拦截现代轰炸机，因此没有必要继续发展战斗机部队。”

这之后，当时还是中校的阿诺德在指挥太平洋沿岸演习的过程中，也发现了相同的问题。当时，他命令一队由圣迭戈起飞的马丁B-10轰炸机去攻击“三月”机场。担任机场防空的战斗机没有丝毫耽搁，立刻起飞应战。可是这些死板的家伙起飞后却没有马上截击敌人，而是在基地上空继续盘旋，等到全中队乃至全大队的飞机全部升空、列好阵势之后，才真正投入战斗。然而那时的“敌军”轰炸机早已完成预定任务，毫发无损地离开了。阿诺德将军就此认为战斗机飞行员在

---

① 即后来的纳粹空军元帅赫尔曼·戈林，他在“一战”时是德国空军飞行员。——译者注

战时是毫无用处的。后来，他的报告被送到陆军航空队战术学校进行讨论。我针对这份报告，写了长达8页的反驳论文。

没过多久，阿诺德就写信来学校询问："谁是那个该死的陈纳德？"

鉴于上述这些问题，在很多时候、很多场合，我都反复强调了建立防空预警网，以及为战斗机配备电台的重要意义。我的建议终于得到了重视。1933年，也就是失败的赖特机场演习之后两年，我们又在肯塔基州的诺克斯堡举行了一次演习。

这次演习的预案全部是由陆军航空队的军官制定的，不过却没有一位战斗机飞行员参与其中。按照演习预案，担任攻方的轰炸机驻扎在俄亥俄州的代顿，扮演守方的战斗机则被部署在诺克斯堡，双方各自独立、泾渭分明。与此前不同的是，战斗机部队却被允许在路易斯维尔建立一张配备电台通信、负责作战引导的防空预警网。

按照演习规则，战斗机可以在白天或晚上，从各种高度，对"来袭"的轰炸机展开"截击"。由于这个原因，轰炸机部队的家伙们觉得很不公平，成天吵吵闹闹。最终，演习指挥部不得不对防御力量的作战自由进行了限制。

自从赖特机场那次犹如盲人摸象的演习失败之后，基地方面便开始装备一种由3人操纵的指挥电台。为了保证作战效果，所有电台人员都受过专业训练。指挥电台的装备，填补了我们防空预警网上的"盲点"，使得从怀特基地起飞的战斗机可以及时拦截"来袭"的轰炸机。在那以后的几次演习中，"敌方"的轰炸机在一个波次的进攻中甚至会遭到不止一次的截击。

想当初，我在战术学校的很大一部分时间都被用来研究英国和德国开发的防空预警系统，并试图将其改进、融合到战斗机的拦截战术中。多次演习以后，我撰写了一份名为《防御性巡航的意义》的报告，其中涵盖了战斗机防空作战的各种原则和实际情况。这些原则既适用于那个时代的单座活塞式战斗机，也适用于后来的喷气战斗机，以及用火箭推进的防空导弹。让人哭笑不得的是，这份从没得到过美国陆军重视的报告，却在后来成就了中国抗战时期出色的防空预警网，令我们在1941年至1945年的对日防空作战中受益匪浅。如果1941年驻扎在菲律宾的美军拥有这样的防空预警网，他们恐怕就不会输得那么惨。

在我看来，对于那些明智的观察者来说，很容易通过前面提到的几次演习，得出如下结论：

1. 在情报及时并拥有足够的防御纵深前提下，防御巡航可以有效拦截敌方来袭的轰炸机。

2. 为避免敌方战斗机带来的巨大损失，以及由此而来的行动失败，深入敌方领土、执行轰炸任务的轰炸机必须有战斗机的伴随护航。

以上就是通过历次演习总结出的经验教训。除此之外，我们还在战术和技术方面得到了不少显而易见的心得体会。只可惜，所有这一切都被那时左右陆军航空队发展、眼里只有轰炸机的“轰炸机主义者”们彻底忽视了。正是这些人，在1942年至1943年间派出大批没有战斗机护航的B-24和B-17去欧洲执行轰炸任务，并造成了惨重的损失。就是这些敌视战斗机、固执地认为轰炸机不需要战斗机护航的家伙们，他们应该对成千上万美国人的死负责。具有讽刺意义的是，时至今日，这些人却被他们差点毁掉的空军授予了数不清的荣誉。回想当初，我觉得很庆幸——像1940年“不列颠空战”那样的惨烈战斗没有发生在美国上空。要知道，当时的我们根本没有类似“喷火”战斗机那样的优良装备可以用于防空作战。

在我看来，这种对由和平时期官僚制定的错误政策所导致的失败视而不见的做法至今仍然威胁着我们的国防安全。恰恰是在和平时期，我们才应该抓紧时间，提高自身的技术水平，训练作战人员。因为我们不可能指望在战争开始之后才慢吞吞地实现转换，然后着手做这一切。和平时期的领导人必须具有丰富的想象力、宽阔的视野和足够的阅历，以明智而正确的方针政策指导部队的装备开发和战术训练。我们在上一场战争中虽然犯过很多错误，却很少把那些应该对此负责的人揪出来。对于我们来说，结果永远重于过程，只要能够取得最后胜利，大家就会原谅领导者曾经犯下的错误。可是如果继续这样下去，如果我们再次遭遇敌人的挑衅，谁又能够保证我们还能再次依靠这些昏庸、短视、缺乏想象力的领导取得胜利呢？

美国“二战”前在战斗机方面犯下的另一个愚蠢错误就是对航程的忽视。在

"轰炸机主义者"心中，执行远程轰炸任务的轰炸机不需要战斗机护航，战斗机的真正作用就是等着敌人来袭，然后再飞起来截击他们，因此也就没必要设计航程很大的战斗机。当然，我对于远程战斗机的渴望并非仅仅出于为轰炸机护航的目的，更是为了让它们能够深入敌人后方，执行俯冲轰炸和扫射任务。那时，远程战斗机的另一位倡导者是亚历山大·舍维尔斯基，他也因此被陆军航空队的官僚们认为是比单纯的战斗机支持者还要疯狂的疯子。遗憾的是，直到1943年，在大量没有护航的B-17轰炸机被德国空军战斗机撕成碎片以后，我们才开始真正考虑发展远程战斗机的可能性。如果不是及时研制出了长航程战斗机，针对德国的白天轰炸计划恐怕在那年年底就会灰飞烟灭。

除了延长行程，我还坚持要为战斗机配备更强的火力。在1936年的赖特机场演习中，武器工程师们发现，当时战斗机的螺旋桨转速可以供4挺点30口径的航空机枪同时射击①。不过他们同时认为，这个发现没什么实际意义，因为单引擎战斗机不可能同时装备4挺航空机枪。然而就在一年后的1937年11月，我却亲自驾驶着装备4挺航空机枪的苏制飞机在中国上空抗击日本鬼子。

战术方面，总的来说，我坚持采取战斗机编队作战的策略。当初，我们战术学校的指挥官约翰·加利少将观摩过海军航空队的战斗机编队表演以后，就要求我开发出一种能够与之抗衡的编队战术。接到命令的我，首要任务是挑选研发团队的队员。我的挑选标准是让候选人按要求完成30分钟的特技飞行。众多竞争者当中，最终只有3个人脱颖而出。他们是陆军中尉海伍德·汉塞尔，红头发、满脸雀斑的约翰·威廉姆森中士，以及担任替补的比利·麦克唐纳德中士。团队成立一年后，汉塞尔因故退出，比利便接替了他的位置。

团队的首次公开演示选在密西西比的梅肯举行。当天夜里，我们在酒吧里喝着酒，唱着感伤的歌曲，为自己起了个"空中特技三人行"的雅号。在接下来的大概3年时间中，我们的足迹踏遍了全国各地。为了感谢老邻居曾经的热情接待，我们为路易斯安那的棉花农场表演过，也在克利夫兰的国家航空大赛上做过公开

① 活塞式战斗机的机枪大多装在机头位置，前面有螺旋桨阻拦，因此必须考虑螺旋桨转速和机枪射速间的协调性，利用桨叶转动时的空隙让子弹通过。——译者注

演示。我们在空中做出绕圈、盘旋、翻滚，以及“伊麦尔曼式筋斗翻转”等各种特技动作。这些动作看起来要比单机飞行的时候更加惊险，因为每架飞机的距离都很近。更惊心动魄的还在后面：我们驾驶3架飞机保持编队飞行，然后同时进入尾旋失速状态，再成功撤出。

从地面上看，我们的飞机在表演过程中似乎有很多次差点就撞在了一起。然而实际上，我们之间始终保持3英尺的距离，那些希望看见我们撞在一块儿的人总是失望而归。唯一的一次失误发生在靠近亚拉巴马州蒙哥马利我家的上空。当时，我的妻子，也就是陈纳德夫人是唯一的观众。一阵突然的狂风让汉塞尔的机翼撞上了我的机尾，我的航向舵和操纵杆因此无法使用。尽管如此，我还是成功控制住了飞机，安全回到地面。

尽管我们的演示在军界和民间都得到了不少赞誉，却很少有人意识到“空中特技三人行”除了作为一种单纯的表演之外，同时也证明了布尔科的“战斗机能够以编队飞行的方式参加最激烈空战”的理论。

“一战”之后、“二战”之前的这段时光是陆军航空队发展的最低迷时期，战斗机部队的情况更加糟糕，每月下拨的经费甚至不足以维持每天4小时飞行的油耗费用。僧多粥少，“轰炸机主义者”与“战斗机支持者”之间的争斗也就愈演愈烈。此时的“轰炸机主义者”沉浸在即将成型的波音B-17轰炸机计划中，在他们看来，花在战斗机身上的每分钱都是在浪费资源。

今天的人们可能觉得难以置信，当时我们争论的焦点已经不是“有多少”或者“有什么样的战斗机”的问题，而是“战斗机是否有必要存在”的问题。任何试图在战斗机和轰炸机之间寻求协调发展的人，都会受到“轰炸机主义者”的强烈蔑视。不幸的是，陆军航空队的首脑机关也接受了“战斗机已经过时”的论调，在这方面的投入被严重削减。

当时，所有试图捍卫战斗机生存的行为都受到了不公正的评价和对待。尽管陆海军间传统上始终存在芥蒂，然而二者在片面迷信轰炸机方面却取得了空前的一致。演习过程中，为了突出轰炸机的作用，战斗机的作战被施加了层层限制，而且这居然还被认为是完全模拟实战情况。按照这些莫名其妙的规定，战斗机部队只能在轰炸机预定攻击目标周边60英里范围内布置防空预警网，对轰炸机的截击则应该发生在距离目标至少25英里以外的空域。

有一年演习中，我们曾经请求在“敌方”轰炸机起飞的同时，派出战斗机在赖特基地周边巡逻，以起到早期预警的效果。遗憾的是，“轰炸机主义者”既不承认战斗机远程空中侦察的重要价值，也不承认派遣己方战斗机破坏敌方空中侦察的必要性，我们的请求最终被拒绝了。等到后来战争真的爆发的时候，美军指挥层对空中照相侦察的依赖与日俱增，超过80%的情报都来自空中照相，可是我们唯一可以用于空中侦察的却只有属于二线部队的国民警卫队的老式飞机。直到战争结束，从陆海军独立出来的空军才真正装备了专门的照相侦察飞机，这就是备受争议的“休斯”XF-11。

实话实说，那时候的很多战斗机飞行员出于对自身事业发展的考虑，也不愿意在轰炸机独领风骚的潮流中螳臂当车。这其中最有名的几个人包括哈罗德·乔治，他在“二战”中率领P-38和P-40机队参加了保卫菲律宾的战役，后来在澳大利亚死于空难；还有米拉德 ·哈蒙，他在“二战”时指挥第七航空队参加了太平洋战争，最后在海上死于一次与轰炸机的相撞事故；以及拉里·希基，这个人曾经在北非和西西里战斗过。

相对而言，战术学校对于各种空战理念拥有比一线部队更大的包容性。在学校的教室里，战斗机和轰炸机之争达到了白热化的地步。那时，我的主要论敌是唐·威尔森、哈罗德·乔治，以及肯·沃克。这些人坚信杜黑的理论，认为战斗机和热气球一样，都属于已经过时的老古董。后来，在阿诺德将军当政时期，乔治和沃克，以及前面提到的汉塞尔，一起组成了一支高级参谋团队。他们在“珍珠港事件”爆发前，主要负责制订各种针对德国的作战计划。这些计划虽然非常高明，却同时反映出他们在战斗机方面的短视。然而就在他们真正意识到这点以前，很多没有战斗机护航的B-17轰炸机早已被德国空军战斗机的机枪和火箭撕成了碎片。直到后来，P-51“野马”战斗机的出现终于让轰炸柏林的B-17不再“裸奔”。那些美国航空战略的早期制定者，以及后来的乔治、沃克、汉塞尔等人恐怕都会因为自己口中曾经的“不可能”变成了现实而惊叹不已吧？遗憾的是，那时的沃克已经在一次没有战斗机护航的B-17轰炸任务中阵亡了。汉塞尔则在一次率领6架B-17轰炸法国圣纳泽尔的行动中因为没有战斗机护航而损失了其中的5架飞机，只有他自己勉强驾驶着被击毁了发动机的飞机返回了机场。

就在我们驻扎英国的航空队完全放弃没有战斗机护航的昼间轰炸任务不到两周以后，哈罗德专程来到位于中国昆明的第十四航空队司令部拜访了我。在帐篷里和我共进午餐后，哈罗德很高兴地说："哦，克莱尔，欧洲发生的空战证明了我当初在战术学校所说的话是正确的。"

我被气得喘不上气来，只好走出了房间。如果日本人在后来的本土大轰炸时期拥有了更加现代化的防空力量，我们的B-29机群在没有战斗机护航的情况下，恐怕就会血本无归。幸运的是，日本人最终没能取得这样的成果，我们的B-29机群因此也没有遭受类似德国上空那样惨烈的损失。

在我的记忆里，战术学校的每次年度例会上，唐·威尔森总要提出把战斗机战术剔除出教学内容的建议。有意思的是，在差不多3年时间中竭力反对这个提议，并力挽狂澜的人却恰恰是地面战术教官约翰·加利。当然，这个人同时也是一位出色的空中指挥官。相对而言，搞地面战术的人往往更加乐于支持我的设想。因为他们希望在未来的战斗中，能有足够的战斗机为地面部队提供支援，帮助炮兵指示目标。无奈的是，1936年春天，唐·威尔森终于取得了最后的胜利，战术学校决定彻底取消战斗机战术课程。我被重新安排工作，负责指挥驻扎在麦克斯维尔的一支战斗机中队，偶尔也会被叫回学校，搞一些临时性的战斗机战术讲座。

同样是在1933年，卢克·威廉姆森和比利·麦克唐纳德结束了陆军航空队的服役期，转入二线部队，并被任命为预备役中尉。一年之后，他们凭借自己优异的表现获得了上级青睐，重新以中士军衔加入美国陆军航空队，并有望成为正式军官。这两个人在教育背景方面虽然都只上过不到两年大学，却拥有在民用航空公司工作的重要资历。1935年，他们以总飞行时间第三、飞行技能领先的优势从竞争22个职位的400名申请者中脱颖而出，获得了晋升中尉军衔的机会。令人气愤的是，等到晋升名单最终公布的时候，他们两个人却榜上无名。

在我的心目中，这两个人是我最好的朋友，也是最出色的飞行员，还是我们陆军航空队真正需要的人才。对于他们的名落孙山，我和他们本人一样愤愤不平。当地一家名为《蒙哥马利商报》的报纸认为，这两个人之所以落选，主要是因为旁人的歧视，以及航空队领导的妒贤嫉能。这并非空穴来风，航空队对于我这两位朋友的所作所为的确有失公允。每当我们以“空中特技三人行”的名义到全国表演，航空队就会允许他们使用预备役中尉的军衔。因为这样一来，那些正牌军官就不用冒在公众面前抛头露面的风险了。等到我们返回麦克斯维尔基地以后，这两个家伙就会重新被“降级”为中士，去干那些正牌军官所不屑于干的繁琐工作。

为了打抱不平，我不顾航空队上级的警告，多次向《蒙哥马利商报》爆料：“威廉姆森和麦克唐纳德是最优秀的飞行员，他们可以驾驶任何型号的飞机。如果有一天战争爆发，必须奔赴前线的话，我愿意挑选他们作为自己的战友。在我看来，拥有这样的战友，是对一名空中编队指挥官的最高褒奖。”

我说这些话绝非夸大其词。后来，比利和我一起在中国挺过了漫长而艰苦的3年。卢克在为征战北非的伞兵部队开了一阵子运输机之后，也来到了中国，成为我手下运输机部队的头头。他曾经多次驾机冲破日军封锁，为重围中的中国军队提供空中补给。

1936年1月，正当泛美空战演习在迈阿密如火如荼进行的时候，我们决定以“空中特技三人行”的名义进行一次告别演出。那次表演的观众中，就包括来自中国空军的毛邦初[①]将军。或许是命运的安排，不久之后，我们又和这位将军在中国重逢。

告别演出结束不久，我收到了曾经在布鲁克斯机场服役的前陆军航空队员罗伊·霍布鲁克的一封信。这个人当时正在中国担任飞行教官。他在信中请求我为设在杭州的中国航校招募一批美国飞行员充当教官。于是，我就把比利和卢克，以及几位机械师介绍了过去。那年夏天，他们结束了自己的陆军航空队生涯，乘船前往中国。

正当比利和卢克乘船行驶在太平洋上的时候，我的健康状况每况愈下，心脏方面出现了严重问题。战术学校的5年生活实在太辛苦了，我白天要搞特技飞行、组织教学、参加演习，还要和那些“轰炸机主义者”无休止地争论；晚上又要针对那些杜黑的盲信者，撰写反驳文章，几乎没有一天休息时间。除此之外，我还

---

① 毛邦初（1904—1987），别号信诚，浙江奉化岩头乡岩头村人。1925年入黄埔军校第三期步兵科学习，其间参加第一次东征，平定滇、桂军阀叛乱。次年赴苏联莫斯科中山大学学习。1929年任中央陆军军官学校航空班飞行组长。1930年奉命在杭州笕桥筹建航空学校，次年任校长。属于中国空军的元老级将领。——译者注

是一家战斗机发展委员会的委员，同时还兼任另一家战斗机设计委员会的主席。在担任这两个职务期间，我经历过最有意思的一件事就是和赖特机场那些主张开发双座战斗机的机械师展开论战。在我看来，双座或多座战斗机的设想很有意思，却没有什么实战意义。

过度的工作损害了我的身体。在最后一次以现役军人身份参加怀特基地的例会之前，我被迫卧床休息了两个星期，还被医生要求每天定量吃些生肝，以便增强体质，为后面的工作做准备。在那次例会上，我们收到了来自陆军部长的一份电报，要求我们认真考虑开发双座战斗机的可行性。他们的目标是要将这种飞机设计成为一种通用作战飞机，同时兼顾战斗机和轰炸机的功能，从而最大限度地节约成本。出于同样不知道应该算是精明还是愚蠢的打算，这些家伙还要求陆军航空队购买更多的道格拉斯B-18短程轰炸机，而不是性能优异的波音B-17远程轰炸机。似乎这样一来，陆军部就可以在那些成天叫嚷预算过高的国会议员面前有所交代了。

相比我的坚决抵制，年轻工程师们对于国防部这个项目倒是非常热心，不过他们的热心纯粹是出于对机械设计本身的兴趣，丝毫没有考虑过实战的需要。为了抵制所谓“多功能作战飞机”的论调，我连续奋战了5天。最终，身心俱疲的我寡不敌众，灰溜溜地爬回去继续开我那架老掉牙的P-12单座战斗机。与此同时，航空队却将纳税人的200万美元交给了拉瑞·比尔为首的13人研发团队，支持他们开发多功能作战飞机。最终，这个项目除了为媒体增加了不少谈资之外，几乎没什么实际意义。当然，它也让那些聚集在沙努特机场的机械师们发了笔小财。

那次例会之后，我的健康状况继续恶化，以至于我被限定在飞行时只能驾驶双座教练机，以便在前座上专门安排一名飞行员保护我的安全。后来，我被调到巴克斯代尔机场，出任米拉德·哈蒙上校指挥的第20战斗机大队执行官。同年秋天，我在医生的反复警告下彻底停飞，被送到医院治疗休养。

就这样，我在温泉市的医院里从1936年冬天一直躺到了1937年春天。养病期间，我终于有了足够的时间反思自己过去的47年，并为将来仔细考虑。很显然，过去的几十年里，我一直都在原地转圈，从来没得到过真正施展抱负的机会，也没有任何出路。这种感觉就像是掉进了我孩提时代在密西西比河上经常见到的巨大旋涡。无论轮船还是大树，只要掉了进去，都会被旋涡撕成碎片，再无出头之日。我觉得自己就仿佛掉进了这样的旋涡。

在过去的日子里，我已经不止一次亲眼目睹儿时的伙伴被生活的旋涡撕成碎片。他们或者死于别人的枪击；或者死于沼泽地带蔓延的黄热病；或者老老实实地种植棉花，却因为各种各样的原因倾家荡产。

有很多次，我觉得自己已经掉进了旋涡，却凭着对理想的信仰，挣扎着爬了出来。这一次，我知道自己仍然可以找到办法，继续追寻我的飞行梦，继续像一个真正的战士那样去战斗，继续实践自己的空战理论。于是，当航空队建议我退休的时候，我毫不犹豫地接受了这个建议。这之后，虽然有不少民用航空公司向我发出邀请，我却对开客机没什么兴趣。

相比这些航空公司，来自比利·麦克唐纳德、卢克·威廉姆森以及罗伊·霍布鲁克的那些贴着中国邮票的信让我更感兴趣。任何一位曾经在夏威夷服役的人，恐怕都难免会对所谓的"环太平洋博弈"产生兴趣。现在，这场博弈正在英美日三国之间如火如荼地进行着。话虽如此，当时的人们对太平洋地区战略的关注还远远没有达到现在美苏对峙背景下的程度。尽管那时的日本已经在4年时间里吃掉了中国北方的大片领土，多数美国人却仍然对此默然无视。

朋友们的中国来信让我体会到了那个国家的紧张与骚动。这个国家正在武装起来，以便争取最后的胜利。在空军方面，它主要依靠美国和意大利，以及本土有限的航空工业。当时，美国人开设的航校正在遭遇重重苦难。墨索里尼执政的意大利政府，出于政治目的，也在逐步收紧对华航空设备的出口。为了走出困境，宋美龄亲自担任了航空委员会的主席，为重建中国空军四处奔走。对于深陷旋涡中的我来说，中国似乎是一条出路。

终于，宋美龄通过当时身为中国中央信托公司私人顾问的罗伊·霍布鲁克给我带来了一封信，邀请我为中国空军提供3个月训练指导。顺便说一句，这个职位几乎满足了我当年向苏联人提出的所有要求：月薪1000美元，报销各种费用，配备私人汽车、专门的司机和翻译，以及有权驾驶中国空军的所有飞机。于是，我毫不犹豫地接受了邀请。

1937年4月30日午夜，在靠近路易斯安那州海堤的圣约翰湖岸边，我以上尉军衔正式从美国陆军退役。5月1日一早，我便登上了旧金山开往中国的航船。

第三章

当我乘坐的财富航运公司加菲尔德总统号邮轮停靠在日本神户港港之后，我便弃船上岸，让我的行李自己去完成前往上海的旅程。按照事先约定，先期到达的比利·麦克唐纳德来到港口接我。出于显而易见的原因，这家伙来日本时使用的是虚构的名字和身份，他护照上显示的职业是某个杂技团的经理助理。不管怎么说，他的到来帮助我生动而真切地了解了那个即将接触的新世界。

作为中国空军的教官，比利当然不可能用自己的真实身份申请来日本。那样的话只有两种可能，要么直接被日本的驻华领事馆拒签，要么就是来日本之后被他们的秘密警察盯梢。于是，比利只好虚构了一个杂技团经理助理的身份。这家杂技团曾经多次来到日本，因此他们的到来并不会引人关注。比利混在杂技团中间，很轻松地进入了日本，并和他们一起走遍了日本各地的大小剧场。直到我的行期确定以后，他才在大阪和杂技团分手，跑到神户等我。

我们在日本停留的目的就和那些打着“旅游者”招牌，带着德国相机和高倍望远镜，在我们的军用机场、港口探头探脑的日本人一样。为了便于侦察，我们专门租了一辆敞篷观光汽车，然后把相机藏在大衣下面，开着车在这个国家乱转，凭借老飞行员敏锐的目光，寻找那些具有军事意义的目标。这个国家实在不是很大，虽然只能停留几天，我们还是造访了日本的很多地方。我的笔记本里记满了各种情报，内容涵盖重要建筑、工业基地、商业中心，以及那些被怀疑有可能正在新建军工企业的地方。

就这样，我们先后游历了京都、大阪、神户等大城市，还乘船造访了濑户内海，并注意到了部署在内海孤立岛屿上的军工基地。最后，我们在门司和下关这个日本最大的海上关隘停下了脚步，从那里乘船渡过黄海，来到上海。平心而论，我们此行获得的情报虽然非常宝贵，却还远远不够。然而4年之后我才吃惊地发现，即便是我手上这些小儿科的情报，也远远要比陆军部掌握的资料丰富得多。美国政府在对日情报侦察方面做得实在太差，以至于“珍珠港事件”爆发后，陆军部对日本陆海军情况的了解几乎还是空白。于是，在1942年春天，准备完成轰炸东京壮举的吉米·杜立特只好以私人名义通过那些战前曾经与日本有业务往来的美国企业搜集情报。

我们到达上海的时候，正赶上闷热潮湿的6月梅雨季节。此时，这颗“东方明珠”在霓虹灯的掩映下显得繁华依旧。近10年来，人们始终关注的是如何在这片乐土上聚敛财富，却忽略了笼罩在头上的战争阴云。时至今日，1931年中日冲突的遗迹在上海依然随处可见，然而那些流连在大大小小外国沙龙里的优雅人士讨论的话题却仅仅局限于这些所谓的“外部干扰”如何影响了他们赚钱。“要好好教训一下中国，然后这个国家就会重新恢复秩序”，我不止一次地在沙龙里听到身居上海的外侨发出这样的论调。

在上海，我会见了此次中国之行的两位关键人物：端纳先生和蒋介石的夫人宋美龄。端纳先生是位身体强壮、满头红发、外表高深莫测的澳大利亚人。他已经在中国生活工作多年，当过新闻记者，还为多名中国军阀做过私人顾问。尽管端纳先生始终拒绝吃中餐，也不怎么愿意学中文，他却和中国乃至亚洲的多位政治强人关系密切。刚到中国的时候，他曾经当过统治满洲的少帅张学良的私人顾问，并帮助少帅戒除了毒瘾。也是在端纳先生的帮助下，原先被日本人玩弄于股掌间的张学良变得强硬起来。最终，日本只好以武力入侵的方式直接控制了满洲。少帅则没发一枪，退到了关内。

如果我所了解到的有关“西安事变”消息完全属实的话，那么就有理由相信，恰恰是端纳先生促成了事件的圆满解决。或许真的是天意，就在“西安事变”几个月前，端纳被张学良推荐给蒋介石委员长担任私人顾问。“西安事变”发生后不久，端纳从南京乘飞机赶到西安，迅速解决了复杂的问题，并促成了团结抗日局面的形成。

对于中国来说，1940年端纳试图清除国民党政府内部保守势力行动的失败绝对是个悲剧。那之后不久，他就被从蒋介石的身边排挤了出去。在对待东方式的保守、涣散方面，端纳是个不会妥协的人。然而就像一切与此做斗争的改革者那样，端纳最终感觉自己是在拍皮球，用用劲就可以把那股歪风邪气压下去，可是稍一松手，那些东西又会卷土重来。

在军事方面，端纳非常重视空中力量在现代战争中的重要作用。他深切地意识到中国应该抓紧有限的时间，建立一支强大的空军。正是这个原因，他成了我最坚定的支持者。幸亏有了端纳的引荐，我才得以顺利地打入中国政府复杂的人脉圈；也是在端纳的帮助下，我所提出的问题才得以直达蒋介石，并引起中国政府高层的注意；还是由于端纳的左右周旋，才让我和宋美龄这两个急性子得以磨合。如果没有端纳的帮助和理解，我恐怕在中国待不了几天就得收拾包袱走人，根本不会取得后来的成就。

1941年太平洋战争爆发后，端纳在菲律宾被日军俘虏，并被关进了战俘营。不幸之中的万幸，日本人并没有发现他的真实身份。战争结束之后，端纳返回中国，并开始撰写他的回忆录。1947年冬天，以平民身份重返中国的我和他在上海重逢。当时的我并不知道，端纳剩下的日子已经不多了。3年半饥半饱的战俘生活严重损害了他的健康，将他拉到了死亡的边缘。然而就在这种情况下，他依然保持着乐观的心态，并坚持撰写回忆录到自己生命的最后一刻。

在一个酷热的午后，罗伊·霍布鲁克突然出现在我面前，准备带我去法租界面见"新老板"——宋美龄。到达目的地之后，我们被告知宋美龄刚刚出去了，然后就被带进一间凉爽的房间里耐心等待。突然，一位身穿巴黎时装、热情四射的年轻漂亮女士走了进来。我以为这是罗伊的某个朋友，于是继续坐在那里，没有站起来。

接下来发生的一切让我大吃一惊，罗伊猛地把我拽了起来，然后恭敬地向对方介绍说："蒋夫人，请允许我介绍陈纳德上校。"

原来这就是蒋介石的妻子。她看起来比我想象中要年轻二十岁，英语说得很流利，还带有浓郁的南方口音。浑身散发着女性魅力，但宋美龄在上海的那段时间里，忍受着闷热天气所做的事完全应该是男人该做的。就在我们见面前不久，她刚刚被委以负责收拾中国空军烂摊子的重任。这个任务困难重重，可是宋美龄却下决心一定要解决它。为了实现这个目标，她需要尽快了解空军的实际情况。我被要求在3个月的时间内完成一份相关报告，以便她可以据此做出判断，采取行动。我后来关于空军建设的很多设想其实也都来自这份报告，可是日本人对它却一无所知。

按照宋美龄的安排，我的调查将从南京开始。于是，在上个秋天被航空队停飞之后，我再次“重操旧业”，拉着比利来到杭州航校[①]，各自开了一架道格拉斯双翼飞机起程前往南京。我们的飞机后座上还带着两位旅伴。坐在我身后的是一位名叫史密斯的美国机械师；坐在比利后面的是苏伯炎上校，曾经的基督教青年会秘书，现在的身份则是我的私人翻译。很久不摸操纵杆之后，能再次和比利一起飞行感觉真的不错。要不是飞机下面绿色的稻田、纵横的沟渠、黑顶白墙的农舍提醒自己已经身处中国，我差点就把混浊、汹涌、从南京蜿蜒而下的长江当成了密西西比河。我在心里反复提醒自己，我们现在是在中国，我们要去的地方是南京，那里是蒋介石统治下的国民党政府所在地。

到达南京以后，我才明白宋美龄如此着急的原因。就在上海仍然沉浸于大战前虚假繁荣的同时，南京却早已被浓郁的备战气氛笼罩。根据来自中国北方的消息说，日本人正在向中国大举走私，并且还用各种方法胁迫，试图阻止他们的违法行为的海关人员。除此之外，日本人还要求在中国北方的广袤土地和铁路沿线驻扎军队。所有这些消息在中国南方引发了一浪高过一浪的反日运动。

抵达南京的我第一次对中国空军的困难局面有了切身体会。在对东方国家的航空器材和技术出口方面，西方国家的控制始终比较严格。第一次世界大战前，日本才在法国人的帮助下，建立了最初的空中力量。中国在这方面还要更晚一些。大概是在两次世界大战之间，中国各地的军阀才纷纷在英、法、俄、美、意等国的“帮助”下，组建了规模有限的空军部队。这些部队不仅飞机全部购自国外，就连飞行员也大多是外国人。

1931年日本侵占满洲不久，又在上海挑起事端。当时的形势显而易见，日本

---

① 即杭州笕桥中央航空学校。——译者注

已经在海军方面占据了绝对优势，可以轻松地实现对中国海岸线的封锁。中国希望组建一支强大的空军与之抗衡。正是在这种情况下，中国国民党政府才开始认真考虑建设一支空中力量的必要性。很快，中国国民党政府便任命宋子文部长，也就是宋美龄的哥哥，担任空军筹建方面的负责人。在他的努力下，一支由约翰·裘立德上校（他后来成了美国航空/航海贸易委员会的主席）率领的美国人组成的非官方性质团队，开始按照美国体制在中国筹建一家军事航空学校。这家航校成了后来中国空军发展壮大的基础。1932年，裘立德率领包括罗伊·霍布鲁克在内的20位美国陆军航空队退役人员在杭州正式办学招生，为中国空军培养飞行员。随同裘立德等人一起来到中国的，还有数量可观的教练机、作战飞机、航空燃油，以及其他相关器材。

1934年，由于国民政府动用空军镇压“福建事变”①中的起义者，美国逐渐收紧了对华航空技术和器材出口，裘立德的学校由此陷入低谷。据我所知，当时的情况是有一批起义者驻扎在一座小城。那座小城的城墙很厚，一般的炮击对它根本不起作用，所以只能动用轰炸机实施轰炸。于是，毛邦初便指挥驻扎在南京的6架空军轰炸机轰炸了这座小城，为进攻的步兵打开了缺口。中国空军的第一次作战行动可能不那么光彩，却让蒋介石对空军建设产生了浓厚的兴趣。

由于在此次事件中拒绝为空军的作战行动提供帮助，裘立德等人失去了中国国民政府的欢心。意大利人乘虚而入，开始逐渐控制中国的航空领域。就在同一年，宋子文部长的姐夫和竞争对手孔祥熙博士奉命出使欧洲，为中国寻求各种贷款和军事援助。在意大利，他受到了墨索里尼的接见。当时的墨索里尼正在为扩充空军的资金缺口问题发愁。共进晚餐之后，墨索里尼听取了孔祥熙博士关于中国空军艰难现状的陈述，决定对华提供人员、技术和设备支援。当然，这些都不是无偿的。不久之后，意大利便向中国派出了由斯卡罗尼将军率领的40名飞行员组成的官方军事代表团。这支代表团还带来了100多名技术人员以及相关设备，帮助中国建成了一家使用意大利进口零件组装飞机的航空工厂。

相比意大利人，裘立德几乎得不到任何具有美国官方色彩的支持，他们在

① 指蔡廷锴、李济深等人率十九路军在福建发起反蒋起义，成立中华共和国政府。——译者注

中国的影响因此进一步被削弱。1936年，无事可做的裘立德合同期满后返回了美国。中国方面随后接收了杭州的航校，并挽留一些美方人员继续留校任教。比利·麦克唐纳德和卢克·威廉姆森就是在这时候来到中国的。

1934年，由于广州地方政府麾下的空军人员大批叛逃，中央政府的空中力量得到了进一步加强。作为回报，这些驾机来南京投诚的飞行员全部立刻得到了提升，他们的头头也在当时的航空/航海委员会的领导层中得到了重要职位。欣喜不已的蒋介石被这些飞行员精湛的飞行技术深深打动，决定继续加强空军力量的建设。很快，周至柔①被任命为航空委员会的领导。在此之前，他始终是一位纯粹的陆军将领，根本没有任何飞行经历。不过，这对于蒋介石来说并不重要。周至柔是蒋介石最信赖的部下之一，他的主要任务就是确保空军部队的绝对忠诚，及时铲除他们中间任何背叛南京政府的阴谋企图。

我来到中国的时候，意大利人已经完全控制了中国空军，并垄断了大部分中国航空市场。当时，意大利空军的飞行员身着制服，在南京街头耀武扬威。斯卡罗尼将军乘坐黑色的高级轿车在大街小巷呼啸而过，他的军服上神气十足地挂满了奖章和金色流苏。

在我看来，意大利人的对华援助实在是笔好生意，而且还没花什么成本，因为其间的各种开销全部来自当年的“庚子赔款”，可谓羊毛出在羊身上。不仅如此，为了购买意大利飞机，中国方面反而还要拿出几百万美元。这对当时由于战前扩张而捉襟见肘的意大利航空工业来说实在是雪中送炭。还有一点不能不说，墨索里尼是个彻头彻尾的两面派，他在援助中国的同时，也没有放弃自己未来的盟友日本。

正是由于这个原因，尽管意大利人在中国航空方面搞了不少花架子，中国空军的实力却并没有得到实际的增强。在这方面，有件事情很说明问题。当时的意大利人在洛阳也开办了一家军事航校。与美国航校“优胜劣汰”的做法正好相

---

① 周至柔（1899—1986），原名百福，临海县东塍镇人。国民革命军空军一级上将。1919年考入保定陆军军官学校第八期步兵科。1933年出访欧美，考察各国航空事业。1934年起，任国民党中央航空学校校长、航空委员会主任、空军作战前敌总指挥部总指挥、中央执行委员、空军总司令等职。1986年8月29日，病逝于台北医院。——译者注

反，意大利人实行“宽进宽出”的政策。也就是说，不管能力如何，学员只要耗完必须的学时就可以毕业。出人意料的是，蒋介石对这种不负责任的行为倒显得很满意。众所周知，中国飞行员的人选主要来自上流社会，往往拥有一定背景。因此当美国航校出于各种原因将其中的不合格人选扫地出门的时候，经常会受到来自多方面的压力，蒋介石也会被搅扰得寝食不安。较之美国人的严肃认真，意大利式的热情、殷勤显然更符合中国人的胃口。他们的办学方式迎合了中国人一团和气的固有心态，但却真的毁了中国空军。这种在训练方面的消极影响一直持续到1942年第一批留美中国飞行员毕业归国加入中国空军以后。

不仅如此，意大利人在南昌援建的所谓飞机组装厂也纯粹是个骗局。这家工厂组装的菲亚特战斗机在战斗中不堪一击。它生产的“食雀鹰”轰炸机更是老旧得只能当运输机使用，根本无法参加战斗。更有甚者，意大利人在中国航空委员会那边也搞了不少小动作。他们提供的飞机有很多都是陈旧过时的，有的甚至根本就是报废品，然而这些破烂却被航空委员会堂而皇之地登记在册。也就是说，在意大利人的帮助下，中国建立的实际上是一支徒有其表的“纸上空军”。最可气的是，这些人还利用航空捐款牟利。他们筹款时往往会对某个地方许诺说，使用从这个地方筹集的款项购买的飞机将会以当地的名字命名。拿到钱之后，他们还真派架飞机来这个地方转上一圈，搞个焰火庆典，机身上醒目地喷涂着该地的名字。遗憾的是，这些人对很多地方都做出了同样的承诺，用来兑现承诺的飞机却只有一架，只不过每次机身上喷涂的名字不同而已。至于筹集来的款项，则早已不翼而飞，中国空军其实只是在航空委员会的统计表上又“购买”了一架新飞机。这种“吃空饷”的恶果在战争来临时显露了出来。大家惊奇地发现，按照航空委员会的统计，中国空军此时已经拥有500架作战飞机了。然而实际的情况是，他们只有91架飞机可以用来升空作战。

根据我当时掌握的情况，意大利人所做的最恶劣的一件事情，就是对中国要两面派，暗中与日本勾结。就在刚过去的那个春天，也就是中日战争正式爆发的两个月前，意大利人对中国空军的情况搞了一次摸底，然后信誓旦旦地宣称中国空军已经足够强大，不需要再购买任何新飞机，也不需要再由他们提供飞行训练了。巧合的是，正是在这段日子里，墨索里尼第一次以官方身份跳了出来，建议中国与日本进行和谈。与此同时，他还允许汪精卫，也就是后来有名的大汉奸，利用意大利驻汉口的领事馆，和日本人眉来眼去。

1937年卢沟桥事变爆发的消息传来的时候，我正在洛阳的意大利航校搞调查。为了安慰因战争爆发而焦急万分的蒋介石，我向他表示，自己将竭尽所能提供帮助。与此同时，我还根据自身的实际情况，对未来的工作做出了以下三点考虑：

1. 我从没参加过实战；

2. 我虽然在教室里搞了很多年战术理论研究，却从没得到把它们付诸实践的机会；

3. 在我看来，中日战争只是一个开始。未来在太平洋范围内爆发的更大规模战争，迟早会把美国拖进去。我相信，自己在中国获得的宝贵实战经验，早晚可以被用来为自己的祖国服务。

两天之后，我在西安得到了委员长的答复：

“我们很需要你的帮助。你将赶赴南昌，在那里负责指导战斗机飞行员的战前训练。”

南昌是位于鄱阳湖边上的一个重要省会城市，它以瓷器以及夏天的酷暑闻名于世。当地机场上空笼罩的灼热烟尘，几英里以外都清晰可辨。即便偶尔在夜里下场暴雨，也丝毫不会带来任何清凉的感觉，反而让人觉得更加闷热。在那里的多数时间，我都觉得自己像是待在一个大蒸笼里。更让人难以忍受的是，我所居住的伯灵顿宾馆提供的伙食也很糟糕，以至于很多年后，当我手下的飞行员抱怨中国差劲的伙食时，我就会向他们说起自己在南昌的这段经历，并且保证他们吃的东西比我当初在南昌吃的强多了。

当时，毛邦初是驻南昌空军的负责人。他曾经在苏联学习过飞行，是个出色的飞行员。在接触过的所有中国人当中，我感觉他是最值得信赖的一位朋友。尽管工作方面经常发生分歧，我们却始终保持着良好的朋友关系。在驻扎南昌的日子里，白天，我们一起在机场上忍受酷暑和烟尘的折磨，到了晚上，我们又会共同度过一个享受冰镇啤酒和西瓜的幸福夜晚。时至今日，那些愉快的夜晚已经成为我对于南昌郁闷生活的唯一美好回忆。

当时，中国空军总共有3支战斗机部队做好了参战准备。其中一支部队装备老式的“霍克-3”型战斗机，这种战斗机在中国空军的作战序列里，通常都被当作俯冲轰炸机使用。另外一支战斗机部队的装备也很老旧，他们使用“霍克-2”型战斗机。最后一支部队的装备相对较新，它由两个战斗机中队组成，分别装备意大利造菲亚特战斗机和美国造波音P-26战斗机。后来的实战证明，P-26是种很不错的战斗机，中国人使用这些飞机在1937年后的空战中取得了赫赫战果。遗憾的是，我们美国人自己却没能在这个基础上更上一层楼。4年后，在日本进攻菲律宾时，能用于迎击他们的美国航空队的战斗机几乎有一半仍是P-26战斗机。①

对我来说，南昌的战前训练就是一场永难忘却的噩梦。这批飞行员除了少数是在美国出生并接受训练的华裔，以及杭州裘立德航校的毕业生之外，多数根本就不合格。这些滥竽充数的家伙大多都是意大利航校训练出来的大爷，他们实在令教官们头疼。坦率地说，这些人连最起码的基本功都不过关，别说是去参加实战，能在日常训练中保住性命就已经很不容易了。我们展开训练的第一天，就有至少5架飞机因为机场地面泥泞，在降落时发生了各种各样的事故。当天晚上，我在日记里这样写道：“中国空军还没做好参战的准备。”我觉得，自己当时使用这样的措辞已经算是嘴下留情了。

正当毛将军、比利·麦克唐纳德和我在南昌跟这帮飞行员较劲的时候，整个中国已经全部被战争的狂热气氛笼罩了。在我看来，相比被仲夏骄阳每天炙烤的华北平原，在雾气弥漫、堪比桑拿室的长江中下游，中国人内心的狂热实在是要更胜一筹。

全中国的战争狂热愈演愈烈之时，蒋介石却来到位于鄱阳湖西岸牯岭（意即“公牛山”）的夏季别墅避暑。当时的蒋介石内心很纠结，每天都在思考如何才能走出困境。这就好像一个出色的桥牌选手，在做出决定前，一定要反复权衡。实话实说，那时的情况对于蒋介石来讲，非常不乐观。

---

① 陈纳德的说法有误，根据美国陆军战史资料记载，菲律宾远东美军航空队的主力战斗机种是新式的P-40和P-35战斗机，老式P-26战斗机占战斗机总数的比例不到10%。——译者注

战争爆发时的中国海军拥有全世界军衔最高的海军将领，在国际海军会议上比任何人优先。但蒋介石那少得可怜的炮艇除了被强大的日本舰队歼灭之外，无法期待任何事情。在德国军事顾问的帮助下，一支80000人左右、全部德式装备、德式训练的新式陆军部队已经初具规模，时刻听从蒋介石的调遣。遗憾的是，这支陆军虽然足以让那些与南京政府心怀异志的地方军阀闻风丧胆，但面对装备精良的百万日军仍然显得底气不足。至于刚刚成立不到5年的空军，蒋介石更是不抱什么希望。

在南昌待了一段时间以后，由于工作需要，我和毛邦初一起前往庐山晋见蒋介石和宋美龄。我们首先来到九江。在那里，毛邦初租了两副滑竿，让他们抬着我们上了庐山。到达目的地的时候，蒋介石夫妇正在松荫掩映的别墅前面迎候我们。宋美龄为我们做了引荐。蒋介石按照西方礼节，微笑着和我们握手。

寒暄过后，蒋介石便开始用严厉的语气质问毛邦初，要求他对中国空军目前的糟糕状况做出解释。我知趣地站到一边。善解人意的宋美龄来到我身边，为我翻译他们的对话。

“空军到底有多少飞机可以参战？”蒋大声质问毛。

“91架，委座。”毛回答。

蒋的脸色突然变得通红，我想他恐怕是要发火了。然而他并没有发火，只是愤怒地快步走下别墅的台阶，把大批随从远远地甩在身后。

“委员长已经发狠话说要把他枪毙了。”宋美龄悄悄对我说，“航空委员会的账面上显示，总共有500架飞机可以投入作战。”

这之后的8年里，我再没有见过蒋介石如此失态。最后，他终于压抑住了心中的怒火，来到我面前用中文问：“你的调查有什么结论？”宋美龄及时把他的意思翻译给我。

“毛将军的数据是准确的。”我回答说。

“继续。”宋美龄鼓励我说，“把所有真相都说出来。”

受到鼓励的我将自己掌握的情况全部说了出来，宋美龄耐心地为我翻译。来回踱步的蒋介石，在听到我的话之后，渐渐放慢了脚步。我连续说了大概20分钟，宋美龄示意我暂停。蒋介石似乎失去了耐心，离开门廊，回到了屋子里面。

经过这次谈话，毛邦初幸运地保住了自己的脑袋，宋美龄获得了监督、掌管航空委员会的权力，我则落了个直言不讳的好名声。这次在庐山的会面，为我日后和蒋介石相处奠定了基调。他开始信赖我，并且愿意从我那里听到一些真话。我也赢得了他的充分信任，只要我做的事情有利于战争的最后胜利，他都会毫无保留地支持。“有利于战争的最后胜利”，这就是他和我相处的底线。

那次会面又过了几天之后，蒋介石终于打破沉默，在一次演讲中警告国人说：一旦中国选择开战，那就将是一个漫长、艰辛、充满血腥的过程，而且再不可能回头。当时的蒋介石虽然下定了抵抗的决心，却仍没有放弃通过有限的对日妥协，为加强国防力量、维护国内团结争取时间的打算。这样的想法在当时的中国当然没什么市场。蒋介石离开庐山返回南京后不久，我再次得到了晋见汇报的机会。

当时的南京，天气热得好像一个大火炉。比天气更热的，是充斥大街小巷的备战气氛。到处都可以看到分发、领取防毒面具的人们。为了防空，建筑物和公交车的顶部都被涂成了灰色。成队的学生沿街高呼：“宁为玉碎，不为瓦全！”报纸的头条赫然印着：“宁肯站着死，决不跪着生！”百姓纷纷解囊捐款，全体政府公务员自愿拿出一天的薪水购买国防公债。全国各地的知名人士不约而同地来到南京参加会议，向蒋介石表示抗战到底的决心。开会的地点被安排在南京中央军校。各地知名人士逐个来到蒋介石面前，向他表明自己支持抗战的态度。作为人群中仅有的两位外国人，我和端纳见证了这一具有历史意义的时刻。

参加晋见的知名人士包括白崇禧，这位中国西南地区势力最强的军阀，号称“小诸葛”的杰出军事家，也是蒋介石一贯的死对头。过去，他曾经长期反对蒋介石的“剿共”政策，还和日本人有勾连。为了鼓励他与中央政府作对，日本人甚至白送给他一支空军部队。紧随其后是盘踞云南的独眼将军龙云，以及占据山西、发展出一套独特“农业社会主义”治理模式的阎锡山。我还在人群里看到了余汉谋，他长着一张圆圆的面孔，是广州军阀派来的代表。号称“三不知将军”的韩复榘也来了，他控制着战略地位极其重要的山东省。还有著名的基督将军冯玉祥。在这次晋见中，我还有幸见到了何健，他控制着有“中国鱼米之乡”美称的湖南省。至于相对偏远的四川省，他们也派出了刘湘将军作为自己的代表。除了这些地方军阀代表，还有两支部队的首领引人注目，他们就是十九路军的蔡廷锴（他长着很有特点的扁平鼻子）和二十九军的宋哲元。这两个人曾经违抗蒋介石的命令，分别在上海、北平两地抗击过日军的进攻。所有人在蒋介石面前异口同声地要求抗战。他们古铜色的面孔布满汗水，在灯光的照射下闪着油光。

“请您领导我们去和日本人决一死战。我们和我们的部队将对您誓死效忠，直到战争胜利。”

看着这些人，就好像看到了一部活生生的中国近现代史。日本人的威胁，使得原本一盘散沙的中国人再次团结起来。近代以来，中国之所以遭受了那么多屈辱，就是因为类似今天在南京发生的这种局面实在太少见了。

会议一直到8月6日才结束，大家确立了抗战到底的决心。蒋介石发表了简短的总结发言，声称中国人至死也不会屈服。会后，中国空军主力开始陆续调往大战在即的中国北方地区。按照计划，我们的部队将驻扎开封，那里临近黄河，是中国最重要的铁路枢纽。对于当时正在北平周围耀武扬威的日本人来说，宽阔的黄河就是防御他们南下进攻南京的天然屏障。接到命令的我火速赶回南昌，准备和部队一起移防开封。

就在这时，宋美龄突然传来紧急消息，要求我在她由牯岭返回南京的路途中，赶到九江和她再次会面。这个消息让我措手不及。因为当时我的行李都已经装上运输机运往开封了，手头留下的只有两条咔叽布短裤，一件绿色polo衫，还有一顶格子呢帽。穿着这样的行头去面见宋美龄，似乎不太合适，可也只能凑合凑合了。在那次会面中，宋美龄显得很激愤。她已经得到可靠的消息，日本人正计划占领上海。上海是长江流域和整个中国的门户，它的沦陷将造成巨大的战略损失。宋美龄反复强调，一旦日本人在上海挑起战端，中国必将竭尽全力进行反击。她还告诉我说，蒋介石已经命令新式的德械部队开赴上海。

“你必须马上前往上海，通知美国方面立刻转移领事馆和其他财产。否则，就太晚了。”

我为难地向宋美龄指出，自己这身装束恐怕不太适合担任这样的外交任务。她立刻塞给我一沓钱说：“拿去买些新衣服，一定要以最快的速度赶到上海。”

就这样，我乘坐由朱利叶斯·巴尔驾驶的委员长专机首先赶到南京，又在那里搭乘特快列车，跟在大批撤离中国的日本侨民后面，向上海进发。一路上，行色匆匆的日本侨民随处可见。他们是要抢在大战爆发前赶到上海，寻求日军的保护。

在上海，我买了一套当时外侨圈子里很流行的白色套装，又置办了一双配套的鞋子，然后就前往美国领事馆，履行自己信使的使命。耐心等待了几个小时之后，总算有个小头头出面接待了我。他对我带来的消息不屑一顾，还信誓旦旦地保证说上海根本不可能开战。这家伙似乎不知道中国北方已经打起来了。

热脸贴了冷屁股的我又来到中国国家航空公司，找到了在这里任职的比克斯比，以及我的老教官欧内斯特·埃里森。他们对我带来的消息感到很惊奇，表示一旦战争爆发，就会立刻安排手下的飞行员转移。但很显然，这两个人同样不相信上海即将开战。这之后，我又赶到海军陆战队第4团的军营通报即将开战的消息。他们的指挥官巴克上校对我倒是很有礼貌，却也根本不相信上海会开战。

我在上海遇到的情况基本都是这样。只有一位外国人相信我带来的消息，他就是瑞典公使贝克·弗瑞斯男爵。我在一次茶话会上碰到了他，并向他通报了上海将要开战的警报。男爵及时将这个情况通知了自己国家的政府，同时要求驻沪领事馆随时做好撤离准备。后来，在淞沪会战已成事实之后，他特意送给我一把银制小酒壶以示谢意。

那周三的时候，我发现从吴港赶来增援的日本军舰陆续开进了黄浦江。不过对于这一重要情况，却没有什么人表现出应有的重视。当天夜里，我乘火车赶回南京。一路上，我都在思考一个问题：宋美龄对于这些情况是否也会无动于衷？

我们的火车走了不到一半路程就被部队征用，拉着大批士兵调头返回上海去了。这之后，又有几列火车被部队半路征用，返回了上海。这在让我感到些许安慰的同时，也令我焦急万分。因为在当时的情况下，几乎不可能搭乘火车返回南京了。

话分两头，此时的宋美龄已经整整两天没得到我的任何消息，她非常担心，甚至已经做好了最坏的准备。抱着试试看的心态，她派出比利·麦克唐纳德驾驶一架道格拉斯双座飞机去上海接我。这架飞机周四一早赶到了上海虹桥机场。刚一落地，机场负责人就冲过来挥着手臂大喊：“马上起飞离开。我们昨天夜里打死了闯入机场的一个日本军官和一名士兵[1]，战争已经爆发了。”

比利对负责人的警告置若罔闻，反而还从他那里搞到了一辆汽车，到上海各处寻找我的踪迹。当时的上海已经乱成了一锅粥，大批难民冲进租界寻求保护。原先属于中国政府管辖的地区几乎不剩什么人了。一无所获的比利当天下午返回了南京，恰恰早于我几步赶到了宋美龄的办公室，向她报告我已经“失踪”的消息。

我记得返回南京那天是8月13日，中央军校正在召开军事会议。这次会议很长，一直开到了周五晚上。像往常一样，我和比利列席了会议，并由宋美龄担任翻译。当时，日本人在上海挑起的战端已经将中方的注意力从战火纷飞的北方吸引了过来。由于此前的1931年有过一次在上海与日军交手的经历，中方将领们信心十足地认为，他们会在这次战役中取得优势。因为相比一马平川的北方平原地区，上海周边的地理环境决定了日军的坦克装甲部队不能有效展开，也就无法在以步兵为主的中国军队面前占太多便宜。

会议期间，一份电文送到了蒋介石手里。浏览之后，他随手将电报递给了宋美龄，然后开始向大家传达电文内容。

宋美龄用英语悄悄对我们说：“日本人已经推进到了上海市区的中心。他们正在屠杀我们的人民！他们正在屠杀我们的人民！”

“你们现在打算怎么办？”我问她。

她擦去眼角的泪水，自信地昂着头说：“我们会继续战斗！”

又过了一会儿，这次会议因为战局吃紧而被迫终止。

为了配合淞沪会战，原本已经向北方集结的空军部队又全被调了回来，驻扎在南京周围。宋美龄询问我空军是否可以在周日的时候采取什么行动。我建议派出俯冲轰炸机和高空水平轰炸机攻击停泊在黄浦江中、向日军提供炮火支援的日本军舰。我的计划很不错，可是宋美龄随后却发现，自己手下没有一位中国军官可以组织和实施这次行动。于是，她任命我负责指挥。在这种情况下，事先没有任何准备，也没有什么实战经验的我，便开始筹划自己的第一次战斗。经过长达

---

① 指1937年8月9日下午5时，日本海军陆战队中尉大山勇夫和一等水兵斋藤虹在虹桥机场被中国守军击毙事件。——译者注

20年的漫长等待，我终于得到了一试身手的机会。当天凌晨4点，兴奋异常的我和比利驱车赶往中国空军司令部，看地图，制订作战计划。当时的我们并不知道，自己正在制订的计划将成为后来“淞沪会战”中有名的“黑色星期六”的一部分。那天的战斗虽然规模不大，却令世人震惊，因为当时的人们还没有真正经历“二战”的血腥洗礼，难免“大惊小怪”。

我决定派“霍克”战斗机对日军巡洋舰执行俯冲轰炸任务。与此同时，携带炸弹的“诺斯罗普”轻型轰炸机则负责攻击重型巡洋舰“出云”号上的日本海军司令部。出云号停泊在黄浦江上，正对着公共租界边缘的日本领事馆。

在我写作本书以前，中国空军那天的惨烈战绩几乎还从未被人准确记述过。为了保证旗开得胜，我们的轰炸机编队战前专门接受了高度7500英尺、保持一定速度情况下的轰炸目标训练。除此之外，这些飞行员还被要求在攻击“出云”号时必须避开公共租界。正如前面所说，“出云”号停泊的位置紧邻公共租界。一旦中国空军的炸弹落在了公共租界里面，就可能引发严重的国际纠纷，损害中国的国际声誉。

偏偏老天爷不开眼，当天上海的天气非常不利于进行高空水平轰炸。可是中国飞行员们并没有半途放弃，而是下降高度到云层下面，从1500英尺的低空对日舰展开轰炸。在这种情况下，原先必须绝对避免误炸公共租界的命令也就无法严格遵守。事情的最终结果是，中国空军的炸弹基本没伤到“出云”号的一根毫毛。相反，却有两颗1100磅的炸弹正好落在了公共租界的中间，落在了繁华热闹的南京路上。所幸两颗炸弹中有一颗是臭弹，没有造成伤亡。另一颗炸弹却一下炸死了950人，还有1150名不同国籍的人士受伤。不仅如此，还有一些炸弹击中了黄浦江中的美国巡洋舰“奥古斯塔”号。

在我看来，人们本应通过这次事件，以及同时期德国“施图卡”俯冲轰炸机在西班牙内战中的表现，对未来战争中空袭可能对大城市造成的巨大破坏作用产生足够的警惕。然而实际上，这次事件只是被各大报纸热炒了几天，后来就被大家遗忘了，并没有人能够从中吸取宝贵的经验教训。

我自己在“黑色星期六”当天的经历也很有意思。那天早上，经过短暂的几小时睡眠，我就早早地起了床，洗漱完毕，便开着一架没有配备武器的战斗机，由南京前往上海视察战况。离开南京上空不久，我就遇到了很低的云层。随后，又在即将到达长江入海口时遭遇了风暴气团。就在我准备放弃此行、返回南京的时候，却突然发现有一支中国空军的三机编队正在长江上空飞行，还有另外一支三机编队正在爬升，试图冲破云层。在他们的下面，有一艘正在全速开动的军舰，它的烟囱冒出滚滚浓烟，各种防空枪炮发射的弹药好像刺猬的刺一样包围着船体。看起来，中国飞机的反复俯冲让船上的人觉得很不舒服。

目睹这一切的我降低高度，打算确定那条船的身份。然而就在这时，那条船却突然释放出浓浓的烟幕掩护自己。我只来得及透过烟幕的空隙扫了一眼，却发现军舰上好像喷涂着英国的标记。那条船很可能是英国皇家海军的“坎伯兰”号巡洋舰。我再次降低高度，确定了它的身份，然后就加大油门，调头返回南京。一路上，我都在想：“这下恐怕又会是一场国际纠纷了。”降落之后，我才惊愕地注意到自己的机翼上新添了不少弹孔。

原文没有我把这些弹洞指给自己的同事史密斯还有武器技师罗尔夫·沃特森看，并对他们说：“赶紧给我的飞机装上武器。下回要是再有人朝我开枪，我就马上还击。”

第四章

周日当天，台风袭击上海，带来了狂风和暴雨，也让这座正在经历血与火考验的城市暂时得到了喘息的机会。由于上海天气不佳，中日双方的空中战场转移到了南京上空。此前一天，日本人从台湾北部起飞的重型轰炸机曾经轰炸过位于杭州的航校。这次轰炸过后，他们通过电台广播宣称，南京将是下一个目标，并要求驻宁外籍人员立刻转移。

在转移方面，美国大使馆表现出来的高效率令所有中国人震惊。防空警报刚一拉响，他们就带着瓶瓶罐罐跑到了早就在江边等候的美国海军炮舰上面，开始向后方撤退。从各方面来看，美国驻华大使尼尔森·约翰逊肯定早就接到了国务院“必须远离中日交战区域”的命令。不过仅仅是因为日本人几颗炸弹的威胁，就让他们做出如此激烈的反应，这实在是有点过分了。我可以确定这是国务院要的一个计策，他们试图用这种“小题大做”方式引起那些竭力想让美国置身事外的孤立主义者们的重视，打消他们“事不关己，高高挂起”的想法。

就在日本人宣称准备发动轰炸的那天，几位美国记者专程从上海赶到南京，准备领教南京上空的激战。我特意把他们安排在位于大都会饭店顶楼的观察哨那里，并向他们许诺说，会有一场精彩的“表演”。

当天中午，我们还没来得及吃完午饭，就有情报说日本飞机已经从中国台湾起飞，正在向这里赶来。于是，大家立刻前往饭店顶层的观察哨。这个地方视野很开阔，可以俯瞰整个南京城，可以看到城外紧邻城墙的机场，还可以看到紫金山脚下白色的天文台。那天的天气又热又闷，云层高度大概5000英尺。升空防御的中国战斗机此时正在10000英尺的高空巡逻，它们的声音听起来就像是远处有蜜蜂在飞。

终于，日本轰炸机在北方18点方向出现了。这是一群双引擎、单尾翼飞机。由于云层的干扰，再加上心情过于急切，它们的队形已经散乱。迎接这些轰炸机的，是地面密集的高射机枪声，以及漫天飞舞的曳光弹。当时，日本人的飞机就在我头顶2000英尺的地方盘旋。第一次看到这些漆着“膏药旗”的银色怪物，我感到无比震撼。好在由于中方的防空网密不透风，日本飞机几乎没有什么空子可钻。

无计可施的日本飞机只好对着空无一人的机场狂轰滥炸了一番，然后就爬升到云层上面，返航回家了。大失所望的记者们只好退而求其次，围着我问这问那。正当我向他们解释防空预警网的运作原理时，大家再次听到了航空发动机的轰鸣声，以及机枪的怒吼。等我们赶到酒店大厅的时候，中国空军司令部已经来电话声称刚刚击落了7架轰炸机。大家对此疑惑不解，纷纷钻进汽车，前往机场。在距离城区1英里的地方，我们看到了3架冒着浓烟的轰炸机残骸。记者们终于眼见为实，马上赶回南京发消息。我则留下继续清点战果，总共发现了8架被击落的日本轰炸机。

根据后来的战斗报告，当时的情况是这样的：中国空军在接到预警之后，立刻派出战斗机从西边向南京方向做战斗巡逻。于是，冲破云层返回台湾的日本轰炸机正好撞在了他们的枪口上。这看起来像是“瞎猫碰死耗子”，不过中国空军此前确实曾经以这种情况作为背景，进行过多次演练。而且就在6月的最后一周内，我还紧急将上海、杭州、南京三地的防空网连成一片，实现了情报共享。在这方面，澳大利亚通信专家奥斯丁·马利准将为我们提供了专业指导，帮助我把以前在麦克斯维尔机场的设想变成了现实。

除了建立防空预警网，比利·麦克唐纳德和卢克·威廉姆森还利用我们在南昌的最后一周时间，挑选出一批最优秀的飞行员，进行攻击轰炸机的专门训练。当然，我们之所以首战就取得如此辉煌的胜利，还要归功于日本人的死心眼。这帮家伙实在是太相信杜黑的制空权理论了，把他说的每个字都当作金科玉律。在这种情况下，他们就像我当年在麦克斯维尔机场的老同事们那样，根本不屑于为轰炸机派出战斗机护航，这才让我们捡了个大便宜。

事实证明，杜黑将军、我当年的老同事们，还有日本人都是错误的。针对这些没有战斗机护航的轰炸机，卢克和比利设计了“三机围攻战术”，也就是同时使用3架战斗机，从敌方轰炸机的上方、下方，以及尾部联合发起攻击。受命发动攻击的中国飞行员被要求集中射击对方的油箱，而不是机身。这样一来，日本轰炸机很容易就会因为油箱起火，变成一个大火球。

在接下来的5天时间里，日本轰炸机又来了3次。这期间，我们还曾经成功抗击过日本人的夜间轰炸。

事情的经过是这样的。受到连续几次胜利的鼓舞，蒋介石又把更多的高射炮和探照灯划归到我名下指挥。根据我的安排，中国高射炮部队的指挥官黄镇球将军把他在南京集中部署的大型“斯佩里”探照灯改为环城分散布防，从而让搜索范围覆盖尽可能广阔的空域。黄将军曾经在德国受训，是我接触过的最出色的中国军人之一。他具有敏锐的判断力，很容易就能抓住战局的关键所在。我们为中国的防空事业并肩作战9年，尽管交通设施，装备和训练有素的人员难以置信的缺乏，但黄从来没有短缺过我们所需的人员和物资。

趁着黄将军重新布置探照灯的当口，我又抓紧给一组专门挑选出来的中国飞行员开会，传授我在麦克斯维尔机场研究出的夜间战斗技巧。曾经数个不眠之夜的反复演练，让我对自己战术的有效性深信不疑。

需要说明的是，当时雷达还没有广泛使用，受到装备限制的战斗机很少进行夜间战斗。迫不得已的时候，飞行员主要依靠的就是自己的眼睛。那时通行的办法是用探照灯光束在尽可能远的距离上捕捉来袭的轰炸机，并用光束死死罩住敌方。在这种情况下，轰炸机飞行员的眼睛也会被强光晃得看不清东西。这之后，战斗机再利用探照灯照射出的敌机轮廓，从它的下面发起攻击。过去演练的时候，我曾有很多次驾驶飞机像猴子爬杆一样，沿着光束，从下面向“敌机”猛冲。速度如此之快，距离如此之近，以至于地面上的人总认为我们将要撞在一起。在我看来，冒这样的风险是值得的。因为这样一来，我就有机会攻击“敌机”脆弱的腹部，自己的眼睛还不会被探照灯晃花。

尽管对自己的战术很有信心，我却对中国飞行员能否理解我的讲解心里没底。在这些飞行员中间，我注意到一位姓刘的年轻人。他很专心，认真地在笔记本上记录我说的话。每次下课之后，他还会找我提出一大堆问题。这位学生后来成了我的骄傲，他在头两次夜战中就击落了3架日本轰炸机。在后来所有的美国援华飞行员当中，只有约翰尼·埃里森取得了相同的成绩。埃里森因为他的出色表现，获得了杰出服役十字勋章。几个月后，刘在南京上空的战斗中，因寡不敌众阵亡。

正式发起夜间轰炸前，日本人“好心”地留给我们3天的准备时间。3天之后的那个夜晚，他们成群结队地来到南京，一直折腾到黎明前才走。幸运的是，我们唯一受到的“严重”损失就是大家因此没睡好觉。当然，日本人运气也不错，他们毫发无损地离开了南京上空。可是第二天晚上，日本人的运气就没那么好了，他们的轰炸机被刘打下来一架。第三天夜里，中国飞行员们再次大显神威，打下了来袭的13架日本轰炸机中的6架。自那夜之后，由于损失严重，日本人被迫终止了夜间轰炸。说实话，那时候的我们也快要撑不住了。

提到那几天的夜战，就不能不说说黄仁霖。黄仁霖是个块头很大、总像圣诞老人一样喜气洋洋的家伙。他拥有哥伦比亚大学的博士学位，乐于招待来到中国访问的外国游客。后来仁霖和他的战地服务团负责为所有在华的美国人提供食宿。1937年，他为我和我的随行人员处理各种事物，以此履行他的职责。夜战开始的前一天晚上，仁霖宣称他为我们找到了一座非一般舒适的住处。随后，我们在他的催促之下，离开了大都会饭店，来到了一座位于高高山顶的奢华宫殿。经过机场上的一天劳碌，能有这么个地方休息实在不错。可惜这地方的风水真的不怎么样。入住后的头两夜，就有日本飞机把炸弹扔在了我们的新住处附近。大家对此倒是没怎么在意。可是第三天夜里，正当我们站在外边欣赏壮丽的夜战场景时，一架日本轰炸机直接把炸弹扔在了宫殿一侧。紧接着，另一架日本轰炸机又扔下了一颗炸弹。两颗炸弹的炸点正好形成了一个T字形，比利和我被爆炸产生的火焰、烟雾和弹片逼得就地卧倒。第二天早上才发现，头天夜里我们所站位置身后那堵墙的另一面上嵌满了弹片，是这堵墙救了我们一命。

得知这个消息的仁霖立马赶到机场，不及待地向我们解释这场巨大的闹剧。在他看来，这帮日本人是冲着蒋介石来的。因为他平时经常在这所宫殿附近出现，给人的印象就是他似乎住在这里。而且这座宫殿又是对外开放的，外国游客也可以去那里参观。于是，日本间谍就把这个“重要情报”报告给了他们那边。实际上，蒋介石每天晚上都会去几英里之外、位于一座松树掩映的小山包上的秘密官邸里过夜，住在宫殿里的我们刚好李代桃僵。

“淞沪会战”时期，我们的空中防御极其有效，每天50%的损失率已经让日本人无法承受。面对这种情况，他们只好暂时停止对南京的空袭，重新制订战术。在我看来，数次惨败肯定也已经让日本方面的参谋人员对杜黑的制空权理论发生了某种质疑。于是，当日本人在10月初重返南京上空时，他们派出了27架战斗机为前来轰炸的9架轰炸机护航。这个战术很有效，他们的“96舰攻”[①]击落了升空拦截的16架中国战斗机中的11架。执行攻击任务的轰炸机成功完成了任务，其间只是受到了中方高炮部队的有限干扰。

尽管如此，我们还是在南京上空把日本人打痛了。他们随即通过官方发出照会，要求美国政府立刻撤走所有在华的美国飞行人员。国务院那帮孤立主义者似乎很乐意利用这个机会达到置身事外的目的，他们不但要求我所领导的团队马上撤离，还把那些负责经营民航业务为中国航空公司服务的美国人也撤了回去。

当第一份撤离通知送到我的手里时，我在日记中这样写道：“当我是中国人好了。”

就这样，我对来自美国驻上海领事克罗伦斯·高斯（后升任美国驻华大使）的撤离通知置之不理。最终，高斯甚至威胁说要派人从上海过来抓我，再把我武装押送回美国。他还发狠话说，如果我再执迷不悟，将很可能面临司法审判，并有丧失美国国籍的危险。我通过中间人告诉高斯，等到日本人被赶出中国的那天，我将很乐意离开这个国家。

这之后不久的一天早上，我正驱车前往自己位于机场的办公室，却被几名荷枪实弹的中国卫兵拦了下来。他们不顾负责陪同翻译苏上校的反对，把我们里里外外搜了个遍。类似这样的事情在我到达办公室之前，每隔100码就发生一次。为了搞清真相，苏上校把我送到目的地以后，立刻出去奔走了一整天。最后，苏上校告诉我，他找了很多人才好不容易联系上了蒋介石办公室的人员。根据他们的

---

① 即B4Y196式舰载攻击机。——译者注

解释，之所以这么做，是为了防止美国方面派人来抓我。后来，同样接到高斯威胁的比利·麦克唐纳德也得到了同样的保护措施。如此严防死守，令美国方面对我们根本无可奈何。

为了帮我们遮掩身份，南京的美国大使尼尔森·约翰逊也闹过不少笑话。那是在离开黄仁霖为我们挑选的“风水宝地”之后，大难不死的我们被安排住进了南京的乡村俱乐部。巧合的是，美国大使也经常和苏联、意大利两国大使来这里共进晚餐。他们吃饭的时候，经常可以看到我们这伙人从机场回来休息。于是，就会发生这样的场景。

“他们是哪国人？”意大利大使居心叵测地问。

“他们看起来像是苏联人。”尼尔森·约翰逊不紧不慢地回答。

“南京的苏联人我都认识。”苏联大使恼怒地说，“他们肯定不是苏联人，这帮家伙到底是从哪儿冒出来的？”

为了避免给大使找麻烦，我们以后返回驻地总是先上楼待着，等他们离开再下楼吃饭。尽管我和大使以及使馆的很多外交官因为撤离的事情闹过不愉快，可是我们的矛盾再怎么说也属于“内部矛盾”。

由于高斯的威胁，我开始在南京潜踪匿迹，这在国内引发了不少谣言。最可气的是，有人居然说我已经被人打死了，只不过因为我当时用的是化名，所以才不为人知晓。为了辟谣，我特意给阿拉巴马州蒙哥马利的《蒙哥马利商报》写了封公开信，以此向麦克斯维尔机场的老同事们申明自己的立场。需要说明的是，时至今日，我也没有改变过在这封信中表达的观点：

很长时间以来，中国都把美国和美国人民视为可靠的伙伴，以及唯一无私同情、帮助他们的好朋友。正是由于这种传统感情，尽管受到价格虚高和关税壁垒的限制，我们依然占据了中国对外贸易的很大份额。

不管你们愿不愿意相信，现在（1937年9月）的中国正在为捍卫环太平洋地区所有国家的利益而战斗。在这种情况下，中国人无法理解美国官方和民间对他们所做出的巨大牺牲的漠视。特别是在此时，当那些日本刽子手正在上海大开杀戒的时候，我们却试图置身事外。

我很奇怪，为什么有人会认为能够亲身参与这场伟大战争的我会使用化名。难道他们认为我缺少勇气去坦率地表达自己对战争和侵略的痛恨吗？对于过去20年在陆军航空队的服役经历，我无怨无悔；对于能够亲身帮助那些善良的人们反抗日本侵略者的屠杀，我同样无怨无悔。

在我发出这封信后不久，卢克·威廉姆森迫于政府和他妻子的压力，返回美国，在德尔塔航空公司谋了份差事。尽管如此，仍然有很多勇敢的美国飞行员留了下来，冒着日本人的枪林弹雨，为中国服务。

留在中国的我面临的最大问题，就是身份始终说不清道不明。起初，我是航空委员会秘书长（最早是宋美龄，后来由宋子文接任）的顾问，身份是平民。1942年春天，也就是“珍珠港事件”爆发4个月后，我得以重回美国陆军航空队服役。不过那时的我除了退役上尉之外，仍然没有一个正式的身份。我在中国那边的身份更让人哭笑不得，担任美国首支援华志愿航空队指挥官的我，在中国官方的正式身份却是中国国家银行的顾问。这还不算完，我护照上职业一栏填写的居然是“农民”。“珍珠港事件”前的4年时间里，尽管我事实上在为中国政府服务，双方却根本没有签订合同。因为在蒋介石看来，他的话就是合同。不过这也不错，因为我总能因为他的“龙颜大悦”，拿到更多薪水。

当时的我尽管在很多时候是中国空军事实上的指挥官，却从没有正式签发过什么命令。我所说的一切都是“建议”。在此基础上，蒋介石还会为我的“建议”加上“必须服从”“绝不允许失败”之类的定语。这样的定语很有威力，因为蒋介石惩罚失败者最常用的办法就是枪毙。

过去20年的潜心准备让没什么实战经验的我在面对各种问题时经常可以游刃有余，话虽如此，我仍然遇到了很多棘手的新问题。例如中国飞行员在飞机受损的情况下拒绝跳伞，而是坚持驾机迫降。对此，我曾经无数次向他们说明飞行员本身的价值要远远大于飞机，却丝毫没有用处。因为在他们看来，丢掉飞机跳伞是件很没面子的事情。除此之外，我还在设备方面遇到了很多困难。例如没有修建跑道的专用机器设备，只能手工操作。所谓的印刷设备就是一架老式油印机，因此我们的作战命令经常要花两天时间才能印出来。再比如，由于严重缺乏弹药，很多高射炮手在参加实战前根本就没打过实弹。不光是高射炮手，飞行员的临战准备同样不足因此伤亡惨重，我却丝毫没有办法。更可气的还有中国式的昏庸官僚，更让习惯了美国式高效率的我怒火万丈。有很多次，我都灰心泄气，打算辞职了事，可是每次都又留了下来。终其一生，我从来都没有半途而废的习惯，我知道自己一定可以坚持下去。那时的我感到了巨大的压力和痛苦。在战争开始最初几周，我的日记经常只有一个字："呸！"

秋季的空战并没给我们带来什么希望，日本人很快夺取了上海的制空权。他们把航空母舰开到了长江口外，可以不间断地为部队提供战斗机掩护。从舟山、吴淞以及附近的小岛上飞过来的日本轰炸机15分钟内就可以开到目标上空，它们来回往返，狂轰滥炸。在这种情况下，中国空军在上海的天空中毫无优势可言。

为了尽可能减少损失，我专门对战斗机飞行员进行了夜间俯冲轰炸训练，试图利用黎明和黄昏的时候对日本人发动进攻。有一次，一艘日本驱逐舰沿长江上溯到南京江面进行炮火骚扰，我们的探照灯很快就抓住了它。空军接到命令准备对这艘军舰发动进攻，我要求飞行员们必须在3500英尺的高度发起攻击。这是一个相对安全的高度，它在轻型高射炮的最大射程之外，又低于重型高射炮的最小射程。除此之外，我还要求他们必须在目标达到机翼前缘的时候再开始俯冲。标准的流程是减低油门，垂直俯冲，心里默数15下后投弹，最后将飞机拉升，加大油门返回陆地。我们在陆上演练了3遍，保证每名飞行员都能掌握要领。这之后，就对长江上的日本军舰展开了正式攻击。

应该承认，日军的军事素养确实不错。飞机临空之后，日本人很快就发现了它们，舰上的高炮和探照灯也随即做出了反应。幸运的是，由于战术得当，日本人对这些飞机根本无可奈何。只有其中的一架因为操作失误、高度太低，被打了下来。利用这种战术，我们成功遏制了日舰上溯南京江面。据我所知，这是世界上夜间俯冲轰炸的首个战例。

南京小胜之后，熟练掌握夜战技术的中国飞行员开始在夜间使用500磅航空炸弹攻击"出云"号。这次攻击把"出云"号炸得起火燃烧，被迫在黎明前驶出了长江口。3天之后，"出云"号又开回了黄埔码头的老地方，看起来完好无损。在我看来，真正的"出云"号其实已经被击沉。日本人为了掩饰自己的损失，又把它的姐妹舰派了过来。这两条船一模一样，都是日本1904年“日俄战争”期间使用过的老旧战列巡洋舰。根据战后的日本海军档案记载，“出云”号在战争末期沉没在吴港码头的泥浆里，它的姐妹舰却不见了踪影。很明显，日本人使用了偷梁换柱的手法，真正的“出云”号早已被我们击沉。①

当时参加“淞沪会战”的除战斗机部队外，空军的轰炸机部队也曾派出过“诺斯罗普”轻型轰炸机轰炸过广东沿海的日本海军集结地。出于对日本海军盲目自大的了解，我打算派飞机炸沉他们一些具有特别象征意义的军舰，打击日本海军的士气，从而在他们的封锁线上撕开口子，帮助中国从外部获得各种急需的物资。于是，轰炸机奉命从上海出发，沿海岸线飞行50英里，炸沉了广州沿海的一些日本驱逐舰，还顺便干掉了几艘日本商船。遗憾的是，这些轰炸机返航时大多被日本人的战斗机击落了，只有负责带队的陈姓队长驾驶的飞机得以幸免。不过这家伙的运气并没维持太久，他后来在某天上午奉命从汉口起飞执行任务，在距离南京20英里的地方被敌人击落了。这些轰炸机的命运成为那段黑暗时期苦苦挣扎的中国空军的典型代表。由于装备陈旧、训练缺乏，加上损失后得不到及时补充，中国空军只能接受打一架少一架的悲惨境遇。

10月重返南京上空的日本轰炸机由于有了战斗机护航，实力早已今非昔比。中国空军尽管顽强奋战，却依然被人像苍蝇一样不断击落。这期间，虽然有极个别的人因为怯战而临阵脱逃，我却不想过多责备他们。要知道，日本每天派到南京上空的飞机就有100多架。

为了鼓舞士气，宋美龄曾经多次冒险来到机场。她认为，这是自己义不容辞的责任。在那些九死一生的飞行员们心中，她的到来无异于一针“强心剂”，可以帮助他们在无助和严酷的环境中面对压力、伤痛，乃至死亡。从这位女士身上，人们根本感受不到焦虑的情绪。她贴心地为这些飞行员备下热茶，从容镇定地听他们讲述自己的战斗故事。每天早上，宋美龄都会和我们一起迎接头天晚上

---

① 陈纳德的说法有误。根据最新史料研究和亲历者回忆，尽管“淞沪会战”期间中国海空军曾经对“出云”号发动过多次攻击，“出云”号因此受损严重，当时的很多媒体也报道过“出云”号被击沉的消息，但它确实没被击沉，后来沉没在吴港码头泥浆里的就是真正的“出云”号。——译者注

去上海执行夜间俯冲轰炸任务的战斗机。如果派出去的11架飞机全部平安归来，她就会显得异常欣慰。遗憾的是，她并非每次都能看到一个喜剧的结尾。例如有一次，返航的11架飞机中，第一架摇摇晃晃地落地，直接摔成了碎片。第二架飞机受损严重，降落时炸成了一个火球。第三架总算平安落了地，可是第四架又和赶来救火的消防车撞上了。就这样，11架飞机落地时毁了5架，4名飞行员阵亡。

宋美龄的眼泪夺眶而出。“我们该怎么办？我们该怎么办？”她哽咽着问，“我们给他们买了最好的飞机，花费了大量时间和金钱去训练他们，可这些人就死在我面前。我们究竟应该怎么办？”在我看来，这笔账得算在意大利人头上，是他们在洛阳开设的那所号称“从没有毕不了业的学生”的航校，培养了这些“优秀”飞行员。

由于日本人大兵压境，此时的南京已经一片混乱。他们的高空水平轰炸机、俯冲轰炸机，还有战斗机一起上阵，将这座人满为患的城市变成了一片“屠场”。我们所在的乡村俱乐部位于紫金山山麓一侧，正好可以俯瞰长江南京段的整个江面。每天早上吃早饭的时候，大家最主要的话题就是“日本人什么时候会来”。

当时的南京人心惶惶，可人们总要生活下去。每天凌晨，大家都会利用黎明前的一点点空隙，抓紧做些生计。在那个时段，商店里挤满了顾客，塞满乘客的巴士呼啸着飞驰而过，大街上充斥着叫卖声，还有各种车辆行驶发出的声音。饭馆、酒店、面条摊、糖果铺全都争先恐后地开业，空气里弥漫着各种食物香气混合在一起的气味。到处飘荡着减价促销的丝绸条幅，用来招揽生意的老式留声机播放着各种中国音乐。气氛似乎很祥和，然而就在这时，犀利的防空警报声拉响了，所有一切立刻烟消云散。大家或者钻进防空洞，或者跑到城外的开阔地暂避。

等我们开车前往机场的时候，街道上已经彻底空了，空得让人心悸。机场上，发动机轰鸣，战斗机驶离跑道，然后一切同样归于沉寂。所有人都在不安中等待着日本轰炸机的到来。

第二轮防空警报拉响了，这说明敌人已经靠得很近了。不知道是谁拴在机场边上的驴突然叫了起来。紧接着，敌人轰炸机的轰鸣声远远传来，并且越来越强。我们抄起望远镜四处搜索，高射炮弹的炸点为我们提示了对方的位置所在。很快，成百上千人将会命赴黄泉。

中国战斗机试图冲击敌方的轰炸机群，可是日本人的战斗机很快就和他们打在了一起，双方在南京上空展开缠斗。不久之后，日本人的轰炸机调头返航了。这说明他们已经投下了炸弹。我们赶紧四处搜索炸弹的落点，城市里到处火光密布、烟尘冲天，大地在颤抖，窗户上的玻璃也一起震了起来。再后来，烟尘慢慢消散，爆炸引发的大火照亮了黎明中的城市，燃烧的灰烬好像雨点一样从天上落下。此情此景，高炮部队的绝望还击越发显得无济于事。大火到处蔓延，引燃了大片的树木和竹林。冲天的浓烟好像是为那些无辜死者树立起来的墓碑。警报第三次响起，空袭结束。机场边上的那头驴还在大叫。所有人都知道，日本人不久之后还会再来。

当然，我也看到了一些鼓舞人心的景象。一架日本战斗机被击中失去了控制，它在空中盘旋，最终撞向了地面。中国的37毫米速射高炮大发神威，一炮命中了一前一后两架俯冲轰炸机。两架飞机同时炸成了一团火球，日本人原先完美的编队出现了一个大口子。一发大口径高炮炮弹在一架日本轰炸机的尾部下方爆炸，这架飞机被从后面“对折”了过去，随后起火燃烧，发动机失灵，飞行员跳伞。可是这两名倒霉飞行员的降落伞也被点燃了，从远处看起来就像是放焰火。地面上观战的新闻记者们围着一位美国摄影师听得津津有味。据这家伙说，眼前的景象比他一年前在西班牙的马德里和巴塞罗那看他们打德国人和意大利人有意思多了，他拍到了不少好照片。当然，在这个过程中我也看到了悲惨的人类屠杀。

还是说点儿别的吧。“淞沪会战”爆发前，我在南京观看了柯蒂斯公司展示它的最新产品——“超级霍克”战斗机。这是一种高速制空战斗机，它成了美国陆军航空队后来广泛装备的P-36战斗机的原型。我第一眼看到“超级霍克”就喜欢上了它，便请求宋美龄把它买下来，归我个人使用。为了这架飞机，宋美龄花了55000美元。后来，我就是驾驶这架飞机，领略了日本人的高炮和战斗机战术，由此获得了宝贵经验，因此在以后的日子里救了不少援华美国飞行员的命。

在我看来，日美两国装备的巨大差异已经在“淞沪会战”的战场上显露无遗。就日本方面来说，无论普通单翼战斗机，还是带浮筒的水上战斗机，他们首先强调的是飞机的灵活性。不过，这种灵活性却是以牺牲其他性能为代价换取的。因此，这些脆弱的战斗机在空中缠斗中根本不占优势。很明显，日本人设计之初压根就没考虑过要长期使用这些战斗机，而是差不多把它们当成了“一次性”用品。他们的如意算盘是通过生产大量低成本的廉价战斗机来弥补战斗中的各种损耗，维持空中力量的规模。

相比脆弱的日本战斗机，我的“超级霍克”非常结实。在设计方面，这种飞机更加偏重火力、防护性和俯冲速度，并为此牺牲了灵活性。为了尽可能提高水平飞行速度，我们不得不拆掉飞机上很多不必要的零件，比如空地电台，因为在当时的中国这东西根本没用。作为补偿，我把自己的行李卷放在了飞行员座椅后面电台空出来的位置，当防弹板使用。有好几次，我晚上打开行李准备睡觉的时候，发现日本人的子弹头从里面掉了出来。

在最恶劣的后勤保障条件下，我的“超级霍克”坚持了10个月的战斗。这架飞机没有“殒命”战场，而是毁于一次着陆事故。出事故时，驾驶它的是位美国机械师。当时，这位飞行员开着飞机试飞，结果就在落地时出了差错。飞机的外壳被日本人的子弹打了几个洞。

我承认，战争早期的日本飞行员大多素质出众，并且具有极高的战斗热情。遗憾的是，这些人已经被训练成了机器人，有些死脑筋。在战场上，他们不懂得灵活变通，不顾实际情况的变化，只会按照预先的计划墨守成规，撞了南墙也不回头。尽管如此，经历过满洲上空与中苏两国飞行员的艰苦鏖战后，驰骋在长江上空的他们确实已经达到了巅峰状态。后来，这次战役中的幸存者在1941至1942年间，成为当时横扫太平洋战场的那支日本空中力量的中坚。他们一度所向披靡，只是在缅甸才遭遇到援华航空队的有力抵抗。

这些日本“空中老油条”很讲究团队意识，而且诡计多端。他们最擅长的计策就是派一位技术最好的同伴充当诱饵，其他人躲在周围打埋伏。这帮狡猾的家伙往往藏在背向阳光的方向，不容易被看到。倒霉的中国飞行员一旦被诱饵吸引过来，就会有两架飞机偷偷绕到他的机尾后面，赶在中国飞行员进入对诱饵目标的有效开火距离之前，发起偷袭。

日本飞行员的另一种常用战术是用几架飞机在原地绕圈，这会让人觉得他们很容易被击落。一旦敌方飞行员被吸引过来，开始追着他们的屁股跑，其中的一架飞机就会脱离编队，绕到这架来袭敌机的后面击落它。我曾经不止一次看到中国飞行员中计，掉进这个“死亡陷阱”。总而言之，这样的战术需要很高的飞行技巧，还必须懂得把握火候。掌握了它，就可以对付任何飞机和飞行员。在这方面，我也交过学费，让日本人在“超级霍克”上留下了几个弹孔。从那以后，我就再也不和日本人玩这些鬼把戏了。

出事故坠毁前，我的“超级霍克”一度是中国天空中速度最快的飞机，我们经常把它当作侦察机使用。除我之外，比利·麦克唐纳德、毛皮特和王约翰（一位美国出生的、身材修长的华裔广东人，他曾经击落过13架日本飞机，后来成为中国空军驻伦敦的联络官）都曾经驾驶过它。我们开着它沿海岸线飞行，寻找日本人的航空母舰和舰队集结地，也利用它搜索敌军的地面部队和野战机场。

有一次，比利·麦克唐纳德发现了长江口外的“龙骧”号航母（原文如此，但“龙骧”号实际上是在1942年8月的东所罗门海战中被击沉的。），然后狠狠教训了它一下。通过这件事情，我们证明了空中侦察的有效性。我们的侦察如此有效，以至于上海战场的日本战斗机专门接到命令，要不惜一切代价击落这架“超级霍克”。他们尝试了很多次，却总是无功而返。相反，还有一些不那么走运的家伙反倒被我们击落了。除了执行战斗和侦察任务外，我还驾驶着这架飞机在南京、南昌和汉口上空观战，以便战斗结束后为中国飞行员做战术讲评。这个工作和我在布鲁克斯机场干过的活差不多，唯一不同的是，有时候“裁判”也得亲自下场“比赛”。

印象中，那年的10月是一段很阴暗的日子，中国军队在上海抗击日军的努力最终失败了。实际掌握这次战役指挥权的，是蒋介石的德国军事顾问沃尔特·斯坦恩斯。他是位块头很大、皮肤白皙的德国人。除了指挥正规军，他还负责领导蒋介石的卫队和私人飞行机组。为了抵消日本人的炮火优势，沃尔特·斯坦恩斯主张对他们发动夜袭。问题在于，当时的中国空军即便拼了老命，也只能在夜袭开始前为地面部队提供5分钟的空中火力支援。这么短的时间，地面上的士兵甚至根本来不及跳出战壕。为了有效利用这点儿时间，我和沃尔特·斯坦恩斯在战斗打响前两天就特意对了表，并反复演练战斗过程。然而计划赶不上变化，尽管经过精心设计，但战场上的行动还是乱成了一锅粥。最终，中国军队通过惨烈的白刃战，将日本海军陆战队和水兵[①]赶回了黄浦江边。可惜的是，由于缺乏弹药和支援，这场胜利只维持了很短的时间。不久之后，日军便发动反扑，夺回了失去的阵地。

这次反攻结束不久，宋美龄便在乘车前往上海的途中遭遇车祸，受了很重的伤。事情是这样的。在前往上海的路上，宋美龄的汽车被低空飞行的日本飞机盯上了。为了躲避空袭，慌不择路的司机把车开进了路边的水渠里。宋美龄的伤势很严重，所幸后来恢复得不错。不过在当时的情况下，她却不得不暂时停止了包括领导航空委员会在内的所有工作。

如同其领导者一样，中国空军也在这个10月迎来了自己的噩梦。刚开战的时候，我们总共有80架战斗机，到了10月，就只剩下不到12架。人为刀俎，我为鱼肉，中国飞行员似乎难逃被日本人击落的命运，即便这次侥幸生还，也可能在下次战斗中殒命疆场。对他们来说，“被击落”只是一个时间问题。

“淞沪会战”的失败，以及中国空军的严重损失，让所有中国人意识到，对日作战将是一场持久而惨烈的战争。很多国外媒体甚至预言说，中日战争将在3个月内以日本人的完全胜利而告终。然而，当中国方面公布了后续的战略方案后，我对这个国家及其人民的崇敬感油然而生。中国人清楚地意识到，丢失上海将意味着丢失整个长江中下游平原地区。可是他们没有灰心丧气，而是准备沿长江后撤，进入四川盆地，继续抗战。历史上，四川盆地就以易守难攻著称于世，即便当年蒙古大汗的铁骑在将领土扩张到南方的缅甸时，也不得不绕过四川。汉口由于特殊的地理位置，被选定为撤退途中暂时立足、喘息的中转站。

在日本人挺进南京的过程中，“超级霍克”每天都会起飞沿铁路侦察日军动向，成为我们主要的情报来源。12月初，炮声已经在南京周边四处回荡，大家都知道，最后的时刻到了。此时，墨索里尼露出了本来面目，公开游说蒋介石向日本投降，并随即撤走了意大利方面的在华军事人员。南京陷落两天前，蒋介石命

---

① “淞沪会战”时期，日本海军参加地面作战的主要有两支力量。一支是原先驻扎上海，以及开战后从佐世保等地赶来的海军陆战队，他们身穿藏蓝色水兵服，接受过专门训练；另一支是临时从日舰上召集的水兵，这些人战术技能都比较差，与海军陆战队的最大区别是穿着白色水兵服。当时中国方面按衣着分别将他们称为“蓝衣水兵”和“白衣水兵”，所以陈纳德在这里将他们分开记载。——译者注

令我先驾机离开，他本人则继续留在南京，直到最后时刻才被迫撤离。接到撤退命令的我，半夜赶到满是弹坑的机场为“超级霍克”加油预热，准备起飞。在越来越密集的枪声中，我加大油门，冲破黎明的晨曦，离开了这座城市。此时，我们的防空网早就被日本人打残了，天上到处都是日本人的飞机，炸弹就在机场旁边爆炸。在我飞越城墙的时候，太阳升起来了，为这座饱受创伤的城市投射下一抹忧郁的晨曦，这晨曦逐渐变得如鲜血般殷红。

第五章

就在美国外交官急着要把自己的飞行员全部赶回国去的当口，苏联红军的飞行员们来了。苏联派来了全副武装的4个战斗机中队和两个轰炸机中队，帮助中国人抗击日本侵略者。他们在1937年南京陷落前来到中国，总共待了一年半的时间，直到1939年欧洲战场正式开战才撤回国内。

日本人攻陷上海后，中国政府曾经向世界各国发出照会，请求支援，可是只有苏联做出了回应。他们之所以这样做，是因为明确地意识到自己的在华利益已经受到侵害。因此苏联没有光说不练地局限于外交辞令，而是实打实地向中国提供援助。要知道，日本人为进攻苏联已经做了20年准备，而且还在西伯利亚边境上搞了好多次小规模冲突作为预演。在这种情况下，任何可以帮助苏联人延缓日本人进攻的力量，都可以成为他们的朋友。相比之下，美国人的觉醒是在珍珠港的爆炸声响起以后。在这方面，我们真应该向他们好好学学。

苏联确实慷慨，给枪、给人之外，还为中国政府提供了一笔2100万美元的贷款，并派人来华开设了炮兵和飞行学校。随着战争形势的发展，他们又沿着古老的丝绸之路，开辟了经土耳其斯坦地区[①]到中国新疆的物资补给线。尽管出于各方面考虑，中俄双方对这条战略运输线都没有过多宣传，但是它的重要意义丝毫不亚于以后的滇缅公路。后来，由于日本人侵入内蒙古地区，这条补给线受到威胁，苏联还专门派了一个装甲师配属几个轰炸机中队进驻新疆，保证它的安全。

① 指现在包括哈萨克斯坦在内的中亚5国地区。——译者注

事实证明，日本人真的欺软怕硬。迫于苏联的压力，他们压根就没敢动这条补给线一根手指头。从抗日战争开始的1937年到1942年底，苏联是中国最大的援助来源。有件事情耐人寻味，那就是在这个过程中，日本对苏联的行为容忍到了视而不见的程度，却频频对“洁身自好”的美英等国大加指责。要知道，就在苏联拼命援助中国的同时，美国方面却卖给了日本大量废钢铁和航空汽油。这些东西为日本人轰炸中国提供了丰厚的物质基础。

苏联派来的航空中队编制完整，按条令配备了充足的地勤和行政人员，并由他们自己的军官指挥。这支部队的总指挥官是一位名叫阿萨诺夫的将军。平时，主要由他负责出面与毛将军、周将军和我协调行动。单就工作来讲，我们合作得非常愉快。

这些苏联人没任务的时候，总是待在宾馆里深居简出。看起来，他们对房间里那些后来走进美国千家万户、成为日常用品的豪华家具非常熟悉。苏联人入住的宾馆是个相对封闭的小世界，他们自己派出哨兵负责警卫。中国方面专门为他们提供了上等的伏特加，还有妓女。黄杰瑞的战地服务团则在新疆哈密与南京之间，为他们建立了一条牢固的补给线。只要不打仗，这些苏联人就乐于纵欲狂欢。曾经驻扎过苏联人的中国城镇，在几年以后没有一个抱怨过美国航空兵引起的喧闹。

虽然平时表现不怎么样，不过苏联人打起仗来还真不含糊。他们有铁的纪律。与备勤时经常溜号、打牌的美国飞行员不同，这些家伙会一直坐在驾驶舱里，纹丝不动，直到自己的执勤时间结束。为了充分利用机场，苏联人总是把自己的飞机呈圆环形状排列在机场周围。这样一来，只要防空警报拉响，他们就可以从各个方向一窝蜂似地同时起飞。这么做当然有点儿冒险，不过我倒也没看见他们的飞机撞在一块。话说回来，我宁可直接挨日本人的炸弹，也不愿意起飞的时候站在这帮疯狂的家伙中间。

在我的印象中，苏联飞行员很皮实，吃苦耐劳。这帮家伙能够连续执勤12个小时，然后照样参加最惨烈的空战。只要能活着回来，还可以再豪饮上一整宿，什么事也没有。相比美国飞行员，这些人都显得比较老练，而且很团结，从来不起内讧。出于政治原因考虑，他们是以平民身份来中国的，却在国内保留了军衔，并且按时晋升，工资照发。回国之后，就可以名利双收。

苏联人的战斗风格很有些阴晴不定。有时候，他们似乎很“怕事”，为了避开日本人，经常开着飞机贴着树梢飞行；有时候，他们又似乎很英勇，成群结队地出去找日本人死掐。和日本人一样，苏联人在战术方面也有点教条，缺乏灵活性。一旦指挥官出了问题，经常会显得无所适从。

我记得有这么一件事情很能说明苏联人的死脑筋。据说有一次日本人派出战斗机护航的轰炸机轰炸苏联人驻守的机场，起飞迎战的苏联人刚好撞上了打前阵的日本战斗机。几个照面下来，他们指挥官飞机的发动机中了弹，只好返回机场迫降。于是，其他苏联飞行员也跟着他一起回了机场。就在这个当口，日本人的轰炸机赶到了，苏联人因此被来了个连锅端。对于日本人来说，这可真是踩了狗屎运，因为他们平时根本就不敢招惹苏联人，碰见有苏联飞机驻守的机场一般都会绕着走。

虽然这两个国家的飞行员都有些死脑筋，我还是在南京和汉口的上空观赏到了他们的几次出色“表演”。当时，苏联人的主力战斗机是伊-15型，属于波音P-12战斗机的改进版本。这种战斗机装备了两台发动机和4挺机枪。除此之外，他们还有一部分飞机是机身短粗的双座伊-16。这种飞机有3台发动机，属于美制战斗机的粗劣仿制品。伊-15和伊-16两种飞机形成了高低搭配。伊-15主要用于低速空中缠斗，伊-16则用于执行一些对速度有较高要求的任务。伊-15和伊-16两种飞机不但苏联人自己在用，同时也装备了原有美制、意制、德制和法制飞机损失严重的中国空军。这种情况一直持续到1942年夏天美国《租借法案》生效之后。

南京陷落前的一个下午，9架日本单座战斗机来到南京上空空投劝降传单，5名苏联飞行员和1名中国飞行员起飞迎战。日本人很快就击落了1架苏联飞机，还把那个中国飞行员吓跑了。剩下的4架苏联飞机继续以寡敌众，并用自己的娴熟战术素养为日本人上了一课。整整20分钟之内，日本人没占到什么便宜。当然，苏联人也没占什么便宜。最终，双方的队形被打乱了，编队战变成了混战。这其中，一架苏联飞机与一架日本飞机之间展开了一场精彩的对决，令我终生难忘。通常来说，一般的空战持续个几十秒或者几分钟就可见胜负，可是这两个人的战斗足足持续了30多分钟，双方可谓是以命相搏。

日本人首先发起进攻，他和那位苏联飞行员开始绕着圈子互相追逐，两个人都想抢占对方尾部的进攻位置。绕了一阵子之后，日本人逐渐占了上风，绕到苏联飞机后面首先开火。就在日本人开火的同时，苏联飞行员马上来了个高速俯冲，不甘心的日本人紧紧跟在后面，也来了个俯冲。俯冲到一半的时候，苏联飞行员突然把飞机拉了起来，一个反背，绕到日本人身后，然后就是一通狂扫。日本人的运气也不错，他成功躲开了对方的进攻。在接下来的战斗中，苏联飞行员始终控制着局势。他不停地和日本人玩各种猫捉老鼠的把戏。玩到最后，他们的弹药和油料都没了，只好各自收手。

当时，我正好在机场，因此得以亲眼看着这位苏联飞行员从机舱里爬出来。他大概有6英尺高，头发是成熟的小麦颜色。半个多小时的鏖战似乎令这位飞行员筋疲力尽，他那件衬衣的后背已经完全湿透了，就像刚洗过澡一样。更倒霉的是，他的腿上还中了一枪，鲜血正汩汩地往外冒。据说，这位飞行员后来在西线战场担任了苏联空军一个P-40战斗机大队的指挥官。在一次战斗中，他不幸阵亡。

另一次，也是在南京上空，1架苏联飞机同时迎战3架日本飞机。结果日本人全被报了销，苏联人却安然无恙。

除了勇气惊人，苏联人在要“阴谋诡计”方面也很有一套。有一次，我们相互配合，狠狠教训了一下日本人。那是在南京陷落后，作为中国临时首都的汉口成了日本航空队的主要攻击目标。1938年春天，我们经过仔细分析断定，为了庆祝即将到来的“天长节”[①]，日本人很可能寻找机会轰炸一下中国的这个临时首都。为此，毛将军、周将军、我，以及蒋介石的几个助手，再加上几名苏联指挥官一块在汉口开了个会，针对“天长节”可能出现的情况，制订了一个诱敌深入的作战计划。

由于过去的日子里，日本人在汉口上空被苏联人打得实在太狠，轻易不敢到这个地方来。为了达到诱敌深入的目的，我们首先要做的就是造成苏联飞机已经离开汉口的假象。根据计划，所有中国和苏联飞机在4月28日（“天长节”的前一天）突然起飞，绕城编队飞行了几圈，确保所有人都能看到、听到他们之后，便

① 日本天皇的生日。——译者注

向南昌飞去。要知道，当时汉口的日本间谍比乡村旅馆床铺上的跳蚤还多。这帮家伙在飞机离开大家视线前，就很负责任地把情报传递了出去。

当然，这些飞机不会真的离开汉口。朝着南昌方向飞了差不多1个小时后，他们又从低空悄悄溜了回来，并且没像往常那样绕城盘旋，而是趁着落日的余晖直接开回了机场。为了检验行动的隐蔽性，我和比利·麦克唐纳德专门爬上了汉口最高的建筑，却没有看到、听到他们返航时的任何蛛丝马迹。

第二天早上，防空警报如预料般响起。根据防空网的报告，总共有15架日本轰炸机正从南京方向驶来，另外还有一大群负责护航的战斗机正从芜湖方向赶来。日本人之所以把战斗机单独放在芜湖，是因为战斗机的航程相对比较短。只有尽量靠前部署，才能将汉口纳入他们的有效打击范围。尽管如此，日本战斗机从芜湖开到汉口的时候，油料也消耗得差不多了，一般只能停留很短时间就必须返航。我们却打算“邀请”它们在汉口多待一会儿。

为了达到这个目的，我们专门派20名中国飞行员驾驶苏制飞机，在汉口南边巡航。他们的任务是：一旦发现日本战斗机群，就尽可能拖住他们，消耗他们的汽油。作为主力的40架苏联战斗机则埋伏在汉口以东30英里、日本战斗机返回芜湖的必经之路上，等着油料耗尽的日本人。

日本人倒也不是吃素的，为了迷惑我们，他们在来的路上时而向南，时而向北，还顺道骚扰了一下武昌机场，最后才直扑汉口上空，和我们事先安排好的20架战斗机打在了一起。日本轰炸机的航程比较长，对它们来说，多绕点路算不了什么，可是他们的战斗机很快就吃不消了。不久之后，我便看到日本战斗机摇动翅膀，向编队发出返航信号。此时，尽管有几架轰炸机被中国飞行员击落，但日本人的编队还是基本完好的。

看着返航离去的日本机群，我心中暗笑，过不了多久他们就会碰到那40架张网以待的苏联飞机。

苏联人的进攻非常完美，他们第一轮冲击就把日本人的战斗机和轰炸机分割包围，然后，一部分人专门对付轰炸机，另一部分人专门对付战斗机。要知道，这时日本战斗机剩下的那点油料别说打仗，就连返航也不够了。根据最后的战果统计，日本人总共有3架轰炸机侥幸漏网，但是战斗机一架也没能返回芜湖。也就是说，中苏双方联手在那天干掉了39架日本飞机中的36架。中国方面损失了4名飞行员和9架飞机，苏联人损失了两架飞机，却没有飞行员伤亡。那天夜里，一贯吹牛皮的日本人却在广播里说，他们在汉口上空击落了52架中国飞机，这是献给“天长节”的一份厚礼。

所谓无利不起早，苏联人对中国的援助当然也不是无私的，他们实际是将中国战场当成了检验自己装备和战术的“试验场”。几年以前，苏联人支援西班牙内战的目的也是如此。出于练兵考虑，他们的援华飞行中队采取轮换制，平均6个月轮换一次。在我看来，苏联空军在中国的最大收获就是通过实战检验，改进了自己的航空机枪，以及配套的瞄准系统。这些改进在后来的西线战场让很多德国飞行员送了命。

除了改进装备，苏联人还通过在中国的实战磨砺，开发出一种为世人称道的空中战术。这种战术最早其实是由我提出的。正如前面提到的那样，日本飞机的结构非常脆弱，脆弱到用手就可以撕破它们的铝质蒙皮。在给中国飞行员传授战术的过程中，我向他们特别强调了这点，并建议他们利用自己的飞机比日本飞机坚固的优势，空战时直接开足马力用自己的机翼撞对手的机翼。这样一来，既可以击落日本人，自己还能全身而退。我自己当年在陆军航空队服役时曾经多次演练过这种战术，因此我相信它在实战中的有效性。

遗憾的是，尽管“学生们”全都认真聆听了我的讲解，可还是有人闹了笑话。故事的主人公姓袁，他是一位严肃认真的年轻人。有一次，他得到了亲身检验这种战术的机会。当时，日本海军派出3架轰炸机轰炸南京，我们则针锋相对地派出袁和另外三名飞行员升空迎战。袁的运气不好，他的机枪没打几下就卡壳了。于是，他决定试验我的撞机战术。这位小伙子选中的目标是一架老式轰炸机。与最新式的日本军机不同，这种老式飞机的防护能力很强，机身很结实。袁根本没顾上仔细观察一下对手，就一头撞了上去。最终的结果是，对方毫发无损，他自己一侧的机翼齐根折断，油管也破了。袁的飞机螺旋下坠，差点机毁人亡，好在他最后驾驶着燃油漏尽、引擎即将起火的飞机迫降成功。第二天早上，这位小伙带着眼眉上的一道大口子，满脸沮丧地找到了我。

“你对我说尽管撞日本人，一点儿事都没有的。”他很生气地说。

“是，我说过。可我说的是让你撞那些新式飞机，可你自己偏挑了架日本最结实的老式飞机。”我反唇相讥。

后来的实战证明，我的战术是有效的。多名中国飞行员实践了空中撞击战术，成功撞断了日本人的机翼，自己还全身而退。事实胜于雄辩，实战成功令这种战术获得了极大欢迎。几年之后，一位名叫帕克·帕克迪普伊的援华航空队飞行员在兰州上空驾驶P-40战斗机将来袭的日本“零式”战斗机的机翼连根切断，顺便还打死了飞行员，自己却只损失了差不多3英寸的机翼。

奉命来华的苏联人对我的撞击战术也非常感兴趣。其中的一个重要原因就是他们的航空机枪射程比较短，必须进入到距离日本飞机55英尺的地方才能开火。在学习别人战术方面，苏联人很有点儿活学活用的精神。仗着自己飞机螺旋桨比较结实的优势，苏联人把我的撞击战术发展成了绕到敌机尾部，用螺旋桨切它的屁股。这个战法后来让很多德国飞行员吃了苦头。

除了战斗机，苏联援华航空队还装备了双引擎SB-2和SB-3轰炸机。这两种飞机的载弹量都很小，一次装不了几颗炸弹，不过它们倒是有个很明显的优势。与当时常见的将发动机吊在翅膀下面的轰炸机不同，这两种飞机的发动机是装在机翼上边的。由于这个原因，当它们在较高高度飞行的时候，地面上的人就很难听到任何声音。有一次，这些轰炸机奉命从2.4万英尺的高度轰炸长江上的九江渡口。得到情报的日本人派出战斗机，在1.7万英尺的高度迎击。处于这个高度的他们既看不到来袭的苏联轰炸机，也听不到什么声音，只能眼睁睁看着炸弹从天而降，在地上开花。那天夜里，不少日本飞行员都通过电台向上级报告说中国人装备了隐形、无声轰炸机。

1938年5月，也就是中国空军派遣马丁B-10轰炸机“轰炸”①日本本土后不久，苏联人就派他们的轰炸机空袭了台湾。我本人参加了作战方案的制订，并帮他们挑选了位于台北附近的一处机场作为攻击目标。

印象中，我和苏联人发生的唯一龃龉是在南昌机场的一次会议上。参加那次会议的有我、阿萨诺夫将军和周将军，以及3名翻译。大家寒暄过后，就开始高谈

① 中国空军只投了传单，未投实弹。——译者注

阔论。就在我们聊得高兴的时候，防空警报突然响了，机场上备勤的苏联飞机立刻起飞迎战。不久之后，我看到外面已经升起了第二个红色报警气球，这意味着日机已经临空。看到在座的其他两位根本没有进防空洞的意思，我便通过翻译建议阿萨诺夫赶快转移。

“哦，不。如果周不走，我就不走，否则就太丢脸了。”阿萨诺夫回答。

于是我只好再劝说周将军赶紧进防空洞。

“哦，不。如果阿萨诺夫不走，我就不走，否则就太丢脸了。”周将军还顶上牛了。

“跟这两个人说，我宁可丢脸，也不想丢命。”我冲着自己的翻译苏上校大喊，然后就像疯子一样朝位于一片坟地里的隐蔽所快速跑去。跑到坟地之后，我又回头朝他们喊了一通，便开始站在坟头上抬头观战。由于看得太投入，我根本没注意到日本飞机下来了，砸到了刚刚赶到的周将军头上。日本人的轰炸机已经开始投弹。爆炸产生的冲击波将毫无防范的我从坟头上掀起。

征战中国的这段经历使我得以在美国正式参战前，就熟悉了太平洋周边多数国家空中力量的装备和战术。也正是在这段时间里，我对中国空军产生了强烈的信心。激发我产生这种信心的，是他们一次又一次英勇卓绝的空战表现。要知道，最早投入战斗的这批飞行员训练很差、装备不足，面对的却是时刻占据压倒性优势的对手。尽管如此，他们还是通过自己的优异表现，为世人留下了难以磨灭的印象。

陈阿特是个来自俄勒冈的华裔壮实汉子，他的父母祖籍广东。阿特在加利福尼亚学习飞行，算得上是一位优秀的飞行员。在我的部下中，他是第一个成功使用撞击战术击落日本飞机的中国人。有一次，在汉口上空截击日本轰炸机的他被4架日本战斗机团团围住。眼看无法摆脱这个“死亡陷阱”，陈干脆抱着拼命的心态撞向了日军指挥官驾驶的飞机。撞击之后，两架飞机都起了火，不过陈最后侥幸跳伞逃生。剩下的3架日本飞机似乎不想放过他，又追着跳伞的陈扫射了好一阵子。就这样，原本被轻微烧伤的陈又在跳伞后中了几枪。就在我们派出的救援队找到他的时候，这位坚强的小伙子正在努力从自己已经坠毁起火的飞机里抢救宝贵的航空机枪。

看到我之后，他举着一挺抢救出来的机枪说：“长官，我是不是可以把这些机枪装在我的新飞机上？”

一年后，在南京上空的另一次空战中，陈的飞机被击中起火。为了避免跳伞后落入日军控制区，他硬是开着起火的飞机往回飞了20英里。这次的烧伤如此严重，以致他后来只好在医院里度过了整个战争。抗战胜利后，伤愈的他在中国航空公司找了份差事。

这里，我还想谈谈苏上校（这个人和我的翻译同姓，却不是同一个人）。他战前在中国航空公司担任民航客机的副驾驶，战争开始后，便参加了中国空军。刚开始的几个月，正牌的中国空军飞行员根本看不起这个“开客机的家伙”。可是最终，苏却成为中国空军拥有最高战绩的飞行员之一。他曾经驾驶着老式轰炸机执行过多次轰炸任务，并参加过1938年轰炸日本本土的行动。当时，他的“马丁”轰炸机并没有带炸弹，弹舱里装的全是传单。这些传单被投到了日本的长崎等地。这么做的目的是要告诉日本人，中国人的抵抗意志远远没有消退。

那时的日本根本没料到自己会遭到空袭，苏负责“轰炸”的城市全部灯火通明，根本没有一点儿防空的意思。就在空投传单的过程中，刚好有一包放在驾驶舱的传单卡在了操纵杆和驾驶舱的地板之间，苏的飞机因此一头向地面扎了下去。所幸，他费了九牛二虎之力，终于把那包传单拽了出来，并重新控制了飞机。投出所有传单后，苏又驾驶飞机经历重重困难返回中国，并在李亨利中尉的引导下安全降落。这位李中尉也是个在美国出生的华裔，是一位勇敢而有责任心的年轻人。在一次日军对机场的空袭中，塔台上所有负责无线电导航的中国人全部溜之大吉，只有他留了下来。李后来也开上了飞机，并被任命为驻第十四航空队的联络官。前面提到的苏上校则在战争末期成了第十四航空队中美混编联队的中方负责人。1945年夏天，他作为代表出现在芷江机场，接受了当地日军的投降。

高是个固执的蒙古人，尽管不会说英语，这家伙战斗起来却像只不要命的恶犬。他在自己的头两次战斗中就击落了4架日本轰炸机。可惜的是，这位小伙子在随后日军的一次空袭机场行动中被炸身亡。

相比之下，陈上尉是我们这群人里个子最矮小的，也是最瘦弱的。这家伙刚来空军的时候，一门心思要当战斗机飞行员，对其他岗位压根就没兴趣。然而事实证明，他实际上是位很出色的轰炸机指挥官。作为一名敬业的指挥官，陈从未临阵怯战，也没有向战友推卸过责任。他见到我的第一句话总是："我来领受命令。"

陈上尉成功组织了中国空军早期为数不多的几次轰炸行动。他曾经参加过对天津的空袭行动，沉重打击了华北日军的后勤供给。行动中，由于编队指挥官因机械故障提前返航，陈主动接过了指挥权。这次行动完全出乎敌人的预料，将他们建在港口的仓库以及周边设施一网打尽。轰炸引发的大火持续数日，烧掉了几千吨日军补给。

苏上校也是轰炸机部队一位响当当的人物，他曾经遭遇过一次我前所未见的离奇险情。那次，他率领一队"诺斯罗普"轰炸机前去轰炸大沽口。走到半路的时候，他的一个螺旋桨突然掉了，飞机翻滚着扎在了稻田里。侥幸生还的孙打算把飞机用稻草遮盖起来，却突然遇到了200多名为日本人效力的中国伪军。令人意想不到的是，孙居然义正词严地劝降了他们，让他们心甘情愿地归顺了南京政府。就这样，几个星期之后，孙带着这200多人平安返回南京，顺便还从敌人那边"拐带"回一条杂毛猎犬。

对于战争初期这批优秀的中国飞行员来说，汉口空战是他们很多人人生的终点。随着人手的逐渐短缺，宋美龄开始认真考虑招募国外志愿飞行人员的可能。在此之前，招募国外志愿飞行人员的问题已经被考虑过很久了。1931年"九一八"事变后，孔祥熙就曾经提出过这种可能性。由于约翰·裘立德上校认为当时中国机场的设施不足以支持大规模的空中力量，这个主意才最终作罢。

1938年秋天，因为形势所迫，宋美龄再次提出了这个问题。我在这方面泼了不少冷水。在我看来，要想从大批应招者中甄别出真正合格的人实在很麻烦，有可能得不偿失。可是后来，比尔·波利（这个人后来在中国当了一名航空器材经销商）推销过来的一批B-36轰炸机让我改变了主意。这种轰炸机速度不快，还需要一个三人机组操纵，但飞行里程超过2000英里。而且这时，我正好急需一批轰炸机装备独立第十四轰炸机中队，以轰炸在中国沿海航行的日本商船。

当时的中国空军不仅缺飞机，也缺飞行员。于是我只好请求朱利叶斯·巴尔和儒勒·伦纳德（这两个人曾经是我在航校的学生，后来成为蒋介石的私人飞行员）帮我从应募者当中遴选一批优秀的轰炸机飞行员。

最终，我们挑选出4名法国人，1名荷兰人，3名美国人和1名德国人，再加上6名最出色的中国飞行员，由他们组成新的第14轰炸机中队。我最初的设想是打算让外国飞行员担任领航员，可是中国飞行员却拒绝这样的安排，他们认为，飞行时被外国人指挥是件很丢脸的事情。更糟糕的是，投弹手们似乎也赞同他们的观点。在这个问题上，只有那些后机枪手表现得比较宽容。这些人大多来自陆军部队，对飞行充满热情，而且并不在乎由谁领航（毕竟，在飞机上他们不用自己扛着机枪走路，还总有过枪瘾的机会）。本着“分而治之”的原则，我先委派手下的航空助理拉尔夫·沃特森沿长江坐船上行到宜昌，为这些机枪手专门建立一所航空射击学校，自己则留下继续和这些“好面子”的飞行员、投弹手较劲。

一周之后，沃特森给我发电报说：“学校被水淹了，学生们还没到，我该怎么办？”

我回答说：“重新选址，重新招生，立刻开学。”

尽管中国飞行员对这些外国同行不买账，我却觉得他们中的一些人非常出色。比如吉米·埃里森，这个人曾经在西班牙内战中跟德国人和意大利人交过手。再比如吉伯森，这个人受过全套的美式飞行训练。还有一位名叫韦格的飞行员是“牧场”飞行学校毕业的，他最大的特点就是激情四溢。另外一位名叫施密特的伙计则声称自己曾经在芬兰飞行过。

当然，这些人里面也有不少滥竽充数的。其中最不靠谱的是一个年轻小伙，他向大家展示了一大摞自己1.2万小时飞行记录的笔记本，骄傲地宣称自己曾在阿拉斯加、南美，以及欧洲飞行过，目前最大的愿望就是开着轰炸机去轰炸东京。要知道，我飞了那么多年，当时的资历也只有不到1万飞行小时。因此，我对这位年轻人所说的话非常怀疑。

满腹狐疑的我找来比利·麦克唐纳德，让他检验一下我们这位年轻“英雄”的基本飞行技能。得到命令后比利马上带着这个小伙子朝跑道走去，这位“勇士”却突然颤抖着对他说：“你得明白，我以前从没开过这种型号的飞机。”

比利狡黠地一笑，对他说：“别担心，这种飞机很容易驾驶。这样吧，我就别在边上添乱了，你自己上去开就行。”

终于，这位打算轰炸东京的“英雄”站在驾驶舱门口，脸色惨白地承认：“我看还是别费这个劲了，我以前其实根本没开过飞机。”

在我看来，这支国际飞行中队的主要问题并非出现在空中，而是在地面上，这些人的军纪实在太差。他们中间有人长期流连于汉口的各大赌场，有人抽大烟，还有人成天去妓院寻花问柳。这帮人把中队司令部安排在汉口最繁华的街道上，成天大吃大喝。我相信，只要稍加腐蚀拉拢，这些人就可能泄露所有机密。有的时候，甚至都用不着腐蚀拉拢，间谍只要随便听听他们高谈阔论，就可以搞到不少有价值的情报。

实话实说，这些人确实打了几次漂亮仗，轰炸过日本人在华北的铁路枢纽和重要桥梁。可是他们在汉口的恶劣行径，却让所有中国人都觉得保留这么一支部队实在得不偿失。

国际飞行队成立不久以后，我准备对日军在山东济南的军事运输中心实施一次轰炸。这次行动原计划安排在早上，以便飞行员此前可以充分休息，同时也可以尽量减少行动中遇到的敌军拦截。国际飞行中队的这帮大爷倒是很积极，头天下午就给飞机加满了油，装上了炸弹。这之后，他们就跑到街上寻欢作乐去了。我敢肯定，这帮家伙一准是在外面说了不少关于这次行动的事情，因为日本人在当天黄昏的时候就先派轰炸机炸了我们。飞机机翼上挂载的炸弹被引爆，炸弹的爆炸又点燃了飞机油箱，由此引发的大火吞噬了我们所有的轰炸机。

就这样，中国空军的轰炸机部队仅仅5秒钟就灰飞烟灭了，国际飞行中队的这帮大爷们也因此失了业。

第六章

云南省位于亚洲腹地，至今还保留着不少中世纪风貌。那里到处是湖水清澈碧绿的湖泊，湖泊的周围群山环绕，山顶上终年覆盖着皑皑白雪，高耸云霄。云南这个省份处于中国版图的西南角，与西藏、印度、缅甸，以及印度支那接壤。

尽管近代以来云南的现代化主要是抗战爆发以后的事情，不过在历史上，云南始终就是中亚地区的一处兵家必争之地。马可·波罗曾经在自己的书中描述过横穿云南的“茶马古道”。来自北京的珠宝商正是沿着这条大道进入缅甸北部的翡翠矿区，开展珠宝贸易的。7个世纪以前，缅甸国王的战象与忽必烈大汗的弓箭手还曾经在大理湖边以命相搏。为了控制这片土地，来自中原地区的军队与当地的部落武装进行了上百年的战争，就像我们与印第安人之间曾经爆发的战争一样。

云南以盛产火腿闻名全国，还蕴藏着大量的铜、锡等矿藏。当地出产的铜，是中国古代造币业的主要资源。云南自古以来就被视为蛮荒之地，时至今日，那里的边远山区仍然生活着许多未开化的原始部落，他们时不时就会出来打劫一下平原地区的村落，抢走他们的盐、妇女和马匹。清朝时期，云南被政府当作发配犯人的主要接收地，统治这里的亲王往往也是皇帝家族中最受排挤的兄弟。当地政府中的士兵、学者和官员也多是犯过罪又罪不当诛的人，他们通过来云南服务达到将功折罪的目的。在云南的省会昆明，四处遍布着当年的流放者留下的京式风格建筑。

1938年夏天，我离开了战斗在长江中游地区的部队，来到昆明，实际上也有几分被发配的意思。当时，我接到了宋美龄的直接命令，要求我按照美国模式重新组建一支中国空军。在我看来，这似乎是个不可能完成的任务。不过宋美龄却执意要这样做，因为她永远也忘不了南京战场上那些因为意大利人的不负责任而无辜丧命的飞行员。由于这个原因，她多次向我施压，要求我暂时脱离作战部队，首先解决训练问题。最初，我并不情愿接受这样的安排，于是就打报告要求重回美国陆军航空队服役，尽管那意味着我的收入将大大减少。

当时，我对回航空队服役这件事情信心满满，毕竟自己已经拥有了一年的实战经验，而且当初在战术学校提出的各种理论和战术也都得到了实践检验。凭借这样的资历，回航空队训练美国飞行员显然要比窝在山沟里培训中国新手容易得多。遗憾的是，航空队给我的官方答复却是：1938年度已经没有接收退役人员重新服役的经费。

在这种情况下，我只好心有不甘地来到昆明。这座城市在随后的7年成为我最主要的训练指挥基地，也成为我的“第二故乡”。昆明给我的第一印象是一座懒散、落后的城市，东方底蕴中又点缀着几抹高卢风情。身处印度支那的法国殖民者修建的铁路直达昆明，将这片气候清凉、干爽的地方当成他们躲避东南亚殖民地酷暑的理想度假地。每到夏季，昆明湖周围便挤满了他们的游艇。

在过去的几个世纪中，昆明的生活正在悄然发生改变。原本与世隔绝的土著人也开始戴着褪色的蓝头巾做起了生意。他们组成马帮，运送包括食盐、鸦片在内的各种货物，行走在崇山峻岭之间。拉着沉重货车的当地特有矮种马在昆明熙来攘往的大街上呻吟、嘶鸣。大街两边的胡椒树下，成群的水牛、肥猪随处可见。与这些景观相映成趣的是法国人的别墅群。别墅的顶上铺着柏油和瓦片，形态各式各样，周围还种着高大、翠绿的桉树。法国人的小火车发出的轰鸣声与中国人的叫卖声，以及人力车铃铛声混合在一起，回荡在昆明的大街小巷。

昆明郊外的土质非常适合稻米生长。每年春天插秧之后，连绵的春雨就会及时降临，为它们的生长提供充足的水分。即便是在隆冬时节，这片土地也被小麦、大豆，以及金黄色的油菜花装点得生机勃勃。当然，田野中也随处可见罂粟花妖媚的身影。尽管当地政府严格禁止罂粟种植，鸦片却仍然是云南省的重要作物之一。

我的航空学校坐落在昆明城区与滇池之间的一片绿色田野上。滇池边上有一处因为山体滑坡露出红色岩石的断崖，那就是寻找我们学校的最明显地标。很多美国人乘飞机进出中国的时候都会看到这处断崖，以至于这个地方最后在外国人中间变得闻名遐迩。

航校的教师主要是招募来的美国陆海军航空队退役人员。这是一群充满进取精神的优秀飞行员，也是一帮牢骚满腹的不得志者，还大都是牌场高手。其中既有我的老部下比利·麦克唐纳德，也包括弗兰克·希格斯（这人就像密尔顿·甘尼夫在喜剧《特瑞和海盗》中扮演的黑尼克公爵一样，是位打不死的英雄。遗憾的是，他在战后驾驶中国国家航空公司的民航客机执行从上海到广东的首航任务时却遭遇了空难）。除此之外，还有"滑头"阿岱尔，是他帮我招募了援华航空队的第一批人员。战争结束之后，这个人在中国航空税收部门服务。吉米·布莱索，这个人后来在第十四航空队负责指挥一个P-38战斗机中队。威利·赫斯顿，这是个明星级人物，原先是密歇根大学足球队的，后来当上了第十四航空队的上校军官。埃米尔·斯科特，他后来在驾驶中国航空公司飞往昆明的客机时遇到了雷暴，不幸去世。哈罗德·约翰逊，后来在驾驶蒋介石的私人波音客机时遭遇空难。比尔·切瑞明森，这个人在菲律宾陷落后，驾驶一架只有3个发动机正常运行的B-17"空中堡垒"轰炸机[1]，帮助大批难民逃到了澳大利亚。哈罗德·穆尔，这位老兄运气实在太差，他平安度过了整个战争，却在乘船回家的途中遇到了海难。伯纳特·卡尼，他从1938年开始就是我的左膀右臂，后来又和我一起撑起了援华航空队的摊子。

总的来说，我所领导的是一支忠诚且充满奉献精神的团队。在训练中国新手的过程中，他们尽了自己最大的努力。当然，这些人之所以能够取得这样的成绩，还要归功于身后那支默默付出的"妻子团队"。她们是：芭比·亨哈森、斯蒂夫·阿岱尔、路易斯·穆尔、佩尔·赫斯顿和比尔·比斯顿。这些勇敢的妻子陪伴着自己的丈夫来到中国最边远的山区。她们在肮脏的小旅馆里，在简陋的航船上，在泥墙环绕的临时农舍里艰难地操持家务，却始终乐观积极，从不抱怨。需要特别提及的是埃米尔·斯科特，他在我们这次培训任务即将结束的时候结了

---

① B-17总共有4个发动机。——译者注

婚，可是新婚妻子不久后却在马尼拉被日军俘虏了。

无论何时何地，搞教学都不是件轻松的事情。特别是当我们打算用美国的方式培训中国新飞行员的时候，两种文化的冲突便暴露无遗。几年之后，很多刚来中国的美国人都对我在人际交往方面的游刃有余惊奇不已，并且总将这归因于个人的偶然天赋。他们不知道的是，我之所以具备这样的能力，主要得益于长期和中国人打交道的经验教训。

我对中国人为人处世方面的体会最早发生在“淞沪会战”爆发前的几个星期。当时，应蒋介石的要求，我动身前往驻扎在南昌的一支装备美制马丁-10轰炸机的中队搞调研。实话实说，在此之前我从未见过如此涣散的军队，他们很多人都把家安在了南昌，平时待在家里享受天伦之乐的时间远远要比待在飞机上的时间多。这些人还自认为是天底下最出色的飞行员，训练根本就是浪费时间。在这样的心态驱使下，训练计划日复一日地被制订出来，却又日复一日地仅仅停留于纸面。

这种糟糕的情况终于被蒋介石了解到了，他通过毛将军严令这些飞行员必须认真训练。在毛将军的督促下，他们的中队长总算带头绕着机场飞了几圈，然后就打算落地休息。就在降落跑道的过程中，这家伙还故意收了油门，让飞机撞在地上。结果，飞机的螺旋桨和机翼拧成了麻花，机身也断成了两截。发动机从机翼上掉了下来，零件摔得满地都是。这位中队长却从飞机里爬了出来，表现得跟个没事人似的。

“这是训练造成的正常损失。”他对在场目睹了一切的毛将军说。

不久之后，“淞沪会战”爆发，一队轰炸机将去轰炸长江口外的日本军舰和后勤补给船。按照计划，马丁-10中队将和速度较慢的“海因克尔”轰炸机中队一起行动，“海因克尔”中队负责打头阵。除此之外，还有P-26战斗机为他们护航。

指挥马丁中队的仍然是前面提到的那位中队长。这家伙根本就将联合行动的命令置之脑后，刚遇到日本战斗机的拦截，就把炸弹一扔，调头返航了。由施中校指挥的“海因克尔”中队并没有因此放弃自己的职责，继续向目标发起进攻。最终，他们的5架飞机有3架被击落，两架严重受损后返航（包括施中校驾驶的一架），不过日本人的军舰也有两艘被击沉。

由于这件事情，马丁中队的中队长很快就被毙了。令人意外的是，施中校也因此吃了官司，因为上峰认为他没能严格执行联合作战的命令。为了帮助施中校解脱，我费了很大力气，却没什么效果。直到后来，高层不知道什么人说了句话，施中校最终被以“违反命令”的罪名降了一级军衔，却又因为作战勇敢被提了两级军衔。对于美国人来说，实在难以理解这样的处理方式。

在对待外国专家特别是技术人员方面，中国人的态度也很矛盾。一方面，他们很迷信、尊敬外国人；另一方面，一旦出现问题，外国人又很容易被当成替罪羊。在这方面，宋子文是个很好的例子。我在昆明工作时，他也以“错误地为政府引进了不少外国专家”的罪名，被重庆政府短期发配到云南。有一次，我们一起在郊外稻田的水渠边散步，宋子文踢着田野里云南特有的红色黏土抱怨说：“我的罪名是引进外国专家，可这些灌溉水渠就是由700多年前蒙古可汗从巴尔米拉（位于印尼普吉岛）引进的工程师修建的。”

由于天生的火暴脾气，我在刚来中国时跟东方式慢性子的蒋介石和宋美龄也发生过不少冲突。在我看来，有些事情明明几句话就能解决，可他们偏偏要絮絮叨叨地说上几天，甚至几周。

在时间观念方面，我在昆明的厨师也让我领略到了东西方之间明显的差异。由于多年养成的习惯，我早餐时通常会吃一个煮了3分钟的鸡蛋。这位老兄第一次给我端上来的蛋完全是生的。在我的严厉质问下，他信誓旦旦地声称自己绝对煮够了3分钟，无可奈何的我只好要求他下次多煮一会儿。结果，他第二天给我端上来的蛋又是完全煮熟了的。被气疯了的我再次质问他到底是怎么掐时间的，这家伙无言以对。经过长期观察，我的翻译才最终搞明白，原来这位厨师看不懂钟表，他是根据太阳大致估算时间的。哭笑不得的我只好先让翻译教他计算时间，这才吃上货真价实煮了3分钟的鸡蛋。

最初接手中国空军时，我曾经认为自己的任务就是搞战术教学，然而实际情况却要复杂得多。事实证明，中国飞行员身上同样具有许多作为中国人与生俱来的毛病，并且因此影响了战斗力。特别是后勤供给方面的混乱状况，更让我体味到了中国逻辑的难以理解。贯穿战争始终，后勤供给都是最让我头疼的问题。为了解决问题，我磨了无数嘴皮子。幸运的是，我终于发现了在这方面对付宋美龄的最有效策略。如果我打算找她去解决什么眼下特别棘手的问题，那最好的办法就是先别跟她谈这件事情，而是装出一脸苦相，声称自己干不了了，要辞职回美国。只要我使出这个“杀手锏”，一切问题便可迎刃而解。

“不，不，你不能走。”宋美龄总会立刻回答，“告诉我你遇到了什么麻烦，我们会帮助你的。”

只有在达到这种效果之后，我才会真正提出自己的问题，而且总能以最快、最便捷的方式得到解决。这个法子屡试不爽。在刚刚开战的头几个月里，我平均每周“辞职”一次，中国空军的境遇也因为我的频繁辞职得到了有效改善。

对于宋美龄来说，和急性子的我共事很可能也是一种长期折磨。有一次，她把我直接带到蒋介石那里，帮助我解决问题。我便在蒋介石面前就中国空军的低效率问题，开始了长篇大论。宋美龄耐心地翻译了30分钟，蒋介石也耐心地听了30分钟。终于，忍无可忍的蒋介石耸了耸肩，说了句严厉的话，然后就气鼓鼓地离开了房间。

“他说自己已经明白你的意思了，也知道很多人的工作都存在失职问题。”宋美龄翻译说。

“既然他知道，为什么不对这些人采取行动呢？”我生气地反问。

“他说他必须和这些人共事，如果把这些人都开除了，他自己也就完了。要是真那么干的话，我们手下还能剩下几个干活的人？”宋美龄这样回答我。

直到一年以后，当我奉命按照美国模式组建新航校的时候，才真正理解了蒋介石的处境。下属们的缺乏诚信、钩心斗角，以及三心二意是他不得不面对的问题。唯一的办法就是分而治之，让这些人互相牵制，自己坐山观虎斗，从中渔利。如果有人闹得实在不像话，那就枪打出头鸟，杀鸡给猴看。

汉口保卫战开始的那年秋天直到“珍珠港事件”爆发前，是我们经历的一段最严酷时期。当时很多人都认为中国就要撑不下去了，胜利根本就是不可能的事情，可是蒋介石从来没有失去希望。随着相互了解的逐渐加深，我对他的钦佩与日俱增。

为了鼓舞军民士气，他在尚未沦丧的国土上四处奔走。

“如果需要的话，我们可以坚持抗战一百年。”蒋介石向他的人民高声疾呼，“尽管我们暂时失败，但最终的胜利一定是属于我们的。中国人不会屈服！”

日本方面从没放弃过劝降蒋介石的努力，他得到过日本人不少美好的许诺。相比苦苦支撑中国这个烂摊子，为抗战四处讨要国际援助，接受日本人的劝降似乎轻松得多。日本人很清楚，没有蒋介石的合作，他们就不可能真正控制整个中国。然而蒋介石却下定决心要抗战到底，这实在令他的敌人沮丧不已。

受贿是当时中国各个领域普遍存在的问题。它的形式多种多样，从最直白的主动索取，到比较隐晦的被动接受礼物，手法不一而足，有时候也很难界定。在我开始为中国政府服务的时候，蒋介石曾经就这个问题专门和我谈过话，并划定了合法礼物与非法贿赂间的界限。起初，我对这种古老的东方游戏不屑一顾，既不愿意送礼，当然也不愿意收礼。因为按照西方的标准，这些行为都是非法的行贿受贿。我送给别人的礼物局限在钢笔、自动铅笔这类不值钱的小东西。对于工业水平比较落后的中国来说，这些新鲜玩意也算是拿得出手了。相应的，我只接受别人馈赠的各种中国特产。由于我这个人在朋友圈子里享有“美食家”的美誉，所以我收到的中国特产往往也以各地的特色食物为主，比如中国南方出产的上等胡椒，这可比路易斯安那产的要好得多。

刚开始的时候，我的“清廉政策”还算比较成功。1939年以后，已经没有什么中国人动给我行贿的念头了。当然，这么做也是要付出代价的，很多事情因此办得非常不顺手。最后，无可奈何的我只好妥协，将自己的策略调整为小事上睁一只眼、闭一只眼，大事上不含糊，适度接受这个国家的游戏规则。很多美国人可能都会认为中国人的这种处世哲学既浪费时间，又浪费精力，但我觉得这么做还是值得的。毕竟，通过这样的办法，我可以得到自己想要的东西。

抗日战争开始时，中国内部其实也正在进行一场重要的社会改革，意在摆脱传统文化的束缚，投入西方文化的怀抱。从传统向现代变革是几代中国人的共同追求，近代以来，中国发生的巨大变化，恰恰源于此。

当时的中国空军虽然规模不大，却是转型期中国的典型写照。这支部队年龄稍大一些的指挥官大多在战前出自意大利人门下，往往都是传统主义者。这些人普遍不把飞行当作一回事，真正热衷的是谋取官位、钩心斗角，让自己的生活更舒服一些。和他们相比，那些走进昆明航校大门的年轻飞行员完全是另外一种人。他们在战争年代成长起来，对日本人的仇恨使他们更乐于亲近西方。

在我的记忆中，我们的第一批学员是在1937年12月南京陷落前来到航校的。到达昆明前，这些人已经忍饥挨饿地跋涉了18个月，却没有丝毫怨言。同样是这些人，在接受过航校的初步培训后，又成为首批赴美学习飞行的飞行员，为后来的中美混编联队打下了基础。漫长的训练使得这些人直到1943年至1944年的冬天才真正开上了梦寐以求的战斗机，并在1944年春天投入对日作战。也就是说，他们为了报日本人的一箭之仇整整等了7年。当然，漫长的等待丝毫没有影响这些飞行员的战斗热情。

随着昆明航校的各项工作逐步展开，我越来越清楚地意识到，自己所面对的问题远远不是重组一支中国空军那么简单。我面前的这些年轻人因为战争改变了自己的人生轨迹，并梦想着能够在战后建设一个全新的国家。正是由于这个原因，我才在培训结束后，坚持把他们送到美国留学。在那里，他们不仅可以学到飞行技术，还可以充分体验美国式的民主。

在整个培训过程中，我们的工作得到了周至柔将军的充分协助。没有他的配合，我们很可能一事无成。尽管他对我们的很多做法并不理解，却总是义无反顾地支持我们。1940年，周将军被任命为中国空军的最高指挥官。虽然身份有了变化，他却矢志不渝地保持着对我的信任和友谊。作为回报，我把自己的全部精力和才华投入到中国空军的建设中。到了战争末期，中国空军终于发展成为一支训练有素、装备精良的虎狼之师。无论在装备水平，还是训练水平方面，他们都全面超越了自己的日本对手。

这些都是后话，还是继续说说昆明航校时代的事情吧。我与那些身为传统主义者的空军指挥官们的冲突早在航校成立之初就已经开始了。1938年仲夏时节，中国空军在1937年夏天订购的一批霍克-75型战斗机终于到货。由于这批飞机是趁着日本人封锁中国沿海前，以零件的形势紧急装箱船运到中国的，所以本身存在着许多问题。其中最主要的一个问题是，它们在装箱起运前根本就没经过柯蒂斯厂方的飞行测试。我们在后来的实际使用中发现，这些飞机的时速比合同规定的慢20英里，这将大大影响它们的作战性能。于是，中国政府只好把柯蒂斯的工程师从美国请来，重新调试飞机，以便使它们可以达到新型“霍克”飞机的设计要求速度。大家整整忙活了一个冬天，才真正把它们交到了中国飞行员手里。然而在不到一个月的初级飞行训练中，三支飞行中队就有两支因为飞行事故几乎全军覆没。损失了数量如此之多的新式飞机，蒋介石自然很生气。他命令所有新式“霍克”飞机和飞行员全部集中到昆明航校，接受我的重新训练。

这支部队的头批人是在一个晴朗、明媚的1月天到达昆明的。当天天气很好，机场上只有一点微风，非常适合各种飞行活动。可是就在这样的好天气里，前来报到的13架“霍克”却有6架降落时直接摔在了我的面前。震惊不已的我打算立刻安排美方教学人员对这批飞行员的基础技能进行测试，不过作为中国方面负责人的周将军却认为我没有指挥这些中国空军军官的权力。他专门就这个问题给重庆打了电报，蒋介石明确要求他配合我的工作。从那天开始，周将军终于认可了我的权力，并在今后的战争岁月里成了我的好同事、好朋友。

测试结果显示，极个别的飞行员根本就不具备基本的飞行技能，即便情况比较好的那些人也缺乏足够的训练。摸清底细后我首先清除了那些滥竽充数的家伙，然后开始组织剩下的人重新训练。后来我才知道，这是中国空军历史上第一次因为技能不合格的原因开除飞行员。要不是有蒋介石的直接支持，这种美国式的处理方式恐怕根本行不通。

身处中国西南自我“流放”的那些日子里，尽管困难重重，我却仍然努力按照美国的训练作战模式调理中国空军，为他们在战争的最后3年崭露头角打下了基础。为达到这个目的，我首先帮助他们建立了完善的机场体系和防空预警体系。当然，逐渐熟悉东方游戏规则的我在这个过程中，也在努力地和中国方方面面的人士维持着良好的人际关系。这3个条件缺少了其中任何一个，我都不可能按照美国模式重新打造一支中国空军。

我对中国机场的第一印象是杂乱无章。它们的管理异常混乱，到处都是垃圾。这些机场的跑道全部用泥土夯筑，冬天尘土飞扬，夏天就变成了烂泥潭，根本不适合重型轰炸机起降。为了改善南京机场的条件，我决定重新铺筑跑道。可是中国方面能够为我提供的帮助却只有几千名民夫，以及从明代皇陵拆下来的破砖烂瓦。这条跑道还没修完，日本人就占领了南京。于是，我又转而开始重修汉口机场。

我当时设定的目标是使用12万名民夫，在60天内重修汉口机场的4800码跑道，使它可以起降重型轰炸机。整个重修工作异常费时费力，铺筑跑道的石材必须从几百英里外用船运到汉江码头。蒋介石对此专门下达了命令，要求全部工作必须在60天内完成，否则相关人员就要遭到严惩。为了这项工程，汉口市长吴铁城花费了不少心血。在距离交工日期还有三四个星期的时候，他拼命督促手下人加快进度，终于赶在最后期限之前完成了任务。

1938年至1939年的那个冬天，尽管中国空军的飞机几乎损失殆尽，可是中国方面修建机场的计划却没有终止。后来在战争中发挥过巨大作用的衡阳、零陵、桂林、柳州等地机场，以及配套的油料和弹药设施都是在这个时期修建完成的。与此同时，宝庆和芷江两地的机场也同时开工。我本人参与了芷江机场的设计、修建工作。正是这个机场，在1944年至1945年顶住了日军的多次进攻，成为我们在中国东部的唯一前进基地。记得1938年秋天我来到芷江的时候，当地的外国人除我之外，只有一名荷兰籍和一名比利时籍的神父。他们的教堂离我选定的机场位置非常远，茕茕孑立的我只好和那些负责平整土地的民夫一起住了两个星期。

限于中国当时的条件，修建机场的全部工作都必须由民夫纯手工完成。这些人的任务是铺设5000码的跑道并建好配套设施，为迎接还在洛杉矶飞机制造厂和布法罗飞机制造厂生产组装的飞机做准备。工作量之大，即便是负责领导指挥的我，也觉得吃不消。有一次，比利·麦克唐纳德开着一架双座教练机来贵阳接刚驱车视察过芷江机场的我回昆明。在返回昆明的途中，我们的座舱盖被风刮跑了。被风吹得晕头转向的我们因此迷失了航向，只好朝着云南的大概方向边飞行边搜索，希望可以找到确定方位的地标。大概一个小时之后，我们幸运地发现了一片正在建设中的机场。

尽管那片机场还没完工，但是修建好的跑道已经足够我们起降了。机场上的中国工人从距离机场6英里远、位于群山中的油库帮我们搞来了汽油。这些美国产的航空汽油是用马车从昆明拉过来的，路上总共用了6周。后来，我们从工人口中得知，这个地方名叫广南，位于昆明东南50英里。1944年第十四航空队重新调整部署后，这片机场取代了位于中国东部已经被日军占领的老机场，成为我们的重要基地。可以说，是这片机场解了我们的燃眉之急。类似这样纯手工修建出来的机场，在中国各地还有很多。

抗战时期中国的防空预警网是一个由人员、电台、电话和电报组织起来的庞大网络。它的任务不仅是预告敌机来袭，也包括寻找失事的己方飞机，营救己方飞行员，并协助己方情报人员搜寻被击落的敌方飞机和飞行员，等等。

这张基于实战需要的“大网”，最早是在云南发展起来的。日本人在占领海南岛以后，就将那里作为轰炸中国后方航校（这个航校最早设在兰州，后来迁到昆明）的主要基地。由于当时中国落后的西部省份普遍缺少其他的现代通信手段，所以云南防空网使用的最主要设备是电台。这些电台以零件走私的形式通过香港进入内地，运抵昆明后，再由约翰·威廉斯（这个人后来成为援华航空队以及第十四航空队的通信指挥官）和哈瑞·斯卡特负责组装。就这样，在黄镇球将军的协助下，约翰和哈瑞建立并完成了主要针对海南方向的防空预警网，使得身处昆明的我们能够对日军空袭实现早期预警。

不久之后，由于日军占领了印度支那和缅甸，我们的防空网也进行了相应调整。为了绕开我们的防空网，日军飞机后来转而从北面对昆明发动空袭。我们又针锋相对地将自己的防空网进行了调整。最终，我们在云南全境总共部署了165部防空电台。其中一些电台的位置极其偏僻，就连马车都无法到达，只能依靠空运对他们进行补给。随着战局的逐渐好转，我们的空中力量开始向东推进。云南防空网的一个分电台也被相应地调整到了东部沿海省份，为那里的机场提供防空预警。无论是对于“飞虎队”的赫赫战功，还是中国抗战的最终胜利来说，这张“天网”都可谓劳苦功高。

黄镇球，这位南京时代高炮部队的好搭档，在接受组建防空网的任务后，从来也没让大家失望过。印象中，我们唯一一次预警失败发生在1944年的平安夜。那天夜里，一架从印度支那飞过来的日本轰炸机轰炸了停在机场上的飞机。其实那天防空网方面曾经报告过一架未知飞机已经进入云南境内，并向昆明飞行，可是值班的美国战斗机指挥官却没把这个警报当回事。

在防空预警网方面，我们还留下了一个至今仍未解开的谜团。汉口陷落前的一天，防空网报告一架敌军飞机正从芜湖方向开来。我们派出9架战斗机，在距离汉口50英里的地方将其击落。等到负责捕俘的中国士兵赶到坠机现场时，却发现所有的日军机组人员全都被牢牢绑在自己的座椅上，而且都已经死去了。他们究竟是要执行什么任务？为什么要把自己绑在椅子上？直到现在也没人搞明白。

1943年，由于广西发大水，我们的防空网遭到了部分破坏。当时中国东部上空的空战正进行得如火如荼，为了不影响战局，黄将军以最快的速度在广西境内建立了一张电话防空网。由于应急需要，那些电话线都被临时架设在树上，以及未被洪水冲倒的电线杆上。

抗战时期，很多中国人都曾经为我们的防空网无私奉献过。除非部署地点被日军地面部队直接占领，没有任何因素可以影响这张防空网的正常运转。深受触动的我曾经以散发传单的形式，向他们表达了感谢。战争结束前，我还以“因为这些人的存在为美国节省了大笔部署防空雷达费用”的名义，为他们从美国国防部申请了一些补助。当然，与他们的杰出贡献相比，这点补助实在是微不足道。

完善的防空网，再加上对日军密码的情报破译工作，使得我能够凭借手头有限的空中力量起到事半功倍的作用。由于每次都可以提前预知敌军的来袭，我便可以将兵力集中起来，投入到最需要的地方。

中国在日军密码破译方面可谓卓有成效。1938年末，我曾在重庆的防空司令部短期工作。当时，有一名日本飞机上的电台兵向中国方面投诚，还交出了自己掌握的全部密码。受到启发的中国军方随后从日军俘虏中招募了一批人，成功说服他们为中国服务，专门负责破译日军密码。在随后的几年里，中国方面破译了日本人的大部分密码，并与美国分享这一成果，使得我们在后来的太平洋战争中受益匪浅。由于中美方面都将破译日军密码的事情列为最高机密，所以日本人尽管屡屡因为这个问题吃亏，却一直没有怀疑是自己的密码出了问题。

战争初期的局势对于中国方面来说实在是每况愈下。1938年5月10日，身处汉口公寓中的我突然听到街上猛烈的鞭炮声。原来，中国百姓正在庆祝“台儿庄大捷”。在此次战役中，中国军队消灭了2.5万日军。这是中国军队开战以来取得的第一次重大胜利。然而与此同时，日军却在继续向汉口推进，还占领了徐州。对于中国方面来说，这样的损失是灾难性的。徐州陷落后，蒋介石及时调整了策略，采取“以空间换时间”的办法层层阻击日军进攻，不再用人海战术和日军的飞机大炮硬拼。

“以空间换时间”，诱敌深入的战略让日军占领了更多土地，却也迫使他们拉长战线，在兵力和后勤方面都出现了严重困难。中国军队得以采用游击战的方式袭扰日军的后方和补给线，导致了他们的最终失败。这种办法最早被古罗马人用来对付汉尼拔，也在“台儿庄战役”中发挥过巨大作用。中国军队运用这种战术，相继取得了一系列胜利。直到1944年，日军才找到了克制这一战术的有效方法。

占领徐州后，日军继续沿陇海铁路向郑州（陇海、平汉两条铁路的交会点）挺进。当他们的主力部队到达开封时，蒋介石便下令炸开花园口，用黄河洪水阻滞日军进攻。这个命令导致成千上万的中国百姓与日军同归于尽，不过也确实成功将日军阻挡在黄河北岸5年时间。直到1944年春天，这股日军才重新有所进展。

北方日军被成功阻击后，沿长江上溯的南方日军仍然严重威胁汉口的安全。由于靠近海岸线，海军在日军的南方集群中发挥着至关重要的作用，使他们拥有了巨大优势。在长江涨水期，日本人甚至可以把驱逐舰直接开到武汉的长江江面。在这种情况下，武汉这个临时首都终于在1938年秋天被日军攻陷。与此同时，中国南方的重要港口广州也被日军占领。这之后，海南岛被日军攻占，中国与外部的海路联系被彻底切断了。

按照常理，中国在战争头两年遭受的损失已经足以迫使一个国家投降。这些损失包括：

11个省沦陷；

所有重要铁路线被切断；

长江和珠江水道被切断；

将近95%的中国工矿企业被重创；

首都，以及所有重要的工业、经济和原材料城市被占领；

陆军最精锐的各师及空军几乎全军覆没。

尽管我在1938年已经完成了在中国的最后一次战斗飞行，但是身处云南的我仍然有很多机会坐着飞机四处奔走，也因此能够从空中领略一个不一样的中国。

除了日本轰炸机经常光顾，那几年的云南几乎与世隔绝。我们的全部生活就是没完没了地训练，夜里偶尔打打扑克、看场电影（全是过时的老片子，在南平剧场放映）。我那时候最主要的业余活动是在昆明的法国俱乐部打网球。寄出去的信件先走铁路，用6周时间到达越南河内，再由法国航空的班机送到马赛，这之后，才能随邮轮送到美国。后来，美国开通了往返中国的太平洋渡轮，我们便可以把信通过中国航空公司的班机直接送到香港，然后随船发往美国。这样就差不多节省了10天的时间。除了待在学校搞训练之外，为了搜救因为云雾撞山坠机的中国航空或欧亚航空的飞行员，我们有时候也会开车或乘马车出去来个短途旅行。

1939年9月，欧洲战场开战的消息传到云南。根据交战双方的安排，所有处于服役年龄的法国人开始乘专列前往越南河内集中，欧亚航空公司的德国飞行员也接到命令，取道香港回国。那年冬天，我第一次见到了史迪威上校。他身材瘦削，性格坚毅，透过眼镜片射出来的目光异常犀利。他当时是作为美国陆军的代表来云南参观的。上校邀请我在昆明饭店共进晚餐，我们度过了一个愉快的夜晚，还一起讨论了中国空军的前景问题。

1939年，我暂时离开云南回路易斯安那过圣诞节，并再次尝试了重返陆军航空队服役。然而我的请求又一次被拒绝了。失望中的我在1940年初带着对前途的迷茫返回云南，继续干自己的苦差事。

第七章

1939年初，日本人试图以集中轰炸大中城市的方式，摧毁中国的抵抗意志。自从汉口陷落以后，战争就进入了僵持状态。此时，节节后退的中国军队终于可以利用天险阻击日军，日本方面似乎也不太愿意为了突破这些防线而付出代价。

在华北地区，身处黄泛区的中国军队改变策略，通过游击战术成功拖住了日本人的进攻步伐。在华中，长江三峡的险要地形使得日本海军无法沿江上溯重庆。“蜀道难，难于上青天”的客观条件也令他们想从陆路进攻重庆的可能性化为泡影。在华南，日军尽管占领了广州及周边地区，却因为当地季节性的洪水泛滥，无法继续深入广东腹地。眼看即将陷入持久战泥沼的日本方面改变策略，将进攻改为劝降，试图诱使蒋介石放弃抵抗，并最终通过南京的汪伪政权达到控制全中国的目的。可是他们的企图同样失败了。

军事和政治方面都无所作为的日本人只好把全部希望寄托在自己的轰炸机上，幻想着可以通过狂轰滥炸迫使中国人屈服。有意思的是，这种通过狂轰滥炸摧毁对方抵抗意志的理念同样源自杜黑的“制空权”理论。不过在我看来，这种理论相比他不派战斗机为轰炸机护航的“真知灼见”还是有效得多。对于当时的日本人来说，面对广阔的长江江面、险峻的长江三峡，以及广东洪水泛滥的崇山峻岭，似乎也只有飞机可以越过它们，直达中国心脏地带。

日本人首次轰炸重庆是在1939年1月，不过因为大雾造成的投弹失误，致使落点远了20英里，所以并没造成什么实际伤害。很久以来，重庆就有“中国雾都”之称。冬天的时候，这座城市经常连续几个月被浓雾笼罩。大雾弥漫的城市让人感觉阴冷异常，很不舒服。不过在当时日本人狂轰滥炸的情况下，这样的大雾天却比重庆晴朗明媚的夏日更受人欢迎。

为了避开重庆的大雾，日本飞机都是从每年春天开始一窝蜂似的飞过来轰炸包括重庆在内的中国非占领区，感觉就像是参加什么节日。这些飞机主要来自位于台湾沿海的机场。由于“近水楼台”的关系，仅仅福州就被轰炸过50多次。当时，日本人开设在广州的航校学员直接把轰炸华南地区城市当成一种实战训练。这些日本新手的一般轰炸路线是柳州—南宁—桂林—建瓯—赣州，也就是后来美国飞行员口中的“春季走廊”。除陆军航空队外，日本海军也没闲着，他们驻扎在海南岛的飞机曾经多次轰炸过我们设在云南的训练基地。

应该承认，日本人有时候是很有战略眼光的，他们清楚地意识到，绝对不能给中国空军任何喘息的机会，让我们重新拉起一支队伍。因此只要天气允许，日本轰炸机几乎每天都会光顾昆明。当时我们手头只有几架教练机，昆明的防空部队也只装备了一些射程有限的高射机枪，并不足以对日本人造成威胁。为躲避轰炸，我们只好趁着凌晨和傍晚的时候搞训练。尽管如此，还是有许多学员被炸死，昆明市内的不少平民和住房也跟着一起遭了殃。我自己的办公室也因为一颗近距离爆炸的炸弹化为残垣断壁。

1939年初春，重庆的大雾渐渐消散，置身这座临时首都的我，亲眼见证了日本轰炸机的来袭。日本轰炸机来的那天正是5月，天气晴朗、阳光灿烂。当时，防空部队及时拉响了警报，可是没有防空经验的四川人却拒绝进防空洞，而是跑回家躲了起来。我则跑到位于一处山坡上的指挥所（这个地方后来成为驻华美军的司令部），透过窗户，用相机拍摄来袭的日机。参加这次袭击的总共有27架日本飞机，它们像大雁一样，排成“V”字形编队。到达目标上空后，他们立刻动作精准地转换成了“一”字横队。这令身为对手的我也不能不对他们的高超技巧钦佩不已。炸弹的爆炸在重庆全城多处引发大火，这场大火足足烧了3天才被扑灭。

空袭结束后，我立刻赶到城中，用水龙和水桶帮忙救火，可是起到的作用实在是杯水车薪。城内到处都是竹林和木制房屋，沾火就着，而且很难扑灭。我们所能做的往往只是站在边上，看着它们彻底烧光。大火迅速蔓延，只有那些靠近水边的竹林和建筑才幸免于难。

第二天，日本人的轰炸机又来了，还是27架，它们的到来真可谓火上浇油。不过这回日本人的运气也不是太好，他们遇到了意料之外的反击。如果我没记错的话，这次空战是航空机炮首次参加实战。当天，来自原先的国际中队的一位名叫乔治·韦格尔的飞行员驾驶P-36战斗机升空迎战。这架飞机在机翼下方装备23毫米丹麦产麦德森式加农炮。根据后来的作战报告，这位飞行员总共用加农炮击落了4架日本轰炸机，充分证明了新式飞机和加农炮的有效性。令人遗憾的是，韦格尔战斗结束后就把飞机开到位于重庆东面的机场暂时休整，却在第二天返航的时候遭遇了空难。

接下来的一年中，因为工作原因，我走遍了中国的各个角落，到处都可以看到轰炸过后残垣断壁的城市，闻到尸体烧焦、腐败的恶臭。每到一个地方，我都会用相机记录日军的暴行，仔细研究日军的空中战术，并将心得详细地记录在我的笔记本里。与此同时，我心中对日本人的痛恨之情也在与日俱增。

1940年夏天，日军对重庆的轰炸再次开始，每天都有100枚左右的炸弹落在这座城市头上。利用大轰炸的间隙，我访问了那些负责重庆防空的战斗机飞行员。谈话的结果令我非常无奈。据这些飞行员说，他们当时正在使用一种“苏联战术”对付来袭的日本轰炸机。

“‘苏联战术’是什么意思？”我好奇地追问。因为在我的印象中，粗犷豪放的苏联人通常不太讲究战术。他们最常用的“战术”就是拼刺刀一样绕到对手屁股后面50码的地方，然后猛烈开火。

“我们首先飞到1.8万英尺的高空等待。”飞行员解释说，“等日本人来了以后，就边开火边向下垂直俯冲，直到5000英尺的高度再把飞机改平。”

“那样的话，应该打不着日本飞机。”我疑惑地嘟囔道。

“是，打不着。”飞行员们承认，“可是他们也打不中我们，大家相安无事。”

1940年初秋，日本人开始使用“零式”战斗机为轰炸重庆的轰炸机群护航。这些战斗机通常隐蔽在2.7万英尺的高空，像老鹰一样来回盘旋，等待战机。负责防空的中国战斗机飞行员经常还没来得及发现对手，就已经被日本人击落了。这里需要特别提一下，当时负责重庆防空的战斗机中，就有一个中队的飞行员全部出自我的昆明航校。

看着这些战斗机一架架被日本人击落，听着全城各处的高炮拼命怒吼，却对1.6万英尺高空的日本轰炸机无可奈何（这些高炮的射程只有1.5万英尺），我的胃剧烈地疼痛了起来。不仅如此，这些高炮还差点要了我的命。有一次，我按老习惯站在指挥所附近的山坡上观察来袭的日机，却没注意山下的山谷里刚刚部署了几门37毫米口径高炮。结果，第一发炮弹爆炸产生的弹片就把我的帽子打了下来。我正站在那儿骂娘，第二块、第三块弹片又飞了过来……

中国防空力量的软弱无力似乎更加激发了日本人的破坏欲望。有的日本战斗机飞行员甚至胆大妄为地把飞机降落在成都机场（这个地方地处中国腹地，后来成为驻华美军的重要基地），然后在机场上四处纵火，焚烧隐蔽在稻草堆下面的俄制战斗机和教练机。与此同时，他们的其他战友则驾机在机场上空盘旋，阻击试图救火的中国军队。为了尽可能戏耍地面上的那些牺牲品，日本轰炸机经常打开弹舱在目标上空盘旋，可就是不投弹。这么做的目的似乎是要告诉中国人，他们的抵抗是没有用处的，还是赶紧投降为好。应该承认，这种心理战的效果非常显著。一时之间，各种投降言论甚嚣尘上，并在“珍珠港事件”爆发后达到了高潮。

1940年10月中旬，我被蒋介石紧急召到重庆。那天，我乘坐的运输机到达重庆沙坝机场时正赶上日机轰炸。于是，我只好命令飞机暂时开到距离机场150英里左右的地方躲避一下。终于和蒋介石见了面，我感觉他已经被日本人的轰炸弄得焦虑万分了。在此之前，蒋介石曾经专门就防空问题去了几个省份搞调查，却失望地发现中国军方在这方面真的无能为力。蒋介石很担心，如果轰炸继续下去，中国可能就要撑不住了。

一筹莫展的蒋介石最终提出了一个方案，并就此征求我的意见。他打算购买一批最新式的美国战斗机，并招募一批美国飞行员驾驶。

对于这个计划，我并不感到乐观。当时，美国生产的飞机除了装备本国陆海军外，主要都出口到欧洲战场去了。在这种情况下，美国显然拿不出那么多性能优异的战斗机卖给中国，唯一可能到手的就是P-40战斗机。不过这种飞机性能平平，它使用的水冷发动机性能很不可靠，而且机体过于沉重，与灵巧的日本战斗机相比，根本没有优势。

然而蒋介石似乎并没有因为我的观点而改变主意。

“你必须立刻返回美国，”他说，“制订一个详细计划，不惜一切代价搞到美国飞机和飞行员。”

根据事先安排，毛邦初将军作为中方代表与我一同前往美国。到达华盛顿后，我们将和等在那里的宋子文博士一起联系相关事宜。

动身两天后，我们来到了香港，并在那里等待开往旧金山的班机。一路上，我们途经了很多后来闻名遐迩的地方，比如马尼拉、关岛、威克岛、中途岛和瓦胡岛等。旅途中，我终于有时间静下心来，仔细整理自己的思路。在我看来，对付日本轰炸机的办法其实很简单。当时，日本人已经投入了100~150架轰炸机用于轰炸重庆。根据情报分析，如果需要的话，他们可以把这个数字提高到500架。这将是日本人的极限。按照我的设想，有经验的美国飞行员驾驶最先进的美制战斗机完全有可能击落日本轰炸机，最初的战损比应该在5：1左右。也就是说，平均损失5架战斗机，可以击落1架日本轰炸机。日本人的嚣张气焰被打下去之后，这个比例还可能逐渐下降。后来的实战证明，我的估计还是过于保守了。援华航空队与日军作战最初的战损比高达12：1。对于任何一支空军来说，这样的损失都是无法承受的，然而我们硬是咬着牙挺了过来。

为了破坏日军的轰炸计划，我准备集中力量，首先在重庆上空对他们造成极大杀伤，尽可能消耗他们的装备和人员。日军如果在遭受巨大损失后，将轰炸目标转移到其他地区，我们也将在防空预警网的配合下，相应地调整部署，进行重点防御。在这种情况下，我手中的美国战斗机和飞行员将起到“救火队”的作用，日军轰炸哪里，就到哪里进行防御。

至于具体的战术，将主要以1938年汉口上空那次成功击落39架来袭日机中36架的“天长节”战例为蓝本。每次同时使用4个战斗机中队，其中两个中队负责首先牵制、干扰敌军；一个中队作为预备队留在高空盘旋，等到时机成熟的时候，就俯冲下来参加战斗；最后一个中队埋伏在敌机返航的路上，攻击油料、弹药耗尽的敌人。随着客机离美国越来越近，我对重庆上空空战的设想也逐渐完善起来。当务之急，就是搞到将设想变成现实的装备和人员。

在华盛顿，我将自己的想法向博学机智的宋子文博士作了汇报。从他位于伍德利路的公馆出来之后，宋子文就着手去为中国争取美国援助。在当时的中国，宋子文是个非常有办事能力的人，他的地位仅次于蒋介石。作为哈佛大学的毕业生，一位睿智的经济学家，宋子文是当时世界上为数不多的同时对中国和美国有深刻了解的人。

1920年代的国民革命承担着将中国再度统一为一个政治实体的艰巨使命，而宋子文是这场革命的支柱之一。年轻的他掌管着革命的钱袋子。他灵活多样的理财手段，使蒋委员长的军队薪饷比对手更优厚。但他的政治前途已经黯淡无光，因为他充满美国式的作风，从来不讨好年长的蒋委员长。蒋介石尊奉中国人的传统习俗，敬老尊长。结果，宋子文迅速从国民政府的第二号人物跌落到被政治流放的地步。他在当代中国的角色，相当于一个棒球比赛中枯坐冷板凳的替补投手，只有在一种需要头脑清醒，意志坚强的可信投手出场的危机时刻，他才会出现。对中美两国来说都很不幸的是，宋子文在这么多年关键的时间里都在中国的冷板凳上枯坐。他是能沟通美中两国的最好桥梁，两国之间在当代建立任何可靠的关系都无疑需要他作为关键人物出现。

1940年至1941年冬天，宋子文在美国的主要任务就是充当说客。那时的美国人明明知道战争就在眼前，却仍然采取“鸵鸟战术”，自欺欺人地希望置身事外。即便这其中有那么几个“爱管闲事”的人，他们的目光也只是集中于欧洲战场，集中于正在浴血抵抗的英国那边，对于东方是根本不在意的。当时的政府提出了很多援助英国的方案。数以百计的美国人越过边境进入加拿大，通过志愿参加加拿大皇家空军的办法，投身欧洲战场，却没人考虑过志愿参加中国抗战的可能性。所有听说了我的计划的人，都觉得我根本是在痴人说梦。

到达华盛顿的那天晚上，宋子文安排我和两位别具慧眼的新闻界人士共进晚餐，他们是《芝加哥日报》的记者埃德加·穆尔和《纽约信使报》的记者小约瑟夫·艾尔索普。这两个人对当时的太平洋局势也不是很了解，却愿意听听我的见解。当他们听我说到为了对付日本人投入重庆上空的“零式”战斗机，中国必须针锋相对地购买最新型的美国战斗机时，都觉得这件事情恐怕不是特别靠谱。因为在此之前，中国主要是购买美国陆海军航空队淘汰下来的老旧机型，而且我们此次打算采购的机型在当时的美国也已经属于过期型号。

这之后，两位记者向我们介绍了欧洲战场，特别是英国眼下正在面临的困境，以及他们更需要美国飞机的原因。持续数周的不列颠空战已经致使英国空军的国产战斗机损失殆尽，他们非常需要美国援助。美国方面也认为英国的前景不容乐观，并且愿意支援他们。在这种情况下，两位记者认为中国打算从英国那里分一杯羹，获得美国飞机和飞行员的可能性几乎为零。然而就在9个月之后，已经在美国海军服役的约瑟夫·艾尔索普却亲眼见证了第一批卖给中国、供援华航空队使用的P-40战斗机经过海运，在缅甸仰光卸载。顺便说一句，约瑟夫·艾尔索普后来在香港被日军俘虏，并在位于斯坦利□的国际战俘营待了9个月。吃了几个月苦头的他搭乘瑞典的“格里普绍尔姆”号商船被遣返回国，随后又来到中国，并在军事后勤部门担任职务。美国正式参战以后，他成为我在第十四航空队的副官和顾问。

我对自己陆军航空队时代老熟人的访问同样不容乐观。这些人多数都已经成了职业官僚，只会整天坐在办公室里，纸上谈兵地制订各种作战计划，而且这些计划还都是针对欧洲战场的。后来，原来的老上司阿诺德将军特意要求我为航空队司令部的人就中日战争中的空战问题作一次报告。我站在一幅中国地图前面，讲了差不多4个小时，还随手在地图上详细标明了当前的各个重要战略节点。

在那时的美国，关于东方战场的情报收集工作几乎是零。身为退役美国军官的我，在指导中国空军的同时，也时刻没有忘记搜集那些日后可能为自己祖国所用的各方面情报。抗战早期，我就通过拆解、分析日军飞机残骸，详细了解了他们的装备情况。美国使馆的一位情报官员清楚地意识到了这些情报的价值，自告奋勇地将它们传递回国内，还把我收集到的日军飞机零件保存了起来。这些零件起初被存放在美国海军陆战队的军营，在南京陷落前，又被转移到“帕奈”号炮艇上。南京陷落两天后，“帕奈”号被日军在长江中击沉，直到抗战结束，也没被打捞出来。抗战结束后，曾经有人打算把这艘船捞出来重新使用，却因为难度太大只好作罢。很显然，日军当初击沉“帕奈”号的时候，对上面这批特殊货物一无所知。否则，他们后来也就不需要为击沉这条船而编造借口了。

我在“珍珠港事件”爆发前搜集的很多情报与“帕奈”号上的日军飞机零件相比，意义毫不逊色。1939年，中国方面俘获了一架完整的奈特（“九七”式战斗机）[1]，并将它运到成都。利用这个难得的机会，我试飞了这架飞机，并和美国的柯蒂斯P–36战斗机、英国格洛斯特“角斗士”式战斗机及苏联的伊–16战斗机进行了模拟对抗。随后，在中国机械师的帮助下，我把这架飞机大卸八块，详细研究了它的每个细节，拍了不少照片，还撰写了详细的报告。

不久之后，日本人又以这种飞机为基础，开发出了更为先进的“隼式”战斗机。相比“零式”战斗机，这种飞机的爬升速度更快，转弯半径更小，空战时灵活异常，使得对付它们的援华航空队队员非常头疼。1939年我来华盛顿的时候，“隼式”战斗机还没生产出来，奈特就是当时日军装备的最新型号。我根据自己掌握的情况，向美国陆军部进行了详细汇报。几个月后，陆军部给已经返回中国的我来了封信。信中先是感谢了一下我的热心，然后非常遗憾地说，根据有关方面的专家鉴定，当时根本不可能有飞机具备我在报告中提及的那些性能。

时至今日，我也没搞清楚这些所谓的“专家”究竟是何许人也。就是这帮家伙，在1940年前后掌握着陆军部的全部情报分析工作。他们用一封满纸官腔的信打发了我，并将来之不易的情报扔进了垃圾堆。陆军航空队那边甚至都没听说过我提交报告这回事。

1940年秋天，我又传回了关于日本最新“零式”战斗机的情报。我的报告中提到，这种战斗机的最大时速322英里，6分钟之内就可以爬升到1.6万英尺的高空。在加挂副油箱的情况下，总航程可以达到1100英里。飞机上装备了1门20毫米加农炮，4挺7.7毫米机枪。遗憾的是，美国方面对此同样置之不理。一年之后，我们的飞行员才在瓦胡岛和菲律宾的上空亲身领教了这种战斗机的厉害。

1941年5月以前，美国方面从没派出过高级将领到中国战场搞调查。只有负责指挥驻菲律宾陆军航空队的克拉格特准将和乔治准将，以及驻菲律宾海军航空队的麦克唐奈中校来重庆露过一次面。我试图说服他们让菲律宾的美国陆海军飞行员在休假时在中华航空公司的运输机上担任副驾驶员，学习中国的航空地理知识，但毫无用处。

尽管陆军航空队的领导层在忽视东方战场的同时，将全部注意力都集中到了

① 即“97式舰载攻击机”。——译者注

欧洲战场，然而我可以肯定的是，他们其实并没能从当时如火如荼的不列颠空战中吸取到足够的经验教训。比如英国战斗机面对没有战斗机护航的德国轰炸机时的绝对优势，以及由此显示出的研制长航程战斗机为轰炸机提供伴随护航的绝对必要性等等。一系列实战经验早已证明，没有伴随护航的轰炸机面对战斗机的拦截是毫无还手之力的。可是死脑筋的美国官僚们却依然对杜黑的错误理论深信不疑，并在1942年夏天派出大量美国轰炸机到德国上空执行昼间轰炸任务，这种自杀式的做法整整持续了一年时间。

1940年初，我利用回到美国的便利，再次提出重回陆军航空队服役的申请，并向阿诺德将军表示，自己愿意结合在中国的实战经验，对美国飞行员进行战术指导。阿诺德将军为我提供的职位是陆军航空队开设在门罗堡的海岸炮兵学校战术教员。后来我才听说，我之所以能得到这个职位，是因为当时担任这个职务的军官正打算运动到华盛顿的上层机关来。我对阿诺德将军表示说，我对给高射炮兵拖靶子没什么兴趣，只想去航空队的飞行部队服役。阿诺德将军的回答是一大堆关于禁止退役军官重返作战部队服役的规定。这条规则仍列在军规条文当中，而我在战争期间违反了它整整三年，在中国指挥美军航空部队。

同年12月，在我回到华盛顿以后，后来担任陆军驻欧洲第9战术航空队司令官的埃尔沃德·克萨达（现在是美国战术航空兵司令部中将司令官）又找到了我，再次邀请我去那个炮兵学校担任教官，还许诺要把我的军衔提升为少校。当时，我在中国每年的薪水是1.5万美元，重回航空队担任非飞行岗位的上尉军官每年只能拿到4500美元，少校也多不到哪儿去。克萨达对我的拒绝有些生气，认为我见钱眼开。其实这根本不是钱的问题，我想要的是一个明确的说法，一个继续飞行梦想的机会。很显然，航空队的官僚们根本就没把我放在眼里。

我在华盛顿的大多数时间都是在位于胜利街的中国国防采购总部度过的。身为中国政府雇员的我，在那里得到了一张办公桌，并且以平民身份消磨了整个冬天。这段日子很清闲，有大把时间可以坐在那里想自己的事情。我在随后3年中付诸实施的空战理论，正是利用这个冬天逐渐思考成形的。

我计划的第一步是要征召足够数量的美国飞行员补充中国空军，打破目前的僵局。1941年1月的时候，我将详细的征召计划提交给了宋子文。当时，日本人已经暴露出了进攻新加坡的战略企图，荷属东印度群岛[1]以及菲律宾很可能也是他们的潜在进攻目标。

在我看来，日本人的战略意图尽人皆知，甚至根本无需情报证明。早在1940年11月，他们就为南下作战做好了准备。日军的多个精锐师团从中国撤出，替换他们的是新兵部队和中国伪军。法国投降后，对亚洲殖民地的控制能力严重削弱，日本就找到了乘虚而入的机会。很快，日本人便占领了越南东京湾（即北部湾）各港口，使当地成为计划中的南进作战的跳板。为了实现这个计划，原先打算以印度支那为跳板进攻中国华南地区的日军部队全部被调了过去，并在河内和海防两地短期休整后进行了装备补给。日本官方对荷兰发出警告，日本海军要求得到荷属东印度的石油，所有款项可以以日元结算或者使用武力解决！虽然印度支那的法属殖民政府无力抵抗，但日军依然攻击殖民地驻军，杀死了一些法国士兵，以他们的暴行向殖民当局施压。在向南扩张的过程中，日本人很明智地和苏联人签订了互不侵犯条约，从而暂时稳定了自己的北方前线。利用这个有利时机，日本人抓紧实施臭名昭著的“大东亚共荣圈”计划，不断扩张自己的占领区。中国情报部门认为，日军势力在南印度支那的扩张，尤其是控制金兰湾的关键海军基地和西贡的大型港口，将是其大规模南侵的最后准备。我计划将一支规模虽小，但装备精良的航空部队送入中国。要知道日本同英国一样，命脉系于海洋，而且先削弱它的海上命脉，再直捣其核心地带，能够更容易地击败它。中国的航空基地可以攻击日本所有的重要补给线和各前进中转基地。这个计划及时开始，而且能得到足够支持的话，一次从中国发动的空中攻势就能在日军离开本土港口和各中转地区之前，粉碎他们的南进攻势。

遗憾的是，在1941年，当时的军事计划者对我的以中国为基地进攻日本的设想并没有太大兴趣。直到1943年“三叉戟”会议（华盛顿会议）后，有关方面才真正开始认真考虑这个计划的可行性。这还要归功于富兰克林·罗斯福和温斯顿·丘吉尔两位领导人的直接干预。

根据我的计划，攻击的第一批目标应该包括日军与中国台湾、海南、广州及

---

① 即今印度尼西亚。——译者注

印度支那等地联系的机场、港口、航线和战略要地。一旦攻击成功，我们就有可能延缓甚至终止日军的南进计划。在这方面，1940年秋季的英吉利海峡空战已经说明了使用空中力量抗击敌方登陆的可行性。

我计划的第二阶段是直接进攻日本本土。通过大量投放燃烧弹的方式，破坏包括本州、九州在内的工业中心。这种纵火战术其实还是入侵中国的日本人教给我的，在1930年和1940年夏天，他们正是通过纵火的方式几乎将重庆烧成了白地。为配合我的计划，俞大维[1]将军，这位麻省理工学院的毕业生专门安排中国军方生产了一批威力巨大的燃烧弹。不过实战证明，这些炸弹的威力还不是太足。为此，我在1940年初专门写信给阿诺德将军，建议针对东方战场生产5磅重的燃烧弹。将军的回复是，出于人道考虑，美军航空队只会使用普通炸弹对目标进行精准轰炸，燃烧弹的波及面太大，显然与不袭击非军事目标的国际目标相违背。1941年春天，身为罗斯福总统特别顾问的劳克林·柯里再次向阿诺德将军转达了我关于生产和使用燃烧弹的建议，阿诺德承认陆军航空队没有燃烧弹。

4年之后，第二十航空队的B-29使用使用高爆炸弹对日军进行高空轰炸一年，也没有起到什么效果。忍无可忍的柯蒂斯·李梅少将终于将阿诺德的规定扔到了一边，派出满载燃烧弹的轰炸机在5000英尺高度投弹，轰炸那些维持日本军事力量的工业城市核心地带。

为了将我的设想变成现实，首先需要在中国东部建设足够的机场，装备美制轰炸机和战斗机，并派出有经验的美国军官领导和训练那些中国飞行员。当时，中国东部的机场已经修建得差不多了。它们基本沿海岸线平行布置，距离大海250英里左右。其中，位于浙江省的机场距离日本本土的工业中心只有3~4个小时的航程。1938年驾驶马丁-10轰炸机“轰炸”日本的中国飞行员就是从那里出发的。

关于飞机数量方面，我认为应该在1941年首先为这些机场配备总数350架战斗机和150架轰炸机，并在1942年再补充700架战斗机和300架轰炸机。那时，P-40和P-43是美国生产的最主要战斗机型号，轰炸机大多是洛克希德“赫德森”轰炸

① 1897年出生，湖南长沙人，父亲祖籍浙江，母亲是曾国藩的孙女，1949年国民党退守台湾后曾出任“国防部长”。——译者注

机。这种轰炸机是用运输机紧急改装的，最初目的是为了支援英国，也是当时美国唯一使用电动机枪塔的轰炸机。P-43战斗机和“赫德森”式轰炸机都没有装甲防护，也没有防漏油箱。所以我一开始要求配备的是一个P-40战斗机大队和一个“赫德森”式轰炸机大队，然后尽可能快地要补充一个P43战斗机大队和一个道格拉斯A-24俯冲轰炸机大队。

补给问题始终是中国军队最成问题的问题。对于空中力量来说，后勤补给的充足、稳定更加重要。1941年初，滇缅公路成为当时中国获得外部援助的唯一通道。这条公路原本每月1.7万吨货物的通行能力被尽可能提高。与此同时，中国政府还开始在西南地区建设一条沟通外界的铁路，以期从根本上解决物资补给困难的问题。不过远水解不了近渴，当时中国前线飞行部队的补给问题主要还是通过从香港走私来解决的。

就这样，我在胜利路无所事事地坐了好几个月，顺便把自己的计划反复思考了多次。要知道，我打算组织的这支部队没有先例可循，所有东西都必须从头开始，而且要尽量把可能出现的各种问题想在前面。不久之后，我与黄仁霖达成协议，决定由战地服务团负责在华美国航空人员的食宿，费用是每天一美元。然而战地服务团此前也没有类似的经验，所以我只好事无巨细地针对包括住房、伙食在内各种鸡毛蒜皮的问题做出相应的计划。为迎接美国飞行员的到来，我们还必须在中国国内安排一批中方人员提前几个月开始工作。为此，我要求黄不惜一切代价，在美国飞行员到达中国之前，准备好一切后勤工作。

将后勤杂务交给黄仁霖后，我开始着手武器和相关物资的采购问题，从枪炮弹药到纸张墨水，只要是未来的部队用得上的，都必须亲力亲为。在这方面，宋子文给了我充分的决定权，基本上达到了只要我下单，他就马上结账的程度。正是由于这个原因，后来的援华航空队员们才得以在当时物资供给极其困难的中国享受到了比较充分的作战和生活保障。这些物资数量如此之多，以至于第十四航空队成立之后还继续维持了一年多的时间。

为了买到最好的装备，我不断在美国各地游走，拜见飞机和武器制造商。一周之内，我就从华盛顿到旧金山来回飞了两次，而且每天的日程都排得满满的。尽管竭尽全力，在这方面还是出了点小插曲。按照中国方面的决定，我们最终准备采购P-43战斗机和“赫德森”轰炸机。但是由于生产周期的问题，这些飞机恐怕只有一小部分能赶在日军彻底封锁中国沿海之前被运回来。对于中国人来说，这样的打击不可谓不沉重。那时的他们非常需要战斗机来保卫正在饱受蹂躏的重庆，以及摇摇欲坠的滇缅公路。

出乎意料的是，补救的办法很快就被提出来了。通过这件事情，我进一步断定，中国方面在白宫和国会肯定拥有一个人数有限但非常给力的人脉圈子。正是在这些人的推动下，劳克林·柯里博士（他是位博学、睿智的学者，战前通过参与华盛顿方面提出的经济复苏计划得以脱颖而出）以总统特别顾问的身份访问了中国，白宫方面在他回国后随即做出了增加对华援助，特别是增加对华航空领域援助的决定。不久之后，政府又在另一位总统特别顾问托马斯·科克兰的敦促之下，做出了支持组建美国志愿援华航空队的决定。得到消息的宋子文联络了自己的两位密友——海军部长弗兰克·诺克斯和财政部长亨利·摩根索，为计划的实施进一步扫清了障碍。

我到达华盛顿以后不久，一位我们共同的朋友将我引见给诺克斯。这位昔日的“狂野骑士”（19世纪末美西战争期间，老罗斯福亲自组建的美国第一志愿骑兵团人称“狂野骑士团”，诺克斯当时在这个团服役。）热情而坦率。他当时正在蓝色的大海上驰骋，领导着海军舰队的各路将领。而他是我在华盛顿遇到的对太平洋局势最了解的人。在我们初次会面以后，诺克斯召集他的幕僚和一批军衔最高的海军将领来他的办公室聆听我的故事。“在这里我不是什么权威人士，”他对大家说道，“我就是一介公民，但我希望你们所有人都听一听这个人不得不说的事情。”

诺克斯部长对正在组建中的援华航空队非常感兴趣，并对招募海军飞行员参加航空队的问题表示出了特别关注。就这个问题，他还专门和我一起花了几个小时的时间，详细翻阅了所有参加援华航空队海军飞行员的档案。1943年，当我再次来到华盛顿的时候，发现海军方面明智地为志愿航空队的海军飞行员保留海军军籍。这实在不能不说是个非常明智的做法。与之形成鲜明对比的是，陆军方面对志愿航空队的战友视为害群之马。

正如前面所说，对于尚在雏形中的援华航空队来说，尽快得到飞机是最棘手的问题。当时美国的飞机制造能力还不足以同时满足战时如此巨大的需要，而且大部分飞机还被优先支援给了正在浴血奋战的英国皇家空军。关于这方面，我在拜访位于柯蒂斯的飞机制造厂前，几乎没有什么收获。

从历史上来看，中国和柯蒂斯公司有着非常良好的合作关系。出于对老客户的照顾，我的老朋友、柯蒂斯公司的副总裁伯德特·怀特提出了一个解决办法。当时，他们有6条生产线正在为英国生产P-40。这些飞机原本是法国订购的，法国投降后就转手给了英国。如果英国人同意让出其中一条生产线生产出来的100架P-40B型战斗机给中国，作为补偿，他们公司将随后开辟第7条生产线，再为英国生产100架最新型的P-40。在他看来，英国人当然愿意占这个便宜。

实话实说，P-40B并不是当时最理想的选择，但是由于情势所迫，我们已经别无选择。因为原本是为英国生产的，这些P-40B装备的全部是0.303英寸口径的航空机枪，而不是中国比较常见的美式0.3英寸口径。为这些机枪搞子弹就成了我们最头疼的问题。除此之外，飞机上的电台也全部是英式的，无法和中国普遍使用的美式通信系统兼容，只能摆在那里当摆设。作为解决办法，无法搞到大量军用电台的我们只好买了一批民用电台凑合着用。可是民用产品的性能毕竟无法和军用产品相提并论，它们总是在战斗最关键的时候掉链子。更糟糕的是，这些飞机还没有配备机枪瞄准具，以及挂载炸弹和副油箱用的挂架。

由于这些原因，我们花在解决各种麻烦上的精力远远要比实际用于训练和作战上的精力多得多。不过这也从一个侧面反映出了援华航空队的战斗力。要知道，就在英国飞行员凭借着精良的光学瞄具射击德国飞机的同时，我们的飞行员却完全是靠肉眼进行概略射击的。

1941年1月，在宋子文等人的反复游说下，英国人终于接受了柯蒂斯公司的方案。同年3月，第一批飞机从纽约港起运前往缅甸仰光。与此同时，波利作为公司的高级销售代表一起来到中国，开始了他在战时中国贩卖柯蒂斯飞机的生涯。后来，在中国政府的授意下，他策划成立了中国第一家飞机制造厂。

印象里，波利第一次和援华航空队打交道的目的是来找我们讨要相当于100架P-40总售价450万美元的1/10回扣。在这方面，他和柯蒂斯公司有协议，只要中国买了一架柯蒂斯飞机，他就可以提成1/10，如果我们拒付的话，他就终止供货。可是柯蒂斯方面却认为这张订单是在波利就职前签订的，和他没有关系，因此拒绝支付回扣。就这样，中国迫切需要的飞机就被他们之间的来回扯皮耽误了好几个月。恼羞成怒的柯蒂斯公司甚至还打算把这批飞机再卖给英国。

为解决此事，摩根索部长专门在1941年1月召开了一次会议。会上，各方的争论整整持续了一天，中国方面最终无奈地提出干脆由自己单独出资支付给波利一笔回扣。可是摩根索部长拒绝了这个建议，而是坚持要求柯蒂斯方面把波利开除了事。为达到这个目的，摩根索甚至威胁要以战时征用的名义直接接管这批飞机，但是波利仍然没有屈服。后来，大家还是接受了中国提出的解决方案，不过实际支付给波利的回扣不是原先要求的45万美元，而是25万美元。作为回报，由美国参与建设的中央飞机制造厂①将在缅甸和中国境内为中国空军组装、测试这批飞机，并提供售后服务。组装、测试飞机的地点最后选在了垒允。这个地方靠近中缅边境，是设立后勤补给基地的理想场所。同年4月底，这批飞机终于开始以海运的方式分批次发往中国。令人郁闷的是，由于包装损坏，从纽约港发出的首批飞机全部都进了水。

尽管困难重重，屡遭波折，可是组建援华航空队的梦想还是逐渐变成了现实。在这方面，我们遭遇的最大阻力来自美国军方。虽然我曾经向他们反复说明过组建一支援华航空队可能带来的各种潜在利益，并且强调这样的做法已经为俄、德、意等国在西班牙内战和中国抗战的战场上获得了包括情报搜集、装备改进、人员培训在内的多方面回报，却根本没有人买我的账。

1941年4月，我和劳克林再次拜见了阿诺德将军。此时的将军对我们的计划仍然持毫无商量的反对态度，并且表示说他决不会同意以这种方式分散消耗陆军航空队宝贵的飞行力量。陆军航空队人事方面的负责人迈伦·伍德上校对此也持相同的态度。海军那边的情况同样不容乐观，当时的海军航空局局长，后来出任太平洋战区海军航空兵司令的杰克·塔沃斯少将也认为组建援华航空队会使美军的飞行人员严重流失。

在这些灰暗的日子里，唯一的亮点可能就是陆军中尉约翰尼·艾尔森（他是

---

① 即1934年中美合资创办的杭州中央飞机制造厂。——译者注

位身材粗壮、沙色头发的小伙子）驾驶P-40，在华盛顿的布林机场为中美高官们所做的演示飞行。在总共5分钟的演示时间里，约翰尼·艾尔森把P-40的性能飞到了极致。这令我大开眼界，也让中国官员们深受震动。

飞机落地后，中国官员们指着飞机说："我们需要100架这样的飞机。"

"不。"我指着艾尔森对他们说，"你们真正需要的是100位这样的飞行员。"

约翰尼·艾尔森后来真的去了中国，他的主要任务就是向中国空军和苏联援华飞行队的飞行员们传授驾驶P-40的各种技巧。后来，他又重返作战部队，担任了中队指挥官，还取得了不俗的战绩。战功赫赫的他很快获得提升，成了菲尔·科克伦上校指挥的第一空降突击队的二号人物，并指挥这支部队在位于缅甸日军防线后方200英里的温盖特成功实施了空降作战。"二战"后期，约翰尼·艾尔森是驻菲律宾和冲绳的陆军第5航空队作战处长，这个航空队有700架飞机。现在，约翰尼是美国商务部主管航空的副部长，年仅35岁就成为民用航空的最高行政官员之一。

类似艾尔森这样的飞行员正是援华航空队所需要的。缺少了这样的人，我们购买的那些飞机就只能趴在机场上生锈。所幸，在罗斯福总统的直接干预下，陆海军方面终于同意为援华航空队提供飞行员和地勤人员。1941年4月15日，总统签署了一项不公开的命令，允许美国陆海军以及海军陆战队的现役和预备役飞行人员申请退役后，以平民身份参加美国志愿援华航空队。

由于我们此时的工作仍然处于严格保密阶段，波利建议宋子文对外以中央飞机制造厂的名义招募飞行和地勤人员。随后，中国国防后勤部门还和中央飞机制造厂签订了合同。按照合同规定，该厂将以有偿的方式负责经手援华航空队的各种财务往来，并派人员进驻垒允工厂，为我们的飞机提供维修服务。在这份合同中，援华航空队的正式名称是"高级训练班"，我们驾驶的P-40被称为"高级教练机"，我的头衔则是"总教练"。

总统过问后不久，由诺克斯部长和阿诺德将军联合签署的命令很快便被传达到各支飞行部队。命令规定，得到授权的招募人员可以在不受干预的前提下，和部队的任何人谈话。尽管如此，不少部队的指挥官还是对我们"挖墙脚"的行为表现出极大的不理解，几位特别恼怒的家伙还专门往华盛顿打电话发牢骚。

在人员招募方面，我专门委派了陆军航空队退役飞行员理查德·阿德沃斯负责此事。由于阿德沃斯旧伤缠身，无法胜任繁重的工作，所以大部分工作都由“飞毛腿”阿代尔承担，退役海军中校拉特里奇·埃尔文、哈里·克莱伯恩和桑顿·布朗协助他。他们跑遍了全国各地。当时美军的航空基地还不是特别多，只有包括提科陆战队航空基地，诺福克、圣迭戈、彭沙科拉城、杰克逊维尔海军航空基地，以及布林、塞尔福里奇、麦克迪尔、“三月”、米切尔、兰利、汉密尔顿、鄂林、克拉格、麦克斯韦尔、巴士德、伦道夫陆军航空基地在内有限的几个地方。

被这3个人招募来的人将和中央飞机制造厂签订为期1年的合同，表面上的身份是“维修员”或“飞行技师”，每月领取250~750美元的薪水，还可以报销差旅费，享受免费公寓、每月30美元伙食补贴以及每年1个月的带薪休假。对他们的要求是绝对不能抗命，不能酗酒或吸毒，不能患有妨碍飞行的各种疾病，不能以各种借口逃避勤务，不能向敌人出卖情报，一旦违反上述规定，立即清退。除此之外，我们还制定了关于其他日常事务的详细规定。

有一点合同中没有提到，那就是每击落1架日本飞机，还可以得到500美元的赏金。当时，被招募来的飞行员只是被告知说，每击落1架日本飞机，就有可能得到来自中国政府的500美元奖金，但是具体情况还不确定。后来，这个消息得到了证实。赏金的涵盖范围最初仅仅局限在空战中被击落的飞机。不久之后，只要飞行员能提供可靠的证据，击毁地面上停放的日本飞机也可以拿到赏金。

按照原先的计划，我还应该对每名招募来的人员进行一次最终面试。不过由于战况紧急，这个环节后来被省略掉了。除此之外，我们还打算从陆军航空队招募6名有经验的参谋人员，但是阿诺德将军拒绝了我的要求。我退而求其次，先把人数降到了3人，后来又降到只要一名军官来充当志愿航空队的执行官（职权相当于参谋长，地位等同副队长），可是阿诺德将军仍然不肯通融，在他看来，放走任何一位参谋人员都将是对航空队战斗力的严重损害。由于缺乏参谋人员，援华航空队以及后来的第十四航空队吃足了苦头。直到1943年，陆军方面才终于给我们派来了参谋军官。

离开美国之前，重新申请护照的我再次从一位国务院职员那里体会到了华盛顿官僚们的死脑筋。申请护照的时候，身份尴尬的我只好将自己的职业填写为

“农民”。这位职员对此表示质疑。

“我在路易斯安那有片农场，并且以此为生。”我对他解释说，“因此，我是个农民。”

这位职员坚决要求我把职业改一下。无可奈何的我只好给白宫打了个电话，才让他相信我的职业真的是“农民”。

办好护照后，我乘坐美国航空公司的航班前往旧金山，并于7月7日（也就是卢沟桥事变爆发4周年的纪念日）在马克·霍普金斯酒店会见了援华航空队的部分人员。当时恐怕没人相信，这群身穿平民服装、对未来心怀些许疑虑的“乌合之众”，会在几个月之后改写历史。

7月10日，我们的第一梯队登上荷兰籍邮轮“杰格斯方特纳”号，踏上前往中国的旅程。尽管大家都在身份上做了伪装，但是日本情报部门当然不会相信这群被一位“农民”率领着的“音乐家”“学生”“职员”和“银行家”是打算到中国旅游的。就在我们离开旧金山的同时，日本方面的广播就宣布了第一批美国志愿飞行员动身前往中国参战的消息。

“这条船永远到不了中国，”日本人在广播里威胁说，“它会被击沉。”

为了以防万一，邮轮过了夏威夷以后，就开始由两艘美国军舰为荷兰邮轮提供护航。来自海军的飞行员认出这两条船分别是“盐湖城”号和“北安普顿”号巡洋舰。两艘巡洋舰护送着邮轮绕开了日军设在加罗林群岛的基地，并把邮轮引导到更靠南一些的商船航线上。在靠近澳大利亚的托雷斯海峡，一艘荷兰巡洋舰接替了它们的工作，一直把邮轮护送到了新加坡。

我本人是在7月8日和身为蒋介石特别政治顾问的欧文·拉铁摩尔一起搭乘美国航空公司航班前往中国的。就在航班起飞之前，我得到了来自总统的消息。政府已经同意为援华航空队再安排一个装备轰炸机的第二梯队，并配备100名飞行员，以及181名航空机枪手和电台操作员，他们将于1941年11月抵达中国。除此之外，在1942年1月，还将有另外一批同等数量的轰炸机部队人员前往中国，加入援华航空队。坐在客机座位上的我觉得心满意足，对未来的战斗充满信心，因为我已经得到了战胜日本人所需要的一切条件。起程后不久，太阳就落山了，夕阳的余晖为广阔的太平洋镀上了一层金红色。我相信，这是个好兆头。

第八章

1941年夏天返回中国后几个月的经历让我意识到，当初对于招募外国飞行员参战的设想还是过于乐观了。离开旧金山之后60天的时间里，我又乘着飞机奔走了总共两万多英里，才让援华航空队避免了变成一盘散沙的悲惨结局，最终淬炼成一支坚强而团结的队伍。

我的第一站是夏威夷，也就是原来服役的第十九战斗机中队所在地。这年12月7日的“珍珠港事件”中，他们的飞机根本没来得及起飞就被日本人来了个连锅端，不过当时的他们对此还毫无预感。夏威夷战斗机部队的指挥官，也是后来美军驻印度和缅甸的第十航空队的负责人、未来的少将霍华德·戴维森在机场上停放着的飞机中间招待我喝了几杯。与此同时，哈沃德还向我讲述了关于P-40的各种逸闻，以及这种飞机的轴承特别容易生锈的“重要情报”。

离开夏威夷后，出于保密的需要，客机上的窗帘全被拉严了，乘客也不被允许用相机拍摄下面的军事设施。我们一路上能看到的只有从中途岛、威克岛，以及关岛等岛屿上起飞的各种海鸟。在这些岛上，可以看见平民身份的工人们正在修缮跑道，却感受不到任何大战将至的紧张气氛。据说后来日军占领其中的一些岛屿后，岛上的工人全被他们杀害了。

在马尼拉，我拜会了乔治和克拉格特两位将军。这两个人几个月前都曾经访问过中国，并且坚信向中国派出航空队是一次难得的练兵机会。乔治将军还曾经打算申请退役和我一起去中国，可惜他的请求被美国陆军部拒绝了。

拜会过两位将军，我又动身前往香港。正值盛夏时节的香港闷热潮湿，这种鬼天气显然更对日本人的胃口。不久之后，驻守香港的英国人几乎没放一枪就把它转手送给了日本人。对于这样的对手，日本人表现出了异常的鄙视。以香港为中转站，我乘着飞机开始了自己在中国内地、缅甸和马来亚之间的穿梭旅行。

旅程结束的我搭乘中国航空公司的飞机返回重庆向蒋介石述职。尽管当时的重庆已经被第一轮夏季轰炸得乱七八糟，但是我们援华航空队的首要任务仍然是尽快投入战斗，保卫中国的这个临时首都。对此，蒋介石已经等得不耐烦了。完成述职之后，我又乘飞机来到成都，负责协调把苏联人开设的航校中的武器弹药等剩余物资转运重庆的各项事宜。7月23日，一架中国空军的运输机把我辗转运到了缅甸仰光。在那儿，我发现6月底就已经到货的P–40仍然以零件状态被堆放在码头上。

这个夏天，我在缅甸的主要任务包括3点：首先，我必须找到组装、测试飞机的地方；其次，我必须不择手段地搞到保证飞行的各种后勤物资；最后，我必须把手下的飞行员调整到最佳临战状态。

由于在华盛顿多耽误了3个月，我不得不放弃了利用冬季把这批飞行员弄到昆明航校搞战前训练，并在夏季到来前把他们投入重庆上空的计划。因为海运方面的耽搁，飞机运抵中国的时候已经是夏季。这时云南各地的土制机场早已被连绵大雨变成了烂泥潭，根本无法开展训练。无奈之下，波利建议我借用英国皇家空军刚刚在缅甸铺设的柏油机场。这是我们尽快开始训练的唯一办法了。

对于已经深陷战争泥潭的英国人来说，允许援华航空队在缅甸训练绝对是个大麻烦，因为他们当时对外政策的核心就是要避免与日本人在东方发生冲突，或者为日本人提供任何挑起事端的口实。尽管如此，英国方面最终还是为援华航空队在缅甸的训练尽可能地提供了帮助。要知道，如果没有英国方面的通融，援华航空队是不可能如此之快地进入状态的。

1941年4月，英国政府正式通知宋子文，援华航空队可以使用英国在缅甸的机场组装飞机，并进行测试飞行，但在任何情况下都不允许利用英国机场组织实战战术训练。得到英国方面的答复后，中国空军的毛邦初将军、波利和他的弟弟爱德华，还有我，一起在仰光碰头，准备晋见英国驻缅甸总督雷金纳德·休·多尔曼·史密斯爵士，他手下的军事最高指挥官麦克劳德中将，以及空军部队的负责人曼宁上校。多尔曼-史密斯爵士和麦克劳德中将对中国的情况充满同情，愿意在自己能力的范围内，最大可能地提供帮助，可是曼宁上校这位肤色灰黄、身材瘦削的澳大利亚籍后备军官就没那么好说话了。作为当地空中力量的最高指挥官，他为美国志愿航空队这样一支非正规部队进入他的管辖范围而感到不安，这也是可以理解的。

对于曼宁上校的刁难，毛将军分辩说，由于日本拒绝正式承认他与中国处于战争状态①，所以美国援华航空队在法律上并不能视为参战人员也不会因为他们在缅甸的活动影响英方的中立地位。同年10月末，英国政府进一步放开了对援华航空队在缅甸活动的限制，允许我们使用当地机场组织战术训练，前提是绝对不能把这些机场作为对日本人以及他们在东南亚地区的盟友发动进攻的基地。

除此之外，中国政府还在仰光会议上与英国政府签订了租借英国空军已经完工，但尚未投入使用的景东机场②。这个机场位于仰光以北170英里的地方，距离东吁③只有6英里，正好在锡唐河的边上。由于机场本身地处印度洋季风带，每年都要经历漫长的多雨季节，所以跑道特地用沥青进行加固，机场周围还修建了防水堤坝。

那年6月28日，关于景东机场的租借协议还没正式签订之前，第一批援华飞行员就到达了仰光。我特地去港口迎候他们，并带他们乘火车直接去了东吁。负责打前站的伯纳特·卡尼正在那里为他们搭帐篷。卡尼是昆明航校的教官，也是我当时唯一的参谋军官。在那个夏天剩下的时间里，我又从那些临时驻留印度和中国、拥有军队服役背景的美国平民中临时招募了一批行政人员。

把这些人安排好以后，我又马不停蹄地开始了自己的第二次公务旅行。旅程的头一站是新加坡，我要在那里拜见英国皇家空军上将罗伯特·布鲁克·波普汉姆爵士，请求他下令允许驻东吁的援华航空队利用当地机场组织P-40的实弹射击训练。之所以为这点小事跑这么远的路，是因为缅甸英国当局认为实弹射击有可

---

① 1937年后，出于各自战略利益考虑，中日双方均未向对方正式宣战，这种情况一直保持到中美英三国首脑开罗会议之后。——译者注

② 缅甸重要机场之一，至今仍在使用。——译者注

③ 缅甸重镇。——译者注

能引发当地土著的不满，所以必须首先得到新加坡方面上级的同意。

我在新加坡的事情办得很顺利，罗伯特上将和他的副手帕尔福德少将（这位将军后来在马来亚半岛阵亡了）都对我的请求表示了支持。那时，英国在远东的殖民地已经受到日军的严重威胁。为了维护大英帝国在远东地区的利益，这两位将军正在竭尽所能指挥自己手下的部队协助当地英国驻军加强防御。要知道，在当时英国所有的海外领土中，远东地区是最不被重视的，因此他们在人手和物资方面都严重匮乏。尽管如此，两位将军还是尽可能地为援华航空队提供了帮助，并支援给我们一些装备和人员。

逗留新加坡期间，我发现不少英国皇家空军军官都对日本航空队抱有轻敌思想。在他们看来，经历过不列颠大空战洗礼的他们收拾起日本人来，当然是小菜一碟。更糟糕的是，那时的英国情报机构在对日情报搜集方面和美国情报机构一样无所作为。所有这一切，让英国皇家空军在后来的对日作战中吃了大亏。

这之后不久，蒋介石再次把我紧急召回了重庆，我也因此经历了一生中前所未见的、最惨烈的大轰炸。当时，日本人平均每天都投入150架左右的飞机轰炸这座早已丧失防御能力的城市。他们的主要意图就是要通过大轰炸迫使中国政府尽早投降。这样一来，日本就可以把中国战场上的军队抽调出来，继续南下作战。几乎已经不设防的重庆还成了那些日本新飞行员练手的“靶场”。他们在重庆上空积累了足够的实战经验后，便成为日军后来横扫夏威夷、新加坡等地的急先锋。

8月8日，回到重庆的我在驱车前往蒋介石设在市郊的司令部时遭遇了两次轰炸；返回途中，又在长江渡轮上经历了一次轰炸。第二天，我从凌晨两点开始奉命分别和苏、美、英三国的联络官碰头，其间又遇到了三次轰炸。转天早上，在英国联络官家留宿了一宿的我赶在黎明之前，坐着滑竿前往中国航空公司的机场。走到一半的时候，日本人的轰炸机就迎着朝阳再次光顾了这座城市。爆炸声刚一响起，两个轿夫就把我往地上一扔，飞快地跑到稻田里隐蔽了起来。我只好步行赶到长江渡口，却又在等渡轮的时候遇到了轰炸，周围的人一下子就跑光了。

大轰炸时期的重庆给人的感觉就好像是一片荒漠，大街上连狗都看不见一条。我一个人在江边等了半天，终于等到一艘从上游开下来的渡轮，这才过了江。为了这次摆渡，船夫向我索要50元法币的费用。倒霉的是，我当时口袋里只有5法币，还有一些美元和印度卢比。偏偏这时日本轰炸机又赶来凑热闹。于是，我们双方只好躲进江边已经人满为患的防空洞里讨价还价。正当我们吵得不可开交的时候，一位会说英语的中国人主动站出来充当调停人。我向他出示了自己的证件。他看过之后，对船夫解释说我是政府的外国军事顾问。这些话在人群中立刻引发了一阵骚动，船夫没再说什么，一分钱也没要就离开了。

空袭结束后，我步行赶到中国航空公司的办公室，确认自己是不是已经错过了班机。一路上，我只碰到了阿瑟·杨格一个人（他后来担任中国国民党政府的经济事务顾问）。阿瑟当时正准备乘车前往更安全的乡下躲避日军轰炸，不过在遇到我之后，他立刻命令司机先把我送到中国航空公司。在航空公司的办公室，公司职员告诉我说，那架航班到达重庆上空的时候正赶上第一轮防空警报，它马上就调头开了回去，而且也不会再来了。

扑了空的我不打算再过江，便驱车前往瑞普博士的寓所。可是他们一家也已经搬到乡下暂避去了，只留下一个看家的厨子，还有一位拒绝离开的中国老保姆。

在那些日子里，日军的大轰炸日复一日、夜以继日，每天都要持续22个小时，而且基本不会遭到有效的抵抗。重庆的电力和通信系统已经完全中断，自来水也早就停了。躲在寓所里的我们只能靠吃生米度日。我躲进寓所后的第二天，一枚炸弹在房子附近爆炸，弹片直接飞进了屋里。惊魂未定的我只好带着留守的两位仆人跑进了设在旁边山坡上的简易防空洞。坐在防空洞里，我心里默数着日军炸弹的爆炸声，为自己不能把航空队的飞行员们及时拉到重庆上空拯救这座城市懊悔不已。当时唯一能够令人感到稍许慰藉的是，我们毕竟已经拉起了一支队伍，最终参战只是早晚的事情。

直到8月22日，我才从大轰炸中的重庆暂时脱身，返回东吁，并且第一次见到了我的那些手下。实话实说，我们在景东机场为这些飞行员准备的食宿条件实在不怎么样。由于这个原因，我返回后的第一天，就有5名飞行员提出辞职。他们宁可回美国开民航客机，也不愿意留在这个鬼地方。

与此时仍然安享太平的美国相比，东吁生活的反差实在太大了。整座机场被密不透风的热带丛林包裹着，空气里弥漫着植物腐烂后令人恶心的酸腐气息。置身亚热带季风气候中，大雨和雷暴成为每天的“必修课”，雨过天晴后的烈日暴晒令身处其中的人们感觉像是在洗土耳其浴。潮湿的空气让所有东西都长满了绿霉，使得缅甸方面提供的本来就不怎么样的食物供给雪上加霜。“吃得太差”成为那时部队人心涣散的最主要原因。

所幸机场周围修建的堤坝质量还算不错，成功帮我们挡住了汹涌的丛林洪水。可惜，堤坝挡得住洪水，却挡不住缅甸的各种吸血昆虫。最糟糕的是，机场不仅没有灭蚊灯，房屋的窗户还没安纱窗。不仅如此，缅甸当地也根本就没有卖纱窗的。万般无奈的我们只好学习英国皇家空军，雨季时暂时撤离机场。毕竟，由于先天原因，白种人是很难适应亚热带气候的。

这期间，我们唯一值得称道的就是医疗卫生方面做得还不错。宋子文为我们提供了充足的药品，还有3位医生。大家因此得以免受各种热带疾病的侵扰。后来，罗伯特上将来援华航空队参观，不知道是什么原因，风尘仆仆的上将没看飞机，也没看机场，却直接去了机场附设的医院。在那里，他惊奇地发现整个医院的病人只有一名机械师。这位倒霉的机械师头天工作的时候把手指头搞掉了。

在缅甸熬了好一阵子后，波利总算从垒允工厂给我们派来了3名美国机械师，还有几名中国机械师，负责组装、测试P-40。令人无法理解的是，按照有关方面的要求，他们必须先在东吁附近的敏加拉洞机场组装机身，然后再把飞机运回东吁安装附属的电台、供氧和武器系统。谢天谢地，所有工作最后总算顺利完成了。不久之后，来到东吁参观的帕尔福德少将曾经对我们的高效率感觉不可思议。他这样对我说：“这简直是奇迹！不到一个月前，你来仰光的时候还只有一个公文包，可是现在，你已经拥有一支随时准备战斗的部队了。”

我谦虚地对少将说，我们距离真正参战还有很长的路要走。这些飞行员必须首先经过实战训练，掌握我教给他们的对付日军的各种诀窍，然后才能走上战场。他们不仅要学会战斗，还要学会在战斗中保护自己，不能逞匹夫之勇，这点尤其重要，因为我们的人手有限，必须在给敌人造成巨大杀伤的同时，尽可能减少自己的损失。要做到这些是非常困难的。

飞机全部调试到位，我们便开始对飞行员进行战前培训。很多飞行员对我传授的实战经验不屑一顾，这令我非常恼火。在他们看来，自己早已是王牌飞行员。很多人在从美国来中国的路上就喋喋不休地向周围的旅伴吹嘘过自己多么英勇无畏，以至于最后吹牛吹得自己都分不清哪些是真话、哪些是假话了。很多飞行员坚定地认为，日本人一见到自己就会屁滚尿流，根本没必要去听一个被航空队扫地出门、只能来中国混饭吃的老家伙絮絮叨叨。那时候头脑真正清醒的恐怕只有包括我在内为数不多的几个人了。毕竟，我已经和日本人交了4年手。这些在战场上用鲜血换来的实战经验绝对是有用的。

令这些飞行员不服的另一个主要原因是我们在东吁为他们准备的接待条件与事先的承诺相比，差距实在太大。经过长途旅行，这些人的身体素质普遍出现了下降。原准备到达目的地后好好恢复一下的他们，却对眼前的一切大失所望。首先令他们郁闷不已的是当地闷热潮湿的气候。更可气的是，原先许诺的定期外出变成了在机场里无所事事地溜达；原本安排的棒球比赛、排球比赛和健美比赛也因为天气过于炎热只好放弃。

尽管我们在接待方面打了折扣，不过这些飞行员自身的条件其实也并没有完全满足我原先的要求。按照当初的设想，招募的飞行员年龄段应该限制在28岁至30岁之间，至少3年驾驶战斗机的经验。可是招来的这些人中只有12个完全满足条件。超过半数的人原来一直是在海军驾驶4引擎轰炸机，连P-40都没见过。这其中年龄最长的是路易斯·霍夫曼，43岁，原先一直在海军开战斗机，资历几乎和我一样老。年龄最小的是亨利·吉尔伯特，只有21岁，刚从海军飞行学校毕业。全部110名飞行员里面，有4人来自海军陆战队，其他人原来都在海军和陆军服役。

多数国家的军队刚参战时多少都会闹些笑话，不过似乎谁闹的笑话也没有我们援华航空队多。由于很多飞行员之前都是开轰炸机的，所以我们在东吁的训练也只好从最基本的东西开始。有些人学得不错，进步很快。比如鲍勃·尼尔和大卫·希尔，这两位前海军轰炸机飞行员创造了援华航空队的最佳作战纪录。原来在陆军开B-17“飞行堡垒”的乔治·伯格德和查理·邦德也在后来的战斗中挤进了前十的位置。

当然，这个学习过程对于多数人来说仍然属于一项艰苦而漫长的工作。那些原本开多引擎轰炸机的飞行员往往很难适应速度更快、更加灵巧的P-40。有一天上午，我们一次训练就摔了6架飞机，这比后来“飞虎队”一天的战损率还高。他们的表现甚至让我想起了当初那些由意大利人训练出来的中国飞行员。无可奈何的我只好下令取消了当天所有飞行训练科目。可是就在那天下午，驱车外出寻找失事飞机，回收零件的机械师又撞上了机场上停着的一架飞机。于是，我们那天的损失就增加到了7架。

亡羊补牢，犹未为晚。当天下午，我们组织飞行员在地面上就降落问题进行了耐心细致的教学。为了标明降落时的落地点，避免飞机冲出跑道，我还让人在跑道1/3距离的地方画上了一道醒目的白线，要求飞行员降落时，轮子必须在白线之前着地。每超出白线一次，就得交50美元的罚款。

就这样，我们在正式参战前搞了很长时间的培训。直到4个月之后的1942年3月，仍有18名飞行员没有达到作战要求。尽管人手奇缺，我却坚决拒绝把这些不及格的家伙派上战场。可能正是由于这个原因，日本人在接下来的6个月的战斗中，只干掉了4名援华航空队的飞行员。

我们在东吁每天的日程是这样的。早上6点开始，由我带领飞行员在机场边上的教室里进行理论授课。我这个人似乎终其一生都和教师这个职业很有缘分，然而我觉得无论是当初在路易斯安那当中学教师的时候，还是后来在陆军航空队战术学校的时候，都没有我在东吁的表现出色。正是在我的努力下，这些援华航空队员变成了后来令敌人闻风丧胆的飞虎队员，取得了常人无法企及的辉煌战绩。

9月15日以后， 结束了72小时理论培训的新飞行员们又开始了60小时的特别飞行训练。除此之外，我还为他们开设了亚洲地理课程。详细为他们讲解了战时的中国，以及防空预警网的工作原理。

所谓知己知彼，百战百胜。在要求飞行员了解自己一方的同时，我还告诉了他们有关日本人的方方面面。这些经验全部来自我此前4年的实战经历。我向他们讲述了从南京一直到重庆的作战过程，分发了缴获后已经被翻译成英文的日军飞行手册，更好地帮助他们了解日军战术。

“你们将要遇到的日本飞行员都接受过严格的机动飞行训练。”我对飞行员们说，“他们此前已经经历过上百小时的训练，对各种可能出现的情况都做了预案。这是他们的优势，也是他们的劣势。这些家伙在作战的时候完全是按照飞行手册照本宣科的，只要读熟了这本小册子，你们就可以无往而不胜！”

……

“他们作战的时候花样很多，但是缺少主动性和判断力，根本无视战场上的实际情况，完全是按照事先的训练墨守成规。由于这个原因，轰炸机直到被全部击落，也不敢脱离编队各自逃命。战斗机打起仗来总是老一套，从来也不变化。这是上帝对你们的照顾！”

……

“我们战术的核心，就是要打乱他们的编队，迫使日本人按照我们的方式战斗。抱残守缺的日本人一旦遇到自己不熟悉的作战模式，就会变得无所适从，任人宰割。利用他们的死脑筋就是打败他们的诀窍！”

我向飞行员们详细讲解了日本人的作战特点，这些内容在此前美国陆军部向他们派发的小册子里根本没有涉及。除此之外，最新得到的有关日军“零式”战斗机的情报也对他们进行了传达。没过多久，就有一些被吓坏了的飞行员忘记了自己曾经的勇气，主动递交了辞呈。我对此倒是无所谓，因为留下来的人才是真正的战士。我在黑板上为这些留下来的战士们认真地画出了日本飞机的结构图，向他们讲解上面从油箱到弹舱的每个零件，并要求他们能够全部在图上复述出来，最终对日军飞机的熟悉要达到下意识的程度。这么做的道理很简单，在战场上你根本没时间动脑子去想，依赖的完全是平时的训练养成。

基础教学结束后，我们又开始了P-40对抗日本飞机的专门训练。

“你必须以己之长攻敌之短。每种飞机都有自己的长处和短处，利用自己的长处对抗敌人的短处就一定可以取得胜利。你们飞机的长处是水平速度快、俯冲更猛、火力更强，日本飞机的爬升速度快，而且更灵活。如果你打算去和他们进行空中缠斗，那就死定了。你必须充分发挥自己的长处。最明智的办法是利用飞机的速度和火力，快速接近，射击，然后快速脱离。打了就跑，永远别停留在日本人的射程里。”

在这方面，我特别强调了射击技能精度的重要性。

“必须擦亮自己的眼睛，争取首发制敌。你越早命中敌人，就能越早脱离开敌人的射程。干掉一个，再寻找下个目标，始终对周围保持警惕。小心翼翼，又无所畏惧。这样一来，你就可以在击落日本人的同时全身而退。如果他们打算返航，你就跟踪追击。日本飞机的载弹和载油量都不大，返航的时候经常只能任人宰割，你正好可以浑水摸鱼。”

援华航空队发明的“打了就跑”战术在当时引起了不少争议。驻仰光的皇家空军第221飞行大队曾经专门发过文件，警告任何在战斗中使用这种“不光彩”战术的飞行员都将以临阵脱逃论处。在这方面，中国空军的态度更加强硬，采取的处罚措施是直接枪毙。直到真正与日军交手前，很多习惯了传统空中缠斗战术的美国飞行员也认为这种打了就跑的战术是不光彩的。

不久以后的实战提供了大量的机会进行比较。援华航空队和皇家空军在仰光上空并肩作战，双方数量相当，装备相似，战斗勇气也不相上下。皇家空军勉强与日军打平，而援华航空队创下了1：15的实战纪录。

1942年2月，日军在一周之内连续对仰光和澳大利亚的达尔文港大举空袭。在仰光上空，5名援华航空队飞行员驾机击落了来袭的70架日机中的17架，自己毫无损失。几周之后，一个著名的英国皇家空军的“喷火”战斗机中队奉命从欧洲本土移师达尔文港，不久就在两次战斗中损失了总共27名飞行员中的17人。要知道，“喷火”战斗机的性能是要远远高于P-40的，英国飞行员之所以吃亏，关键就在战术方面。他们原来那套战术对付对付德国人和意大利人可能还凑合，但在日本人面前基本就等于自杀。与此同时，在中国战场上，欺软怕硬的日本人却在尽量避免与转变了作战方式的美国飞行员交手。这其中只有一支装备了P-38战斗机的中队是个例外。因为这支部队是刚从北非战场上撤下来的，使用的战术与皇家空军完全相同，日本人看见他们就有一种占了便宜的感觉。

援华航空队正式参战一年后，“打了就跑”的战术通过各种渠道，在美国陆海军中迅速普及起来。据我所知，至少有一位海军中校，以及一位驻澳大利亚第5航空队的陆军上校先后声称自己是这种“丢脸”战术的创始人。

当年在缅甸驻训的我们为了把这种战术运用到炉火纯青的地步，要求所有飞行员就此接受60小时的特别训练。大家经常是在听完早课之后，趁着大雨到来前的那点清凉，抓紧升空训练。那种感觉就像是足球赛。飞行员们在天上来来往往，我站在一座竹子搭成的塔楼上通过望远镜和大喇叭（这个喇叭是林肯公司生产的汤姆牌，我足足用了4年多）进行指挥，像教练一样对他们排兵布阵。借助机场上的扩音器，我可以把自己的战术评价时时传送到相应的飞行员耳朵里。返回地面后，每名飞行员都会得到书面的战术评价报告，详细向他说明自己战术方面的优缺点所在，并提出具体的整改措施。

对飞行员逐个训练完之后，我又组织他们进行双机编队战术训练。这种战术的目的就是要让任何一架飞机在向敌人发起进攻的时候，都能够得到自己战友的掩护。在此基础上，我们演练了中队规模的编队战术训练，模拟攻击敌方轰炸机群和地面目标。

我的编队战术延续和发展了自己早期关于多个中队配合作战的设想。同时使用3个中队，1个中队首先投入战斗，1个中队负责掩护，还有1个中队作为预备队，在最关键的时刻加入战团。尽管在提出这种设想之前，空战中还没有使用预备队的先例，不过我对自己的战术却充满信心，虽然我后来一直没机会实际使用这种战术。

东吁驻训期间，我们先后损失了一批飞机和飞行员。来自堪萨斯州的哈钦森的杰克·阿姆斯特朗在一次训练中与战友发生撞机事故，他本人在被搜救队送回机场抢救的途中因为大雨耽搁了时间，最终没能保住性命。来自伊利诺伊州开罗的马克思·汉默训练返航时遭遇雷雨，不幸遇难。还有皮特·阿钦森，这个人来自西弗吉尼亚州的马丁堡，他飞机的螺旋桨在飞行过程中突然脱落，他自己和飞机都被横飞的桨叶切成了碎片。这几位勇士后来都被安葬在英国人设立在缅甸的圣卢克教堂墓地。

出于各种各样的原因，我和手下的飞行员们都对P-40抱怨多多。我的不满主要集中在这种飞机不可靠的水冷式发动机，以及复杂的油路和炸弹挂架。早在我们正式使用它以前，P-40就在飞行新手中间得到了“飞行杀手”的称号。我手下的飞行员们对P-40的了解此前更多来自同行间的口口相传，比如降落速度过快、发动机功率不足等。当他们在来缅甸的路上见识了英国和荷兰人装备的性能相对先进的美制布鲁斯特“水牛”战斗机之后，不禁惊呼道：“所有先进的战斗机都被卖给了外国人，结果美国飞行员自己只好驾驶二流飞机参战！”

由于这个原因，面对驾驶“水牛”战斗机来到缅甸和我们进行战术演练的英国飞行员，我的手下甚至懒得升空参战。事实上，“水牛”战斗机的各方面性能根本赶不上P-40，特别是爬升速度和武器装备，“水牛式”仅装备2挺0.3英寸口径机枪，而P-40装备4挺0.3英寸口径机枪和2挺0.5英寸口径机枪。由于这帮“水牛”实在太过于耀武扬威，我们最终决定派出飞行员和他们一对一单挑。单挑的结果让所有人大跌眼镜，我们的飞行员轻松战胜了对手。后来，等到和日本人真正开战以后，我们的飞行员又亲眼目睹了驾驶“水牛”的英国人像苍蝇一样被日本人打下来，这才彻底对P-40产生了足够的信心，甚至还拒绝了英国人提出的用更新型的“飓风”战斗机交换这批飞机的请求。

随着援华航空队的声名远播，我们迎来了一批又一批来访的英美官员，各大媒体也进行了相关报道。不过那时加紧备战的我们确实没时间搞这些迎来送往的事情。因此我们为来访者提供的唯一“招待”就是允许他们在机场四处乱转，以及和我们一起就餐。可以这样讲，在面对公众方面，我们几乎是毫无保密可言的。

对于我们这些人而言，待在被防水堤坝包围起来的机场中，感觉就像是足球队在搞封闭训练。每天的生活就是训练、休息，休息、训练，枯燥又乏味。置身在这样郁闷的环境中，搞点恶作剧似乎是难以避免的。有位美国大报的记者就曾经在企图靠近机场的过程中，被我那些无聊的手下招呼了一顿啤酒瓶子。有天半夜，汤姆·詹特瑞医生还曾经被人叫起来，帮我的一个手下摘掉套在脑袋上的罐子。这个倒霉的家伙似乎打算扮演东吁国王，他那帮唯恐天下不乱的战友就给他找了个玻璃水罐当作王冠。除了这些恶作剧外，每天都有打架斗殴之类的事情发生。

在人员管理方面，我延续了美国军队的治军传统，同时又有自己的一套办法，既强调铁的纪律，又尽可能地发扬民主风格。所谓铁的纪律，是专门针对作战而言的。一旦回到地面上，我就尽可能地把自己部队的氛围搞得像那些美国民间社团。部队的很多日常事务大多是通过大家开会讨论、举手表决，最后以少数服从多数的方式决定，每个人都有权发表自己的意见。我们通常每周召开一次例会，讨论的话题包括酒吧的营业时间、宿舍什么时候熄灯等。崇尚人人平等的援华航空队根本没有禁闭室，大家见面也用不着互相敬礼。当然，如果有人主动向我敬礼，我也会客气地还礼。有些人总是要敬礼。对违反中央飞机制造厂的轻微错误，我们制定了一套完善的罚款制度，最高数额为100美元，由一个参谋军官和各中队指挥官组成的委员会负责。

我管理援华航空队的这套办法并非向正统的军队教条示威，而是希望在自己的团队中尽可能地营造一种和睦、愉快的氛围。在很多正规的军人眼中，我们就是一帮乌合之众，他们在写给伦敦和华盛顿的报告中对我们都颇有微词。这其中最差的评价应该来自到中国访问的美国陆军罗斯·霍伊特上校和路易·格罗森贝格少校，他们对援华航空队从战术思想到日常管理的方方面面都非常有意见。与之相反，身为他们此行直接领导的约翰·马格鲁德准将却对我们表示了有限的支持。

这年11月初，我收到了来自宋子文的一张便条：

根据美国陆军部的报告，你们在1942年2月前不可能做好战斗准备，而且参战后两周内就会被敌人彻底报销，我需要你做出解释。

我回复宋子文和蒋介石说，援华航空队1941年11月末就将做好战斗准备。只要后勤保障跟得上，需要我们打多久，我们就可以打多久。

对于新成立的援华航空队，乃至后来的第十四航空队，后勤方面面临的最大问题就是零件短缺。直到抗战胜利，这个问题都始终困扰着我们。想当初，中国政府在购买100架P-40B战斗机的同时，却没有得到相应的备用零件。就这个问题，柯蒂斯公司副总裁的解释是：根据美国军方的命令，他们只生产整机，不额外生产备用零件。因为在战斗中飞机很可能根本来不及出现故障就已经被击落了，所以没必要浪费时间和物资生产那么多零件。我们需要做的就是努力生产整机，以便及时替换那些战斗中损失的飞机。公允地说，在这方面，德国和日本军方也犯了相同的错误。幸运的是，美国军方及时意识到了自己的战略短视，并进行了修正。

话虽如此，但美国军方的从善如流对于我们来说几乎没有什么意义。柯蒂斯方面通知我们说，直到1943年1月前，我们都不可能指望得到足够的备用零件。由于严重缺乏备件，我们在东吁的日常训练都很难有保证。当时的我们什么都缺，很多飞机因此根本无法升空。人穷志短的援华航空队只好在那年秋天派出人手去成都、新加坡等地不择手段地搜罗零件。有一次，我们派出了差不多一个班的人员从加尔各答一直走到马尼拉，到处寻找有用物资。新加坡的罗伯特上将很热心地提供给我们一批“水牛”战斗机的零件，可惜这些零件在P-40上根本用不上。

意识到问题严重的我再次派约瑟夫·艾尔索普去新加坡向皇家空军求援，可是罗伯特上将和帕尔福德少将爱莫能助。一无所获的艾尔索普请求罗伯特上将写封信，去找马尼拉的麦克阿瑟将军通融通融，罗伯特上将爽快地答应帮这个忙。这之后，艾尔索普在美军驻新加坡办事处的弗兰克·布林克上校（这人后来被任命为驻新加坡准将军事观察员）的办公室里熬了一个通宵，以上将的名义给麦克阿瑟将军写了封信。上将审阅后，签字盖章。

第二天，艾尔索普准备搭乘专机动身前往马尼拉，波利却突然赶到机场，并向艾尔索普传达了我授权他全权接管并处理此事的命令（其实波利根本没得到授权）。这之后，波利便带着这封罗伯特上将署名的信来到了马尼拉。遗憾的是，缺乏零件似乎是当时所有P-40部队的通病，一无所获的他只好空着手离开了马尼拉。

艾尔索普返回东吁后向我汇报了波利的越权行动，这令我很是生气，却也不打算深究。根据此时已经来到中国的马格鲁德准将和宋子文的建议，我再次派艾尔索普前往马尼拉搜罗零件。艾尔索普总算不虚此行，他从麦克阿瑟那里搞到了不少备用轮胎。要知道，我们自己飞机起落架的轮胎早已在反复的起降练习中损耗殆尽了。搞到轮胎之后，美国海军亚洲舰队司令托马斯·哈特海军上将派出3架PBY反潜巡逻机，帮我们把轮胎从马尼拉运到新加坡。罗伯特上将又派船帮我们把货最终运到了仰光。没有这几位将军的热心支持和及时相助，我们援华航空队不可能取得后来的成绩。

与此同时，经过华盛顿中国军需公司成员，尤其是大卫·科克伦、怀廷·威洛尔、威廉·杨曼和哈里·普莱斯的不懈努力，又有一批P-40零件在12月初的时候从美国起运前往中国。1941年12月7日"珍珠港事件"爆发时，运送零件的轮船正好途经威克岛。得到消息的他们立刻把所有货物都卸在了岛上，然后直接运送当时滞留在威克岛上的美国平民返回本土。不久之后，日军占领威克岛，他们缴获的物资当中就包括我们这批零件。1942年3月，我们又通过别的途径从美国运过来两吨左右的武器弹药和零件。这批物资被卸载在加尔各答港，并由中国航空公司的飞机通过刚刚开通的"驼峰航线"运到了昆明。

除了物资奇缺，身处缅甸的我们还继续忍受着英国式官僚主义的困扰。从名义上来说，景东机场直接隶属于英国皇家空军，不过当地英国陆军、殖民当局，以及缅甸土著也经常来找我们的麻烦。按照他们的规定，我们不能直接派美国人携带武器担任机场警卫，同时也不能雇用当地人负责这个任务。由于没有警卫，任何人都可以随意出入我们的机场。这无疑为间谍刺探情报、搞破坏创造了条件。有很多次，我都看到对我们和英国殖民当局不怀好意的当地人在我们飞机周围转悠。有时候，他们甚至跑到我的办公室“观摩”我办公。忍无可忍的我只好把他们轰出去。后来，英国当局终于允许我们雇用不携带武器的当地人负责警卫工作，不过这些人根本就是摆设。最后，还是英军少将布鲁斯·斯科特（他是北掸邦驻军司令，指挥部设在东吁）实在看不下去，以非官方的名义从自己手下给我们派了一些库尔喀士兵，这才彻底解决了问题。

比安全警卫问题更令人烦心的是随时找碴的曼宁上校，这家伙把皇家空军的各项规章制度奉若天条。按照他的说法，在未得到皇家空军驻东吁司令部允许的情况下，无论什么原因，我们都不能离开机场的范围一步。因为这个见鬼的规定，为了在机场之外为P-40修建一个校枪场（还是我们自己花钱），我们就和英国方面足足谈判了3个多月。曼宁上校的观点是，既然英国皇家空军的规章里没有关于校枪的规定，那么我们也就没必要把自己的机枪校得那么准。

不仅如此，因为曼宁上校拒绝向我们提供皇家空军的密码本，也拒绝接受我们的密码本，航空队在缅甸驻训的前后5个多月时间里，始终都无法和当地皇家空军或英军其他部队建立无线电通信联系。我们唯一能够依靠的，只有缅甸当地的民用电话。这无疑很容易造成泄密事件。后来，实在没办法的我提出直接派我们的人携带电台到皇家空军那边担任联络官，然而曼宁上校还是不肯通融。

幸亏有了罗伯特上将的直接干预，驻缅甸皇家空军总算勉强同意以有偿的方式为我们提供油料和武器补给。除了这些东西，我们还从皇家空军那里借了架空中照相机。皇家空军很够意思地派出机械师用最短的时间帮我们把相机装在了一架P-40上面，不过我们后来却“忘了”把相机归还给他们。这架相机在接下来的一年时间里，成为我们、也成为美军从亚洲地区获取情报的主要来源之一。

尽管我们有时候不太仗义，但罗伯特上将和帕尔福德少将仍然一如既往地为我们提供了支持。在缅甸、新加坡失守前，他们特意安排船只帮我们从荷属东印度往仰光港紧急运过来一批油料，使我们后来在补给线被切断的情况下，能够坚持下来。同年11月，罗伯特上将还曾经打算安排一个“水牛”战斗机中队一个“布伦海姆”轰炸机中队以“志愿人员”的身份，加入我们援华航空队，不过这个计划最终因为日军开始进攻马来亚而受阻。这当然可以理解，毕竟，英国人自己更需要这些飞机捍卫大英帝国的远东殖民地。另一位为我们提供过很多帮助的英国人是阿奇博尔德·克拉克–科尔爵士，他后来先后出任英国驻华和驻美大使。正是在他的干预下，我们才得以摆脱死脑筋的英国殖民官员，以及打算敲竹杠的缅甸当地势力的纠缠，赶在缅甸开战前把大批物资直接通过陆路边境运回中国国内。

缅甸的雨季终于在10月底结束了。大家都希望利用接下来这段凉爽的时间好好休息一下，可是情况紧急，不容我们有丝毫懈怠。每天，大家都在抓紧时间训练，流下的汗水一点也不比“洗土耳其浴”的时候少。

我们驻扎的景东机场距离泰国边境只有60英里的路程。早在1939年的时候，日本工兵就协助泰国人在境内建设了不少机场。这些机场名义上是为帮助泰国加强防空力量，实际上却是日本人预先埋下的“钉子”。一旦他们打算在东南亚动手，这些机场立刻就能为其所用。当时的泰国政府虽然主要受到英法两国的控制，内心深处却是倾向日本的，而且随时准备为日本人的攻势提供协助。作为日本人眼中钉的我们就这么与日本人的潜在同盟者遥遥相望，中间只隔着英国殖民当局设立的一个边境检查站。这个检查站最主要的装备就是几架望远镜和一部电话。

有鉴于此，我从7月末开始就多次敦促曼宁上校抓紧在缅甸建立防空预警网。由于怀疑当地土著普遍具有反英倾向，曼宁上校根本不愿意去发动和武装他们。可是除了这些土著人，英国当局在缅甸又实在抽不出其他人手。最后，曼宁只好在东吁和泰国边境之间勉强建立了一个防空哨。上校本人信誓旦旦地表示，防空哨的人虽不多，但是装备精良，一旦日本人有动作，他们肯定可以第一时间通知我们。直到战争爆发，我们才发现，原来上校所说的“装备”就是一口船上用的铜钟。

11月底的时候，英国人总算运来了两部雷达。它们分别被部署在毛淡棉和仰光，探测范围覆盖缅甸南部的大部分地区，但对我们没什么用处。事实上，这两个雷达站对英国人自己的用处也不大，因为它们是通过缅甸当地的民用电话向外界发出消息的，传递消息的过程往往要花费一个多小时的时间。

直到1941年秋天，我们的情报部门仍然没能发现日军即将在东南亚地区动手的迹象。从道理上来讲，类似这样规模的军事行动从来没人能做到滴水不漏，日本人当然也不例外，可是情报部门对种种迹象就是无动于衷。早在1937年，日军在中国东南沿海的一系列行动就已经显露出了他们未来的作战意图。1941年夏天，当美国开始对日本进行石油禁运后，所有关注中日战争局势的人都已经明确地意识到日军必将为了获得石油而很快发起大规模的军事行动，否则他们就无法将战争维持下去。

那年秋天，已经有很多迹象说明日军即将动手。当时，日军在中国许多久经沙场的部队先后被抽调回台湾和日本本土，他们在战线上空出来的位置被中国傀儡政权的军队所替代。与此同时，日军船队在广州、海防、海南、台湾等重要港口也开始了频繁调动。中国情报部门还发现了日军舰队主力从本土出发增援，并沿中国海岸线南下的动向。

1941年11月，日军"零式"战斗机群首次被发现部署在位于印度支那半岛南部西贡附近的法国机场上。整个11月期间，日军在印度支那半岛的飞机数量便从74架增加到了245架。11月末的时候，罗伯特上将发来消息说，马来亚半岛上空夜间有疑似日军飞机的不明飞机活动。英国皇家空军曾派出战斗机拦截，但没有成功。罗伯特上将还提到日本海军似乎正集中在印度支那半岛南部的金兰湾，准备大规模军事行动。事后证明，日本海军在金兰湾行动的最终目标是在马来亚和泰国进行两栖作战[①]。由于英军装备的"卡特琳娜"式水上飞机航程太短，为了进一步搞清日军动向，上将曾请求驻菲律宾的麦克阿瑟将军派出B-17轰炸机前往该地侦察，但将军遗憾地以"华盛顿不允许"为由拒绝了上将的请求。事实上，不难看出，日军在金兰湾的这个基地最低目标是荷属东印度，然后很可能会发动一次全面进攻，将西方国家逐出太平洋。

从那年10月开始，为了以防万一，我便安排战斗机沿泰国边境24小时警戒巡逻。即便是在夜间，只要天上有月亮，战斗机巡逻也不会放松。有时候，我们的战斗机会保持2000英尺的高度深入泰国境内，侦察那里各处机场上飞机的活动频率。

---

① 原文为siam，即暹罗，陈纳德在这里使用的是泰国古称。——译者注

你可能不相信，我们判断飞机活动频率的唯一依据就是机场上空腾起的尘土。要知道，在旱季，就是骑辆自行车在机场转悠一圈，都可以扬起大团大团的尘土。如果条件允许的话，我们的飞行员还可以利用这些尘土对机场进行抵近侦察。

从11月中旬开始，我从每天黄昏到次日黎明都要在机场塔台上值班，陪伴我的是汤姆·詹特瑞。我们一起叼着烟斗坐在塔台上，紧张地盯着泰国方向，根本顾不上说话。汤姆和我就这么一直坐着，直到夜色浓到完全伸手不见五指的地步才会走下塔台眯上一觉。凌晨4点左右，只要东方稍稍露出一丝曙光，我们就必须重新回到塔台值班。

这样的值班在1941年12月8日上午11点，“珍珠港事件”爆发的时候终于结束了（由于我们位于日期变更线以西，所以我们的时间比美国快一天）。得到消息的我默默走上了机场。我意识到，尽管并不情愿，可战争最终还是把包括我们在内的所有美国人都卷了进去。

第九章

“珍珠港事件”爆发一周之内，我被一种前所未有的恐惧深深纠缠着，生怕日本人会对东吁的援华航空队发动突袭，将我们扼杀在地面上。这种恐惧自从10月中旬航空队真正成形，并开始对泰国各地机场进行侦察巡逻以后，就逐渐在我的心头积聚。我知道，日本人其实对我们的情况了如指掌。我还知道，如果日本人打算对我们动手，原本就对日本方面心存暧昧的缅甸当地人很可能会袖手旁观，甚至落井下石。

在漫长的对日作战生涯中，我经常习惯于把自己放在敌军指挥官的位置，揣测他们可能采取的战术。事实证明，我的预测往往非常准确。“珍珠港事件”的爆发使我确信日本人迟早会对东吁发动空袭。这其实没什么，因为我们航空队本身就是为战争而存在的。我最大的愿望就是希望自己的部队不要像珍珠港的同行那样，窝囊地被日本人炸毁在地面上，而是能够在天上和他们真刀真枪地干上一仗。

当时，我手下的一半飞行员全来自海军，他们都曾在珍珠港服过役。我自己也曾经以第十九战斗机中队指挥官的身份，在隶属于珍珠港的福特岛度过了一段美好时光。1925年，珍珠港曾经流传过日军即将来袭的消息。事后证明，那只是有关人员的情报失误而已。尽管如此，在连续3周之内，我仍然要求第十九战斗机中队的所有飞机每天黎明前做好战斗准备。随着第一缕晨光的降临，我们便腾空而起，从一万英尺的高空途经瓦胡岛，和阳光一起光顾珍珠港。虽然我的长官并没有下达保持战斗警惕的命令，但是身为陆军现役军官的我深刻地了解自己的职责所在。在我看来，作为一名部队指挥官的首要职责就是要时刻保持警惕，避免自己的部队遭受敌人的突然袭击。对于那些老百姓来说，让他们在和平时期时刻绷紧战争这根弦似乎强人所难，但是对于每名军人来说，时刻对战争保持警惕却恰恰是自己的职责所在。

假如我是那些在菲律宾或夏威夷因为麻痹大意、让自己的飞机被日本人在地面干掉的航空队指挥官，那么我恐怕没脸再次面对自己的部下，然而美军的那些高级指挥官们似乎并没有这样的意识。说实话，整个战争期间，最令我惊奇的就是高层的麻木无能。与此同时，一方面是由于“只问结果不问过程，一胜遮百丑”的传统逻辑，一方面也是由于难以获得足够而且准确的信息，美国民众对高层的昏庸保持了令人难以置信的容忍态度。在我看来，即便是在今天，美国政府也依然有义务让自己的民众知道，为什么身为纳税人的他们花费20年时间建立起来的国防体系曾经那么不堪一击，甚至差点将我们引向亡国的边缘。澄清事实，让相关责任人接受应得的惩罚，至少可以保证“珍珠港事件”的悲剧不会重演。

日本人对夏威夷的攻击迫使我调整了作战部署。当时，尽管我的部队已经做好了参战的准备，但后勤物资仍然短缺。零件方面，除了从菲律宾搞到一批轮胎之外，我们再没有其他收获。更糟糕的是，作为援华航空队第二梯队主要装备的轰炸机当时仍在美国加利福尼亚的机场等待空运，而且很快就被美军以战争急需的名义抢先征用了。祸不单行的是，正在前往缅甸途中的两批飞行员也先后被澳大利亚等地的美国驻军以“战争需要”的名义紧急征用。

“珍珠港事件”对援华航空队造成的影响是无法估量的，基本上令我们当初在华盛顿花费的心思付诸东流。原先计划成立的几个中队因为人员和装备无法到位而被迫取消，我手里就只剩下最开始的100多号人。如果一年前能够预见到自己将要面对这种情况的话，我恐怕不会对航空队的参战前景寄予太高期望。

随着日军逐渐在东南亚展开攻势，保卫仰光的港口设施、滇缅公路，以及作为战时中国后勤中转中心的昆明免遭日军空袭的意义日益凸现起来。在海岸线完全被日军封锁的情况下，仰光已经成为中国获得外部物资援助的唯一港口，昆明是将这些物资分配到中国各处战场的重要枢纽，滇缅公路则充当连接这两个战略要地的“大动脉”。对于当时的日军来说，攻击这些战略节点，既可以有效支援中国战场上的作战行动，也可以减轻南方攻势面临的压力，可谓一箭双雕。

为保卫自己的后勤补给线，同时也是为了援助自己的外国盟友，蒋介石一次就拿出6个装备最精良的师[1]协助英国人防守缅甸，这其中还包括他所有的机械化炮兵部队。可是英国人似乎并不领情，这批部队在云南无所事事地待了好几个月，直到1942年仰光即将陷落的时候，才被拉上缅甸战场。相比之下，英国方面似乎更乐于接受援华航空队的存在，他们曾多次提议直接将我们划归驻仰光皇家空军指挥。

就像英国人固执地拒绝与自己的中国盟友协同作战一样，我坚决地拒绝了他们拉我们入伙的建议。刚刚进入秋季的时候，我曾经就仰光的防务问题多次和曼宁上校进行过专门讨论。那时的他手里既没有完善的防空预警网，也没有太多可用的机场。为此，我曾经建议上校在仰光以西、日军飞机航程以外的地方修建一些临时机场；除此之外，还要再多设置一些防空观察哨，填补泰国边境到仰光之间的防空空白。有了这些防空观察哨，仰光附近机场上的战斗机就可以赶在日军来袭之前及时升空组织防御。

过去几年对日作战的经验使我早就清楚地意识到，在没有足够的防空观察哨以及日机航程以外的备用机场的情况下，与日本航空队展开对抗，基本上等于自杀。然而自大的曼宁上校却固执地认为，自己那个只有一条跑道，而且随时处于日机打击范围之内的机场已经足够用的了，进一步整合、完善防空预警网似乎也没有必要。更糟糕的是，曼宁还命令自己手下的飞行员继续使用纯粹等于找死的空中缠斗战术。如果我接受了他的入伙建议，也就意味着把自己和手下飞行员的身家性命全部交到了这个蠢货手里。更何况曼宁上校还有些心胸狭隘，即便是在已经准备拉我入伙的情况下，他仍然拒绝我进入皇家空军东吁司令部的作战室，也不允许我使用皇家空军的各种设施。这样的入伙条件恐怕是任何人都无法接受的。

出于共同防御的需要，我们最终还是达成了一个让蒋介石和英国方面都比较满意的协议。按照这个协议，援华航空队将拿出总共3个战斗机中队中的1个，协助皇家空军防守仰光。剩下的两个中队撤回昆明，也就是滇缅公路的终点驻防。将大部分部队撤回云南境内的最大好处在于，在那里，我们起码已经建立了非常

---

① 即第一批中国远征军。——译者注

完善的防空预警网和足够的备用机场。不仅如此，留在缅甸的那个中队也仍然直接由我指挥，并不划入皇家空军的编制，只是配合他们作战。这样一来，我手下的美国飞行员就可以在战略上帮助皇家空军协防缅甸的同时，在战术使用方面保持最大的自由度。作为回报，曼宁上校同意为这个中队提供食宿在内的各种后勤供给，不过他后来却没有信守自己的诺言。

“珍珠港事件”的第二天，英军的那个防空哨因为过度紧张，错发了好几次防空警报。抱着“宁可信其有，不可信其无”的态度，每当英国人敲响那口该死的铜钟时，我的副官汤姆·特雷柏就会戴上钢盔，端起步枪，跑到机场周围的战壕里组织防御。我则会立刻拿起望远镜，冲上塔台，对着远处的天空瞭望。

12月10日，泰国如其所愿地“投降”了日本。日军等待已久的部队立刻从曼谷港蜂拥而入，做好了进攻缅甸和马来亚的准备。为了尽可能摸清日军动向，我命令埃里克·夏林驾驶那架装了照相设备的P-40前往曼谷港侦察。这架经过改装的飞机时速可以达到大于18英里每小时的水平，最大升限也比普通P-40高3000英尺，不过与日本人专门的高空、高速侦察机相比，仍然稍逊一筹。实话实说，日本侦察机的各方面性能都非常出色。直到1943年夏天第一批P-38战斗机运抵中国前，我们根本没有对付它的办法。在两架P-40的护航下，埃里克·夏林驾机从2.6万英尺的高空侦察了泰国的多处港口和机场。

最终的侦察结果令我吃惊不已。湄南河两岸的港口到处都有日军卸载人员和物资，廊曼的机场上密密麻麻地停满了日本飞机，随时准备出发到泰缅边境的野战机场。日军的规模让人头痛，不过我从中也看到了战机。这时要是能派出一队轰炸机搞他们一下，恐怕用不了20分钟就可以把日本人的飞机全部报销。遗憾的是，由于我手头并没有轰炸机，只能眼睁睁错过良机。

12月12日，援华航空队第三中队（指挥官阿沃德·奥尔森，来自加利福尼亚的好莱坞）移师敏加拉洞机场，协助英军防守仰光。与此同时，留在东吁机场的另外两个中队一边大张旗鼓地迷惑日军间谍，造成继续留守缅甸的假象；一边抓紧收拾东西，准备尽快撤回昆明。当时，我们仍有25名飞行员没有达到参战要求，还有12架P-40因为缺乏零件在东吁等待维修，但是随着日军空袭东吁行动的开始，我们除了马上离开，已经别无选择。

按照撤离计划，所有直接与战斗有关的人员和物资直接通过空运首先返回昆明，其他人员和物资则通过滇缅公路用卡车转运。为了配合这次行动，中国航空公司派出了3架运输机，于12月18日来到东吁，并在第二天黎明带着包括我在内的一批人员和物资飞回了昆明。第一和第二中队的飞行员则在18日下午，行经腊戌加油后，直接驾机返回昆明。为了以防万一，他们在东吁起飞和昆明降落之前，以及途中加油的时候，都采取了必要的防范措施，随时处于战斗状态。

19日黎明，我们已经以云南的防空预警网为依托，建立了指挥所，并安排34架P-40进行战斗值班，随时准备升空。为了配合我们的行动，中国情报部门也全面开动起来，加紧截获、破译日军电文。直到这个时候，我才真正觉得松了一口气。

读到这里，你应该已经意识到我们的队伍是多么精干。相比传统部队，我的指挥所只保留了那些必要的人员，却可以完成与他们相同的工作量，效率甚至更高。在这个指挥所的协调调度下，我们的飞行员在一天加一个下午的时间里机动了将近2000英里，而且随时保持最佳的战斗状态。这样的部队在各方面都是远远超过日军的，他们必然在接下来的4年中成为日军的噩梦。

已经准备了太久的我们迫不及待地打算和日军过过招。12月19日，我们派出3架P-40沿云南南部巡逻，却没有发现日机的动向。12月20日上午9点45分，王叔铭[①]上校（原中国空军第五飞行大队的指挥官，现任援华航空队的中方参谋长）通过加密电话给我传来消息称，一批日本轰炸机已经越过云南边境，航向西北。

从接到这个电话起，我们期待已久的战斗终于正式开始了。接下来的时间里，各种有关敌机的消息不断传来：

“X-10[②]听到敌机发动机噪声。”

“P-8头顶发现不明身份飞机。”

“C-23云层上有敌机发动机噪声。”

参谋人员迅速根据这些情报在图上标出了敌机的来袭路径。通过情报分析，

---

① 王叔铭（1904—1998）：原名王勋，山东诸城人，早年赴苏联学习飞行，回国后加入国民党空军，属于空军元老级人物，抗战英雄。抗战胜利后任国民党空军副总司令，撤退台湾后晋升一级上将，升任国民党空军总司令。——译者注

② 防空哨部署位置在作战地图上的坐标，下同。——译者注

日军为了迷惑我们，有可能首先前往昆明以东50英里的地方，然后再兜个圈子绕回昆明发动袭击。

判明敌人意图后，我立刻命令第二中队升空拦截。按照事先的预案，该中队的杰克·纽柯克（来自纽约州的斯卡斯代尔）负责率领一个4机编队搜索敌机，吉米·霍华德（来自路易斯安那，他的父亲在中国当过传教士）率领另外的4架飞机在昆明周边进行防御巡逻。第一中队的16架飞机（由来自堪萨斯州圣安东尼奥的罗伯特·桑代尔指挥）待在昆明以西，作为预备队，随时准备投入战斗。

两个中队先后升空后，我便带着自己的值日官哈瑞·格林罗和翻译苏上校去了位于一片长满荒草山坡上的地下指挥所。中国方面已经预先在这个地下指挥所里配备了大量电话和无线通信器材。我们3个人猫在这个指挥所里，苏上校负责接电话传达情报，我和哈瑞·格林罗则借着火柴的亮光，在图板上研究敌机的动向。指挥所外面，昆明冬季清冽的冷风正在四处呼啸。天空上的云层正处于一万米的高空，天气条件非常适合空战。根据气象部门传来的消息，南面山顶上有一片乌云区正在形成，但短时间内不会影响我们。

最后的时刻终于来到了。为了这个时刻，我们足足等待了4年多。在这4年多的时间里，我们用美国战斗机、美国飞行员，再加上中国的防空预警网，为横扫太平洋、不可一世的日本航空队编织了一张“死亡之网”。仰望冬日云南如洗的天空，我对即将到来的胜利充满信心。真希望自己能再年轻10岁，那样一来，我就可以亲自驾驶战机，好好教训教训日本人。

突然，电台里传出的飞行员对话的声音打破了指挥所的平静。

“我发现他们了！”

“不，不，这不是日本飞机！”

“没错，就是，看他们机身上的红球！”

“对，没错，让咱们狠狠揍他们一顿！”

……

这之后又是令人揪心的宁静。

得到双方可能已经交火的消息后，我立刻命令待机的第一中队全速赶往昆明东南30英里的彝良地区，截击可能从那里来袭的日机。那之后很长的时间，电台再没有消息传来。根据防空网的报告，他们听到了飞机开火的声音，而且受到攻击的日本轰炸机已经改变航线，向印度支那方向飞去了。紧接着，设在彝良地区山上的观察哨报告说，发现有日本轰炸机被击落。各种各样的消息纷至沓来，可是我们除了返回机场耐心等待之外，似乎也没有什么事情可做。

这时，昆明城里的中国人早已按捺不住，纷纷从各自藏身的防空洞里跑了出来，欢呼雀跃。在他们看来，打没打下日本飞机暂且不论，日本人今天至少没能把炸弹扔在他们头上，这就是个不小的胜利。负责巡逻的第二中队降落了，他们连敌人的影子也没有看到。第一中队也降落了，他们的脸上洋溢着首战后难掩的兴奋。在昆明东南30英里的地方，他们遇到了由10架日本双引擎轰炸机组成的编队。由于缺乏实战经验，他们一时竟难以确定眼前出现的到底是不是日本轰炸机。同时发现他们的日本轰炸机立刻扔掉炸弹，准备向印度支那方向加速逃离。这下，第一中队的小伙子们终于反应过来，马上向日机开火。不过此时的日机已经逃到了他们大多数人的射程以外。当时，只有一位名叫爱德华·瑞克特的飞行员离日本人最近。他尾随在日本轰炸机的后面，不停开火。直到战斗结束、其他飞行员准备返航时，他仍对日本人紧追不舍。

就在瑞克特单挑日本人的同时，第一中队的其他人也在尽量缩短与日机的距离。终于，日本人进入了他们的射程，小伙子们再次猛烈开火。看着机枪枪口冒出的浓烟，以及翻滚而下的日机，他们意识到，自己已经击落了目标。就这样，第一中队在昆明东南30英里的彝良地区将日本人杀得大败而归。他们对败退的日机紧追不放，一直追到了前面提到的靠近山区的乌云地带，这才掉头返航。只有那位名叫瑞克特的飞行员继续跟在日本人后面不依不饶。

据这些飞行员事后回忆，当他们驾机开始俯冲攻击的时候，基本上已经处于一种半疯狂的状态，东吁驻训时学的那点东西忘得一干二净。大家根本没顾上搞什么编队战术，冲着日本人就是一顿猛冲猛打。来自威斯康星州的弗雷茨·沃尔夫首先击落了两架日本轰炸机，然后却不得不落荒而逃，因为他的机枪“卡壳”了。直到落地之后他才发现，机枪根本就没卡壳，而是由于自己刚才过于激动，搂着火死活不撒手，一下子就把子弹打光了。在这次战斗中，第一中队先后击落了3架日本轰炸机。我方唯一的损失就是那位名叫瑞克特的飞行员驾驶的飞机。他在疯狂追击敌人的过程中用光了汽油，飞机坠毁在一片稻田里，本人受了点轻伤。

首次参战的胜利如此激动人心，以至于在返回机场后的很长时间里，我们的飞行员仍然处于过度激动的状态，说话都结结巴巴的。

“干得好，伙计们！”我对这些激动不已的小伙子们说，“这次干得还不错，但是不够完美，下次要把日本人全揍下来！”

这之后，我让这帮说话全都结结巴巴的家伙分别汇报了一下战况。汇报持续了一个多小时，然后就安排他们去吃午饭。午饭后，我们对这次战斗进行了详细讲评，总结了经验教训，认真讨论了如何在下次战斗的时候把日本人全包围的办法。

直到1945年春天我才得到准确消息，第一中队在那次战斗中其实差点就把日本人全干掉了。事情是这样的，彝良之战几个月后，我手下一位来自纽约名叫李维斯·比肖普的飞行员在先后打掉5架日本飞机之后，不幸在印度支那被日本人击落，他本人成了俘虏。没过多久，一名日本军官找到了他。据这名日本军官说，他就是彝良上空那个轰炸机编队的指挥官。他和他的机组驾驶的飞机是全部10架轰炸机中唯一的幸存者，其余9架飞机最终都没能返回基地。

比肖普在日本人那边吃了3年牢饭。后来，由于战局变化，日本人打算把东南亚的盟军战俘全部转移到满洲去。利用押送战俘的火车从上海开往满洲的当口，比肖普成功逃脱。他后来在1945年初的时候辗转回到昆明，我这才得到关于那次战斗的最准确战报。

彝良之战以后很长的日子里，日本人再没敢轰炸昆明。几个月以来，他们一直沿着云南边境四处试探，寻找防空预警网的漏洞，也确实钻了一些空子，却从没来过昆明上空。在这几个月里，我们也没闲着，而是派出战斗机沿云南边境巡逻，积极寻找战机，先后击落了6架敌机。1942年春天，由于日军将主要进攻方向转向了印度支那，云南方向承受的空袭压力大大减少。直到16个月后的1943年夏天，日本人才再次将轰炸的重点转移到昆明（他们此前得到了我返回华盛顿参加中美英军方高层联席会议的准确情报）。日本人这次不但在情报方面下了功夫，还汲取了上回的教训，为自己的轰炸机编队派了30架战斗机护航。

写到这里，应该说说“飞虎队”这个名号的来历了。援华航空队尽管在中国上空浴血多年，但“飞虎队”名号的来历是出自仰光空战。前面已经说过，撤回云南之前，我们曾经把第三中队留在仰光，协助英国皇家空军组织防御。在接下来10周的血战中，这支部队的飞机数量锐减到5架。但他们毫无畏惧，经过重新补充后，继续征战缅甸、泰国各地，奋勇迎战成百上千的日本飞机。在先后大小31次战斗中，他们总共确认击落了217架日机，此外还有43架日机疑似被击落。自己方面有4名飞行员在空战中当场阵亡；1名飞行员因飞机损毁严重，返航迫降时不幸遇难；还有1人跳伞逃生后，被日军俘虏；总共16架P-40被击落。与此同时，与他们并肩作战的皇家空军总共确认击落日机74架，疑似击落日机33架，自己则总共损失了22架战斗机。

时任英国首相的丘吉尔就此专门致电英国驻缅甸总督："这些美国人在缅甸取得的战绩简直可以和英国皇家空军在不列颠空战中的卓越表现相提并论。"1942年1月接替曼宁的斯蒂芬森少将曾经坦言：在英伦空战中，皇家空军与德国空军的战损比是1：4；而在缅甸上空，美国援华航空队飞行员与日本人的战损比甚至可以达到1：14。

缅甸的战局正如我事先所预料的那样，战斗刚一打响，日本人就从泰国南部的机场出动了150架轰炸机和战斗机对缅甸发动空袭。相比之下，缅甸英军可以用来迎战的只有英国皇家空军的20架"水牛"，以及援华航空队的16架P-40。除此之外，他们还得到了英国皇家空军驻印度部队几架老式"莱桑德"战斗机和"飞虎"式教练机的支援。事实证明，英国人当初设立的雷达加民用电话的预警网根本就是摆设。有好多次，援华航空队员们通过电话得到的所谓"预警"就是"敌人的轰炸机已经飞到了你们的头上"。这还算是不错的，起码英国人的防空网做出了反应。更多时候，队员们只能通过皇家空军的"水牛"紧急升空时发出的噪音和激起的尘土判断日本飞机已经来袭。

由于这个原因，缅甸空战中对日本飞机的所谓"截击"一般都是在敌人轰炸完成之后的报复性追击。后来，英国皇家空军曾经承诺将对自己的防空网进行改进。然而他们所谓的改进其实就是派出几个地面人员携带防光镜，在获知敌机来袭的情况下，用太阳反光的方式发出警报。得知这一切后，我怒不可遏，坚决要求把第三中队撤回来，省得他们留在缅甸白白送死。只是迫于美国政府和蒋介石两方面的压力，我才最终打消了这个念头。

祸不单行，仰光空战开始前，波利也跑出来添乱。按照之前合同的约定，我可以要求当时由波利主管的中央飞机制造厂提供售后服务，对战损的P-40进行维修。后来，周至柔领导的中国航空委员会又与该厂在一次会议上达成协议。双方约定以怒江为界，界线以西的全部飞机由中央飞机制造厂在垒允的工厂（这家工厂位于云南境内，正好挨着缅甸边境）负责，界线以东的全部飞机由中国国民党空军自己设在昆明的修理厂负责。

从到缅甸驻训开始，我们的P-40就逐渐出现了大量故障。就此，我曾经多次要求波利派出人员和设备进行维修。波利确实派了一些人过来，不过他们只同意就地抢修那些问题比较小的飞机。至于毛病比较严重的飞机，则必须经铁路辗转运回云南境内的工厂大修。这个要求也算是合理。于是，所有故障比较严重的P-40就被陆续运回了垒允工厂。让人气愤的是，这些飞机自打返场之后就一直堆在那里，根本无人问津。

后来我们才搞清楚，原来波利这么做的意图是打算以此为筹码，要挟中国国民党政府进一步购买柯蒂斯公司新近生产的"柯蒂斯-21"型战斗机和一批教练机。就此，我曾经反复向中国方面申明，加紧维修这批旧飞机，远远要比再去买那些我们一无所知的新飞机靠谱。毕竟，我手下的飞行员已经对P-40的性能非常熟悉，整支部队也因此真正形成了战斗力。购买新飞机，意味着一切都得重来。除此之外，我们还拒绝了波利提出的请援华航空队派一个中队去保护垒允工厂的要求，因为这家工厂当时根本就不在敌机的打击半径内。

同年12月中旬，恼羞成怒的波利下令工厂彻底停止维修援华航空队的P-40。次年1月1日，他还专门给我发了份电报，声称该厂将停止一切售后服务。我对波利的回复是，没有他我们照样活，他会为自己的行为后悔的。

话虽如此，对于我们来说，失去柯蒂斯方面技术支持的影响确实很大，特别是在仰光空战已经开始的情况下。万般无奈的我只好把情况报告给了蒋介石。他直接下令给中央飞机制造厂的中方经理陈上校，要求该厂的中方人员别去理睬美方的命令，继续为援华航空队提供维修保障。这样一来，中国方面等于彻底断了波利的念想。偷鸡不成的他灰溜溜地跑到印度，建立新的飞机制造厂去了。

波利的所作所为让我有理由认为，他应该也像许多英美情报部门那样，坚信援华航空队根本坚持不了3个星期，因此才打算抓紧时间狠捞一笔。这让他在与我们的合作中显得非常没有诚意。说起来，这家伙的脸皮确实非常厚。随着援华航空队的威名远播，波利立刻义无反顾地吃起了回头草，不遗余力地重新和我们套近乎。不仅如此，他在战后还专门拿出1万美元给当时刚成立的“飞虎队联合会”，打算以“飞虎队”创始人之一的身份设立一笔基金（当时波利已经涉足政界，先后出任过美国驻秘鲁和巴西的大使，“飞虎队”创始人之一的身份对他显然是一笔不小的政治资本）。对这家伙深恶痛绝的前“飞虎队”队员们毫不犹豫地拒绝了他，并挖苦说：“与其现在拿出这么大一笔钱，还不如在1941年到1942年时帮我们多修两架飞机。”

1941年圣诞节的前几天，日本人调集54架轰炸机和20架护航战斗机，对仰光发动了首轮空袭。轰炸机和战斗机之间如此悬殊的比例，说明日本方面对仰光驻军防空能力的极度轻视。英军的防空预警网这次表现得非常“正常”，再次对日机的来袭毫无反应。第三中队之所以能和日军在空中交手，是因为他们那天恰好被英国方面要求暂时升空，让开跑道。就在我们的飞行员起飞后不久，英国皇家空军那边又传来消息说，日本人正从东面靠近。

事实上，当时的日机已经完成了对预定目标的轰炸（一部分轰炸机轰炸了第三中队所在的敏加拉洞，另一部分轰炸了港口地区），正在返航途中。由于在缅甸上空根本没遇到任何像样的抵抗，这帮家伙早已彻底放松了警惕。第三中队和他们相遇时，负责护航的日本战斗机甚至已经无所事事地跑到低空去扫射地面上看热闹的平民去了。第三中队算是捡了个大便宜。在这次战斗中，他们总共击落了6架日本飞机，自己也有两名飞行员阵亡（来自阿肯色州的尼尔·马丁和来自华盛顿州的亨利·吉尔伯特，他们全是被日本轰炸机上的火力击中的）。皇家空军方面的战斗机则姗姗来迟，根本没赶上参加战斗。

日本人的轰炸在仰光引起了大恐慌。富人们纷纷逃离这座城市，撤退到印度等地。某些原本就不怀好意的土著人则趁机发动暴乱，攻击当地的英国人。不仅如此，原先负责为援华航空队提供服务的厨子等后勤人员也全都跑光了，整个机场陷入了完全混乱的状态。整整两天时间，留守机场的第三中队只能靠预先储藏的干面包和啤酒度日。

圣诞节那天，日本人开始动手收拾仰光。这次，他们总共派出了60架轰炸机和30架战斗机。事先得到消息的第三中队起飞了12架P-40，在高空等着日本人的到来（一贯反应迟钝的英国皇家空军战斗打响后很久才派了16架“水牛”助战）。据当时在地面上观战的人后来回忆，由于双方实力过于悬殊，这场战斗的感觉就像当年的英国人用小船挑战西班牙的无敌舰队。

“那种感觉就像是在公园里打玩具鸭子。”第三中队指挥官奥尔森事后通过电台向远在昆明的我汇报说，“我们击落了15架轰炸机和9架战斗机。要是大家都在的话，准可以把这些日本人全送回老家去！”

在这次战斗中，援华航空队自己也损失了两架飞机，不过飞行员都成功跳伞逃生了。不能不提一下的是，波利恰好在那个令人难忘的圣诞节待在仰光。头顶上发生的空战，让他多少改变了原先对航空队的悲观预期。善于见风使舵的他立刻从仰光弄了一卡车食品和饮料，当作圣诞晚餐给驻扎在敏加拉洞的第三中队送了过去。于是，飞行员们就坐在机场周围的树荫里，欣赏着被击落日机冒出的浓烟，就着火腿和火鸡，畅饮美酒。与此同时，远在云南的我们也用当地特产的鸭子和米酒庆祝了这个难忘的圣诞节。

经过圣诞节的那次战斗，第三中队就只剩下11架P-40可以升空作战了。奥尔森通过电台向我求援，我随即就把第二中队派了过去。很快，新的一年来到了。在新年的第一周里，日本人对仰光的攻势进一步加强。上次战斗之后，日军变得更加谨慎。在实施大规模昼间轰炸前，他们会首先派出轰炸机，利用夜幕骚扰仰光。援华航空队对此疲于应付，却一无所获，倒是皇家空军击落了几架日本轰炸机。这期间，为了尽可能干扰日军的攻势，援华航空队还主动派出飞机，袭击了日军在泰国的前线机场，将不少日机击毁在了地面上。

就在飞行员们拼死保卫仰光的同时，我们留在缅甸的其他人员仍在奋力向中国境内转运物资。正是这些人（连我们的随军神父，来自伊利诺伊州的保罗·弗里曼也赤膊上阵，临时充当了搬运工），冒着日军的不间断骚扰，在一个月之内就通过滇缅公路抢运回了两万吨物资。正是由于他们的辛勤努力，这批物资才免于在仰光陷落后落入敌手，也使得撤回中国的援华航空队能在很长时间内维持正常运转。

1942年1月的最后一周，日本人再次做好了空袭仰光的准备。从1月23日至28日，上百架日机先后6次大规模轰炸仰光港口地区。日军飞行编队转换为3比1，以大型战斗机编队为小型轰炸机编队护航，这也算是一种对英美战斗机飞行员的赞赏。

1月23日至24日，日本人对援华航空队和皇家空军的战斗机进行了重点攻击，打算彻底剿灭这支队伍。日本人的战术是，首先派出一小批战斗机吸引我们的飞行员升空，并耗尽他们的燃油。等这些飞行员被迫返回地面加油时，再派轰炸机来个“地毯式轰炸”。这个主意确实不错，但没能得逞。因为我们经过长期训练的地勤人员加油、装弹的效率非常高，往往日本人的轰炸机还没来得及临空，我们的飞行员就已经重新飞上天了。1月28日，无计可施的日本人只能再次派出大机群和我们来硬的。这一仗下来，日本人总共损失了50架飞机，我们这边有两名援华航空队队员和10名英国皇家空军飞行员阵亡。

此前奉命率领第二中队增援的纽柯克通过电台向昆明报告说：“情况越困难，我们的士气就越高昂。航空队现在已经达到了最佳战斗状态！”

从1月的最后一周开始，日军已经发动了在缅甸的地面攻势。就当时的情况来看，英军无论在人员方面，还是装备方面，都无法与日军抗衡。我们的飞行员尽管士气高昂，但前去增援的第二中队飞机数量也很快降低到了10架。无奈之下，我只好命令鲍勃·桑代尔率第一中队前去增援。

援华航空队在缅甸的浴血奋战引起了全世界的关注。我在1941年夏天离开美国前，就曾经委托路易斯安那的两位朋友帮我留心报纸上任何有关援华航空队的消息。正是通过他们寄来的剪报，我才得知美国境内的一家报纸为我们起了个“飞虎队”的雅号。之所以起这个雅号，是因为我们的战斗机机头全都装饰了满是利齿的鲨鱼大嘴图案。事实上，最早使用这个图案的是英国皇家空军驻利比亚的一个P-40中队。在此之前，某些德国空军的飞行员也曾经在自己的“梅塞施米特210”战斗机机头上喷涂过相似的图案，意在吓唬敌人。我们的飞行员通过一份名为《印度每周画报》的报纸看到了这个图案，于是就拿过来用在了自己的飞机上。至于“鲨鱼”最后是怎么被以讹传讹变成“老虎”的，我实在不得而知。直到“飞虎队”最后解散，我们也没想过要设计什么队徽。真正做这件事情的其实是华盛顿的中国国防采购部门。他们得知这篇报道后，觉得在宣传方面很有意义，就委托好莱坞的迪斯尼公司设计了那个长翅膀老虎身上有一个代表胜利的大“V”字的长翅膀老虎的“飞虎队”徽章。

对日作战初期，在西方国家军队纷纷溃败的情况下，“飞虎队”的成绩可谓一枝独秀。我注意到，有些人借此大做文章，根本不顾我们之所以取得胜利的各方面客观条件，将其演绎成为一个美国技术、美国人可以以一当十的神话。这显然是一派胡言。

事实上，“飞虎队”之所以能取得不俗的战绩，是和许多因素分不开的。比如在飞机方面，尽管如我们前面所说，P-40本身存在很多问题，但在当年的仰光上空，它却是性能最出色的飞机，特别是在当年的空战主要集中发生在20000英尺以下高度的时候。在这个高度以下，P-40绝对可以胜过英军最好的“飓风”战斗机，以及日本陆军的“隼”式战斗机和海军的“零式”战斗机等。它上面配备的两挺点50口径机枪的火力远远超过英国和日本战斗机，座舱周围安装的防护装甲虽然增加了重量，却可以最大限度地保障飞行员的安全，救过很多人的命。相比日本战斗机，P-40的机身比较笨重，灵活性不足，却很皮实，平时的保养维护非常简单，战损抢修也相对容易。这让P-40与那些几乎是“一次性用品”、坏了就扔的日本战斗机相比，具有了很大的优势。实话实说，我对P-40这种使用水冷式发动机的战斗机从来就没什么好感，不过它们在缅甸的表现确实令人刮目相看。

除了飞机和飞行员，地勤人员的作用也不容忽视。前面已经提到，正是由于他们工作方面的高效率，才便得我们返航补充油弹的战斗机避免了被日本人击毁在地面上的厄运。即便是在仰光之战极为艰苦的最后阶段，他们仍然保证了每天至少10架P-40的出勤率。与我们的情况正好相反，同时期英军原先装备的30架“飓风”战斗机已经锐减到了6架。需要强调的是，仰光之战只是所有人员日常工作的一个缩影。正是由于大家的辛勤付出，我们才得以在漫长的战争年代，取得了一个又一个胜利。

当然，胜利的最终取得不仅需要精良的人员和装备，高超的指挥艺术也很重要。这方面，我手下的6位中队指挥官无疑都是佼佼者。他们在以后的日子里获得提升，晋升较高的军衔和职务，绝对不是出于侥幸。

比以上这些因素更重要的，是美国飞行员们与生俱来的团队精神。尽管美国式的民主鼓励个性的张扬，但是无论何时何地，张扬个性却始终要以保障团队利益为前提。这种团队意识体现在美国生活的方方面面，它帮助我们在过去取得了很多成就，也将在未来继续成为我们克敌制胜的法宝。

1942年1月，我原本打算去缅甸视察，却因为旧病复发只好留在昆明疗养。刚开始的时候，我每天需要在病房和指挥所间来回奔波。后来，援华航空队的技师专门在我的病床边安装了一部电台。这样一来，我就可以一边躺在床上养病，一边时时了解缅甸那边的战况。正是通过这部电台，我了解到日机1月4日再次轰炸了东吁。攻击从早上6点开始，英军的防空网此时仍然毫无反应，驻扎在那里的援华航空队也没有上回那么幸运。日机临空的时候，所有人都在睡觉。机场上的作战指挥中心和一座机库被炸弹直接命中，机库里等待维修的3架P-40变成了碎片。皇家空军方面也有12架“布伦海姆”轰炸机被击毁。这次惨败似乎预示了航空队此后8周的命运。

2月中旬，新加坡陷落，日军得以抽出手来，集中对付缅甸的皇家空军和援华航空队。当时，可以用于攻击仰光的日机一下子增加到了400架。2月底之前，日本人以每天200架次的强度开始了对仰光的持续轰炸。

正是在这个时期，由鲍勃·尼尔率领的第一中队的飞行员们，驾驶着他们的P-40，书写了援华航空队在缅甸的最后一页历史。需要说明的是，由于此前领导第一中队的鲍勃·桑代尔不幸死于一次空中事故，鲍勃·尼尔便接替了他的指挥位置。随着仰光的陷落，英军在缅甸的整条战线已经摇摇欲坠。为了以防万一，尼尔不再把战损的P-40留在敏加拉洞就地维修，而是通过各种方式把它们集中转移到缅甸北部。与此同时，鉴于我们手里的多数P-40已经破损不堪，我只好命令尼尔尽可能减少各种作战任务，同时向缅甸北部收缩部队。由于这个原因，泰缅边境以及缅甸南部地区的天空中从此几乎再也看不到机头喷涂着鲨鱼大嘴图案的P-40。不久之后，谣言随之而起，很多人信誓旦旦地声称“飞虎队”已经撤出了缅甸。为了对这些造谣者还以颜色，尼尔通过电台请求我再组织一次作战行动。我对此的回复是：“保存人员是最重要的。在这个前提下，可以利用现有装备打一仗，不许恋战！”

尼尔基本遵守了我的命令。他拿出了手下仍然可以升空作战的最后9架P-40，准备教训教训那些刚从新加坡脱身、转移到缅甸上空的日本老兵。此时，皇家空军的实力也早已不复当初。他们的“水牛”战斗机已经损失殆尽，新补充的18架“飓风”和“喷火”战斗机在从加尔各答转场到仰光途中，因为撞山事故损失大半，还牺牲了11名飞行员。因此，当日军在2月26日对仰光发起最后一轮昼间轰炸时，我方总共只有15架飞机可以起飞迎战，而敌人的数量却是166架。

此前一天，援华航空队就曾经迎击过日军的3次空袭，并在以少打多的情况下击落了24架日机。26日当天，他们的情况变得更加不利，能升空作战的P-40已经锐减到6架。然而面对将近200架的日本飞机，他们毫无畏惧，再次击落了18架敌机，而且自己毫无损失。

可以这样讲，在连续两天的作战中，尼尔和他手下的飞行员创造了空战史上的奇迹。如果装备和后勤保障能再好点的话，他们也许会创造更大的奇迹。考虑到当时异常艰苦的环境，他们的表现已经足以令世人刮目相看了。以下是航空队的弗雷茨·沃尔夫（他在仰光的最后决战开始之前才撤离这座城市）发回的报告：

仰光的飞机差不多都飞不起来了。这些飞机的制动和传动系统都已经磨损严重，我们却没有零件更换。飞机的蓄电池也已经临近使用寿命，充一次电根本坚持不了多长时间。更糟糕的是，英国人事先没打招呼就炸毁了负责保障飞机作战的油料库、充电站和制氧站，我们失去了坚持作战所必需的一切条件。

大家现在根本吃不到新鲜的蔬菜和主食，只能靠罐头勉强维持。自来水供应已经中断，日常用水根本无法保障。

机场上弥漫的尘土严重损害了飞机的发动机。尽管我们每天都做除尘，却仍然无法保证正常飞行。发动机进土导致功率降低，直接影响了战斗力的发挥。有一次，日军来空袭，我们派出8架飞机迎战，其中却有3架因为发动机故障没能起飞。

仰光的局势已经极度恶化。监狱里的犯人因为无人照管，全都自己跑了出来。心怀不满的当地人也开始兴风作浪，包括谋杀在内的各种犯罪随处可见。几天前，有3个英国人就被杀死在港口附近。整座城市有25条街道被人蓄意纵火烧掉，英国当局却派不出消防车救火，因为所有消防车几周前都被调到曼德勒去了。由于治安形势恶化，商铺差不多全部关门停业。

我们和英国方面的唯一一次联系还是10天之前，他们派了位联络官过来转了一圈。在我看来，这些英国人自己人之间尚且互相拆台，跟我们就更谈不上什么合作了。目前有情报显示，日本人已经渡过了锡唐河（距离仰光只有8英里），可是英国方面连一个字都没通知过我们。

2月27日夜间，英国人趁机从仰光撤走了自己的雷达系统，而且事先又没和援华航空队打招呼。负责留守指挥的尼尔终于忍无可忍，第二天早上，他派出6架仍然完好的P-40为航空队的撤离车队提供护航，自己则和副手史密斯（此人战后担任了美国空军的大队指挥官）驾机去丛林里最后一次寻找几天前跳伞失散的飞行员（爱德华·利博尔特）。为了腾出空间携带担架，尼尔甚至丢弃了飞机上的电台。他们一直找到了28日，搜救工作却没有任何进展。又过了一天，日本人已经彻底切断卑谬公路，仰光通往后方的陆上通道全部被堵死。无法继续搜救的尼尔和史密斯往机舱里塞了两箱威士忌酒，然后起飞撤到了仰光以北200英里的马圭。

两天之后，日军地面部队进入仰光，缅甸南部的战事彻底结束。

第十章

对中国人来说，缅甸北部的后续作战简直就是一场灾难，甚至差点就让中国彻底完蛋，而且在新成立的英、中、美三国同盟之间播下了纠纷的可悲种子。这场血战最悲剧性的一面在于同盟国之间根本不团结。在缅甸境内的战争开始的几个月里，所有在亚洲大陆协同作战，一致对抗日本的希望都落空了。直到这场战争结束，英、中、美三国都在忙于各自的目的，协同作战仅剩下表面功夫而已。珍珠港之前的几个月里，美国在中国的声誉达到前所未有的高度。慷慨的美国人向美国援华联合会提供的援助，以及普遍友好的美国媒体，使中国领导人和人民大众都认为美国同情他们对欧亚两大帝国进行的斗争。富兰克林·罗斯福总统个人对亚洲问题日益投入的关注，给这种道义上的支持添加了实质内容。对华援助措施包括：扩大租借物资范围，为援华志愿航空队派遣美国军事代表团、飞机和飞行员，而且做出了美军轰炸机会将战火烧到日本的郑重承诺。但在珍珠港事件几个月之后，这种承诺就丧失大半，这和接踵而来的美军的军事失利并没有多大关系，而是因为美国在东方的高级军事指挥官的态度。他们对待中国人就像1870年美国边疆骑兵司令官对待印第安部落那样，友好但认为他们不值得信任。虽然那时的许多中国人都将美国视为他们未来的唯一希望，但我们在亚洲的官方代表实施的美国政策，在当代中国领导人中间，引发了一种逐渐增长的深层次的疑虑。

事实上，早在中美两国就对日作战问题的第一轮磋商过程中，美国军方高层就已经暴露出自己在中国问题上的无知。在这种情况下，整个事态朝着恶化方向无可挽回地发展下去了。

1941年12月21日，我曾经参加过西南太平洋地区盟军最高司令英国陆军元帅阿奇博尔德·韦维尔爵士，以及美军在该地区航空兵最高指挥官乔治·布雷特中将与蒋介石召开的联席会议。整个会议的气氛还算友好，不过蒋介石夫妇对英国方面为了避免过度激怒日本人而关闭滇缅公路的做法表示愤慨。虽然英国人后来及时改变了自己的做法，但是双方的裂痕已经形成。与英国人相比，布雷特的表现也不怎么样，他居然一遍又一遍地询问宋美龄，自己的名字是不是够英国派。

"是，挺够的！"宋美龄终于忍无可忍，她冷冷地回了一句，便转身离开了。

布雷特自始至终都没意识到自己的问题所在。事实上，这句看似无心的闲话让蒋介石夫妇认为，他是有意在表现自己和英国人穿一条裤子的立场。至于韦维尔陆军元帅，他其实是我在整个战争年代遇到的最出色的人。他过于关心自己的重重困难，完全六神无主。毕竟，中国参加这场战争的时间比任何其他盟国都长，承受的苦难更多，付出的牺牲更大。但韦维尔满脑子想的都是缅甸遇到的威胁，而且不仅没有给人留下身为共同事业伙伴的印象，反而让人认为他关心的只是能从中国获取多少资源来用于保卫缅甸。

英美情报部门一直都在提出的中国不可靠警告，这并不完全是空穴来风，却使得事情更为复杂。与此同时，这些人又都想从中国身上榨取更多的好处。因此韦维尔只是一味要求蒋介石做这做那，却绝口不谈自己可以为蒋介石做些什么。他拒绝讨论向中国派遣人员助战的问题，也拒绝讨论向中国提供援助的问题。在无休无止的争论中，他始终强调的就是要让蒋介石向缅甸派兵，帮助他解决问题。这种自私的表现令蒋介石大发雷霆，逼得他甚至威胁说要直接给罗斯福总统发电报讨公道。尽管韦维尔的表现并非出自他的本心，而是由多种因素共同造成的，但我仍然认为蒋介石在这次不愉快的事件中没有丝毫责任。

虽然对盟友心怀怨气，蒋介石最终还是拿出了手里最精锐的两个军和他所有的机械化重炮兵，投入到缅甸的防御中。正如我前面所说，原本对援军望眼欲穿的英国人这时却对盟友伸出的援手不理不睬。中国第5军和第6军在云南无所事事地待了几个月，直到缅甸南部完全陷落、英军防线岌岌可危的情况下，才被允许入境，而那时也是约瑟夫·史迪威中将瘦削倔强的身影再度出现在亚洲的时候。

在当时的背景下，史迪威似乎是美国来华工作的唯一合适人选。在此之前，他曾经两次到中国执行短期任务，中文也说得不错。他是美国陆军参谋长乔治·马歇尔的长年密友，因而能从陆军部获得无条件支持。然而史迪威有三个弱点使他在亚洲履行他的艰难使命期间犯了错误：首先是他对空中力量的强烈偏见和对所有比步枪和刺刀更复杂的武器的半信半疑；其次是对中国人的严重歧视，坚信他们如果没有外国人的帮助，就干不成任何事情；最后是他的独断专行，忽视了在与盟友的合作过程中团队精神的营造。还有一点需要强调，史迪威对中国的了解主要来自战前在第十三团（该团驻扎在天津）服役的经历，因此史迪威虽然顶着“中国通”的名号，但这位“中国通”对中国的认识其实大多已经过时。

平心而论，让史迪威这位职业军人去处理中国当时各种复杂的政治问题，确实有点勉为其难。从某种意义上来说，史迪威所面对的环境，其复杂性要远远超过战后的马歇尔。在我看来，史迪威是个称职的士兵，是位勇敢的军人。他最大的不幸就是被人强行派到中国，去处理那些自己根本不在行的事情。身为职业军人的史迪威只能按照军人的方式来解决这些问题。正是由于这个原因，他很快就在自己的中国同事当中失去了人缘。

1942年2月底刚刚抵达中国的史迪威，曾经得到过这些中国同事的热烈欢迎。他的中将军衔、他直爽质朴的军人语言，以及雷厉风行的军人作风，都令这些中国同事深感钦佩。不仅如此，史迪威在缅甸军事行动的指挥方面也干得非常漂亮。他成功调动了包括蒋介石、宋美龄以及我在内的一切力量。对史迪威推崇备至的蒋介石甚至把第五军和第六军乃至缅甸北部战线的指挥权直接交给了他。要知道，这已经达到了驻华美国官员所被允许的权力上限。处于“蜜月期”的蒋介石和史迪威相处融洽，没有丝毫龃龉。恰恰是缅甸战场的失败，以及一系列后续事件动摇了蒋介石对史迪威的信心。从那之后，蒋介石就拒绝再把任何部队的指挥权交给史迪威，甚至干脆把这个高级军事顾问晾在一边。

宋美龄对史迪威的第一印象也很不错。她曾经同时牵着我和史迪威的手出席各种公共场合，并向我们表示说，自己的国家能够得到两位杰出的美国将领的帮助是多么幸运。她希望我们精诚合作，为中美联合抗敌做出贡献。

仰光陷落后不久，史迪威曾经打算动用手下中国军队沿锡唐河谷突击前进，意在孤立占据仰光的日军，并迟滞日军在缅甸的攻势。蒋介石对这个计划表示了赞许，但同时告诉史迪威实施这个计划的前提是不能动摇中国军队在缅甸的现有防线，史迪威承诺会遵守蒋介石的命令。整个计划被安排在4月15日正式实施。为配合这次行动，我们援华航空队也进行了详细布置，准备随时配合地面部队行动。

众所周知，缅甸境内分布着不少南北走向的河谷。河谷与河谷之间横亘着陡峭的山脉。锡唐河发源自缅甸北部，一直向南延伸至海岸线地区。对于向仰光突击的日军来说，这道河谷就是一道天然屏障。日军一旦突破这道屏障，将要面对的就是一马平川的缅甸北部地区，他们的进攻速度将成倍增加。

3月初，缅甸南部的战局基本稳定下来，日军已经将仰光牢牢抓在了自己手里。与此同时，中国军队仍然控制着位于仰光侧翼的锡唐河谷，并与坚守伊洛瓦底河谷、继续占据通往曼德勒的公路及附近油田的英军遥相呼应。

这时的英军高层似乎并不相信日军有向缅甸北部进一步扩张的战略意图。在他们看来，日本人发动缅甸战役的最主要目的就是占据仰光的港口。现在，这个目的已经达到。和这些高官正好相反，英军的前线指挥官却普遍坚信日军一定会向缅北地区继续推进。在这方面，他们与已经担任首相的温斯顿·丘吉尔所见略同。丘吉尔4月给议会下院的报告中这样写道：

> 日本人此时最佳的战略选择就是继续向缅北地区推进，进而从后方包抄中国。尽管我们目前还没有明确的证据，但很多人都认为日军肯定会在缅甸采取进一步的行动。从各方面来说，这样的战略选择非常有利于日本。遭受前后夹击的中国很可能因此选择投降，这将是日本在1942年取得的最辉煌战果。

丘吉尔的判断是对的。短暂的平静之后，日军很快就在缅北地区重燃战火，驻缅甸的英国皇家空军和我们援华航空队，再次与日军飞机展开了殊死搏斗。

日军在缅甸南部和泰国各基地有14个航空联队，飞机420到500架。相比之下，英军和我们在缅甸却只剩下30架战斗机，以及12架轰炸机可以继续参战。仰光上空的漫长厮杀彻底消耗掉了交战双方的耐心，大家都在努力寻找一次性解决对手的机会。日本方面由于在此前的空战中损失惨重，决定调整策略，不愿再和我们直接进行空中交火；我们这边由于可以使用的飞机数量有限，也逐渐放弃了与日军开展大编队空战的打算。最后，双方不约而同地采取了在尽量避免空中交战的同时，以突然袭击的方式将对手消灭在地面上的基本战术。这种“避免空中接触，利用突然袭击将对手消灭在地面上”的空战理念成为后来太平洋战场上被广泛使用的基本战术。

在使用这种新战术方面，仍然是援华航空队的飞行员首先取得了战果。缅甸南部基本沦陷以后，皇家空军和援华航空队的飞机先后转移到位于仰光以北250英里的马圭驻扎。与此同时，前出到缅甸南部的中国军队仍然牢牢控制着我们曾经使用过的东吁机场。这个机场被改造成了一个油料补给中转站，从缅北起飞的飞机在那里经过二次加油后，攻击范围可以覆盖整个缅甸南部，并深入泰国境内。

1942年3月19日，援华航空队派出两名飞行员（来自艾奥瓦州的比尔·瑞德和来自俄勒冈州的肯·杰恩斯泰德），以东吁为中转站，在缅甸南部地区进行空中巡逻。他们很快就发现了距离毛淡棉10英里远的一处日军野战机场，并看到了机场上整齐排放的20架日军飞机。这两个人迅速开火，击毁了其中的6架（另有9架飞机被爆炸燃起的大火点燃），而且没有遭到日军的任何还击。得手后的他们又溜到了位于毛淡棉的主机场上空，再次干掉了3架轰炸机和1架专门负责运送日本要员的运输机，并且再一次全身而退。很明显，日本人此前根本没料到我们的飞行员能够深入得这样纵深对他们发动突袭。

首战告捷后的第二天，英国皇家空军又派出几架轰炸机和战斗机突袭了原本属于我们的敏加拉洞机场。据可靠消息，当时机场上停放着差不多50架日本飞机。有了前一天教训的日本人显然加强了戒备，及时起飞了一些“零式”战斗机对皇家空军进行拦截。日本人拦截非常有效，击落了皇家空军的好几架飞机，但是与此同时，日军方面也有12架起飞拦截的“零式”战斗机被英军击落，另外还有16架飞机被直接炸毁在地面上。

连续遭受两次惨败的日本人恼羞成怒，他们决定以牙还牙，对马圭发动突袭，想一劳永逸地将对手从缅甸的天空中清除出去。此时的马圭确实是个非常值得突袭的理想目标。英国方面正在利用这个机场转移缅甸当地的3000英国侨民和印度人，机场上混乱不堪，一颗炸弹就能造成非常严重的损失。我的飞行员们早在2月24日的报告中就写道：“这里的机场很难用于作战行动，因为皇家空军正在用2架DC-2运输机，4架赫德森和12架布伦海姆将皇家空军的人员疏散到印度去。这些飞机起降过于频繁。”

当时的机场不但混乱不堪，英国人的防空预警网也一起跟着添乱。前面提到的从仰光转移出来的英军雷达已经重新在马圭完成部署。不过由于部署位置上的缺陷，这几部雷达的探测范围被限制在马圭东南方向的一片狭窄区域内，只能观察到从敏加拉洞方向来袭的敌机，马圭的西面则完全属于雷达探测的盲区。为了弥补这个缺陷，英国人安排了一架轰炸机在这个方向上巡逻，警惕可能来自泰国方向的攻击。这样的做法显然还是给日军提供了不少下手的机会。

3月21日午后，日军终于发动了攻击。在接下来的25个小时里，日本方面总共派出了266架飞机（包括166架中型和重型轰炸机）对马圭狂轰滥炸。驻马圭英军虽然及时进行了抵抗，但收效甚微。

日军的首轮攻击由两个波次的轰炸机组成，此外还包括预先打前站的20架“零式”战斗机。我们这边只有两架P-40和两架“飓风”起飞拦截。战斗的最终结果是，日军虽然有4架飞机被击落，但基本达到了预期的攻击效果，英国皇家空军和援华航空队因此损失了大量人员和装备。援华航空队有两名飞行员阵亡（约翰·福斯和弗兰克·施瓦茨，两人都来自宾夕法尼亚），1架P-40被烧毁。英军那边有6架“飓风”战斗机被击毁，轰炸机更是全军覆没。由于这些轰炸机当时全部加满了油，挂满了炸弹，它们被击中后引发的连锁爆炸在机场上造成了灾难性的后果。

得知这个消息后，我立刻从昆明给马圭发电报：“一定要小心明天的后续轰炸。”

果然不出所料，几乎就在马圭那边收到我的电报同时，日军就在第二天早上8点再次开始了对马圭的攻击。这时的英军鉴于此前的教训，已经调整了雷达部署，加强了对西部空域的监控，而且雷达也确实探测到了来袭的日机编队。即便这样，由于雷达站和机场间的通信联系关键时刻掉了链子，他们仍然没能及时发出日机来袭的警报。在整个轰炸过程中，我们没有一架飞机起飞迎敌。日本轰炸机如入无人之境地扔完炸弹后，原先在高空警戒的“零式”战斗机也跑下来凑热闹，冲着地上的人群毫不犹豫地打光了所有的子弹。这次袭击之后，我们只剩下3架P–40可以继续升空作战，英军总共25架“飓风”战斗机也只有4架幸存。

3月22日下午，也就是日军发动最后一次空袭之前，援华航空队接到了全部撤出马圭的命令，大量人员和装备开始通过卡车经滇缅公路转移至云南境内。也是在这天，英军残存的“飓风”战斗机奉命转移到了阿恰布，不过他们在5天之后仍然没有逃脱被日本人击毁在地面上的厄运。至此，除了8架“飓风”因为此前被移交给援华航空队而侥幸逃脱外，缅甸上空所有的英国飞机已经被一网打尽。

在关于缅甸空战的书面报告中，斯蒂芬森这样评价援华航空队：

缅甸空战的作战主力是美国援华航空队的各P-40战斗机中队。他们总是第一个挺身而出，训练有素、装备精良，在缅甸击落的大部分敌机都是他们的功劳。他们的英勇无畏赢得了英、美两军的尊敬。

与此同时，皇家空军的飞行员也充分表现出了自己的勇敢和无畏。尽管在装备、训练和战术方面都存在劣势，但他们仍然驾驶着战机，义无反顾地一次又一次地冲向敌人，并获得了并肩作战的美国飞行员们的高度评价。

从缅甸回来的这批人后来辗转落脚在了垒允，同一时期身在昆明的我终于离开了医院，开始为策划一次反击行动而废寝忘食。根据对马圭空战的分析，日军当时主要的作战飞机都应该集中在位于泰国清迈和南邦的两处机场。早在仰光陷落前，我们就已经发现了这两个机场，却没有及时发现日军动向，所以后来才在马圭上空吃了大亏。

为了报马圭之仇，我从第1和第2战斗机中队挑选了飞行员，准备执行对这两处机场的攻击任务。按照计划，总共有10架P–40参与此次行动。其中第一中队6架，由鲍勃·尼尔和格雷格·伯灵顿（来自奥卡诺根）负责指挥；第二中队4架，由杰克·纽柯克负责指挥。10架飞机在3月23日上午离开昆明，途经垒允补充燃料。重新加油后的他们利用夜色掩护悄悄前出到了皇家空军设在海霍和南桑的机场（靠近泰国边境），并再次补充燃料。第二天凌晨4点，他们借助微弱的灯光隐蔽起飞，黎明前到达了日军机场上空。

尼尔率领的队伍赶到清迈的时候，恰好碰到日本飞机正为再次轰炸马圭做准备。机场上密密麻麻地停放着总数超过40架的轰炸机和战斗机，它们的发动机已经开始预热，飞行员也在飞机周围待命，随时可以起飞。对于尼尔他们来说，这等于是撞上了头彩。装满油弹的日本飞机就像是个大火药桶，只要炸中一架，就可以引爆周围的一大片，连待在附近的人员也不能幸免。大火四处蔓延，很快就波及弹药库、油料库和机库。我们的飞行员驾驶P-40呼啸着返回驻地，只留下身后日军机场上腾起的滚滚浓烟。此次战斗，至少有20架日机被击毁，还有10架严重受损。我们在报了马圭一箭之仇的同时，也遭受了严重的损失，失去了两名最优秀的飞行员。

按照事先的分工，杰克·纽柯克率领的4机编队从南邦起飞后，首先要攻击南邦至清迈的公路，摧毁路上行驶的车辆，然后再参加尼尔他们对机场的空袭。不幸的是，纽柯克在袭击车辆的时候碰上了一辆日军轻型装甲车。车上的日军向着纽柯克正在俯冲的飞机猛烈开火，最终将他击落，纽柯克本人当场阵亡。

这次战斗损失的另外一名飞行员威廉·麦加里来自尼尔率领的编队。他在实施空袭的过程中被机场地面炮火击中，并跳伞逃生。跳伞后的麦加里在泰国的丛林里独自徘徊了28天。后来，他遇到了泰国人，并被他们俘虏。幸运的是，泰国方面并没把麦加里交给日本人，而是把他投进了监狱。麦加里在监狱里度过了剩下的战争时光，直到1945年初才在当地抵抗组织的营救下，逃回昆明。

总而言之，我们对清迈机场的袭击尽管付出了一定的代价，但从战略上来看，还是值得的。根据后来得到的情报，被我们干掉的日军飞机足有一个联队。不仅如此，日军剩下的部队也因为损失惨重，被迫撤回日本本土休整、补充。此战之后，日军不得不抽出兵力加强对机场的防护，因而放松了对马圭等地的空袭。这无疑为英国方面转移人员和物资争取了宝贵的时间。斯蒂芬森少将在发给我的贺电中这样写道："万分感谢你们通过此次行动为我们提供的帮助。"

为了避免日军报复，我们特别加强了垒允周围的防空预警网，并将防空哨位直接延伸到了缅甸境内。如果我没记错的话，当时设在缅甸境内的防空哨总共有18个，由中国空军的两名上尉负责指挥。直到缅甸方面的部队完全撤离，他们才离开了自己的岗位。

这座小城以美国援助修建的飞机工厂为核心，聚集着成群的美国人。小城中的一切都散发着浓郁的美国风情。在一排排美国式农舍的掩映中，矗立着一座风格迥然有别的小竹楼，那就是驻扎此地的第三中队司令部。小竹楼的外墙上赫然刷着这样的诙谐标语：Olson[①]氏公司，专营日本鬼子驱逐剂，24小时营业。

那年4月8日，日本人曾经派了20架“零式”战斗机空袭垒允。幸亏我们已经建立了完善的防空预警网，他们才没占到什么便宜。这次战斗，我们总共起飞了11架P-40和4架皇家空军移交的“飓风”战斗机迎战。空战前后持续了差不多一个小时，日本人有10架“零式”被击落，我们自己损失了两架“飓风”，还有两架停放在机场上的P-40被击毁。

由于垒允的独特气候，无线电器材经常会在黎明前的几个小时出现失灵问题。4月10日，5架日本“零式”战斗机就钻了这个空子，试图报清迈之仇。为了尽量避免被发现，他们始终保持低空飞行，直到距离机场不远的时候，才突然爬高，然后用机枪狂扫了一通，就马上离开了。实话实说，日本人这次的活儿干得非常不利索。我们停放在机场上的P-40总共有9架被击中，不过它们在当天11点前就被完全修复了，丝毫没有影响战斗力。为了给这些“零式”战斗机“擦屁股”，日本人在当天11点的时候又派过来27架轰炸机。由于我们早有防范，预先安排了战斗机巡逻警戒，日本轰炸机根本没敢过来交手，直接调头飞了回去。心有不甘的日本人又在下午3点组织战斗机进行了一次低空突袭，不过飞机的数量增加到了20架。我们再次派P-40和“飓风”升空迎战，总共击落了8架“零式”，自己毫发未损。

日本人的“天长节”（1942年4月29日）又快到了。按照以往的规律，包括陆海军航空队在内的缅甸日军肯定会采取一定规模的行动，为天皇的生日献礼。不过由于双方过去已经有过多年交手的经历，日本人恐怕也不难猜到我会在“天长节”那天加强防备，因此他们很可能会把行动的日子提前一些。

“天长节”之前一周的时间里，日本人的双引擎侦察机经常出现在垒允上空。我们的P-40在5天时间里总共击落了4架，不过还是有不少日本侦察机最后成

① Olson，即该中队指挥官阿沃德·奥尔森的姓氏。——译者注

功溜了回去。28日一大早，我就派了5架飞机去缅甸巡逻，顺便侦察一下日军机场。据他们回来报告说，日军飞机调动频繁，看样子肯定有大的行动。这验证了我之前的判断，日本人很可能打算对垒允搞一次大规模空袭，用“彻底消灭援华航空队”的捷报为天皇祝寿。

在我的安排下，驻守垒允及周边的所有P-40立刻做好了战斗准备。除此之外，腊戌作为日军可能空袭的另一个目标，也同时加强了戒备。由于当时的垒允机场只有一条跑道，一旦被日军摧毁，我们的飞机就将处于极端危险的状态。为了以防万一，我特意在靠近滇缅公路的孟欣选择了一处备用机场。

为了防备日军偷袭，我将手下的P-40分成几组，分别在不同高度保持警戒。由于当时氧气储备严重不足，航空队只能将有限的氧气集中使用，保证5架飞机在1.5万英尺高空24小时轮流执勤，阿沃德·奥尔森率领的另外10架P-40则在1万至1.2万英尺不需要使用氧气的空域分散巡逻。这些飞机刚起飞不久，美国陆军航空队就有3架DC-3运输机降落在垒允机场，为我们送来了急需的油料和弹药。可是当时机场的情况实在不能允许他们过多停留。于是，我冲上跑道，挥舞手臂示意他们赶快离开。

“赶紧带着这些运输机离开！”我冲着带队的海恩斯上校大喊，“这儿马上就要打仗了！”

海恩斯满脸狐疑地扫视了一遍机场，嘟嘟囔囔地说自己需要立刻降落，吃午饭，然后休息。正当我们争执不休的时候，表示敌机来袭的红色气球突然升起来了。

“已经有一个气球升起来了。”我急得冲着海恩斯嚷嚷，“这说明敌机马上就要从北面过来了！”

原本满心不情愿的海恩斯当时就没了脾气，立刻带着3架运输机飞走了。他对他的副驾驶说：“那个叫陈纳德的家伙特神，离老远就能闻着日本人的味！”

海恩斯他们离开后不久，负责高空警戒的飞机传来消息说，有一支由27架日军轰炸机组成的“V”字形编队正沿滇缅公路向我们飞来，目前已经到了腊戌和曼德勒之间。随后，腊戌当地发来电报称，他们已经遭到日军空袭。

得到敌机来袭的确切消息，奥尔森率领的低空编队立刻分出一半飞机向腊戌方向飞去，提前拦截日机，剩下的一半则和高空编队一起继续留在原地，准备守株待兔。前出迎击的P-40不久就遇到了日机编队。不过与此前得到的情报不同的是，这些轰炸机的周围有不少“零式”战斗机护航。

就在同一时间，日本人也发现了我们的P-40。原本分散护航的“零式”立刻组成编队，朝我们的P-40冲了过来。日本人的轰炸机则利用这个机会继续向垒允挺进，并成功把当地机场的跑道炸出了不少大坑。我们因此一整天都无法使用这个机场。

与此同时，负责护航的“零式”战斗机先是在腊戍上空被拦截编队击落了至少6架，随后又被守株待兔的奥尔森等人打掉了16架。日本人终于可以用22：0的比分向天皇“报喜”了。我相信，这个“天长节”肯定和1938年汉口大空战后的那个同样令天皇难忘。

由于垒允的机场暂时无法使用，结束战斗的P-40只好在孟欣暂时降落。尽管没能拦住日本人的轰炸机，致使垒允机场被炸得满目疮痍，自己也有家难回，不过这些飞行员和海恩斯一样，还是对我“能提前闻着日本人的味”的能力大加赞赏。

4月29日，由于日本人的地面部队对腊戍发动突袭，援华航空队被迫从垒允紧急转移。转移之前，我们烧毁了正在工厂维修、无法及时运往昆明的22架P-40。5月1日临近午夜的时候，日本地面部队占领垒允，援华航空队的飞机分别转移到了保山和云南驿。

驻守垒允最后的日子里，援华航空队经历了唯一的一次严重纪律危机。没有军事纪律，也没有用于临阵脱逃死刑，是维持纪律的两大难题，很多军事“专家”都预测援华航空队会因此栽大跟头。我从一开始就坚持认为如果一个志愿兵组织的成员会动摇，可以采取其他手段而不是用枪毙威胁他们维持住战斗力。

驻训东吁后不久，“珍珠港事件”就爆发了，军纪问题浮出水面。就此，我曾经专门对手下的队员们说过这样的话：“只有那些技术精湛、不畏艰险的人才能被吸收进援华航空队。所有被吸收进来的人都应该具备作为一个人最起码的道德操守。这些道德操守虽然为普通人所共同遵守，但在一个组织严密的军事团体中却显得尤其重要。很难想象，我们的航空队会允许队员之间互相钩心斗角、坑蒙拐骗。这样的人是绝不可能成为航空队一员的。你们在加入航空队前，都曾经签订过合同，那里面已经对你们的权利和义务做出了详细规定。作为这支部队的指挥官，我觉得自己没必要对这些人所共知的东西老生常谈，我只需要你们用战斗去证明自己确实已经具备了这一切。”

当然，执行军纪不可能完全靠自觉。为了保证合同中的各项规定能够得到切实执行，我们还专门成立了一个委员会。这个委员会的成员并不固定，主要由级别较高的飞行员和参谋人员组成。在某种意义上，他们起到了法庭和工会的作用。对于各种违反纪律的行为，他们都设置了相应的处罚措施。由于援华航空队的特殊性质，这些措施主要以罚款为主。例如：

所有无法保证自己的身体状况满足作战、飞行需要的飞行员，罚款100美元；

所有在执行任务期间故意丢弃电台的电台操作人员，罚款200美元；

所有在执行任务期间酗酒且屡教不改的飞行员，直接开除；

所有歧视中国战友的人员，罚款100美元。

这些处罚措施大多是由队员们自己提出来的，委员会和我的任务就是将它们整理出来，并保证执行。在我看来，能够如此民主的军队似乎也只有我们援华航空队。

因为各种不名誉行为解雇飞行员是援华航空队司空见惯的事情，而且始终困扰着这支部队。仅仅在“珍珠港事件”爆发前，就有12名飞行员及6名其他勤务人员被开除（“珍珠港事件”以前，我不愿意使用更具贬义色彩的“不名誉开除”的说法）。他们中的某些人所犯的过错只是懒散怠工，还有几个人是因为对即将落在自己头上的战争感到异常胆怯。“珍珠港事件”爆发后，又有10名飞行员和37名勤务人员被“不名誉开除”。开除他们的原因多种多样，最主要的是临阵怯懦。

仰光之战开始以后，由于后勤工作难以就位，援华航空队的身体素质和装备维护都出现整体性下滑。尽管这种下滑并没有明显削弱我们的作战能力，但它对航空队日常工作的影响却是显而易见的。

一天下午，驻扎在敏加拉洞的7架P-40因为机场上腾起的烟尘而严重受损。其中几架的发动机由于大量进土彻底报废；另有几架则是被浓密的烟尘影响了视线，降落时掉进了弹坑里。还有一次，我们有5架P-40在云南境内护送蒋介石专机时先后坠毁。当时的情况是这样的，我们的飞机在护送完蒋介石后，打算在海霍的皇家空军机场着陆。英国方面由于事先没有得到通知，不仅拒绝这些P-40降落，还在跑道上设置了障碍。我们的飞行员在油料告罄的情况下，只好选择在机场边上的稻田迫降，结果5架飞机全部受损，只有两架可以勉强修复。仰光之战接近尾声，我们准备向云南转移的时候，又有两架P-40先后出了麻烦。其中一架因为引擎故障坠毁，另一架是在起飞滑行时发动机进土。不仅如此，转移到昆明之后，因为要继续训练新手、补充队伍，我们再次损失了不少飞机和飞行员。

到了1942年4月19日，援华航空队的全部人马只剩下251人。飞机方面，总共有41架P-40在战斗和飞行事故中损失，只有36架飞机可以继续升空作战，另外还有39架处于返厂修理状态。除了最开始的100架P-40，在过去6个月的密集作战中，我们只得到了20架最新的P-40E型战斗机作为补充。相比以前的飞机，它们装备了6挺口径更大的点50机枪，装备了可丢弃的副油箱。为更好地完成对地攻击任务，这些飞机的机翼下面还安装了专门的炸弹挂架，速度方面也略有提高。

为接收这批飞机，我们只好从作战部队临时抽调了10名技术最精湛的飞行员。这10个人先后搭乘英美两国的客机，整整走了3个星期，最终来到了位于非洲黄金海岸的塔克拉底。在那里，这10个人总共接收了50架新型P-40。由于人手不足，他们又从泛美航空公司临时找了不少飞行员，然后就开着新飞机往回飞。然而等到这些人最终返回昆明的时候，原本的50架飞机却只剩下了20架（其他30架因为各种事故坠毁，还有一部分被驻埃及的美国陆军第九航空队截留）。

同年6月，又有68架P-40E从美国走海路运到了塔克拉底，不过这批飞机也只有1/3在1942年秋天被送到了中国。除了补充整机，我们在战争正式打响后还陆续得到了重量总计2000磅左右的电磁阀、火花塞、汽化器和磁石发电机等各种零件。这批零件由宋子文在美国境内购买，然后由泛美航空运到加尔各答，最后再用中国航空公司的运输机转运到昆明。在人员补充方面，自打开战以来，我们就再没能从美国本土招募到新飞行员（美国政府对我补充人员的要求始终严词拒绝或者置之不理）。无奈之下，昆明航校的教官们最后也只好披挂上阵。

尽管在后勤方面得到了有限补充，但是我们的条件与那些战争爆发后进驻印度和中国的美国正规军相比，仍然是天壤之别。这实在不能不让我的飞行员产生自己是“后娘养的”感觉。直到战争后期，我们并入第十四航空队，大家的向隅之感才多少有所缓解。物质方面的匮乏确实让人感到不便，不过最令我感到气愤的是美国政府在政策方面对我们的歧视。早在1942年3月17日，我就为此专门联系过常驻华盛顿的宋子文：

陆军部方面轻视中国战场的做法实在令人泄气。战争已经开始3个半月了，如果原先许诺给我们的那批轰炸机和战斗机能在去年12月之前运到，我们其实早就可以好好教训一下敌人。到目前为止，援华航空队根本就没得到一兵一卒的补充，你从美国发出的零件也没有收到。

此前，我曾经多次恳求华盛顿方面给航空队派5名参谋军官。他们总是回答说手头没人，可是麦格鲁德和史迪威手下的参谋就有50多人。如果真想要有效实施盟军的协同作战项目，就必须立即委任一位了解中国、缅甸、印度以及日军战术的航空兵军官负责远东空中事务。

将援华航空队并入美国陆军的办法是可行的，但必须提前搞个详细的计划，不能拍拍脑袋就干。援华航空队现在只有一个中队可以继续升空作战，这很难引起美国政府对我们的足够重视。眼下，他们仍然没能就如何为我们提供支援的问题拿出一个切实的计划，可见我们在他们眼中的微不足道。的确，美国政府和军方派过几批人来航空队视察，可是这些人大多都是走过场，根本起不到实际作用，我们的需求根本无法得到有效的回应。

如果我们在4月15日前仍然不能拿到实实在在的支援，那么我和我的部队就不得不面临解散的命运。我自己随后将返回美国，凭着自己的一腔热情四处奔走，让美国民众知道发生在我们身上的一切。

期待着你的好消息。

实话实说，缅甸1942年的局势确实对航空队的士气造成了很大的负面影响。从那年4月中旬开始，日军为打通连接曼德勒的道路，对固守东吁附近的中英两国军队发动了猛烈的攻势。

面对这样的局势，蒋介石严令援华航空队主动出击，支援缅甸的地面作战。

然而在中国军队本身缺乏空地协同作战经验，并且缺少空地联络所必需的人员和设备的情况下，为他们提供空中支援确实存在很大难度。由于空地沟通不畅，我们的飞行员经常出现误击己方部队的情况，有时候甚至阴错阳差地帮了日本人的忙。不过蒋介石对此却并不十分在意。在他看来，援华航空队出现在中国军队头上的政治意义要远远大于军事意义。只要我们的飞机出动，让地面上的人看见我们的“飞虎队”标记，就可以大大提升他们的士气。的确，如果让地面部队眼睁睁看着日本人的飞机不遗余力地支援自己人，我们却按兵不动，很可能会对他们的士气造成严重影响。

如果说蒋介石的命令还具有一定的合理性，那么史迪威基本上就属于“瞎指挥”了。作为缅甸前线中国军队的最高指挥官，这位将军对空战的理解仍然停留在“一战”时期。在他看来，飞机的唯一作用就是为前沿部队提供近距离支援。在这种理念的指导下，他不顾实际地频频命令并不适合执行低空近距支援任务的P-40直接攻击日军前沿，造成了大量飞机和飞行员损失。对于空战理论极度无知的史迪威还经常要求我们的飞行员把他带在飞机后座上侦察敌情，并将此视为自己勇敢尽职精神的体现。遗憾的是，我们的飞行员却根本不打算跟着他一块找死，大家用各种各样的借口让史迪威想要搭乘的那架初级教练机无法起飞。

士气低落、情报不畅，再加上毫无胜算的危险任务过多，使得驻扎在垒允的航空队面临着严峻的困境，作战能力严重下滑。屋漏偏逢连阴雨，恰好在这个时候，缅北地区的森林燃起了大火，由此产生的浓烟对飞行造成了严重影响，飞行员经常因此迷航，编队配合作战也无法实施。为保证作战效果，我们的P-40只好将高度一降再降。与此同时，日本人偏偏又加强了前沿的空中力量。在他们的“零式”战斗机面前，低空飞行的P-40几乎毫无生路，预定实施的很多对地攻击任务因为日机的拦截而半途流产。相关情报的严重缺乏，还经常让我们的飞行员自投罗网地把飞机开到日本人的高炮阵地上空。要知道，那时的日本人为自己的缅甸驻军配备了大量对空武器。让我们冒着如此强大的火力执行对地攻击任务，可绝对不是一件好玩的事情。

飞行员中间的不满情绪正在渐渐聚积，终于在4月20日达到顶峰。当时，我们接到命令，准备派出一批战斗机为轰炸清迈机场的轰炸机护航。由于航空队在那里损失过纽柯克和麦加里两员大将，因此大家都不太愿意到那个地方执行任务，何况为轰炸机护航还意味着他们将不得不在那个晦气的地方停留更长时间。

为了抵制这条命令，忍无可忍的飞行员们召开了全体大会，长期积郁在内心的怒火终于爆发了出来。飞行员们声称，按照合同条款规定，他们有义务参加这场战争，而且他们也愿意履行自己的义务。可在履行义务的同时，他们必须得到充足的后勤保证和其他勤务支援。如果不能满足这些条件，他们有权利拒绝白白送死。有些人甚至指责我不珍惜战友的生命，还有人说我为讨好蒋介石和史迪威而不顾一切。大家越说越有气，决定联名签署一份抗议书，那天驻扎在垒允的第一和第二中队的共有28名飞行员在抗议书上签了自己的名字。最后，它传到了这群人里威望最高的大卫·希尔手上。

希尔没有签名，而是对大家讲了一通话。他对愤愤不平的飞行员们说："我们大家原本只是一群雇佣军，当然有权随时解除自己的合同。但是现在的情况变了，美国已经卷入了战争，我们的所作所为不再仅仅是为履行合同，还将关乎我们自己国家和民族的命运。"讲完这番话之后，希尔自愿率领其他5名没在抗议书上签字的飞行员去执行这次任务。可是任务却在他们飞到一半路程的时候取消了，5位勇士很遗憾地没有得到彻底展示自己勇气的机会。

联名抗议的消息后来辗转传到了刚刚从东吁执行完任务返回昆明的第一中队。鲍勃·尼尔在打给我的电报里这样表示："如果这帮胆小鬼不打算干了，那就让我们上！"

为了解决联名抗议的问题，我们整整花费了三天三夜时间。其实从本心来讲，我个人是赞成这些飞行员提出的观点的。我们当时在缅甸执行的任务，除了空袭敌人机场外，确实既危险又没有意义，对整个战局起不到任何作用，可是服从命令又是军人的天职。对于当时身为下级的我来说，不管内心多么不理解，也必须要执行蒋介石和史迪威下达的命令。为摆脱这种两难境地，我只好在继续执行命令的同时，以个人名义致信宋美龄，向她说明航空队面临的困境，并请求她劝说蒋介石把航空队这点好钢真正用在刀刃上，并尽可能改善我们的后勤补给条件。

宋美龄的回信在4月23日到达垒允。当时，飞行员们的抗议已经快要达到无法收拾的地步。尽管她在信中反复申明蒋介石已经同意不再让航空队执行危险而无效的对地攻击任务，可是仍有23名飞行员递交了辞呈。就此，我专门找这些飞行员谈话，并警告他们说，如果不收回辞呈，等待他们的将是以“不名誉行为”的名义开除。有意思的是，这些飞行员最后既没能辞职，也没被开除。他们的辞呈的确被递了上去，却没人出面负责，也没有一个明确的说法。作为直接领导的我则采取了“冷处理”的办法，希望大家能够渐渐淡忘这件事情。所幸，经过这么一番折腾，航空队的条件确实有了很大改善，大家虽然偶尔还会发生一些争执，却都很默契地不再提辞职的事。

恰恰在这个时候，日本人又赶来帮了点小忙。在差不多一周的时间里，为准备4月29日的“天长节”献礼，他们派了不少侦察机到垒允搜集情报。大家先是热火朝天地对付这些侦察机，随后又全心全意地为“天长节”那天好好教训日本人做准备，曾经的不满和怨气也就在不知不觉中被淡忘了。于是，4月28日展现在垒允上空日本人面前的，仍然是一支团结而充满热情的队伍。

第十一章

谁都没有料到，苦苦支撑的缅甸战局最后会被怒江泛滥的大水冲得一塌糊涂。众所周知，这条有名的大河起源于喜马拉雅山的冰雪融水，在进入缅甸平原之前，她已经在云南西南部的群山中裹挟了大量泥沙。位于腊戍东北方向的那段滇缅公路紧挨着怒江，而且完全是凭借人力在布满岩石的河谷中开凿出来的。公路与河水间的直线距离只有差不多20英里。这条公路通过一座大桥横跨怒江来到东岸，爬上陡峭的悬崖，继续向保山平原蜿蜒前进。1942年5月初，日军在怒江峡谷边上打了一次歼灭战，几乎让温斯顿·丘吉尔一语成谶，他说过中国是日本能在年底之前赢得一次战略性胜利的唯一地方。

日军在怒江的胜利，是以在缅甸低洼地带的一系列小规模战役作为前奏的。仰光陷落后，日本海军方面派出了包括4艘航母在内的特混舰队，意在进一步扫荡英军在孟加拉湾地区的海上力量。来势汹汹的日军在派出远程侦察机搜集准确情报的基础上，出动航母舰载机，先后轰炸了加尔各答的港口设施，击退了一支英国巡洋舰队，并重创了位于锡兰①的海军基地。在日军的持续攻击下，从3月中旬开始，东南亚盟军只好无奈地放弃了加尔各答这一重要的补给基地，转而将物资海运到数千英里之外、位于印度西部的孟买和卡拉奇，再通过印度境内的铁路转运到各地。

凭借连续空袭的掩护，日本人陆续让一个40艘运输舰船的护航船队开进仰光

① 斯里兰卡的古称。——译者注

港登陆了两个步兵师团，外加一支轻型装甲部队，这使得日军在缅甸战场第一次从人数上对盟军形成了优势。人数上取得优势的日军使用以步兵部队为先导，首先冲击、消耗敌人，然后再派出装甲部队完成最后一击的战术，连续突破了盟军的多道防线。缅甸战场岌岌可危。

此时，面对这一危局的盟军最高将领是在敦刻尔克行动中扬名立万、此时正奉命固守伊洛瓦底的英军亚历山大将军，以及被授权指挥固守锡唐河谷（包括我们曾经驻训的东吁）全部中国军队中美军的史迪威将军。两支军队之间被一道山脉阻隔，使得前线的通信难上加难。

日军的第一击就落到驻守东吁也就是援华航空队以前的训练基地周围的中国军队身上，东吁城成了一片火海，战火持续了整整三天，中国军队最终开始缓缓地且战且退，将日军引入北方的彬马那。史迪威在那里亲自挑选了用于反击的地形，率领中国军队主力，等候日军来犯。

与此同时，日军突破了英军在伊洛瓦底保卫仁安羌油田的防线，迅速从侧翼包抄，在通往曼德勒的公路上设置了路障，包围了英军的约克郡团。英军请求史迪威火速支援。史迪威倒是挺够意思，在自身难保的情况下，仍然拿出手下的一个步兵师，外带全部装甲部队前去为英军解围。

这些中国军人最终不负众望，成功地帮英国人解了围。可是史迪威自己的战线却因为实力空虚，在日军的连续猛攻下，最终陷入了崩溃的境地。就这样，日军从兵力相对薄弱的中国军队防线上撕开了一道口子。他们的装甲部队通过这道口子，迅速向缅甸北方推进，将整个驻缅甸盟军逼到了死胡同里。此时，盟军在缅甸的防线已经彻底分崩离析。除了少数中国军队进行了有组织的抵抗外，其他所有人做的唯一一件事情就是尽快跑出缅甸。

现在回想起来，史迪威当年抽调中国军队援救英军一个团的做法当时可能在他看来有军事上的合理性，可是蒋介石对他仅仅为了解救几百名英军而牺牲中国军队反击机会的行为始终无法原谅，虽然蒋介石本人也经常以“抗战需要”的名义牺牲自己的军队。例如在1938年的台儿庄战役中，蒋介石就曾经以上千中国士兵为诱饵，吸引日军冒进，最终达到围歼来敌的目的。除此之外，他还曾经以成千上万军人和平民的生命为代价，炸开花园口大堤，迟滞日军攻势。至于那些在中国各地惨死于日军轰炸的军民，蒋介石对他们的牺牲更是连眼睛都不会眨一下。

对蒋介石这种性格和经历的人来说，史迪威真正的错误其实并非是牺牲了那些中国军队，而是“吃里爬外”地牺牲他们去帮助别人。正是从那天开始，蒋介石对史迪威的一切美好印象全部烟消云散。幸好史迪威是位美国将军，否则他很可能会被蒋介石下令给毙了。不再信任史迪威的蒋介石直接下令给战场上的中国指挥官们，要求他们只有在取得中国国防部门认可的情况下，才可以执行史迪威下达的命令。这样的做法在战场上导致了更大的混乱。然而直到1944年至1945年，在罗安加尔接受了好几年美式训练的中国远征军重新打回缅甸前，蒋介石也没有更改过这条命令。

正如前面所说，由于伊洛瓦底和锡唐河正面防线同时遭到日军强大压力，后路又被日军装甲部队包抄，驻缅甸盟军的整个防线顷刻间土崩瓦解，大家开始各自逃命。因为事先没有计划，事后又不讲究配合，盟军的撤退最终演变成了一场溃败。那场面乱得一塌糊涂。

在撤退过程中，英军第七装甲师的大部分坦克仍然完好，但由于没有通往印度的公路可走，只得销毁。如果这些坦克能沿着滇缅公路进入中国，那对中国的抗战力量来说，真比送黄金还有分量。不仅如此，原本挺仗义的史迪威也变得不那么仗义了。正当急于逃命的英军不顾绅士风度地和自己的中国战友争抢运输机的时候，史迪威已经带着自己手下的那个由美国军官组成的参谋团队悄悄离开了自己指挥的中国军队，跑到了距离曼德勒50英里的瑞保，令本已处境艰难的盟军防线进一步雪上加霜。就在这时，缅甸当地人也跑出来凑热闹。眼看英军在缅甸兵败如山倒，已经被英国人统治了80年的他们纷纷拿起步枪和大刀，“欢送”这些曾经不可一世的殖民者。

尽管盟军方面的指挥官此前认为，缅甸即将到来的雨季将延缓日军装甲部队的进攻势头，可是这支部队居然在18天时间里连续前进了将近300英里，由于降雨而变得泥泞不堪的道路对他们似乎根本没有影响。4月29日，日军装甲部队的前锋已经势如破竹地推进至腊戌一带，途中只遭遇到中国军队的有限抵抗。同样是在这天，史迪威要求重庆那边的克雷博·海恩斯上校派DC-3运输机过来，把他和他的参谋团队全部撤回中国境内。

4月30日，史迪威给身在垒允的我发电报说：“由于重庆离缅甸太远，不利于继续指挥部队。我从缅甸撤离后，是否可在垒允暂时落脚，并在机场设置临时指挥部？如果战况顺利，也许我们很快还要返回缅甸。另外，能否提供两辆汽车供我们在垒允期间使用？”

我随即回复史迪威说，垒允机场已不可用，不过他可以暂时在孟欣设立指挥部，我们将提供一辆轿车和一辆卡车供他们使用。除此之外，援华航空队的飞机将为他们乘坐的运输机提供护航。

5月1日，因为情况有变，我再次致电史迪威：“中国军队即将放弃垒允，我们今天就要撤退到昆明。建议你将临时指挥部设在孟欣。”

史迪威当天回复我说：“不，我要把指挥部尽可能设在前线。”

那之后整整3周，我再没从史迪威那儿直接得到任何消息。据说5月1日那天，海恩斯按约定到瑞保接史迪威他们，可是史迪威拒绝登机，只是命令海恩斯先把自己的参谋人员送到印度建立临时指挥部，他本人则在第二天开始随部队一起徒步撤离缅甸。20多天的艰苦行军之后，身处印度英帕尔的史迪威用他一贯低调的语言向全世界宣称：“我们在缅甸打得的确挺艰难。”

对于年近六旬的史迪威来说，能在缅甸的丛林里连续行军那么多天，实在是件非常了不起的事情，可惜他的壮举并没有得到大家的理解，特别是蒋介石的理解。在蒋介石看来，无论因为什么原因，自己的这位高参脱离指挥岗位，将手下的中国军队扔在怒江整整3周不闻不问，都是件不可原谅的事情。我本人也想不通史迪威为什么拒绝上海恩斯的飞机。坐上飞机的话，几个小时就能到印度，用不了6个小时就能到重庆。史迪威无论到了这两地中的任何一个地方，都可以尽快恢复对前线中国军队的指挥，可他偏偏选择在丛林里走上20天。

在那段时间里，他能指挥的只有身边有限的直属部队，整条战线都处于群龙无首的状态。如果史迪威是个团长、营长之类的小官，那么他和手下同甘共苦的行为绝对无可厚非，然而他负责的却是整条战线，这种“捡芝麻丢西瓜”的做法实在令人无法理解。于是，史迪威便用自己的所作所为又一次强化了蒋介石对他的成见。就我个人对史迪威的了解来说，他之所以会做出这些事情，最根本的原因就在于战略眼光的缺乏，搞不清自己的定位。始终将自己标榜为普通一兵并因此津津乐道的史迪威，是个称职的士兵，却并非一位称职的军事外交官。在我看来，他的那种军事思维能打赢机场战役，但会输掉一场战争。

史迪威败走缅甸，使中国抗战自南京沦陷后，又一次到了危急关头。日军到达腊戍之后，他们的后勤补给线已经被大大拉长。从道理上来讲，此时的日军一定会出现后勤补给困难。然而实际情况却并非如此，因为他们随时可以利用中美英等国军队丢弃的物资就地补充自己。一向精于算计的日军充分利用了这个优势，索性命令进攻部队尽可能轻装，使得他们能够以常人难以想象的高速沿滇缅公路向中国边境推进。

自从腊戍失守以后，当地的中国军队就陷入了四散奔逃的状态。许多军人不顾一切地躲进了缅甸的崇山峻岭，最后就默默地因饥饿或疾病而死在了那里。也有不少部队被日本人的装甲部队追得狼狈逃窜，还经常会被不怀好意的缅甸当地人打劫。只有部分中国军人在腊戍当地征用了一批车辆，跟着史迪威一起向怒江撤退。不过他们一路上却经常会被车辆残骸，以及成群的难民挡住去路，速度异常缓慢。为阻挡日军攻势，两个团的中国军队在靠近云南边境的库特卡建立防线，并成功将日军迟滞了两三天时间，可是日军最后还是突破了他们的阵地。阻击失败的中国军队随后又在旺汀（两个月前人们就是在这里欢送远征军入缅作战的）一带建立防线，不过仍然没能挡住日本人前进的脚步。

眼看日本人就要打到家门口，航空队只好放弃垒允，继续向云南腹地撤退。5月2日，撤退前的我们烧毁了正在工厂等待维修的22架P-40。与此同时，日军地面部队的前锋已经打到了机场的外围。第二天，鲍勃·尼尔奉命驾机沿滇缅公路侦察。据他说，日军的装甲洪流从天上看就好像一把利剑直插旺汀。此时此刻，能够避免昆明落入日军之手的办法只有两个：一个是炸掉怒江上的大桥；另一个就是依靠我们援华航空队。

从垒允撤退出来的航空队大部驻扎在昆明附近，还有5架P-40作为独立分队，由鲍勃·尼尔率领继续掩护我们从缅甸撤出来的人员和物资。除此之外，我们还在位于昆明和保山之间的云南驿机场部署了一支分遣队，外加一部电台。这个地方早在4月初的时候，就囤积了大量从印度空运过来的汽油，它主要的任务是充当我们前出缅甸北部作战的中转站。

由于日军的地面攻势，云南的防空预警网遭受了严重损失。原先延伸到缅甸北部的防空哨先后被放弃，云南境内的不少哨位也在一个月之内相继失去，不少防空观察人员被日军俘获。不仅如此，敌人的间谍还在云南境内大肆收买那些远离日军攻势的防空哨位上的人员，让他们有意隐瞒日机来袭的信息，甚至向我们发送假情报。5月4日，在防空预警网严重受损的情况下，日军派出50架轰炸机轰炸了事先毫无防范的保山，将那里变成一片瓦砾。更糟糕的是，保山当时还聚集了成千上万刚从缅甸撤出来的难民，有好几百人或被炸弹直接炸死，或者死于轰炸后蔓延的大火。援华航空队的飞行员本·弗希当时正在保山，他试图驾机迎敌，却被横飞的弹片击中，不幸阵亡。另一位名叫查理·邦德的飞行员运气要好一些，他冒着日机的轰炸成功将飞机飞了起来，还击落了两架准备返航的日本轰炸机。正当他准备驾机降落的时候，突然遭到了3架日军战斗机的偷袭，飞机中弹起火。查理在1000英尺高空跳伞逃生，不过却被严重烧伤。

为了防备日军的二次袭击，我当天就派9架P-40从昆明出发，赶在第二天黎明前进驻离保山不远的云南驿。他们在那里重新补充燃料，等待拦截有可能来袭的日机。

第二天上午9点45分，根据中国情报部门截获、破译的日军电文显示，已经有两组日军轰炸机从敏加拉洞和清迈起飞。根据航程计算，这批轰炸机的攻击目标不可能是昆明。他们最可能的攻击路线就是分别在海霍、南桑两地与自己的护航战斗机会合，然后联手轰炸保山。于是，我向头天部署在云南驿的P-40升空下令做好战斗准备，并通知他们说，日机的到达时间很可能是在当天中午12点半左右。

通报完消息后，远在昆明指挥的我就开始紧张地守着电台，不停看表。

遗憾的是，由于双方飞行高度不同，我们的P-40将第一波日机放了过去。中午12点45分，保山机场的地面人员通过电台传来消息：“日机开始攻击机场，轰炸机也来了！”

同时得到消息的P-40飞行员们立刻驾机扑了过去。电台里再次传出地面人员的惊呼：“哦，他们被揍下来了，他们被揍下来了！”

“谁？”我立刻追问。

“搞不太清楚，可能是日本人。他们起火了，他们在空中起火了！”

我们的飞行员击落了头批日机中的8架战斗机，又刚好把以轰炸机为主、只有少量战斗机护航的日机堵在了机场外围。一看见这些P-40，日本人的轰炸机吓得连炸弹也没顾上扔，掉头就跑了回去。

也是在这天，日军地面部队的前锋已经接近了怒江河谷的边缘。当时，那个地区还有上千名中国平民和军人等待撤回国内。据我们的飞行员报告说，日军的装甲部队就混在人群里一起向中国开进，似乎根本没人打算阻止他们。

听到这个消息，我感到异常担心。缅甸盟军兵败如山倒，如果日军利用这个机会一举拿下昆明，等待中国的也就只有投降的命运了。假如日军真的占领了云南，唯一可用的补给线路就只有从苏联越过突厥斯坦和蒙古大沙漠了，这显然是不够的。靠着那点儿有限的物资，中国恐怕撑不了几个月就会彻底崩溃。一旦日本占领中国全境，就意味着他们获得了巨大的战争潜力，日军将有能力同时向印度和西伯利亚两个方向发动攻势。此时此刻，入侵苏联的德军已经突进到了伏尔加河流域，北非的英军元帅蒙哥马利也被“沙漠之狐”隆美尔打得落荒而逃，美国丢掉了菲律宾，英国人的殖民地印度也岌岌可危，如果中国再被日军占领，等待盟军的将是难以想象的绝境。

当时的我犹豫再三。很显然，日军就是想利用缅甸境内的一溃千里的难民潮冲垮我们的防线，最终攻入云南境内。为保证整个战争的胜利，是不是可以牺牲掉一小部分人呢？如果我们派出飞机，利用怒江河谷的有利地形发动空袭，就可以彻底解决日军的装甲部队，当然周围的军民也肯定会被殃及。就此，我专门在5月6日致电身在重庆的宋美龄：

日军前锋目前已经到达了怒江河谷。我们的防线被汹涌的难民潮连续冲垮，士兵大量逃跑，原先破坏桥梁、公路的计划也根本没有得到执行。如果这种情况持续下去，日军根本不用费什么力气，只要尾随难民潮一路向东，就可以轻松占领昆明。为此，我打算请求委员长下令，空袭怒江河谷与龙陵城之间的日军。

宋美龄的回复是：

委员长授权你调动援华航空队一切可用的力量空袭怒江河谷与龙陵城之间行驶的车辆、船只等交通工具，要特别注意那些运送人员和物资的船只。请转告航空队的全体成员，在这个特别严峻的时期，我相信他们的忠诚和尽职精神。如果有新的情况，我们会尽快通知你。

5月6日中午，日军装甲部队及配属的炮兵、摩托化步兵已经到达怒江河谷以西的位置。幸运的是，河上年久失修的桥梁延缓了他们的前进速度。大量日军集中在河谷西岸，等待工兵架设浮桥。

机不可失，我们立刻抓紧调试刚从非洲运回来的新型P-40。就在不久之前，刚从菲律宾和荷属东印度调到印度的的李维斯·海德·布里尔顿少将还打过这批飞机的注意，打算把它们编入自己领导的驻印度美国陆军第十航空队。幸运的是，蒋介石最终没答应他的请求。现在，这批飞机正好派上了用场。

新型P-40E与老型号相比的最大不同就在于机翼下面安装了专门的炸弹挂架。我们的机械师又对这些挂架进行了改装，以便它们可以挂载中国当时最常见的570磅航空炸弹。这批新飞机运抵中国前，我们也曾经试着在老型号的P-40上安装过炸弹挂架，不过总是搞不好。为了加强对地攻击能力，我们采用过包括从空中直接用手投掷燃烧瓶和小型炸弹在内的各种办法，可惜效果也不是特别理想。为了给老飞机装上一副能用的炸弹挂架，我几乎跑遍了昆明的大小五金店，但也没什么结果。直到这批新型P-40E运抵中国，援华航空队的对地攻击能力才有了实质性的改善。

实话实说，尽管安装了专门的炸弹挂架，这些P-40E和专业的轰炸机相比还是有一定差距的。可惜的是，那时似乎没人想到应该为援华航空队装备一些轰炸机。在这方面，只有我的路易斯安那老乡们发起过一次名为“为陈纳德买架轰炸机”的捐款活动，并筹集到15109.36美元。可是美国国防部却告诉这些热心人说，仅仅一架轰炸机的价钱就得值好几个1.5万美元，而且工厂未来好几年的订单都已经排满了。最后，时任路易斯安那州州长的詹姆斯只好把这点钱直接寄给了蒋介石，用于救助中国的战争孤儿。

在没有专业轰炸机的情况下，装了炸弹挂架的P-40E不管怎么说也是聊胜于无。所幸我们的不少飞行员原来都是在海军开俯冲轰炸机的，对于这项业务倒并不是太陌生。经过自愿报名，我们最终决定由希尔、埃迪·瑞克特、汤姆·琼斯、弗兰克·劳尔、李维斯·比肖普、林克·拉弗林、弗兰克·席尔、鲍勃·雷托等飞行员执行这次任务。5月7日黎明时分，飞行员们驾机出发，前去攻击位于怒江河谷以西的日军。如果一切顺利的话，他们将有效迟滞日军的进攻势头，这可是中英两国驻缅甸部队一直想做却没有做成的事情。

按照计划，希尔率领4架P-40E执行轰炸任务。除了炸弹挂架上的杀伤爆破弹，他们还在机腹下面挂了一个俄制570磅炸弹。驾驶这4架飞机的飞行员全部来自海军，以前都是开俯冲轰炸机的。为这4架飞机护航的是4架老式P-40B，飞行员全部来自陆军和陆战队。单从这点来看，这次任务还真有些陆海军联合作战的意思。

当时的缅甸正处于雨季。这8架飞机到达保山平原地区上空的时候，已经可以看到远处天空中厚厚的积雨云。希尔通过电台了解了一下最新的气象信息，然后就率领机队爬升到云层上方飞行。一个半小时后，机队飞出了云层区，怒江河谷一览无余地呈现在他们面前，远处还可以看到高黎贡山脉的轮廓。因为刚刚下过雨，怒江河谷一带的能见度非常好，原来给我们制造过不少麻烦的烟尘已经消失得无影无踪。

日本人的工兵部队已经到达，正在下车往水边集结。日军其他部队沿岸一字排开，远远地看不见尽头。在以往的战斗中，这些部队很幸运地得到了缅甸满天尘土的掩护，没有遭到援华航空队的空中打击。可是他们今天的运气就没那么好了，在这样的天气条件下，如此密集的部队聚在一起，分明就是等着挨打的架势。希尔首先率领他的轰炸机投出了俄制重磅炸弹。轰炸的目标主要是河谷西岸的峭壁悬崖，意在用炸落的巨石堵住日军的后路，然后再从容不迫地收拾他们。

这个目的达到之后，希尔他们就开始集中轰炸日军的卡车队。轰炸完卡车队，又接着用机枪“招待”那些四散奔逃的日本兵。这4架飞机打光所有弹药后，负责护航的另外4架P-40就赶过来接班，也把自己的机枪子弹全送给了日军。此次攻击过后，日军的辎重和人员损失惨重，架桥器械也全部报废。

在接下来的4天时间里，我继续调动一切可用的力量持续打击进入怒江河谷以及更靠南地区的日军。为加强我们的打击力度，周至柔将军还借给航空队一批

“霍克-3”型俯冲轰炸机和苏制SB-3双引擎轰炸机，并专门从中国空军抽调飞行员支援我们。说老实话，苏联人的SB-3实在不怎么样。它们仅仅从昆明起飞执行了一次任务，就彻底报废掉了。时至今日，这些飞机仍然躺在昆明郊外的稻田里默默生锈。

遭受严重损失的日军又派出一支配属摩托化步兵的装甲部队，继续向缅甸北部推进。这帮家伙的运气挺不好。当他们走到龙陵的时候，恰好撞上了弗兰克·席尔率领的机队，被炸得一塌糊涂。还有一回，我们的另一支机队碰巧遇到了日本人运送汽油的卡车车队，几颗炸弹就引发了一场冲天大火。另外，为达到坚壁清野的目的，我们还摧毁了滇缅公路沿线所有的村庄和城镇。经过连续不断的空袭，到了5月11日，滇缅公路上向北行驶的日军车辆几乎已经绝迹，只剩下向南行驶的车辆还偶有出现。5月12日，我欣慰地给宋美龄发去了这样一封电报：

我们昨天袭击了一支由75至100辆卡车组成的、向南行驶的日军车队。这支车队很长，它的头车驶出畹町的时候，队尾都还没有进入这座城市。至少有20辆卡车起火报废，还有很多卡车不同程度受损。目前，日军只有数量很少的轻型坦克和卡车能突破我们的封锁向北行驶，畹町以北已经看不到日军大队级以上的部队活动。今天上午，怒江河谷以西的已经没有日军行动的迹象。

5月18日，史迪威终于从缅甸的丛林里走了出来，怒江河谷的危机告一段落，中日双方进入隔江对峙的僵持状态。援华航空队对日军的空袭又持续了一段时间，直到5月中旬雨季到来，才逐渐停止。

此战之后，虽然日军的攻势被暂时阻止，不过他们在怒江西岸的存在仍然严重威胁云南的安全。于是，在以后的两年时间里，援华航空队始终没有放松对这伙日军后勤补给线的空袭，成功破坏了他们向云南腹地进一步扩展的企图。直到1944年夏天，卫立煌将军率领的中国远征军在第十四航空队的配合下渡过怒江，这伙盘踞在西岸的日军才最终退回缅甸。

尽管援华航空队在怒江岸边挽救了中国的危局，可是我们面临的形势依然严峻。日军占领缅甸后，除了穿过突厥斯坦进入苏联的古丝绸之路，中国获得外部援助的途径已被完全切断。不久之后，由于苏德战争陷入白热化状态，自顾不暇的苏联也没有能力再为中国提供什么像样的援助。在这种情况下，唯一可行的办法就是开辟飞越喜马拉雅山的空中走廊，这也就是后来为世人所熟知的“驼峰航线”。即便如此，直到战争结束，中国在后勤补给方面也始终处于捉襟见肘的状态。

缅甸陷落对整个亚洲的战局造成了非常明显的影响。滇缅公路被切断，导致中国无法再从她的西方盟友那里获得大批物资援助，还让中国军队陷入了两线作战的尴尬境地。由于除空中航线外的所有对外贸易通道全部被日军封锁，中国国内的经济状况在1938年至1941年间急剧恶化。

更糟糕的是，固执的史迪威似乎执意要立刻洗雪缅甸之败的耻辱。这种心态影响了他之后3年在中国的参谋指挥工作，并差点又一次将中国拉入失败的深渊。1942年6月4日，报仇心切的史迪威给身在重庆的蒋介石提交了份报告，建议中国军队团级以上的指挥官全部由美军军官担任。蒋介石毫不犹豫地回绝了他的建议，这令史迪威极其不悦，并导致他们两人最终决裂。

1942年5月底，援华航空队正式着手并入美国陆军航空队的准备工作。实际上，早在1941年12月底，各种渠道就已经开始流传援华航空队将要并入美国陆军的消息。不过身在中国的麦格鲁德和史迪威并没有就此采取任何行动，美国方面也没派人过来。直到1942年3月29日，我才被叫到重庆，参加蒋介石、宋美龄、史迪威和克莱顿·比塞尔等人召开的联席会议，商讨航空队并入美国陆军的具体事宜。

在我看来，比塞尔这位老上级和我1931年在战术学校搞教学研究时相比，没有丝毫变化。他这次来中国的最主要任务是就杜立特航空队奉命轰炸东京之后的事宜，以及营救遇险飞行员等问题做出安排。这位老兄的保密意识很强，刚见面的时候，他对我只字不谈杜立特他们将要发起的行动。正是由于这个原因，对中国情况毫无了解的杜立特航空队轰炸东京后，才会在夜间冒冒失失地飞到了中国上空，导致许多飞行员因此无辜丧生。如果他们事先能和我通通气，从我这里抽调一名熟悉中国情况的地面指挥官协助行动，也许就不会白白损失那么多飞机和飞行员了。正是由于不熟悉当地情况，许多飞行员在深夜里根本找不到可以着陆的机场，燃料耗尽的他们只好冒险跳伞逃生。杜立特本人直接跳到了日占区，差点儿被日军俘虏。还有一个机组更倒霉，他们在暗夜中连续飞过了几个中国军队控制的机场，最后偏偏飞到了日军设在鄱阳湖岸边的野战机场上空，结果多数人刚一落地就成了日军的俘虏，只有3个特别幸运的家伙辗转逃到了上海。时至今日，提起这件事情，我仍然觉得愤愤不平。

杜立特的“壮举”再次显示了美国政府和军方在对日战略方面的短视。事实上，这次行动的象征意义远远大于实际意义，而且日本人从中得到的好处似乎还要更大一点。杜立特轰炸东京后不久，受到启发的日本人立即动员了大批部队，在很短时间内，就占领了中国东部沿海所有可以用于轰炸日本本土的机场。我们原先计划的以中国为基地空袭日本的计划因此彻底落空，计划拨给我们用来轰炸日本的B-17和B-24轰炸机也被美军驻埃及和印度两地的航空队趁机瓜分。

不仅如此，日本人还在自己的占领区借着搜捕杜立特航空队飞行员的机会，消灭了一大批潜在的抗日力量，这些人本来可以发挥更大的作用。所幸，当地的中国人并没有被日军的嚣张气焰吓倒，他们仍然对浴血奋战的美国飞行员怀着强烈的友好感情，并随时愿意为这些飞行员提供任何帮助。1944年，随着战局好转，中国军队陆续收复了东部沿海地区的一些机场。大家吃惊地发现，那些地方的老百姓居然在过去的3年时间里冒着生命危险默默守护这些机场，保证它们随时可以投入使用。也就是说，这些老百姓始终没有丧失对援华航空队的信心，并且一直等待着我们。

杜立特轰炸东京后3个月时间里，正面战场的日军向中国东部的心脏地带挺进了200英里，占领了2万平方英里的土地，破坏了大量可以用于飞机起降的场地，消灭了人数可观的潜在抗日力量。杜立特航空队飞行员们曾经逗留过的村庄被日军夷为平地，男女老少遭到无情屠杀。有座小城的居民因为自发修理城郊附近机场上的弹坑，被日军冠以“通敌”的罪名，遭到了惨绝人寰的屠城。衢州、玉山、丽水等地的机场在日军空袭中受损严重，失去继续使用的价值。除此之外，日机还对中国军队的战线发动了总计600架次的空袭，25万名军人和平民因此丧命。

总之，由于杜立特这次实际意义不大的行动，中国人付出了高昂的代价，可他们从来也没抱怨过。相反，这些善良的人们继续为我们提供无私的帮助，甚至不惜牺牲自己的生命。据战后统计，至少有上百名美国飞行员因为中国军民的及时援救保住了性命。这些军民中的很多人因此牺牲了自己，乃至亲朋好友的生命。即便如此，重庆方面仍有不少官僚抱怨自己的百姓自私自利，不肯为抗战出力。

不仅如此，美国方面对他们的牺牲也是置若罔闻，根本不打算做点什么进行回报。例如1942年夏天时，中国军队准备发动一次规模有限的攻势，意在将深入内陆的日军尽可能重新赶回海岸线附近。为此，援华航空队收到了不少请求配合作战的申请，然而这时的我真的已经拿不出几架飞机了。最可气的是，华盛顿的那些官僚们对我们补充新飞机的要求置之不理，彻底把我们晾在了一边。派驻到重庆的那些参谋人员更是只知道混日子，直到这次攻势结束很久，也没把相关情况报告给美国政府和军方。

说了这么多题外话，还是继续谈谈援华航空队解散、改编的事情吧。由于蒋介石本人对这件事情持支持态度，身为下级的我也只好不太情愿地服从命令。坦率地说，经过连续几年的浴血奋战，援华航空队此时已经成长为一支拥有杰出战绩、无与伦比的队伍。这支队伍的卓越表现，也证明了我所提出的空战理论的正确性（虽然我在陆军航空队的某些老同事仍然对此视而不见）。那时的我实在不忍心让这么优秀的部队因为改编而就此烟消云散。

陆军方面为改编提供的唯一理由就是援华航空队的存在不符合制度。在3月29日的会议上，比塞尔和史迪威明确表示，如果援华航空队拒绝改编，美国方面就将中断对我们的后勤补给。只有在援华航空队并入陆军的情况下，他们为我们所做的一切才能合乎规矩。就我个人而言，早日在军队中得到一个正式身份当然不是什么坏事，不过考虑到航空队一贯的民主风气，我仍然坚持对史迪威说，自己需要首先征求一下全体队员的意见，然后才能给他答复。

至于改编后航空队的领导人选问题，我认为凭借自己在中国的资历和影响，这个位置肯定非我莫属。然而阿诺德将军却似乎并不这么认为。1942年2月13日，我接到了身在华盛顿的劳克林·柯里通过宋子文发来的电报：

阿诺德将军认为你是个优秀的战斗机飞行员，对援华航空队今天取得的成绩也功不可没，不过他仍然希望能从自己这边派个人过去，担任改编后的航空队领导。在所有人选里，似乎只有比塞尔最合适。需要强调的是，尽管比塞尔曾经在战术方面和你有过很多分歧，不过他现在已经改变了不少。更重要的是，这个人路子很广，能帮你们争取到更多的人员和物资。权衡利弊，我觉得你们值得在这方面做出一些让步。另外还有一个好消息要告诉你，任命你为陆军准将的命令马上就要公布了！

实话实说，尽管我自认是未来航空队最合适的领导人选，不过在给美国方面的报告中，我还是很“谦虚”地推荐了哈蒙少将和拉里·希基上校两个人作为候选人。因为我清楚地知道，类似阿诺德将军这样古板的官僚是绝不可能允许拥有我这种背景的“异类”担任一支正规军最高领导的。之所以选择哈蒙和希基，是因为这两个人最起码还懂点战斗机空战理论。至于比塞尔，我实在忘不了他当年“战斗机在空战中攻击敌机的最好办法就是扔链子锤破坏对方螺旋桨”的高论。

4月9日，航空队的最高指挥官人选虽然还没有最终确定，我自己的任职命令倒是公布了出来。华盛顿方面首先将我的军衔提升为“临时上校”。9天之后，我又官升一级，变成了“临时准将”。这样一来，尽管我在军衔上与比塞尔持平，不过由于他提升准将的时间比我早，按照军队的惯例，我还得把他当作自己的上级。

那时的蒋介石根本不愿意拱手交出援华航空队的指挥权。因为过去的经历使他对外国人的许诺持有一种本能的戒心，认为他们总是爱开空头支票，却让自己失去实实在在的利益。在得到史迪威支援中国战场一个美军战斗机大队的许诺后，蒋介石总算不太情愿地同意解散援华航空队。除此之外，史迪威还答应蒋介石让我继续担任美军驻华航空队的最高指挥官。事实证明，蒋介石的戒心并非没有道理，这两个许诺最后一个也没兑现。蒋介石下令解散航空队的当天，美国方面倒是真派过来一个战斗机大队。可是这个所谓的“大队”却只配备了12名飞行员和15名地勤人员，根本就没有飞机。

整个重庆会谈期间，史迪威和比塞尔关注的焦点始终集中在尽快解散援华航空队，却丝毫没有提及作为补偿的任何后续计划，这种态度使得会议最终变成了一场意气用事的斗气。这两个人不切实际地要求航空队必须在4月30日解散，我则针锋相对地提出航空队最早的解散日期只能定在7月4日，也就是美国方面许诺的战斗机大队抵达中国以后，宋美龄也对我的观点表示支持。迫于无奈，史迪威和比塞尔只好同意接受我们的条件，我则成了这两个人痛恨无比的眼中钉。

对于援华航空队的许多队员来说，重新加入正规军服役并不是什么让人高兴的事情。很多人当初之所以来中国，恰恰是因为讨厌正规军那套死板保守的官僚作风。即将解散的消息，4月初的时候刚在垒允和昆明漏出一点风声，援华航空队中立刻就产生了很强的厌战情绪，美国政府没能及时兑现自己承诺的行为更令他们怒火中烧。这还不算完。不久之后，军方派过来执行解散改编任务的高级参谋军官穿戴着让人眼花缭乱的各色装备，神气地走下DC-3运输机，好像暴发户一样，向援华航空队队员们炫耀自己身上的那些零零碎碎。看着眼前的一切，我手下这帮一直被迫勒紧裤腰带和日本人玩命的小伙子们，心中的怒火达到无以复加的程度。

所幸，经过我的反复游说，多数人最终同意加入正规军继续和日本人作战，前提是给他们30天假期。如果没有意外的话，这年7月，在异常艰苦的条件下苦苦支撑了1年零7个月的援华航空队就可以宣布正式解散，全体人员将加入美国陆军继续服役。偏偏就在这个节骨眼上，比塞尔很不知趣地要求我凭借自己的个人威信，动员那些飞行员主动放弃30天的休假。我毫不犹豫地拒绝了这个要求，并告诉他，30天休假是这些小伙子们理所应得的补偿。

不久之后，由于得到了美国军方无法在7月4日的最后期限前兑现承诺的准确消息，比塞尔又要求我把队员们召集起来开会，由他搞一次训话。刚刚结束了萨尔温江战役的队员们征尘未洗，立刻集中到了云南大学的体育馆。大会开始前，我曾经警告比塞尔，他的行为很可能会在队员中间引起抵触情绪，可是这家伙依然固执己见。刚愎自用的比塞尔面对这些九死一生的老队员们大放厥词，他先是罗列了那个原本计划来中国参战的战斗机大队暂时无法成行的各种理由，然后又要求所有队员放弃休假，继续留在中国作战。“对于那些拒不加入正规军服役的捣乱分子，”比塞尔威胁说，“我保证他们一踏上美国的土地，征兵委员会就在等着他们。”

实话实说，和比塞尔相比，我的这些老伙计们表现得很有礼貌。整个大会中间，他们一直静静地坐在那里，没人打断比塞尔蛮不讲理的训话。会后，他们三三两两地找到我，不约而同地表达了相同的意思：如果军队打算这么对待我们，那就去他妈的。一贯心直口快的乔治·伯格德对军方的官僚作风表示了极大的愤怒，并且评价比塞尔将军是头“彻头彻尾的蠢猪”，这实在是说出了大家的心声。

正是由于比塞尔的愚蠢行为，原本已经聚拢起来的人心又一次变得涣散。于是，当军方那些负责处理解散改编事务的老爷们姗姗来迟地抵达中国时，他们面对的情况是援华航空队全部250名成员中只有5名飞行员和22名地勤人员明确表示愿意加入正规军，继续留在中国参战。

眼见情况如此之糟，作为改编委员会成员之一的克雷博·海恩斯只好在6月23日致电史迪威说：“鉴于目前的情况，我建议将援华航空队的解散改编日期推迟到今年10月1日。在此之前，只能继续履行原先和队员们签订的合同，否则整个局势将恶化到无法收拾的地步，改编委员会的全体人员对此也持相同观点。”

遗憾的是，海恩斯的警告没能得到重视。援华航空队解散的消息仍然按照原计划，在7月4日之前公布。整个航空队气愤异常，不过大家仍然决定在最后的日子里用战斗维护自己的尊严。

5月12日，中国西南地区的雨季刚刚结束，我们就对河内的迦兰机场展开了一次空袭，当场击毁日军战斗机15架，击伤20多架，自己只损失了一名飞行员（约翰·多诺万，他当时还是个新手，并没有完成全部训练科目，却主动要求参加这次行动，结果不幸被日军高射炮击中）。随着夏天脚步的逐渐临近，蒋介石更多地要求我们把力量投入到重庆上空，因为日军的“年度大轰炸”又要开始了。

在我看来，与其被动地等着日本人来炸，还不如主动出击，把部队靠前部署，争取将来袭的日机堵截在重庆外围，甚至直接把它击毁在地面上。主意拿定，航空队指挥部连同两个中队立刻前出到了距离重庆20英里的白市驿机场。与此同时，另外两个中队（剩下的一个中队奉命留守昆明）进驻衡阳—零陵—桂林一线，防范日军从汉口、广州方向的来袭。为迷惑日军，我还特意留下4架飞机，连续3天在重庆上空大张旗鼓地巡逻飞行，造成我们将在重庆守株待兔的假象。

巧合的是，我们刚做好准备不久，日军便对桂林发动了一次空袭。在这次战斗中，来袭的18架日机被我们击落了11架。这次战斗之后，日军在中国正面战场开始了持续的大范围空袭。作为回敬，我们多次派出飞机轰炸了日军设在汉口和广州的码头、机场，协助中国军队防守江西，并多次赶跑了试图偷袭我们机场的日军飞机。截至这年的7月4日，援华航空队击毁、击落日机的数量上升至299架。由于我们的浴血奋战，日军从此将主要空袭目标转向了中国各地的机场，基本放弃了对大中城市的轰炸。

7月4日当天，我们的一部分飞行员在衡阳上空用一场5：0的空战胜利最后捍卫了援华航空队的荣誉，另一部分飞行员则担负了为一批奉命轰炸广州天河机场的美国陆军航空队B-25护航的任务。我本人则在白市驿的指挥所里，趴在地图上度过这意义特殊的一天。当天夜里，我们大家一起来到前国民政府主席林森的家里参加晚宴。由于天降大雨，原定的露天烧烤只好改为室内宴会。出席宴会的孔夫人和孙逸仙夫人[①]还送给我一张包括我本人和蒋介石夫妇的油画作为纪念。大家满怀惆怅地吃了饭，欣赏了音乐，并于当晚11点醉醺醺地返回了暂住的白市宾馆。一个小时之后，曾经叱咤风云的援华航空队正式成为历史。

这支在很多所谓专家眼中"根本维持不了3个星期的部队"实际在中国、缅甸、泰国和法属印度支那的上空战斗了整整7个月，确认击落、击毁日机299架，疑似击落、击毁153架。我们这边先后有12架P-40在空战中被击落，61架（包括我们从垒允撤退时主动烧毁的22架）在日军空袭中被击毁于地面，4名飞行员直接在空战中阵亡，6人死于日军地面防空炮火，3人在日军空袭中被炸死，10人死于飞行事故，还有3人跳伞被俘。虽然日本人曾经在广播中扬言说，一旦抓住我们的飞行员，就将按土匪论处，但是出于对英勇奋战的对手的尊重，日本人对待我们的3名被俘飞行员就像对待英美正规军的战俘一样。

我们的多数队员在作战期间受到了中国政府的嘉奖，有10名飞行员还得到了英美两国政府的"杰出飞行十字勋章"。我个人得到了中国政府颁发的"云麾勋章"，以及一把象征荣誉的佩剑。英美两国政府则分别授予我OBE大英帝国勋章和"杰出服役奖章"。"飞虎队"的威名远播四方。

在和日本人超过50次的交手经历中，援华航空队从没吃过败仗。正是由于我们的努力，英军才得以暂时守住仰光和滇缅公路，为中国获取外部援助多争取了两个半月的宝贵时间。也是由于我们的努力，中国军队才能在怒江沿岸挡住了日

① 即孔祥熙夫人宋霭龄和孙中山夫人宋庆龄。——译者注

军的攻势，避免了整条战线的彻底崩溃。是我们让包括重庆在内的很多城市免于被轰炸的厄运，是我们在最艰苦的日子里让许多中国人，乃至美国人，看到了希望。完成所有这一切，总共只花费了800万美元（其中付给全队人员的薪水300万美元，购买飞机和其他装备的费用500万美元）的代价。

航空队正式解散后，我曾经把各种账目整理出来，交给宋子文过目，并对他说这个数字还是超过了我的最初预期。宋子文的回复是："组建援华航空队是中国政府最成功的一笔投资，居然还要让你来考虑支出问题真令我汗颜。"

就我个人而言，援华航空队让我得到了一次自由施展才华的机会，让我获得了极大的成就感。通过组建和领导援华航空队，我不仅证明了自己空战理论的正确性，也帮助了那些处在水深火热中的人们。这期间，只有两点让我觉得失望：其一是由于条件的限制，我始终没能把整支部队集中起来，和日本人痛痛快快地来场大空战；其二就是在美国政府的压力下，我不得不亲手解散这支自己耗尽心血组建的部队。

航空队正式解散后，还发生了两件值得在这里说说的事情。由于美国政府没能及时兑现为中国提供一个战斗机大队的承诺，援华航空队的55名飞行员和地勤人员在部队解散后，又自愿留下继续战斗了两个星期。虽然中国政府只是很体贴地安排他们在各大城市上空执行危险相对较小的防空任务，不过这些勇敢的小伙子却仍然多次深入日占区，对日军发动空袭，有两名飞行员因此阵亡（一位是来自新泽西州，刚与身为红十字会护士的妻子结婚不久的约翰·佩泰克；另一位是来自俄克拉荷马州的阿诺德·杉伯林）。

另一件事情发生在阿诺德将军和援华航空队飞行员弗兰克·席尔（他后来以美国陆军少校的身份继续留在中国服役）之间。1942年8月14日，阿诺德将军从华盛顿给身在白市驿的我写信说：

鉴于援华航空队在战斗中的卓越表现，我打算把所有已经返回美国的前队员重新召入陆军航空队服役。我们认为，你教给这些小伙子的一身绝技不应该就此白白浪费掉。

可是就在阿诺德来信两周前，我却从留守昆明的弗兰克·席尔那里得到了完全相反的信息：

埃里克·夏林昨天到我这儿待了一会儿，并带来了令人郁闷的消息。据说两三天以前，美军驻印度和非洲运输部门的指挥官已经得到了华盛顿方面的明确指示，不能给予前援华航空队员和他们的家属在返国方面的任何优先权。由于这个规定，前面提到的志愿留下继续战斗两周的队员和约翰·佩泰克已经怀孕的遗孀被迫滞留在了印度，苦苦等待一张船票。我实在不能理解他们的做法。难道我们在中国的所作所为对美国来说毫无意义吗？难道我们所做的一切就不能得到一丁点回报吗？

第十二章

1942年夏天，驻华航空特遣队（China air task force）终于在陷入最严酷阶段的中国战场东拼西凑地组织了起来。这支部队规模很小，主要人员大多来自远在印度德里的陆军第十航空队，各种物资供给也都是千里迢迢地从印度运过来的。

正如前面所说，作为解散援华航空队的交换条件，史迪威曾经许诺美国军方会为中国提供一个齐装满员的战斗机大队（总计4个中队，100架飞机）。可是到了1942年7月4日，蒋介石却失望地发现，按照事先约定来中国接替援华航空队的第二十三战斗机大队其实只是一支停留在纸面上的“架子部队”。这个所谓的大队总共只有12名毫无作战经验的新手飞行员，另外还有23名文职和地勤人员，他们使用的全部装备都是援华航空队留下的剩余物资，美国陆军那边连条裤衩都没给过他们，原定配备给第二十三大队的各种装备直到1943年夏天才不紧不慢地运到了印度。等到这些东西真正交到中国政府手里，已经是第二年秋天的时候了。

为尽快帮助二十三大队进入作战状态，援华航空队的中队指挥官鲍勃·尼尔被任命为这支部队的首任大队长，并带领他们进行了适应性训练。1942年7月19日，这个职务改由罗伯特·斯科特上校接任。

最可笑的是，二十三大队的第四中队居然是我靠“欺诈”的手段忽悠来的。这个中队本来是隶属于驻印度的第十航空队第五十一战斗机大队的第十六中队。1942年夏天，由于印度进入雨季，他们无法在当地展开日常的训练和战斗飞行。看到这种情况，我便很“贴心”地邀请第十六中队在6~7月份到白市体验一下。结果，这个中队就再没能返回第十航空队的建制，而是和隶属于第二十三大队的

74、75、76中队一起在中国战场并肩战斗。不仅如此，来自第十六中队的许多优秀飞行员后来都先后被任命为驻华航空特遣队的各级指挥官。

我承认，这样挖别人墙脚的行为很不光彩，不过确实也没有别的办法。当时，援华航空队那些久经沙场的老伙计已经各奔东西，第二十三大队这点可怜的家底根本经不起折腾，配备着一水老飞行员外加最新式的P-40E战斗机的第十六中队就成了我们手里唯一的王牌。

1942年4月23日，也就是援华航空队解散前两个多月，罗斯福总统曾经以个人名义给我们来过一封信。驻华航空特遣队正式接替援华航空队担负作战勤务以后，这封总统亲笔签名的书信仍然在我们指挥所的公告栏上张贴了很长时间：

美国志愿援华航空队在战斗中表现出来的高超技巧和巨大勇气是我们国家的一笔宝贵财富。特别令人感动的是，援华航空队的一切成绩，全部是在异常艰苦的条件下取得的。

援华航空队解散后，我们将派遣第二十三大队来中国接替你们的使命，继续迎接未来的挑战。这个大队的首批人员和装备已经从美国启程，第二批人员和装备也正在紧张筹备之中。美国政府将竭尽所能，为这些身在异国的战士提供一切必要的支持。尽管这批人员和物资在运输过程中出现了一些问题，不过我们仍将保证他们以最快的速度到位。

这支部队抵达中国以后，就将在你们的帮助下尽快进入战斗状态，并继承你们在战斗中获得的宝贵经验和优良传统。完成任务的你们则可以满载荣誉返回美国，在各级飞行训练机构担任教学指导工作，为美国培养出更多飞行人才。

作为你们的总统，我将为第二十三大队提供一切必需的帮助。我坚信，这支新组建的部队一定会再创辉煌。

坦率地说，我们的这位总统真的挺不错，不过他在中国问题方面确实受到了手下人的蒙蔽。后来，英明的总统终于发现手下人欺上瞒下的劣迹，并因此对美国陆军部那帮官僚大发雷霆。可是总统的愤怒不但于事无补，反而让我们陷入了更加尴尬的境地，因为那些触了霉头的官僚一致认为是我向总统打的小报告。

尽管背后说人坏话不是什么光明磊落的行为，不过我还是想说，“军事机密”这块“遮羞布”在援华航空队改编这件事情上实在帮了美国陆军部官僚们很大的一个忙。事实上，所谓的“军事机密”只是针对美国公众而言的，日本方面对我们的一举一动其实一清二楚。陆军部官僚们的真正目的是想以此为借口，不让美国政府和公众了解援华航空队改编过程中许多见不得光的事情，为自己文过饰非。例如，直到1945年1月，陆军部仍在提交众议院军事事务委员会的报告中坚称，援华航空队原有的250名成员中总共有220名改编后加入了美国陆海军，根本不存在人才流失和浪费的问题。然而实际的情况却是，由于前面提到的“蠢猪将军”那次不明智的训话，总共只有5名参谋人员、5名飞行员和19名地勤人员改编后继续留在陆军航空队服役。

虽然开头不太顺利，不过先天不足的第二十三大队还是在后来的战斗中成长为一支坚强而高效的队伍，并和乔治·肯尼将军领导的第五航空队第49战斗机大队一起，成为对日作战中两颗耀眼的明星。在成立之后3年的战斗中，第二十三大队总共击落了941架日机，始终和日本人在战损率方面保持着低于1：5的优势。当然，这些都是后话了。

1942年夏天，第二十三大队刚成立的时候，我们全部可用的飞机只有援华航空队留下的31架P-40B和20架P-40E，而且全部伤痕累累，总共只有29架能正常起飞。如果是在美国，这些飞机恐怕早就被当成垃圾处理了，然而身处中国的我们却必须驾驶它们继续战斗。于是，这批本该报废的飞机又在第二十三大队修修补补地凑合了很长一段时间。1943年12月，援华航空队使用过的最后一架P-40B（从仰光之战算起，总共使用了两年半）才被扔进了昆明的垃圾场。

直到这年秋天，我们手头比较像样的飞机就是前面提到的第十六中队装备的P-40E，以及军方补充过来的15架新飞机。为了暂缓燃眉之急，好歹把这个夏天应付过去，人穷志短的我们只好从中国空军那边借了10架P-43。P-43是在战争爆发前生产定制的，属于P-47的原始版本。这种老飞机既没有抗漏油箱[①]，也没有装甲

① “二战”时期出现的新技术，主要原理是在油箱内壁加装一层特殊的镀膜。一旦油箱在战斗中被击穿，本身具有弹性的镀膜就可以自动封堵弹孔，减缓漏油。——译者注

防护。

后来，美国陆军补充给我们的P-40K终于运到了中国。虽然阿诺德将军信誓旦旦地声称，陆军航空队绝不允许用过时、老旧的飞机应付下面的部队，可是装备给我们的这批P-40K却大多是别人已经使用了好几百飞行小时的二手货。有些飞机的机身上面甚至喷涂着鸵鸟的标志，明显是从北非战场淘汰下来的。可能是自己都觉得实在过意不去，一年之后，陆军部的老爷们又施舍给我们一批P-51“野马”战斗机，不过这些飞机也都是别人用剩下的破烂。

这批P-51虽然是别人用过的二手货，不过型号方面好歹还比较先进。更多的时候，身处中国战场的我们主要还是凭借老旧的P-40以不变应万变。1944年秋天，结束了在中国第二个服役期的希尔回到美国，发现柯蒂斯公司仍然在开足马力生产已经明显落后的P-40。在写给我的信中，他形容自己当时的感觉是“无法相信自己的眼睛”。相比之下，日本人要阔绰得多，他们每年都至少会开发出一个新的战斗机型号。正是由于这个原因，我们经常会在一次战斗中和两三种不同型号的日本战斗机同时交手。

对于那些曾经在中国英勇作战的美国飞行员来说，P-40绝对算得上是位让人又恨又爱的“战友”。按照最初的设计，P-40主要用来担负昼间中低空空战和低空对地攻击任务。可是由于我们手里没有其他型号的飞机，P-40就被迫变成了“多面手”。飞行员们曾经开玩笑地自嘲说：“如果给飞机装上个潜望镜，我们就能把P-40当潜艇开。”

P-40当然不可能真的被改装成潜艇，不过稍微拾掇拾掇，却可以勉强执行夜间空战和对地攻击任务。实在没办法的时候，P-40还可以客串一把侦察机。前面已经提到过，专业的P-38照相侦察机进入中国以前，我们的一架P-40就曾经装上从英国皇家空军那儿“借”来的照相机，对日军进行过空中照相侦察。不仅如此，严重缺乏轰炸机的我们还经常根据需要，让P-40扮演水平轰炸机、俯冲轰炸机和滑翔轰炸机的不同角色。要是赶上地面部队让日军“包了饺子”，急需空投给养的时候，只要把挂架上的炸弹换成包裹，P-40又摇身一变成了运输机。至于接送人员之类的事情，对于P-40来说，更是小菜一碟。

1944年秋天，大量换装P-51B的我们终于怀着复杂的心情告别了这位“老战友”。然而机头喷涂着鲨鱼大嘴标志的P-40形象却依然深深印刻在了很多美国人和中国人的心中，成为曾经叱咤风云的“飞虎队”的永恒象征。

由于援华航空队的解散，我的工作被迫再次回到了两年以前的那个原点。事实证明，培养一名优秀的飞行员，并让他真正达到可以投入战斗的状态，绝对不可能像制作快餐食品那么简单。在我看来，眼前这批飞行员的整体水平其实还赶不上成立之初的援华航空队。他们大多是刚从飞行学校毕业的新手，很多人既没在空中打过靶，也不掌握编队飞行作战技能，有的甚至连P-40都没摸过。最可气的是，有5个人在看见我的第一时间就明确表示自己根本不敢打仗，请求我把他们调到航空运输部门去。除了这些新手，还有一部分飞行员是从驻印度的第五十一战斗机大队淘汰下来的。

没记错的话，这批飞行员是在一个上午乘坐第十航空队提供的DC-3运输机到达昆明的，总共21人。鲍勃·斯科特上校把他们带到指挥部列队站好，然后要求资历超过300飞行小时的飞行员举手示意，可是压根就没人举手。看到这种情况，斯科特脸色很难看地对他们说：“不好意思，伙计们，这没你们的地方。”结果，这批飞行员在我们这儿吃了顿中午饭，当天下午就又乘着那架DC-3返回印度了。事后，第五十一战斗机大队的指挥官约翰尼·巴尔对我说，他原先接到的命令是要把这些剔下来的家伙送去开运输机或轰炸机，结果不知道怎么回事，这帮活宝就跑到我这儿开战斗机来了。

驻华航空特遣队组建之初的最大问题就是新手太多。平心而论，多数优秀的飞行员都不是天生的。如果我们有足够的时间和物资保障的话，完全可以像援华航空队刚成立时那样，对飞行员进行各种强化训练，帮助他们尽快投入实战状态。遗憾的是，我们什么也没有。不仅如此，新手飞行员还可能起到“一颗老鼠屎坏一锅汤”的负面效果。在战斗中，我们宝贵的老飞行员很可能会因为这些新手战友的愚蠢而丢掉性命。由他们造成的各种损失，甚至可能比敌人造成的还要大。然而要想真正打赢这场战争，我们又不可能仅仅依靠手头有限的几个老手。

反复权衡之后，所有新手飞行员就被集中起来，组成了第七十四中队，由援华航空队的老队员、现在已经是陆军少校的弗兰克·席尔担任中队长。这支部队被部署在位于大后方的昆明，平时主要担负一些难度比较低的防空任务，更多的时间则是在弗兰克的带领下搞强化训练，也算是训练作战两不误。可是这帮活宝的水平低得实在出乎所有人的意料，进驻昆明仅仅17天后，他们总共摔了18架P–40。要知道，即便是在中国空军的航校，也从来没出现过这么差劲的成绩。

除了这帮新兵蛋子，美国军方确实还给我们派过来一些老手。只可惜，由于各种各样的原因，这些人大多没能到第一线参加战斗。事实上，驻印度德里的第10航空队司令部只要一获知我们把这些“宝贝”投入一线作战的消息，他们的抗议、谴责立刻就会通过电波传到我们的耳朵里。因为在他们眼中，让这些老手参加空战是对人才的“浪费”。

事实证明，比塞尔在空战方面虽然是个外行，不过搞搞司令部的参谋、行政工作倒还比较称职。1942年夏天，正是在他的奔走下，一批西点军校的毕业生来到驻华航空特遣队担任参谋和行政军官。按照比塞尔的说法，这批新鲜血液的到来将彻底扫荡援华航空队留下的歪风邪气。然而实际的情况却是，这批西点军校的毕业生不但没能扫荡援华航空队留下的“歪风邪气”，反而还被援华航空队的“歪风邪气”给扫荡了。正是这些充分继承了援华航空队优良传统的西点人，成了后来第十四航空队的中流砥柱。

同样是在这年夏天，为人随和的陆军上校克林顿·文森特（来自密西西比州）奉命来中国担任我的参谋长。文森特抵达中国几周以后，我便善意地建议他说：“凯西[①]，在你正式着手制订作战计划之前，最好还是先去一线干点更实际的事情，积累些实际经验。”文森特欣然接受了我的建议。于是，这位原本应该坐在司令部指手画脚的上校便驾驶着飞机，开始征战中国各地，还亲手击落了6架日军飞机。由于成绩突出，一年后，年仅29岁的文森特被提升为准将，成为当时美国陆军在年龄方面排倒数第二位的将军。只可惜，升了官的他直接去了别的部队，也就没能再回司令部担任我的参谋长。

比塞尔的另一个举措是把布鲁斯·霍洛韦上校挖了过来，充当我们的值日官，全面负责各种日常行政管理工作。这位上校来自田纳西，身材瘦削，沉默寡言。考虑到他在来中国任职前没有任何实战经历，我为布鲁斯安排的第一个任务

① 克林顿的昵称。——译者注

就是和克林顿·文森特上校一样，去下面的战斗机中队挂职锻炼。长期坐办公室的上校城府很深，总是喜怒不形于色，也从不随便说话。由于这个原因，每次给他下达任务的时候，我总是无法通过表情和语言判断出这位老兄到底搞没搞明白我的意思。所幸，布鲁斯的学习和工作能力确实都很不错。挂职锻炼仅仅几周之后，他就完全掌握了在驻华航空特遣队任职所需要的一切技能，那张坐办公室坐出来的“死人脸”也变得生动了一些。整个挂职期间，上校亲手击落了13架日本飞机。遗憾的是，长期战斗积累的压力对他的心理健康造成了严重影响。意识到问题严重，我只好不顾布鲁斯本人的强烈反对，坚持送他回美国休养。战后，上校在新成立的美国空军担任了首支喷气战斗机大队的指挥官。这支部队在他的英明领导下，成为那些拥有来华参战经历的飞行员们的避难所。

至于前面提到的鲍勃·斯科特，他也是西点军校的高才生。斯科特最早来中国的时候是开运输机的，不知怎么的就改行开起了战斗机，后来还被任命为第二十三大队的指挥官。

中国有句俗话：山中无老虎，猴子称霸王。援华航空队解散后，留下来的有限几名老队员大多在后来的驻华航空特遣队中担任了中高级指挥官。比如经历非常具有传奇色彩的巴姆勒。前面提到过，1941年12月8日，由于“珍珠港事件”爆发，行经威克岛的邮轮直接把为我们运送的零件和人员扔在了岛上，然后掉头返回了美国。巴姆勒正是这些人中的一员。被扔在威克岛上的巴姆勒决定继续履行自己和援华航空队签订的合同。半年之后，几乎绕着地球跑了一圈的巴姆勒终于风尘仆仆地来到中国。不过此时的援华航空队已经解散，他的身份也从中央飞机制造厂的雇员变成了美国陆军航空队的上尉。巴姆勒的传奇经历还不仅于此。在来中国之前，这家伙还曾经在西班牙打过德国人，他也因此成为美国陆军航空队中为数不多的同时和德国人、意大利人、日本人都交过手的飞行员。平心而论，巴姆勒这个人虽然并没有真正在援华航空队打过仗，不过他身上那股自由散漫、无视纪律的劲头倒很像是得到了援华航空队的“真传”。他的军纪观念模糊，但在空战中是个冷面杀手，而且能带领新手飞行员们成功完成首次战斗，他在这方面拥有罕见的能力。

我的首任参谋长应该是梅瑞恩·库伯上校。这家伙曾经执导过电影，简直就是好莱坞电影里那种标准的大英雄。库伯在“一战”的时候正式开始了自己的战斗机飞行员生涯。“一战”结束后的20世纪20年代，他还在苏联跟红军交过手。战斗中，库伯驾驶的飞机被红军击落。他本人跳伞被俘，先是在苏联吃了一年牢饭，然后又被苏维埃政府永久驱逐出境。两次大战之间的20年时间里，无事可干的库伯进军好莱坞，先后在非洲和亚洲拍过不少纪录片。他本人因此声名远播，成为继华盛顿和林肯之后，第三个在华沙蜡像馆占有一席之地的美国人。“珍珠港事件”爆发后，库伯进入航空队的情报部门服役，并奉命取道中国去苏联执行任务。不幸的是，苏联人仍然没有忘记20多年前的旧仇，身在重庆的库伯迟迟等不来苏联方面的签证。终于有一天，忍无可忍的他直接闯进了援华航空队下榻的白市驿宾馆，声称自己已经厌倦了无所事事的日子，希望能在我们这找份真刀真枪上战场的工作。

这位衬衫从来不系扣，裤子松松垮垮，头发乱得赛鸡窝，满身都是烟灰，违背一切西点军校原则的传奇英雄就这样来到了援华航空队。驻华航空特遣队成立以后，库伯继续发光发热，策划了好几次成功的突袭行动。更为难得的是，为保证自己的作战意图得到切实执行，他还经常亲临一线指挥。如此优秀的人才当然炙手可热。后来他在乔治·肯尼将军的第5航空队服役时，先后策划空袭韦瓦克、霍兰迪亚等地，沉重打击了南太平洋战场上的日军。

库伯在做人方面属于心直口快的那种。作为下级，他毫不掩饰自己对史迪威和比塞尔两人在印度谨小慎微的防御和轻视中国战略潜力的批评态度。正是由于这个原因，视库伯为眼中钉的比塞尔曾经几次试图解除他的职务，只不过因为我的反对才没能得逞。最后，忍无可忍的史迪威终于下令把他调回美国。得知这个消息后，我连续给华盛顿打了好几回报告，要求把库伯再派回中国，可是陆军部那帮官僚一直也没答应。

尽管库伯再也没能回到中国，但他还是抓住一切机会，把自己在中国的所见所闻告诉周围的人，特别是那些媒体记者。当然，库伯本人也为此付出了惨重的代价，从此再没能获得提升。返回美国后不久的库伯又被派到西南太平洋地区执行任务，军衔仍然是上校，干的却是少将的活儿。乔治·肯尼将军曾经多次为他争取准将军衔，却也无济于事。陆军部的官僚们在记仇方面似乎比苏联政府的心眼还小。在我看来，库伯的所谓“罪行”不过就是坦率地说出了真话，这个罪过和开着飞机用机枪扫射苏联红军相比，根本不算什么。

新成立的驻华航空特遣队在装备方面的唯一进步就是终于拥有了一批真正的轰炸机，它们主要来自美国陆军航空队历史最悠久的第十一轰炸机中队。这支部队诞生于“一战”的烽火岁月，1942年在荷属东印度作战。我本人1919年的时候也曾经在这支部队服过役，身为基层指挥官驻扎在美墨边境担负战备巡逻任务，后来大名鼎鼎的杜立特当时恰好是我的同事。

第十一轰炸机中队在中国的战绩最初并不理想，连续在“驼峰航线”上损失了3架B-25轰炸机。幸亏这支部队的领导层头脑清醒、意志坚定，被动的局面才得以渐渐扭转过来。

所有功臣中首屈一指的是这支部队的指挥官克雷博·海恩斯准将。这位老兄的长相很粗犷，开飞机的时候却挺有灵性。由于技术高超，海恩斯当年有幸入选了首批B-17飞行员，担负过很多实验性的飞行项目。这个任务结束之后，海恩斯随即又参加了XB-15[①]轰炸机的试飞工作。这种轰炸机现在已经投入现役，是当前我们拥有的载弹量最大的轰炸机。驾驶XB-15期间，海恩斯曾经奉命给“圣地亚哥—智利大地震”中的伤者紧急运送过血浆。临危受命的他历经磨难，最后总算平安返航。大难不死、技艺高超的海恩斯后来成为专职的“第一个吃螃蟹的人”，经常单独驾机执行新航线的开辟任务。继杜立特轰炸东京之后，一贯闲不住的海恩斯曾经制订过详细的计划，打算从中国沿海机场出发，空袭大海对岸的日本。只可惜，中国军队的兵败如山倒让他的计划失去了最起码的出发基地。暂时“失业”的海恩斯只好改行开起了运输机。正是在他的指挥下，大批人员和物资经过“驼峰航线”，源源不断地运到了中国境内。

进驻中国的第11轰炸机中队首任队长是瑞尔·雷西中校，他原先一直在印度开B-17。不过瑞尔·雷西中校就任后没多久就因故离开了中国，曾经和杜立特一起轰炸过东京的霍尔斯特龙少校随后接替了他的工作。

驻华航空特遣队的地勤人员成分比较复杂。其中一部分人原先隶属于英国皇

① 美军凡是带有实验性质的武器型号前面都会加个“X”。——译者注

家空军，缅甸失守后，他们就和我们一起撤到了中国。另外一部分地勤人员则是援华航空队的元老，战前大多在美国海军服役。除此之外，鉴于我们人手不足的实际情况，本已捉襟见肘的中国空军仍然很慷慨地支援给我们一批机械师。

至于各个机场的警卫部队，则主要由中国方面代劳，根本用不着我们操心。更让人欣慰的是，虽然我们的名号从援华航空队变成了驻华航空特遣队，黄仁霖领导的战地服务团却依然兢兢业业地照管着我们的吃喝拉撒。正是由于他们的辛勤付出，才让痛失老部队的我们仍旧能够体会到些许来自逝去时光的熟悉味道。

驻华航空特遣队成立之初的情况恐怕只能用"饥寒交迫"来形容。缅甸陷落后，中国的主要对外通道已被全部切断，开辟飞越喜马拉雅山的"驼峰航线"成为当时的唯一选择。在死板僵化的军事教条主义者看来，建立一条空中补给线的想法根本是天方夜谭，可是中国航空公司的运输机硬是把"不可能"变成了"可能"。实话实说，这条航线的运输成本异常高昂，运载能力也非常低下，然而恰恰是这点有限的物资帮中国撑到了最后。

由于物资短缺，刚组建的驻华航空特遣队只好就地取材，尽量利用一切现有资源。为了节省运力，我们放弃了原先从境外空运各种西式食品的做法，就地取材，吃起了中餐。不仅如此，我们还尝试用竹子和稻草代替木材、金属，在机场上搭建各种假目标，迷惑日军。中国人在这方面的创造力更加惊人，他们甚至用竹子和鱼胶为P-40开发出了专用的副油箱。在武器方面，我们也是东拼西凑。一架飞机同时安装几挺不同国家生产的机枪、挂几种不同国家生产的炸弹（甚至包括日本产的），根本就不是什么新鲜事情。

我们这段日子的生活异常艰苦，然而与此同时，那帮成天躲在重庆的宾馆里、只会跟在史迪威屁股后面乱转的记者们却在大呼小叫地宣称：中国政府正在悄悄截流从美国获得的无偿援助，将它们囤积起来，为今后与中国共产党的内战做准备，中国各地机场上堆积如山的弹药、油料就是最好的证明。

真不知道这些记者是怎么想的。事实上，这些物资正是由于我的倡议，才被"囤积"起来的。它们中的多数也都是在1940年初，以现金形式从美国购买来的，根本不属于《租借法案》规定的援助项目。这些东西进入中国的渠道也是五花八门。有的通过中国香港走私到内地港口，然后再转运重庆、江西等地；有的是从越南海防走铁路进入云南境内，然后再分散到其他地方；更多的则是在日军占领缅甸前，通过滇缅公路紧急从仰光和曼德勒抢运回来的。虽然当时的中国空军已经在过去3年的战斗中损失殆尽，接替他们的援华航空队尚还在酝酿之中，可是中国政府还是接受了我的建议，储存下大批与航空有关的各类物资，为的就是在将来的某一天，浴火重生的中国空军不至于陷入巧妇难为无米之炊的尴尬境地。不管怎么说，未雨绸缪总比亡羊补牢要好。

多亏了这些被“囤积”起来的物资，驻华航空特遣队总算平安度过了1942年夏天。要知道，那时候美军空中运输部门为中国输送物资的能力甚至还不如中国航空公司的民用运输机。如果没有这些物资，我们恐怕早就完蛋了。

由于战局的发展，共同面对日军入侵的中国、缅甸和印度事实上已经形成了一种存亡与共的战略同盟关系。作为“中缅印”战区的指挥官，史迪威在重庆和印度新德里同时设立了指挥部。与此同时，驻华航空特遣队的上级单位，也就是第十航空队，也将指挥部设在了新德里（最早的司令官是布里尔顿将军，他后来调到了驻扎在中东地区的第九航空队。布里尔顿将军走后，埃尔·纳德斯准将暂时接替指挥，然后很快又由比塞尔在1942年8月接任）。这样的安排为我们的日常工作增加了很多麻烦。例如，按照军队中的层级报告制度，无论遇到任何问题，驻华航空特遣队都无权和近在咫尺的中国方面直接协商解决，而是必须首先报告给作为我们上级单位的第十航空队，然后再由他们隔着2000英里的距离和中方交涉。为搞定一些鸡毛蒜皮的小事，我们的联络官经常不得不在德里、重庆、白市驿三地间来回奔走。

1942年的整个夏天，无论史迪威，还是比塞尔，对驻华航空特遣队乃至整个中国的战局基本上都采取了不闻不问的态度，所有的人力、物力都被集中用在了防止日军入侵印度方面。我们当时从第十航空队接到的命令仅仅限于保卫“驼峰航线”的安全，以及尽快轰炸密支那机场，防止日军利用那里空袭印度。通过这条命令可以看出来，当时指挥第十航空队的纳德斯准将恐怕还不知道缅甸的机场在雨季根本无法使用。所幸，作为他直接上级的史迪威还算个明白人，空袭密支那机场的命令很快被取消了。于是，驻华航空特遣队在那个夏天基本上处于无事可干的状态，这也让我获得了一个自由发挥的难得机会。

当时，中国空中战场的局势是这样的：新组建的驻华航空特遣队总共只有40架战斗机和7架轰炸机可以升空作战。日军的作战飞机总数在350~450架之间，他们分散驻扎在汉口—香港—印度支那—缅甸一线的广阔正面上。在这种实力悬殊的情况下，最好的防御策略就是进攻。我们必须通过运动战的形式，在广阔的战线上主动出击，尽量消耗日军的人员和装备。绝不能待在一个地方被动防御，为日本人提供将我们一网打尽的机会。

正如前面所说，此时的缅甸已经进入雨季。日军地面攻势暂时受阻，必须等到入秋之后才能重新开始。中国方面截获、破译的日军电报显示，目前正有大批日军空中力量向缅甸集结，意在为秋季即将发起的攻势做准备。驻华航空特遣队正好可以利用这个机会，在海南、广州、印度支那等地拦截日机，迟滞、破坏他们在缅甸的行动。鉴于日军眼下无法利用正处于雨季的缅甸机场对中国境内发动空袭，我决定把手头可用的飞机全部向东转移，以便实现拦截赴缅甸日机的战略企图。为了好钢用在刀刃上，我把所有老手飞行员全部集中到了第七十五战斗机中队，交给老伙计希尔负责指挥。这把“利刃”与第七十六、第十六战斗机中队，以及第十一轰炸机中队相互配合，形成了一支可以在48小时内抵达中国各地的“快速反应部队”。为达到伴随指挥的目的，我甚至把自己的指挥部都搬到了DC-3上。这样一来，无论何地出现敌情，我的指挥部都可以在第一时间赶到前线，并在落地一小时内进入正常工作状态。

敌强我弱的现实迫使我们必须利用一切有利条件（比如完善的防空预警网、天气因素、航程优势，以及日本飞行员的死脑筋等）打击日军。通过主动出击的方式，迫使日军分兵防守各个战略要地，从而在局部战场抵消他们的数量优势，扭转我们的被动局面。这样一来，我们有限的兵力就可以对日军的通信网、后勤网等战略节点实现不间断的打击，严重扰乱他们的后方，最终对战局产生微妙影响。

不仅如此，由于我们始终处于运动作战的状态，日军也就很难找到我们、消灭我们。当时经常会出现这样的情况：日本人发现我们正在昆明机场停留休整，他们的大批作战飞机随后立刻蜂拥而至，可我们却已经转移到桂林去了。扑了空的日机马上返航补充燃油，然后又马不停蹄地赶到桂林，结果再次扑了空。原来我们又跑回昆明去了。就这么几个回合下来，日军疲于奔命，我们基本上毫发无损。

为达到这样的作战效果，最关键的就是必须同时拥有几个备降机场，为部队提供足够的周旋空间。当时，驻华航空特遣队的几个备降机场基本上是沿湘江，间隔200英里，呈一线配置的。衡阳位于这条线的最北端，零陵居中，桂林处在最南端，芷江则在桂林以北150英里的地方。

1942年，这些机场的规模多数都很小，有的甚至只有一条3千英尺跑道，而且还是中国人用石头和泥浆手工铺筑出来的。桂林当地的机场位于一个满是稻田的小山谷里，周围环绕着广西标志性的石灰岩群山。山里到处都是天然溶洞，溶洞里面冬暖夏凉，稍加改造，就可以用来充当指挥所、弹药库等机场配套设施。衡阳和零陵两地的机场都在湘江岸边，跑道也都是用中国南方最常见的红土夯筑而成的。唯一不同的是，衡阳机场的指挥部设在一所女子中学里，条件相对较好；零陵机场的指挥部则是一栋简陋的小竹楼。

当时的中国机场虽然在设施方面普遍比较简陋，不过它们的抗打击能力全都是超一流的。无论日本人在我们的跑道上炸出多少大坑，那些吃苦耐劳的中国民工总可以在几个小时之内将这些弹坑修复平整，丝毫不会影响作战（例如，有一次日本人在桂林机场炸出45个弹坑，这些弹坑两小时以后就被彻底填平了）。相比徒劳无益地轰炸机场跑道，日本人威胁驻华航空特遣队的最有效手段其实还是及时找到我们的飞机，并将它们击毁在地面上。不过这样的企图在我们完善的防空预警网面前，成功的概率并不是太大。

那时候最让我们头疼的就是机场糟糕的后勤保障条件。临时修建起来的简陋建筑除了勉强遮风避雨外，基本起不到什么实际作用。住在里面的人员夏天热得要死，冬天又冷得要死。人都没有好房子住，飞机就更不用说了，机场上的建筑工人甚至压根就不知道机库是什么东西。最糟糕的是，我们连几件像样的衣服也没有。为减少自己身上那套衣服的磨损，把它们保持得更长久一点，我们的机械师们经常只穿着裤衩和鞋子在机场上来回奔波。几乎光着屁股的他们白天充分“享受”阳光雨露的滋润，晚上还要充当各种吸血昆虫的免费大餐。

早在援华航空队时期，我们就经常因为零件短缺而头痛不已。驻华航空特遣队成立以后，零件短缺的老问题不但没能解决，扳子、螺丝刀之类的简单工具甚至也变成了“稀缺资源”。驻扎在衡阳的第七十五中队情况最好，但总共也就只有两套修理工具，而且还都是援华航空队留下的“遗产”。作为必需品的修理工具尚且如此，办公设备之类的“奢侈品”情况就更好不到哪儿去了。七十五中队当时的全部办公设备就是一支铅笔和几张白纸。除此之外，他们每周还可以借用一次当地教会那台老掉牙的手提打字机。办公用品短缺带来的唯一“好处”就是帮助我们精简了行政人员。在第七十五中队，一个上士再加上一名兼职打字员（他的本行是机械师）就可以包揽该中队的全部文牍往来。驻扎桂林的第七十六中队精简得更彻底，因为没地方借打字机，所以他们索性连打字员都省掉了。全中队就只有拜伦·史密斯上尉一名地面行政人员，这位老兄同时包揽了人事、作战、情报、后勤等多个部门的工作。

至于我们的饮食方面，那恐怕只能用“噩梦”来形容。说实话，在当时的情况下，中国方面为驻华航空特遣队的食物已经算是优待了，可惜我们实在无法适应中餐的烹调方式。有一次，机场的中国厨师居然误把桐油当成食用油给我们炸鱼改善生活，结果大家整整拉了一天肚子。

吃得不好，身体自然不好；身体不好，痢疾、肝炎、疟疾之类的毛病也就不请自来。痢疾闹得最厉害的时候，第十一轰炸机中队甚至集体趴了窝。不幸中的万幸，援华航空队的首席飞行外科医汤姆·詹特瑞加入陆军，被分派到昆明的一座后方医院去了。所有伤病员都由附近懂医术的传教士照顾，多亏有了他们的帮助，驻华航空特遣队才避免了“出师未捷身先死”的悲惨命运。

比粗劣的饮食更让人难忍的，是中国南方湿热的天气。在这样的环境里，被褥和衣服始终都是湿漉漉的，鞋子、装备一个晚上就会长出霉斑。特别是晚上回到宿舍的时候，狭小的房间，再加上昏暗的灯光，会让人感觉闷热异常。大家热得睡不着，又无事可做，只好想出各种无聊的办法解闷。当时最流行的“游戏”居然是让一位战友不出声地说话，大家再通过口形判断他说的到底是什么。当然，即便猜对了，也不会得到任何奖品，因为飞行员们除了自己那身衣服，大多身无长物，就连肥皂、剃须膏、香烟之类的东西都成了不能轻易得到的“奢侈品”。在我看来，驻华航空特遣队飞行员们的生活、工作条件还不如当初的援华航空队，后者最起码每月都可以按时领到丰厚的薪水。

计划中的空袭行动在第十一轰炸机中队刚刚来到中国、援华航空队还未完全解散的情况下就已经开始了。1942年6月20日上午，海恩斯和比尔·贝西两人分别率领第十一轰炸机中队的飞机，从衡阳和桂林起飞，空袭日军设在汉口和广州的机场。前后6天时间里，他们总共对日军发动了5次空袭。7月7日，大功告成的第十一轰炸机中队全体撤回昆明。与此同时，我还安排那些自愿留下继续参战的前援华航空队队员们驾驶挂载了炸弹的战斗机，直接为前线上的中国地面部队提供空中支援，有效扼制了日军在杜立特轰炸东京后的报复性进攻。

7月中旬左右，我们的轰炸机又相继在中国战场上发起了一系列空袭行动。其中，海恩斯率领手下的部队在6天时间里，先后袭击了汉口的港口设施、广州天河机场、长江上的九江渡口，以及日军设在柳州附近的航空队司令部。就在这支得胜之师返回昆明的同时，援华航空队最后一批滞留在中国的队员已经默默地收拾好了行李，准备告别这片他们为之流血牺牲的土地。动身离开的前一天，鲍勃·尼尔和他的副手哈瑞·福克斯流着眼泪向我告别。尽管想尽了一切办法，我最终还是没能把他们留在中国。曾经叱咤风云的援华航空队就这样烟消云散，新组建的驻华航空特遣队里硕果仅存的老队员屈指可数，他们是：希尔、埃迪·瑞克特、吉尔·布赖特、弗兰克·席尔和查理·索耶。

由于情报方面的疏漏，日本人错误地认为解散后的援华航空队已经全部撤回了美国，驻华航空特遣队里全都是没打过仗的新手，自己终于得到了报仇雪恨的机会。于是在7月5日和6日，日本人的飞机连续两天倾巢出动，大规模轰炸衡阳。很不幸，他们刚好撞上了前面提到的那批自愿留下继续战斗两周的老队员。结果，原打算大捞一笔的日本人偷鸡不成蚀把米，被我们一口气击落了30多架飞机。

7月19日，这些老队员结束了最后两周的战斗，开始陆续离开中国。日本人再次看到了将新组建的驻华航空特遣队扼杀在摇篮中的希望。日本人这次行动的时间比较长，从7月底一直持续到9月初。为了增加己方的胜算，他们还专门从满洲调来了隶属于关东军的一个出色的战斗机集群。这支部队装备了日本最新研制的“隼式”战斗机。它属于老型号的改进型号，在火力和机动性上都有提高，某些方面已经超过了“零式”战斗机。

由于机动性能特别出色，日本老牌飞行员驾驶的“隼式”甚至可以连续绕着P-40兜圈子，你还根本打不着它。如果单从性能方面比较，P-40在和“隼式”

的对决中几乎毫无胜算。偏偏就在这个时候，美国国内的媒体又在大张旗鼓地宣传P-40是多么多么先进、多么多么无敌。美国政府居然就相信了这些鬼话，减少了在研发、生产更先进的P-51“野马”战斗机方面的投入。因此，在日本人换装“隼式”战斗机之后两年的日子里，驻华航空特遣队的主战装备仍然是已经明显落后的P-40。直到其他战区美军航空队陆续换装P-51，“后娘养的”我们才拿到了渴望已久的新型战斗机。

得到新飞机支援的日本人信心大增。7月28日，他们首先在夜间派出少量轰炸机炸毁了衡阳机场的跑道，意在阻止我们的战斗机起飞拦截随后到来的日机编队。实话实说，这个主意挺不错。只可惜，日本人没能考虑到中国工人不可思议的工作效率。

那天的战况是这样的：日本人在28日夜里确实炸毁了衡阳机场的跑道，可是中国工人在空袭结束后不久就迅速填平了所有弹坑。第二天黎明时分，希尔按照原计划率领5架P-40从衡阳起飞，执行空袭广州的任务。由于天气原因，这几架飞机只好中途返航。就在他们即将到达衡阳上空的时候，我们的防空预警网传来消息说，至少有70架日本战斗机正从北面向衡阳逼近。有勇有谋的希尔趁此机会上演了一幕“智退日机”的好戏。

在这次战斗中，真正帮了希尔忙的人，其实恰恰是日本人自己。很久以前，大家就知道日本人已经掌握了我们战机之间的通信频率，并且经常通过监听通话的方式搜集我们的情报。手头只有5架P-40的希尔知道靠硬拼绝对打不过数量占优势的日本人。于是，他赶忙抓起送话器，煞有介事地发布命令，让日本人误以为衡阳上空至少有40架P-40等着他们。吃够了亏的日本人果然中招，迅速调头跑回了汉口，一场危机就这么被化解在无形之中。

那天夜里，知道自己上了当的日本人又派来轰炸机，打算照葫芦画瓢，再干一次。日本人不知道的是，已经提高警惕的我们早就派出了希尔、巴姆勒和约翰尼·艾尔森三员老将在天上等着他们。为了在暗夜中及时发现日军飞机的航迹，这3个人不约而同地把高度降得很低。没过多久，地面指挥所通过电台给他们传来消息说日机正在靠近。3个人立刻开始紧张地环顾四周，艾尔森最先发现了已经飞越湘江、正准备实施轰炸的日机，于是马上贴了过去。在跟踪日机的过程中，位置相对靠上的艾尔森映着明亮的月光，逐渐看清了日机的轮廓。就在这时，日本人也发现了他。一架日机上的后机枪手冲着艾尔森猛烈开火，密集的子弹从他的螺旋桨一直扫到尾部方向舵。艾尔森的胳膊被射流烫伤，螺旋桨多处中弹，变速箱被打了个大洞，机身上也满是弹孔。严重受损的飞机随时可能坠毁，不过老练的艾尔森并没有急着跳伞，而是抓紧时间朝领头的日机射出了一连串子弹。这架飞机的油箱被打漏，勉强挣扎了几下，就开始一头扎向地面。旗开得胜的艾尔森又瞄准了日机编队边上的一架飞机，将它打得凌空爆炸。紧接着，他又打爆了第3架日机。与此同时，巴姆勒和希尔也先后开火，巴姆勒一个人就击落了4架日机。

遭受重创的日机编队终于逃离了衡阳上空，可是艾尔森的飞机马上也要撑不住了，不过他仍然打算拼命把它飞回去。正如前面所说，当时的我们极度缺乏零件。如果这架受损严重的P-40能飞回机场，即便无法修好，最起码也能拆下不少可以继续使用的零件。反复权衡之后，艾尔森放弃了跳伞。很不幸，他的飞机在距离机场很近的地方突然起火燃烧。当大家看着艾尔森努力操纵着飞机从200英尺的高度穿越机场、打算把它开到旁边小河里扑灭肆虐大火的时候，所有人都认为他绝对没有生还的机会。

落地后的希尔得知这个不幸的消息后，立刻显得恼怒异常。总的来说，希尔是个非常重感情的人，完全不能容忍自己战友的牺牲。第二天早晨，防空网再次传来消息称，正有几架敌机从北面向衡阳靠近。急于为战友报仇的他立刻率领10架P-40升空，打算让日本人血债血还。没人能阻止这个疯狂的念头。

事实证明，希尔这次真的是白白浪费感情了。就在他起飞迎敌的同时，艾尔森早已平安降落在了衡阳东面的河里，只不过头上受了比较重的外伤。大家赶忙把他送到当地教会医院处理了一下，也就没什么大碍了。“复仇”归来的希尔看着自己的老战友，惊喜交加。因为这次战斗，艾尔森获得了“杰出服役十字勋章”。

讲完了艾尔森的传奇经历，再返回头说说希尔的那次“复仇之战”吧。当时，来袭的日机是35架最新式的“隼式”战斗机，它们排着很常见的“V”字形编队向衡阳靠近。希尔率领的10架P-40正好和这些日机迎头相遇，于是，空战史上的一幕“奇观”正式上演。

久经沙场的希尔毕竟经验丰富，他很快就从众多日机中分辨出了负责指挥的那架，准备擒贼先擒王。打定主意后，他立刻全速向这架“隼式”冲了过去，并猛烈开火。出乎意料的是，那架被盯上的日机不但没有及时躲避，反而边开火边迎着希尔冲了上来。两架飞机此时的速度都超过了600英里每小时，相撞似乎已经无法避免。

就在这个紧要关头，做好同归于尽准备的希尔突然看到日机向地面猛地扎了下去，尾部还挂着浓烟。从当时的情况来看，这架飞机肯定伤得很厉害。倒霉的日本飞行员几次试图把战机重新拉起来，却都没能成功。奇怪的是，完全有机会跳伞的他并没有弃机逃生，而是猛地朝我们机场上停放的一排P-40撞了过去。如果我没记错的话，这应该是日军“二战”时期有文献记载的第一次“自杀攻击”。只可惜，这位不怕死的日本飞行员撞上的根本不是真正的飞机，而是用竹子制作的假目标。他这条命算是白扔了。

战斗结束之后，希尔驾机降落在坠毁的日本飞机边上。他查看了那架摔得四分五裂的“隼式”，以及躺在边上的飞行员尸体。这家伙官不小，是个少佐，腰上还挂着象征地位的武士刀。希尔用穿着牛仔靴的脚踢了踢已经烧焦的尸体，直视着那双失去了神采的眼睛，恶狠狠地说：“他妈的，小日本，就你还想杀了我。谁敢再来和我玩一回！”

说到这里，应该简单介绍一下希尔其人了。这位生猛的小伙子战前是在海军开俯冲轰炸机的，和许多海军出身的人一样，希尔对陆军始终持有一种本能的敌意。他之所以来到陆军背景浓厚的援华航空队，只是为了履行上级交给的任务。在援华航空队，希尔的战绩仅次于鲍勃·尼尔，总共击落了18架日军飞机，他因此获得了美国和英国政府颁发的“杰出飞行十字勋章”。他拒绝了中华航空运输公司开运输机的工作，加入陆军，和我并肩战斗。

衡阳空战如火如荼之际，为了给死难、受伤的战友报仇，希尔曾经独自驾机在夜间轰炸过日军汉口机场。那时的汉口已经成为侵华日军的重要据点，设防严密。尽管如此，单枪匹马的希尔还是成功溜到了汉口机场上空，重创了日军（这次单枪匹马的行动让他得到了一颗“银星奖章”）。事后，恼羞成怒的日本人连续几天猛烈轰炸了衡阳机场。日军的嚣张令越战越勇的希尔再次发威，他很快又单枪匹马地炸沉了九江的一艘日本炮舰，并再次获得杰出飞行十字勋章。

不幸的是，希尔后来染上了严重的疟疾。我原本打算安排他回国治疗休养，可是由于手头当时实在找不到像希尔这样善于指挥新手飞行员训练、作战的军官，再加上他本人一再坚持，也就只好让他继续带病工作。后来，随着战局的好转，希尔终于可以放下手里的工作，回国好好休息一下。不过那时这位曾经强壮如牛的小伙子已经被疾病折磨得虚弱无比，根本都爬不进飞机的驾驶舱了。正是由于这些老队员的无私奉献，驻华航空特遣队以及随后成立的第十四航空队才得以冲破无数艰难险阻，延续了“飞虎队”的不朽传奇。

主动出击的方式虽然取得了一定战果，不过也导致了日军的猛烈报复。整整3天时间，日军飞机不分昼夜地对衡阳进行了地毯式轰炸。然而轰炸的最终结果却是日本人损失了21架飞机，我们只有两架飞机被击落，还有一名飞行员阵亡。8月5日，日本人集中了30架“隼式”战斗机，对衡阳发起了最疯狂的一次空袭。相比之下，我们这边可以用于作战的却只有8架P-40。所幸老天保佑，脑袋进水的日本人居然在空中排出了个漏洞百出的圆阵。正是由于充分利用了日军的战术失误，大难不死的艾尔森才得以率队击落了4架“隼式”战斗机。我们这边只有李·米诺中尉阵亡。

驻华航空特遣队的顽强作战，迫使日本人放弃了将其彻底斩草除根的企图。在那次空袭后一个多月的时间里，日本人再没敢在中国东部战场发动较大规模的空袭行动，腊戍到汉口的空中战场基本上处于“无战事”的状态。按照原先制定的主动出击原则，我们利用这段难得的平静时期，抽调兵力，空袭了位于法属印度支那的海防港，烧毁了大批日军物资，彻底破坏了港口设施。

成功突袭海防之后的驻华航空特遣队在人员和物资装备方面也都达到了强弩之末的状态 ，甚至连再发动一次空袭的汽油都没有了。不仅如此，由于连续作战，得不到及时的维修保养，我们的P-40也开始故障连连，战斗力严重受损。面对这样糟糕的情况，就连一向大大咧咧的艾尔森也禁不住抱怨起来。

虽然我们此时的身份已经从中国政府的雇佣军变成了美国陆军的现役军人，可是长期困扰大家的零件问题却并没有得到明显改善，这其中最短缺的就是轮胎。正如前面已经提到的那样，中国多数机场的跑道全部是用泥土和石头夯筑而成的。这样的跑道经济、便捷，却异常耗费轮胎。令人气愤的是，第十航空队的头头们根本不顾这种实际情况，始终坚持为我们配发廉价的四层轮胎。这种轮胎的强度非常差，经常在降落的时候被跑道上的石头割破。爆了胎的飞机会因此连翻几个跟头，摔得面目全非。这种让人郁闷的情况持续了一年多，第十航空队那帮“铁公鸡”才终于下决心给我们配发强度更大的六层轮胎。这个结局还算是比较理想的。至于其他短缺的各种零件，直到战争结束，我们也没从陆军航空队那边得到一个明确的说法。

空袭海防的行动结束后，驻华航空特遣队集体撤回昆明休整了一段时间。9月初，闲不住的我便开始筹划着在中国东部战场再干一把。为了这次行动，我首先派出15架P-40前出到桂林机场。不幸的是，在第一次战斗中，就有7架飞机因为各种机械故障掉了链子。有架飞机的故障最让人哭笑不得，当时，飞行员已经瞄准了日本飞机，并准备开火射击，可是由于电力系统故障，他的机枪却怎么也打不响。结果，这位倒霉的飞行员只好落荒而逃。幸好几位飞行员最终都平安迫降，没有什么大碍。

第二天，感觉有机可乘的日本人先后派出40架“隼式”空袭了衡阳、零陵、桂林等地，打算把剩下的8架P-40斩草除根。英勇顽强的驻华航空特遣队再次击落了5架日机，可是我们自己也因为机械故障又损失了两架飞机。

这次战斗之后，驻华航空特遣队的全部家当只就剩下38名飞行员和34架可以继续作战的飞机。更糟糕的是，昆明当地储存的航空汽油也只够两天的使用量。驻华空中特遣队没有在战斗中被打垮，却被严重的物资匮乏逼到了悬崖边上。

第十三章

1942年秋天，驻华航空特遣队终于走出困境。由于“驼峰航线”的及时开辟，从那年10月开始，大批物资源源被不断地运到昆明，解了我们的燃眉之急。曾经全是新手的部队，因为实战中的“优胜劣汰”，战斗力也有了大幅度提高。原定6月到达的增援部队，9月的时候也终于有了眉目。驻华航空特遣队陆续接收了总计6架二手B-25轰炸机和P-40K战斗机，以及20名久经沙场的老飞行员，他们每个人都在巴拿马飞过一年P-40。。

在我看来，这批梦寐以求的老飞行员的价值要远远超过那几架破飞机。他们全部在战前出自正规航校，熟悉各种战术战法，能够同时执行多种任务。早在当年筹备援华航空队时，我就打算把这帮“宝贝”挖过来，只可惜陆军那帮家伙死活不松口，理由是这批顶级飞行员有更重要的任务——保卫巴拿马运河。谢天谢地，战局的发展终于让那些死脑筋的官僚开了窍。由于得到了这批老飞行员（他们是汉普·夏尔、普赖尔、维尔克、理查德森、布鲁克斯、雷托、坦普斯特、戈登、格罗夫纳和斯图尔特），驻华航空特遣队的危局总算得到了缓解，日本人倒霉的日子已经为期不远了。

随着秋天的到来，中国西南地区的雨季渐渐结束了，接下来从10月到12月总共3个月时间都是适合作战的好天气。这对驻华航空特遣队来说可谓有利有弊，利的一方面在于，好天气无疑有利于我们对日军发动进攻；弊的一方面在于，好天气当然也有利于日军进攻我们。从10月初开始，就有很多迹象表明日军正在组织、筹划袭击“驼峰航线”，以及作为这条“空中大动脉”战略节点的阿萨姆和云南。不仅如此，9月底在法属印度支那的侦察发现，日军还趁势加强了越南河内附近的空中力量，并将此地作为由台湾向缅甸调动兵力的中转站。

预感到大战将至的驻华航空特遣队先下手为强，在9月的最后一周连续两次空袭了河内附近的机场，击毁了17架双引擎战斗机。10月3日，已经明确判定日军战略意图的我给位于德里的比塞尔发去了电报：

日军近期很可能会袭击印度和云南境内的各物资中转站。从10月1日开始，日军便调整了通信频率和密码。值得注意的是，在以往的历次战役前，日军都会出现这种情况。据可靠情报，为配合己方航空队的行动，日军已在缅甸当地建立了完善的地面电台网络。目前进驻缅甸的日军航空队包括第六十和第九十八重型轰炸机联队，以及第三十一和第二十四轻型轰炸机联队。还有迹象显示，日军的一个侦察机中队已经从台湾调到了西贡。另据可靠情报，原先被我们破坏的东吁南部机场已经被日军修复，第九十八重型轰炸机联队就驻扎在那里。与此同时，东吁北部的机场也正在修复中。一旦这个机场投入使用，日军的空中力量将可以前出到更靠近中国的缅甸北方。这里需要说明的是，除了中国情报部门，从其他渠道传来的消息也证实了上述内容的可靠性。另外，还有情报称日军正在将原驻广州的航空队陆续调往印度支那。我本人也得到消息说，日军正在加强印度支那半岛战斗机部队的力量，并修整、改进腊戍当地的机场跑道。

两天之后，闻到了浓重火药味的我又给昆明的斯科特上校发电报：

从现在开始，昆明进入一级戒备，随时防备敌人的空袭。

空中战场山雨欲来，地面战场也不太平。有充分的证据说明，怒江一线的日军地面部队正在积极准备，一旦空中战役打响，他们很可能趁乱强渡怒江，然后直捣昆明。如果日军真的占领昆明，抄了中国的后路，中国战场的局势将会彻底崩溃。话虽如此，要想瓦解日军的地面攻势其实也并不是什么难事。因为他们现在的情况和一年前完全相同，所有的物资供给完全依靠滇缅公路。只要我们派出飞机，照葫芦画瓢再狠狠炸他们一下，这场蓄谋已久的进攻就可以被化解在无形之中。如果空袭的力度能得到加强，我们甚至可以通过空袭后勤补给线的方式，迫使盘踞怒江西岸的日军放弃阵地。

驻华航空特遣队的战斗机以2到6架为一组，定期扫荡滇缅公路，以及它延伸到山中的小径和岔路组成的道路网。除了轰炸公路，他们还可以顺便扫荡一下沿途的各个物资补给点。至于那些规模比较大、距离更靠南的仓库、机场和桥梁，则可以交由B-25轰炸机负责。说句题外话，由于此前第十一轰炸机大队只装备了一套“诺顿”投弹瞄准系统[①]，所以当这些B-25出去执行任务时，我们经常在一架飞机上同时安排4个机组轮流操作，以便更多的人可以在未来接收新装备后，迅速投入作战状态。终于，在我们的持续空袭下，日军飞机很不情愿地撤出了缅甸北部的机场，驻华航空特遣队彻底掌握了腊戌以南空域的全部制空权。这期间，日军还曾打算派出一定数量的俯冲轰炸机驻扎在靠近怒江的机场，直接为地面部队提供空中火力支援。然而在驻华航空特遣队的猛烈进攻之下，日军不但没能站住脚，还损失了12架（其中11架被直接击毁在地面，1架起飞后被击落）飞机。

驻华航空特遣队在缅甸空战中面临的最大问题就是如何将日军飞机吸引到自己的射程之内。要知道，P-40在机动性方面与日军新装备的“隼式”“紫电”和改进型“零式”相比，毫无优势可言。更可气的是，这些日本飞机的升限普遍在2.5万英尺以上（P-40的最佳作战高度是1.5万至1.8万英尺，最大升限不超过2万英尺），我们根本打不着他们，他们却可以很轻松地俯冲扫射我们。因此当时P-40飞行员一旦遇到在这个高度飞行的日机，除了赶快逃跑之外，根本没有任何应对办法。有鉴于此，我打算安排第十一轰炸机中队的轰炸机充当诱饵，让他们在1.5万英尺的高度执行轰炸任务，吸引日机。与此同时，我们的P-40则待在1.8万英尺的高度守株待兔。

实现这个计划的前提，是为充当诱饵的轰炸机找一个极具战略价值、日军绝

---

① “诺顿”瞄准系统是美军在“二战”时期开发的，主要装备B-17、B-25、B-29等轰炸机。它的基本原理是将投弹手的瞄准镜直接与飞机的驾驶系统相连。当轰炸机临近目标上空时，飞行员便将飞机改为自动驾驶状态。在这种情况下，只要投弹手将瞄准镜的十字线对准目标，轰炸机就可以自动调整位置，提高轰炸精度。时至今日，“诺顿”投弹瞄准系统仍然属于美军的高级机密。——译者注

对不可能置之不理的轰炸目标。当然，战斗机飞行员对攻击火候的把握也非常重要。为了达到知己知彼的目的，我们首先派出少量战斗机四处试探日军虚实，寻找下手目标。终于，在经过充分分析、考虑之后，香港成了我们的首选。

这座巨大的港口和设施完善的码头，还有保存完好的船坞一同落入日军手中。随着所罗门群岛和新几内亚的战斗日趋艰难，日军开始将香港和九龙用作驶向西南太平洋的船队的主要中转站。10月末的时候，中国情报部门向我们通报说有一支日本运输船队正在香港装卸货物。得知消息后，我们决定立刻发动进攻。驻华航空特遣队的“军师”库伯上校很快便制订出打击香港日军的一系列作战计划。为了迷惑日军，他的计划还同时安排了少量飞机空袭广州。

计划草案成形以后，大家又详细讨论了所有细节，弥补了各种漏洞。这次行动成功的关键就在于出其不意，因此，我们打算安排飞机直接从非沦陷区飞到海上，绕个圈子，然后再直扑香港。至于空袭广州的飞机，由于当时中国军队的战线已经深入到了距离广州50英里的地方，等于是为我们的空袭部队开辟了一条可以尽量避开日军侦测的“走廊”。担任佯攻任务的飞机利用这条航线，可以把日军发现他们的时间缩短到距离目标5分钟航程以内。鉴于日军战斗机在机动性方面的优势，我们还特意将空袭两地的机群排列成了战斗机在高空、轰炸机在低空的双层队形。这样一来，日本人就将面临两难的选择。如果他们拦截我们的轰炸机，那么盘踞在高空的战斗机就可以很轻松地把他们干掉；如果他们放过轰炸机，直接攻击高空的战斗机，尽管战斗机编队可能会遭遇一些损失，不过我们空袭的目的最终还是实现了（凭我多年来和日本人打交道的经验判断，他们肯定会集中力量攻击轰炸机编队）。除此之外，为了尽可能削弱日本人的空中优势，我们还特意将空袭发起的时间选在了正午时分。在这种情况下，强烈的阳光将晃花自下而上起飞拦截的日本飞行员的眼睛。

第十一轰炸机中队的指挥官克雷博·海恩斯对这次战斗充满了期待，因为很长时间以来，日本人就在自己的广播里宣称美军驻华轰炸机部队根本就没什么了不起，因为指挥他们的是个名叫海恩斯、以前专门开破烂运输机的糟老头子。海恩斯对此异常恼火。为了这次轰炸香港的行动，他特意赶印了一批传单，上面用英文和日文写着：“这些炸弹就是那个名叫海恩斯、开破烂运输机的糟老头子送给你们的。”

为加强空袭的效果，驻华航空特遣队还曾经请求驻印度的第二十二轰炸机中队前来增援。第二十二轰炸机中队同意派12架B-25来华参战，可是直到空袭发起的最后一刻，我们只见到了一架第二十二中队的轰炸机。10月24日，预定参加行动的全部飞机开始向桂林集结。午夜时分，12架B-25和10架P-40先后到达机场，我也率领指挥部成员进入地下指挥所，行动随即开始。

第二天上午，我们的炸弹便如期落在了香港。按照计划，负责提供掩护的战斗机编队由希尔率领，先于轰炸机编队到达香港上空。“军师”库伯上校乘坐海恩斯驾驶的轰炸机，亲临战场指挥。正如事先期望的那样，攻击达到了出其不意的效果。我们的B-25在完全不受干扰的条件下将装载的全部俄制航空炸弹投掷在了九龙地区，海恩斯还忙里偷闲地把他的传单撒了下去。直到这时，驻扎在三山岛①的20架日本海军型“零式”战斗机，以及部署在九龙当地的6架“紫电”战斗机才匆匆起飞迎战。不出我的所料，起飞后，他们果然将攻击重点放在了返航的轰炸机编队上。一直待在高空警戒的P-40利用这个机会，从背向阳光的角度向这批日机俯冲了下来，那感觉就好像恶鹰扑食。

就在此时，第二十二轰炸机中队支援给我们的那架B-25突然发生了意外。不知什么原因，这架B-25在返航时落了单，不仅没能跟上大部队，相反还被6架“零式”战斗机团团围住。虽然轰炸机上的机枪手非常神勇地击落了两架日机，可他们仍然没能避免被击落的命运。那架飞机的驾驶员和领航员跳伞后当了日军的俘虏，其他机组成员却在当地抵抗武装的帮助下奇迹般生还。根据战后统计，这架B-25是驻华航空特遣队执行的全部65次轰炸行动中，唯一一架被日军击落的轰炸机。

香港上空热火朝天，广州那边也有声有色。负责佯攻的部队总共击毁了13架日机，自己则毫无损失。当天晚上，日本方面在广播中承认，总共有20架飞机在香港和广州两地被驻华航空特遣队击落或击毁，中国情报部门随后证实了这个说法。

这次空袭可以说非常成功，却算不上完美。由于轰炸精度不佳的原因，我们误炸了一些中国平民和店铺，不过这样的情况确实很难避免。在之后3年时间里，驻

① 位于太湖。——译者注

华航空特遣队延续并加强了对香港日军的空袭，几乎摧毁了当地可以为日军所用的所有设施。1945年夏天，当费斯廷少将率领的英军重返香港的时候，他们吃惊地发现当地港口已经塞满了被击沉的日方船只，港口本身也已经被炸得面目全非。

日本人恐怕做梦也没想到，参加行动的飞行员们返回桂林后，只是匆匆吃了一顿晚饭，随即就重新起飞，开始了对香港、广州两地的第二次轰炸。这次的主要攻击目标是香港的发电厂和广州天河机场。轰炸香港发电厂的目的是为了给第一次空袭后日本方面的各种修复行动制造障碍，空袭天河机场则主要是为了击毁驻扎在那里的日军战斗机，顺便还可以解决掉停泊在黄埔港的日本船只。第二轮攻击结束后，我们还打算利用次日下午的时间，再去扫荡一下香港周边的港口，以及停泊其中的舰船。总而言之，驻华航空特遣队对香港、广州两地的此次空袭将持续到耗尽所有燃料、弹药为止。

遗憾的是，后续计划在实施过程中遇到了严重干扰。那天夜里1点多的时候，正在指挥部紧张忙碌的我突然接到了比塞尔从德里发来的电报："立刻轰炸腊戍和密支那两地机场，黎明前会有新的指示。"

接到电报的我暴跳如雷。据指挥部其他参谋人员事后回忆说，他们当时真担心我把脑袋撞在天花板上。要知道，腊戍和密支那距离我们有800英里。我的飞机眼下有一半正在空中执行任务，还有一半正在补充油料、弹药，准备黎明时出发，再次空袭香港。让他们立刻就去轰炸腊戍和密支那，简直就是白日做梦。

比塞尔之所以发来这道扯淡的命令，是因为日军破坏"驼峰航线"基地的行动已经得手，第十航空队遭受了严重损失。事实上，我曾经多次警告过他们，日军正在缅甸集结兵力，随时有可能对汀江发动突然袭击。然而这帮家伙始终置之不理，每天只是派出两架P-40在机场上空随便巡巡逻，敷衍了事，其余12架P-40以及10架DC-3（这差不多占了"驼峰航线"的一半运力）全部趴在机场上休息，结果就让日本人占了便宜。值得深思的是，就在汀江遭到空袭的同一时间，日机还对"驼峰航线"另一关键节点——昆明发动了突然袭击。由于当地防空网时刻保持警惕，日军不但没能取得任何实际的战果，反而还损失了6架飞机。

在我看来，日军空袭既然已经得手，再去轰炸腊戍和密支那机场也就没有太大意义。而且根据情报显示，这两个机场目前根本就没有投入使用，空袭第十航空队的日机其实是从东吁和清迈两地起飞的。我能够理解比塞尔此刻郁闷的心情，也愿意帮助他报仇雪恨，不过因此就去轰炸两座已经被废弃了的机场却实在太离谱了。更让人感觉离谱的是陆军航空队那帮官僚们的逻辑。他们下令开辟了“驼峰航线”，千里迢迢、不计成本地把汽油和弹药运到中国，然后又命令我们把飞机调头开回去轰炸缅甸。与其这样，还不如从印度直接派飞机执行这个任务更经济合算。要知道，通过“驼峰航线”运到中国的每滴汽油、每颗子弹，它的价值都不是可以用通常逻辑去估算的。无奈的是，直到1944年“中缅印”战区正式划分为两个相互独立的战区，航空队的官僚们也没有改变这种愚蠢的做法。

军人以服从命令为天职。哭笑不得的我只好通过电台命令留守昆明的唯一一架B-25赶在黎明之前先去轰炸腊戍。与此同时，其他飞机全部返回昆明集结，陆续投入对腊戍和密支那的空袭。当然，在彻底执行比塞尔的命令前，我仍然坚持对香港再进行最后一次空中扫荡。由于多数B-25已经奉命前往缅甸，我只好拿出手头所有可以使用的P-40，挂上500磅航空炸弹，让他们冒着日军猛烈的防空炮火，对香港周边的港口和船只发起俯冲轰炸。在这次行动中，康奈尔上尉的战机不幸被击中，他却没有选择跳伞逃生，而是直接驾机撞向了日军的港口设施。

第二天，这些劫后余生的战斗机再次挂上炸弹，代替被调走的B-25，对香港和广州发动了计划中的第三轮空袭。返航途中，总共有16架P-40因为受损严重，陆续迫降在广西境内的稻田里。其中有一架飞机彻底报废，一名飞行员阵亡。

这年11月底，驻华航空特遣队终于能够抽出手来，重新对东部战线的目标发动成规模的空袭。在11月23日的首轮空袭中，我们轰炸了驻泊东京湾（北部湾）的日本船只，烧毁了鸿基储存的大批煤炭，还顺便用机枪“拜访”了一下设在海防的日本军营。第二天，驻华航空特遣队又派出两支B-25编队分别轰炸了三山岛和天河两地的机场。负责空袭三山岛的编队扑了个空，负责空袭天河的编队却撞了头彩。面对突然临空的他们，日军只有两架战斗机来得及起飞迎战（这两架飞机也被击落了），其他飞机全部被击毁在了地上。据中国情报部门事后发回的消息，此次战斗，总共有42架日军飞机被击毁、击伤。第三天，我们轰炸了觊觎已久的黄埔港，击沉了一艘运送航空发动机的日本运输舰。

在中国南方相继得手后，驻华航空特遣队开始向北转移，以衡阳为基地，陆续对咸宁、岳州、汉口等地的日军后勤补给基地发动空袭。为了防备日军反咬一口，我们还专门加强了衡阳的防空警戒级别，特别是夜间的警戒级别。当然，防范敌人空袭的最好办法就是抢先把他们的飞机击毁在地面上。为此，5名飞行员自愿报名，驾驶P-40夜间空袭汉口，一举击毁机场停放的全部日军轰炸机，以及机场周边配套的防空系统。

北部战线的空战进行得如火如荼，驻守广州的日军很“聪明”地利用驻华航空特遣队北移的机会，抓紧修复各种设施，重新调派部队。这帮自作聪明的家伙做梦也没想到，他们的辛苦工作其实正在为我们的下一轮空袭积累条件。

11月27日，驻华航空特遣队的飞机突然全部撤回桂林，并在中午前再次起飞出发，轰炸日军刚刚修整一新的广州。鉴于广州日军在遭受过上轮空袭后已经明显加强了当地的战斗机部队，我们也相应增加了护航战斗机的数量（总共24架P-40，是我参战以来投入战斗机最多的一次战斗），并继续沿用经过实战检验的双层编队战术。

攻击发起的头天夜里，库伯上校在桂林的咖啡馆里消磨了一整夜，认真考虑了计划的每个细节。他认为，我们可以利用上次空袭给日军留下的深刻印象，让执行任务的机群首先向香港方向机动，造成驻华航空特遣队准备再次轰炸香港的假象。等到日军的注意力全部被吸引到香港以后，机群再突然转向广州，杀他们一个措手不及。一旦我们的轰炸机开始轰炸黄埔港的港口设施和驻泊船只，驻扎在天河机场和白云机场两地的日军战斗机部队必然闻风而动。此时，在高空守株待兔的P-40正好可以利用自己的高度优势，俯冲攻击处在爬升阶段的日机。

事情的发展果然不出库伯上校所料。第二天的战斗总共持续了45分钟，日军的港口设施遭到严重破坏，众多船只被击沉、击伤，还有27架战机被击落，驻华航空特遣队则毫无损失。更重要的是，所有这一切全部毫无遮掩地发生在成千上万广州人面前。这不但鼓舞了中国人的士气，也使得日本方面无法向外界遮掩自己失败的消息。顺便说一句，直到我们的空袭编队开始撤离广州上空，一群原本负责防守广州的“紫电”才从香港方向匆匆赶来。他们显然中了库伯的调虎离山之计。

11月28日，我们再次轰炸了驻泊和平湾的日本舰船，然后便全部撤回昆明休整。总共6天时间里，驻华航空特遣队先后对日军进行了11次空袭，作战半径达到了800英里，而且自己没有任何损失。相反，日军总共有71架战机被击毁、击落，3艘舰船被击沉，机场和港口设施遭受重创，还损失了大量战略物资。这一系列胜利充分说明，尽管在人员装备和后勤补给方面存在严重困难，但驻华航空特遣队仍然可以在中国战场起到关键性作用。

11月底，驻华航空特遣队正式开始从白市驿向昆明转移。这对我来说实在不是什么好消息，因为那时的我正在极力劝说蒋介石组织力量攻击并收复位于长江中游的宜昌。这个地方当时是日本人占据的最靠近中国大后方的一个据点，战略价值显而易见。如果中国军队能够收复宜昌，不仅可以消除日本人对重庆的直接威胁，也可以为驻华航空特遣队空袭汉口（华中日军的战略要地）赢得一个非常理想的前进基地。遗憾的是，为了让驻华航空特遣队司令部尽早脱离蒋介石夫妇的影响，讨厌的比塞尔偏偏在这个节骨眼上一次又一次催促我马上搬家。我的游说行动无果而终。

搬家之后的12月是段让人郁闷的日子。由于空战的好天气已经结束，再加上装备物资方面捉襟见肘，驻华航空特遣队的飞机多数时间都只能趴在机场上当摆设。不仅如此，搬到昆明以后，我们的后勤条件并没有得到明显改善。无论宿舍还是指挥部，全部低矮阴冷、尘土弥漫。更糟糕的是，这些房子的窗户上压根就没有玻璃，都只能用油布勉强充数。薄薄的油布根本挡不住呼啸的北风，大家因此整个冬天都被冻得咳嗽、流鼻涕。在这样糟糕的环境里，严重的气管炎和流感先后不请自来地找上了我。要不是军医汤姆·詹特瑞上校妙手回春，我恐怕得在床上休养很长时间。

吃得不好、住得不好，还没有仗打，人的心情自然也不会好，驻华航空特遣队与第十航空队间的冲突愈演愈烈。事实上，我们与自己上级机关间的矛盾由来已久。早在那年9月1日的时候，我就曾经写信给史迪威，抱怨驻华航空特遣队与第十航空队的隶属关系已经束缚了我在中国的作战指挥。更何况当初援华航空队解散时，史迪威曾经答应蒋介石说，美军在华的全部空中力量都将由我全权统一指挥。在这种情况下，我可以直接向史迪威设在重庆的司令部负责，根本没必要在千里之外的德里那边再给我安排个“婆婆”。

根据史迪威目前对“中缅印”战区的组织体系，事实上全权指挥美军驻华空中力量的人并不是我，而是比塞尔。实话实说，比塞尔是个刚愎自用而且一脑袋糨糊的人。他除了会四处拉关系，基本上一无是处。这么一位“活宝”之所以能拥有今天的军衔和地位，完全是靠熬资历，以及用手下人的牺牲当作垫脚石。在我看来，比塞尔对驻华航空特遣队，乃至第十航空队造成的损失其实要远远高于日本人。作为这位“活宝”的下级，我别无选择，只能服从他的命令，却永远无法真正尊重他。

在那个令人郁闷的冬天，我和比塞尔的关系伴随着一封封往来于德里和昆明两地的电文而急剧恶化。坦率地说，这些电文讨论、争执的都是一些鸡毛蒜皮的小事，然而正是这些鸡毛蒜皮的小事（给养、弹药等等）直接关乎驻华航空特遣队的生死存亡。驻华航空特遣队长期给养不足、弹药缺乏已是人所共知的事实，这种情况已经对部队的士气造成了不容忽视的消极影响。

当然，要解决这个问题其实易如反掌。大家的要求并不高，每天吃三顿饱饭，有一间温暖舒适的宿舍和几件干净的换洗衣物，生病的时候有药吃，时常能接到几封家里的来信，如此而已。可是比塞尔偏偏对此视而不见。更可气的是，就在我们挨饿受冻的同时，重庆史迪威司令部里的那些官僚却可以随意享用DC-3运来的各种奢侈品，每人每天还能领到7美元补助。

有一次，因为天气原因，大家整整3个星期没收到家信。意识到士气正在受到影响的我立刻派了架DC-3，通过“驼峰航线”，专门去印度取回美国寄来的邮件。可这架飞机最后运回来的却是支援给中国军队的橡胶帆布鞋，大家由此深刻理解了“驻华航空特遣队是后娘养的”这句话。驻华航空特遣队受到的不公正对待还不止于此。就在这个冬天到来之前，我曾经多次要求第十航空队给我们配发一批羊毛衫，可是直到冬天快结束的时候，大家仍没看到羊毛衫的影子。为了避免被冻死，驻华航空特遣队只好从昆明的市场上采购了一批当地马帮使用的毡帽和披风发放给大家御寒。看着大家这身比叫花子强不了多少的行头，比塞尔不但丝毫没有感到愧疚，反而还指责我们不注重军人仪表。

比塞尔这个官僚对驻华航空特遣队唯一抓得比较紧的地方就是人员晋升和嘉奖，这家伙甚至专门为此设计了一套制度和表格。在这套东西出炉前的半年时间里，驻华航空特遣队的人员晋升和嘉奖处于完全冻结的状态。即便是在这套制度正式实施以后，比塞尔也经常有意抹杀驻华航空特遣队的功绩，不给相关人员应得的嘉奖。由于这个原因，在空袭香港行动中舍身撞击日军港口设施的康奈尔上尉没能得到本该授予他的银星奖章，自愿率队夜袭汉口的埃米尔·理查德森少校也和自己的“杰出服役奖章”失之交臂。可是与此同时，比塞尔却很大方地给第十航空队那些驾驶B-29、在没有遇到任何抵抗情况下轰炸林西煤矿的飞行员们颁发银星奖章。

蠢人之所以成其为蠢人，并不是因为蠢，而是因为自作聪明。自我感觉良好的比塞尔在电文中频频向我表示，自己尽管身在德里，可是他对驻华航空特遣队的了解一点也不比我差。然而这位“非常了解”驻华航空特遣队情况的领导却居然以作战需要的名义，不近人情地强迫已经带病坚持战斗一年的两位援华航空队元老希尔和埃迪·瑞克特（前者患上了疟疾，后者一直忍受痢疾的折磨）又在中国多待了一个月，搞得他们差点没丢掉性命。

由于上述种种行径，比塞尔在中国非常没有人缘。特别是在我手下那些挨饿受冻的飞行员们有幸“瞻仰”了身在德里的第十航空队头头们的幸福生活以后，他们的怨气自然而然便集中到了比塞尔身上。怒火无处发泄的飞行员们特意教给机场上负责搬运货物的中国劳工几句蹩脚的英文，还告诉他们说，这几句话表示的是“非常欢迎”的意思，让他们一见到刚来昆明的外国人，马上就把这几句话说出来。事实上，这几句话的意思大致可以理解为“比塞尔是头蠢猪”。结果有一天，不知吃错了什么药跑到昆明视察的比塞尔将军终于亲身体会到了中国劳工们的“热烈欢迎”。

在我看来，史迪威和比塞尔任职期间的最大失败，就是没能及时兑现自己为驻华航空特遣队提供支持的许诺。早在那年9月的时候，这两个人就制订了一个计划，打算把驻华航空特遣队的规模扩大并保持在105架战斗机、12架轰炸机，外加4架照相侦察机的水平。除此之外，他们还保证通过“驼峰航线”每月为驻华航空特遣队提供大约1986吨的物资补给，可是这些计划最终一个也没真正落实。直到1943年1月，驻华航空特遣队每月通过“驼峰航线”获得的物资补给仍然只有300吨左右。这个数字从2月开始增加到400吨左右。3月时，计划增加到了1000吨，不过由于日机中途拦截，实际只有615吨最终运到中国，这样的情况还算是比较不错的。多数时候，第十航空队司令部每月为驻华航空特遣队制定的物资补给总量最后往往只有30%到50%可以真正得到落实。

事实上，“驼峰航线”开辟初期出现的各种问题主要并不是由于技术原因，而是由于史迪威和比塞尔对空运这种运输方式的不重视。作为一名纯粹的陆军将领，史迪威轻视空运倒还可以理解，然而航空队出身的比塞尔也对“驼峰航线”信心不足，就真的令人匪夷所思了。比塞尔曾经信誓旦旦地宣称，如果打算每月通过空运为昆明提供5000吨物资，至少需要动用300架运输机和25座机场，这在当时是不可能具备的条件。可是就在比塞尔用“不可能”为“驼峰航线”判了死刑不到一年之后，我们的空中运输部门就凭借着150架运输机和6座机场，每月将10000吨物资运到了昆明。

即便在这样的情况下，刚愎自用的比塞尔仍然坚信“驼峰航线”必然失败，因而拒绝为这个计划增加投入。更可气的是，他还默许史迪威将执行“驼峰航线”运输任务的100架运输机中的75架挪作他用。尝到甜头的史迪威得寸进尺，又在比塞尔的眼皮底下把在印度阿萨姆河谷为“驼峰航线”修建新机场的8个航空工兵团调去修莱多公路，导致机场工程半途而废。于是，当雨季来临时，负责为“驼峰航线”提供保障的6座机场就只剩下一座可以继续使用。比塞尔对“驼峰航线”的漠不关心使得美军空中运输部门在这个计划中的表现甚至远远赶不上中国航空公司的民用运输机。

败走印度的史迪威眼下念念不忘的就是打回缅甸报仇。此时的中国对他来说，不过是个“兵源供给站”而已。跟随史迪威撤退到印度的几个中国师被有计划地集中到蓝姆迦重新接受训练，并换装了全套美式装备。史迪威计划让驻印军攻入缅北，而中国人从云南对怒江前线发动进攻为将这个愚蠢的计划付诸实施，那年的整个冬天，史迪威都在不遗余力地游说蒋介石，完全不顾印度、怒江两地中国军队准备不足，缅甸、云南境内道路损毁严重的事实。其实，即便不考虑上面提到的这些因素，单从当时第十航空队以及驻华航空特遣队的战备情况来看，史迪威的计划也无异于痴人说梦。尽管如此，驻华航空特遣队在1942年至1943年冬天仍然接到了史迪威“保持戒备，随时准备配合缅甸攻势”的命令。

作为一名传统的陆军将领，史迪威自打上任以来，对驻华航空特遣队基本采取了不闻不问的态度，也从不愿意听取我关于战争局势的看法。这位上级唯一的可取之处就是对我提交上去的作战计划一律签字批准，从不指手画脚。我们在驻华航空特遣队时期的两次接触很形象地说明了这种微妙的上下级关系。

第一次是在1942年初秋时节，我奉命前往重庆向史迪威述职。考虑到这次会面的严肃性和重要性，我事先做了充分的准备。出乎意料的是，见面以后，我还没开口，史迪威就递给我一大摞文件问：“你对这个有什么看法？”

原来，这摞文件是驻华航空特遣队全体成员联名签署、要求国会授予我荣誉勋章的请愿书。猝不及防的我赶忙向史迪威声明自己此前根本不知道这件事情，可是这位上级明显不相信我说的话。他对我说，这件事本身无可厚非，但是递交请愿书的做法根本不合军队的规矩。紧接着，史迪威便示意副官送客，我根本连公文包都没来得及打开。

第二次会面发生在1943年1月20日。根据史迪威的命令，驻华航空特遣队每天通过“驼峰航线”分配到的燃油份额被减少了50%，从1400加仑降低到700加仑。这点燃油连半天的用量都维持不了，无可奈何的我只好再次跑到重庆解决问题。

史迪威耐心地听完我的报告，然后斩钉截铁地说：“陈纳德，你不能只顾自己。大家都很困难，必须学会迎难而上。”

碰了钉子的我只好通过电台找直接领导比塞尔抱怨说，一旦史迪威的命令得到落实，驻华航空特遣队的飞机将全部趴窝。比塞尔的回复更可气，他教训我要克服苦难，不能怨天尤人。我被气得两眼冒金星，直接告诉他最好早点组织队伍，开发一种汽油替代品，要不大家早晚都得完蛋。

幸运的是，这道命令最终并没有得到实际执行。据小道消息说，史迪威之所以这么做，是打算积累物资，为他那个见鬼的两面夹击缅甸的计划做准备。这就是我们英明的上级为解决后勤补给困难，想出的最“明智”办法。

说了这么多题外话，还是继续谈谈驻华航空特遣队1942年的作战情况吧。11月广州大捷后，为保卫“驼峰航线”，驻华航空特遣队的战斗机采取化整为零的战术，分散驻守包括昆明、沾益、云南驿在内的各个战略节点。与此同时，我们的B-25仍然对怒江以西日军的后勤补给线保持比较强的空袭力度。

那年12月，驻华航空特遣队的机群偶然发现了正在河内机场中途停留、准备前往缅甸的一支日军机队。短暂空袭过后，日军总共有10架轰炸机和6架战斗机被击毁在地面。没过几天，日机利用圣诞节我们放松警惕的机会，成功偷袭了云南驿。第二天，日本人打算故伎重演，却在湄公河上空被我们的4架P-40逮了个正着。狡猾的日机边打边撤，却仍然损失了5架轰炸机和4架战斗机。不过那次战斗以后，我们的燃油储备也差不多消耗殆尽。在这种情况下，我不得不命令所有飞机一结束战斗就必须马上返回机场，绝对不许随意乱飞，浪费燃油。尽管如此节省，燃油还是很快断了顿。在那个冬天剩下的时间里，驻华航空特遣队除了对缅甸境内的机场发动了几次规模有限的空袭外，主要工作就是趴在地上晒太阳。为了向上级申请燃油，我们的报务员几乎24小时连轴转，却没有任何收获。这种半死不活的状况足足持续了33天。

1943年3月10日，根据华盛顿的命令，驻华航空特遣队正式改编为第十四航空队，直接由我负责指挥。虽然名号变了，缺东少西的窘境却没有丝毫改善。我们的飞机继续趴在机场上晒太阳，飞行员继续无所事事地到处闲逛，嘴里还不停地诅咒那帮不干人事的官僚。

尽管遭遇了重重困难，但驻华航空特遣队仍然取得了骄人的战绩。在前后9个月的时间里，驻华航空特遣队确认击落、击毁日机149架，疑似击落、击毁日机85架，自己只损失了16架P-40。由于技术精湛、组织严密，在对日军发动的65次空袭行动中，我们只有1架B-25被击落，总投弹量却达到了314吨。这个数字虽然仅相当于欧洲战场负责对德作战的第八航空队投弹量的1/4，却对日军造成了沉重打击。更重要的是，驻华航空特遣队的战绩充分说明，即便是一支后勤补给严重缺乏的小规模航空力量，也仍然可以对中国战场上的日军空中攻势起到明显的遏制作用。在抗战最为严峻的时期，驻华航空特遣队的存在，对于成千上万中国人来说，本身就是一种精神鼓舞。

驻华航空特遣队可能是有史以来美军由将官指挥的规模最小的一支航空部队。它虽然装备落后、物资匮乏，甚至军纪涣散，却仍然令敌人闻风丧胆，起到了自己应有的作用。

第十四章

1942年至1943年的那个冬天，中国方面对国外援助不足、拖延的抱怨，促使美国政府及时修正了自己的亚洲政策，并采取了一系列更为有效的行动。正是这个原因，温德尔·威尔基才能够为进一步加强与中国的合作大声疾呼，宋美龄才能够以公开身份访问美国，我本人也才得到机会，向包括史迪威在内的军方高层当面陈述自己对中国空中战场局势的看法和建议。1943年，华盛顿召开了由罗斯福总统、丘吉尔首相，以及英美军方高官共同参与的“三叉戟”会议。大会在探讨开辟欧洲第二战场的可能性之余，有史以来第一次讨论了亚洲战场的战略调整问题。

在我看来，这一系列调整来得确实有些晚。就在这次大会召开前一年的时间里，由于盟军在亚洲战场的连续失利，中国战场的态势已经发生了明显变化。特别是在缅甸陷落后，蒋介石曾经奉行的“以空间换时间”的战略已经完全失去了可行性，被迫两线作战的中国基本丧失了与日军进一步周旋的空间。与此同时，英美两国却没能及时援助自己的盟友，也没能及时针对亚洲战场的最新局势提出新的战略、战术。中国方面在缺少外部援助的情况下，变得日益疲软，难以对日军发动有效的反击。

日军的攻势除了带来直接损失外，还对中国经济造成了间接的负面影响。抗战爆发5年，中国国内的通货膨胀已经达到令人发指的程度。即便是在抗战胜利两年后的1947年，这种糟糕的状况也没有得到明显改善。1943年底，法币对美元的官方汇率是3∶1，黑市汇率却已经达到了80∶1；1945年抗战胜利时，法币对美元的汇率是3000∶1；到1947年，这个数字下跌到了1.2万∶1；而在1948年初，法币对美元的汇率居然一路暴跌至吓人的60万：1。

由于领土大面积沦丧，耕地不足使得饥荒在当时的非沦陷区成为家常便饭。个别商人的囤积居奇、倒买倒卖更令这一情况雪上加霜。1943年2月，我在东部战场各航空基地视察的时候发现，由于饥荒，那些地方的多数居民已经沦落到吃草根、啃树皮的悲惨境地。

在这场经济危机中遭受打击的还有许多政府基层公务员。超乎想象的通货膨胀率令他们本就微薄的薪水迅速贬值，为了活下去，这些人只好另辟蹊径，于是贪污腐败成为公开的秘密。

经济状况的恶化直接导致军队后勤补给匮乏，即便是那些装备最精良的部队也不能幸免。这造成了军队战斗力的严重下降。举个例子来说，当时驻守怒江沿岸的两个军一共只有12门1907年产法制75毫米野战炮。中国军队在整个东部战场的火炮一共只有60门，分别来自4个国家。更糟糕的是，后勤补给的缺乏使得军队被迫与驻地百姓争夺当地有限的资源，引发了一系列摩擦，也损害了政府和军队的形象。食品、弹药尚且不能保证供给，药物之类的“奢侈品”就更不用说了。中国军队由于缺医少药造成的非战斗减员甚至比战场上损失的人数还多。所有这一切逐渐激化了的社会矛盾，正在慢慢压垮中国。

意识到这一点的日本人觉得有机可乘，开始调整对华政策，将野蛮的直接进攻改为彬彬有礼的劝降，并试图利用中国与英美盟国之间的矛盾，离间他们的关系。当时日本人提出的最具有蛊惑力的口号就是“亚洲是亚洲人的亚洲”，因此所有亚洲人应该联合起来，把白人殖民者驱逐出境。日本人的所作所为，就是要让尽可能多的中国人相信，在英美主导的世界上，根本没有他们的位置可言。如此用心险恶的宣传显然起到了预期的效果，大批中国人纷纷加入日本人的伪军，心甘情愿地为他们作战。为进一步恶化非沦陷区的经济，攫取各种战略物资，日本人还进行了许多有组织的走私活动，用廉价的日货换回实打实的木材、原油和钢铁。

与此同时，日本方面并没有放松对中国的军事压力。1943年初的诸多迹象表明，日军正在准备进攻宜昌，并以此为跳板，溯长江而上，直捣重庆。事实上，直到战败投降，日本人都没有放弃彻底占领中国、建立“大东亚共荣圈”的幻想。就在1945年春天，已是强弩之末的日军仍然竭尽全力在中国发动了最后一次攻势，试图摧毁中国人的抵抗意志。

日本人的步步紧逼，再加上西方国家的援助不力，对国民政府的统治地位造成了极其不利的影响。当时，国民党在中国的一党专政已经持续了18年时间，但是中国各方面政治力量仍然没能在相互谅解的基础上形成一个紧密的同盟。不仅如此，即便国民党内部其实也是派系林立，分歧严重。日本人的入侵使得各方面势力暂时团结了起来，不过它们之间的矛盾依然存在。这其中表现最为明显的，就是传统保守主义者与现代激进主义者之间的斗争。

通常来说，现代激进主义者大多具有美国留学背景，英文流利，而且愿意与美国维持良好的外交关系。在中国国内，这些人往往扮演着改革者的角色。他们兴办教育，倡导技术革命，呼唤中国政府实现民主化的改组。与现代激进主义者不同，传统保守主义者在青少年时期接受的主要还是中国传统教育。他们熟悉中国官场的各种“潜规则”，并在政府中掌握实权。在对待外国人，特别是西方人方面，他们基本上都持排外立场。为达到“以夷制夷”的目的，有些人甚至不惜与日本人合作。

由于本身实力不足，现代激进主义者在中国所能具有的影响力，主要取决于美国的对华政策。他们在中美两国交往的过程中，扮演着“中间人”的角色。这些“中间人”在国民党内部的分量，直接与美国对华援助的份额成正比。我认为，没能及时意识到这一点，并采取相应的措施，是美国对华政策的最严重失误。史迪威之所以最后被中国人扫地出门，恰恰也是这个原因。

缅甸的失败似乎让这位将军患上了某种强迫症。直到1943年彻底干不下去以前，他始终在把全部人力、物力集中到缅甸战场，却忽视了国民政府内部的现代激进主义者们急于争取更多美国援助、维持自身地位的迫切性。在这种情况下，中国政府和军队中的现代激进主义者当然也就不可能配合史迪威去完成他那些不切实际的改革措施，因此最终才让传统保守主义者占了上风。

1943年春天在我返回华盛顿述职前，蒋介石特意让我转告美国政府，中国军民目前的士气已经降到了开战以来的最低点，如果美国方面再不采取及时有效的行动，中国战场的局势很可能面临全面崩溃。

此时，作为“中缅印”战区的司令官，史迪威已经遭受了来自各方面的非议，批评的焦点主要集中在他对中国战场的严重忽视上。事实上，自打败走缅甸以来，史迪威针对中国采取的唯一行动就是把援华航空队改编成了驻华航空特遣队。正如前面所说，这位患上强迫症的将军念念不忘的就是杀回缅甸，报仇雪耻，中国对他来说不过是个“兵源供给站”而已。

意识到这个战略性错误的我，早在1942年8月13日就曾经给史迪威发过电报：

亚洲战场目前的局势非常严峻。侵入缅甸的日军正在试图截断中国通过当地获取外部援助的交通线，并有可能进一步威胁印度。不仅如此，他们还在菲律宾突破了麦克阿瑟的防线。中国军队近期在对日作战方面的疲软，很大程度上是由于我们的援助不力。需要强调的是，中国战场的失利，最终很可能直接影响到美国的利益。

今年以来，德意日轴心国捷报频传。对于其他战区的情况，我不敢妄加评论。单就中国战场来说，如果我们可以进一步加强这一地区的空中力量，就一定能够遏制住日本人的嚣张气焰。通过对台湾等日军后勤中转基地发动空袭，我们可以有效遏制日本人对菲律宾发动的攻势，鼓舞中国军民乃至整个盟国的士气，牵制日军在缅甸和印度支那的兵力，破坏他们有可能对印度采取的进一步行动，并保卫中国的后勤补给线，可谓一举多得。

在这方面，我已经进行了两个多月的图上推演。现在，我有理由相信，打败日本人对我们的飞行员来说易如反掌。如果我手头能得到500架战斗机和轰炸机，外加100架运输机，上述所有目标就一定可以实现。鉴于情况紧急，我希望在5个月之内得到这些飞机。

请将这份电报同时上报给马歇尔将军和阿诺德将军。

史迪威对这份电报的态度照旧是置之不理。对于他来说，拒绝我的各种合理请求早已成为家常便饭。念念不忘缅甸惨败的他已经无法再为其他事情分心了。

就在这份电报发出后不久，驻华航空特遣队接到了一份命令，要求我们今后不得以任何形式与媒体见面，发布消息。所有此类事情一律交给史迪威设在重庆和德里的司令部统一负责。很显然，史迪威打算通过控制媒体的方式，实现他自己的战略意图。

在史迪威的直接干预下，中国汉口、香港、广州，越南河内，以及缅甸等地的媒体不知不觉夸大了驻华航空特遣队的现有规模，从而有效掩盖了他本人对中国战场的漠视。日本方面对此心知肚明，不过他们倒是乐意装傻充愣，因为对驻华航空特遣队规模的夸大可以成为他们屡次惨败的借口。唯一被史迪威的谎言蒙在鼓里的，只有美国公众。

当时，史迪威是美国陆军部从上到下包括马歇尔将军在内的所有人了解中国情况的唯一途径。史迪威很聪明地利用这点，通过操控媒体的方式，影响他们的决断。只有少数清醒者能够识破史迪威的诡计。例如我后来的参谋长梅瑞恩·库伯上校，出于军人的责任感，身在中国的上校专门就自己的所见所闻给当时的国防战略办公室的负责人多诺万少将（他也是罗斯福总统的密友）写了封信，并设法使这封信广为流传。事情的结果是，上校本人很快便因为“健康原因”，被陆军部的官僚们调离了中国战区。

在封锁消息方面，史迪威唯一的一次放松警惕发生在罗斯福总统的代表温德尔·威尔基来中国视察期间。实话实说，威尔基是当时少有的、在对华政策方面头脑清醒的美国官员。出于对中国情况的心知肚明，威尔基很务实地向中国方面做出了“增加援助”“扩大合作”等一系列许诺，从而真正赢得了中国人的好感和信任。

威尔基逗留重庆期间，曾经给当时还在白市驿的驻华航空特遣队司令部打过电话，要求去那里视察，并和我单独谈话。我对威尔基的答复是，在得到史迪威的允许前，我不可能与他进行任何谈话。第二天，也就是1942年10月11日，威尔基和史迪威一起乘车来到我们的司令部。当着威尔基的面，史迪威命令我必须有问必答、言无不尽。接下来，我和威尔基就开始了长达两个小时的谈话。在整个谈话过程中，史迪威一直待在别的办公室耐心等待。

当威尔基得知，我们取得的所有战绩仅仅是依靠手头的50架战斗机和12架轰炸机时，他被深深地震动了。此前，他和许多美国公众一样，认为能够取得如此辉煌战绩的我们肯定装备精良、物资充足。威尔基要求我把驻华航空特遣队当前的情况写成书面报告，由他直接递交给罗斯福总统。当天晚上，我就和库伯上校一起动手，把这份报告写了出来，然后又专门派飞机去成都，赶在威尔基起身回国前交给了他。这份报告的全文如下：

温德尔·威尔基先生，作为军方和政府的双重代表，您曾经要求我就中日战争形势撰写一份详细的分析报告。我对中日战争的看法是这样的：

1. 中国肯定可以战胜日本。

2. 与其他战区不同，在中国，我们凭借一支规模不大的空中力量就有可能对日军实施有效的打击。

3. 我有信心领导这样一支部队打败日本人，不过前提是，我必须获得这支部队的绝对领导权。在这种情况下，成千上万的美国士兵可以免于殒命疆场，我们的国家也可以得到切实的利益。

4. 对于上述目标，我有百分之百的信心。从1923年开始，我就坚信美国一定会在未来的某天和日本开战，并就此进行过长期的准备。重回陆军航空队服役前，我已经以非官方的身份在中国空军担任过5年军事顾问，拥有非常丰富的对日作战经验。需要强调的是，自从到达中国的第一天开始，我手下指挥的飞机还从来没超过50架，可日本人却从没战胜过我们。到目前为止，我的部队已经确认击落、击毁日机三百余架，疑似击落、击毁日机300余架，自己只损失了16名飞行员。驻华航空特遣队成立以后，我们仅仅得到了8架中型轰炸机。就是靠着这几架轰炸机，我们有效遏制了日军的地面攻势，消耗了他们大量的人力、物力，自己却毫发无损。

5. 我刚来中国的时候，意大利人完全控制着中国空军。然而在美国正式参战前，我已经成功地将这些日本人的邪恶盟友“驱逐出境”，并取得了包括蒋介石委员长在内的众多中国高官的信任。在我看来，取得他们信任的关键就在于实实在在地做些事情，而不是光说空话。

6. 我有理由相信，如果能够被赋予驻华美军的全部指挥权，我就可以彻底打败日本人，并帮助美国和中国建立牢固而持久的友好关系。

7. 中国战场的形势其实很明了，解决起来也很简单，只不过我们自己的一些人和政策把它搞得复杂化了。

8．就目前的情况来看，我只要有105架最新型战斗机、30架中型轰炸机，并在最后决战阶段另外补充12架重型轰炸机，就可以一劳永逸地打败日本人。为了弥补战斗中出现的各种损失，我还需要另外30架战斗机和20架轰炸机作为替补，所有飞机必须保持随时可以升空作战的状态。

9．只要我得到一支上述规模的部队，就可以在6个月内彻底消灭侵华日军的空中力量，并在一年左右的时间里将战火蔓延到中国以外的日军占领区，乃至日本本土。作为一名经验丰富的老战斗机飞行员，我认为这是完全可能的。要知道，日本的飞机制造能力极其有限，只要战术得当，我们就可以在短时间内消灭日军的航空力量，并让他们根本来不及补充、恢复。如此一来，也就等于掌握了对日作战的制空权，我们的海军便可以放开手脚，大干一场。这对于正在南太平洋地区酝酿攻势的麦克阿瑟将军来说，绝对是个天大的好消息。在取得制空权的情况下，我还可以利用中国东部的机场直接空袭日本本土的工业中心，截断日本本土与日军海外占领区之间的海上交通线。一旦我们实现了上述作战目标，打败日本也就是迟早的事情。

10．为维持我所说的这样一支空中部队，我们就必须在印度和中国间建立并维持一条空中交通运输线。建立并维持这条交通线的意义虽然重大，实际执行起来却非常容易，需要投入的运输机数量也并不是太多。只要我们指挥、调度得当，这条空中交通线的存在就可以起到事半功倍的作用。

11．目前我们制订的保卫这条空中运输线的计划相对还比较保守，并没有真正体现出现代空战理念的真谛。在我看来，保卫这条运输线最好的办法就是“围魏救赵”，也就是通过主动对日军发动攻击的方式（攻击目标可以选择目前日军在西南太平洋的交通运输线，乃至东京等战略要地），分散并牵制那些可能用于袭击我方运输线的空中兵力。从历史上来看，没有一位真正有能力的指挥官愿意采取被动挨打的战略来防守自己的后勤补给线。南北战争期间，谢尔曼将军就是通过冒险派出部队穿插到南军后方攻击他们的后勤补给线的方法，最终迫使奉行消极防御战略的罗伯特·李将军投降的。为打败日本，我们也可以使用完全相同的策略。目前，日本在中国的主要战略节点包括香港、上海，以及长江中下游地区。假如我们依托现有的防空预警网体系对这些地方主动发起空袭，就可以起到吸引并消灭日军航空力量的作用。根据以往的经验判断，在这样的战斗中，我们与日军的战损率可以达到1：10甚至1：20的水平。一旦取得了中国战场的制空权，我们就可以进一步派出飞机攻击日军在西南太平洋上的海上运输线，继续吸引并消耗他们的航空力量。如此几个月下来，日军航空队就会损失殆尽，而且根本来不及恢复元气，对日本本土发动空袭将变得易如反掌。到那个时候，我就可以利用中国东部的机场空袭日本本土的工业中心，彻底切断日军维持战争的命脉。有了这一系列空中战役作为铺垫，中国和太平洋战场后续的地面和海上战斗将会非常轻松。

12. 在采取上述行动的过程中，我也不会放松对中国西南腹地的关注。如果日军航空队移师缅甸，并从那里抄我们空中运输线的后路，我的部队也将迅速做出反应，后撤至云南等地，利用当地完善的防空预警网，对日军发动反击，同样也可以达到吸引并消灭日军航空队主力的战略意图。

这个计划看起来很简单，却是经过深思熟虑的。为实现这个计划，我已经花费5年时间，建立了完善的防空预警网和无线电联络体系。在这种情况下，我们的胜利几乎可以说是板上钉钉的事情。

13. 当然，为达到上述战略意图，我必须被赋予中国战场美军空中力量的全部指挥权，并获得直接与蒋介石委员长及中国军方接洽、合作的权力。如果没有中国军方的配合，美军驻华航空部队就无法真正发挥全部战斗力。在援华航空队时期，就经常发生类似的尴尬事情：我们航空队原本还可以继续打下去，但是负责守卫我们外围的中国地面部队却已经自顾自地溃退了，将我们的机场直接暴露在日军的攻势之下。于是，我们也只好放弃战斗，跟着他们一起往后跑。为避免再次发生这样的情况，我就必须获得直接与蒋介石委员长合作的权力，从而将美军驻华航空队与中国的地面部队完美地结合起来，形成合力。

14. 我再次强调，这一计划将会保证中国地面部队成功作战，给麦克阿瑟将军的胜利推进最可信的保证，而且给太平洋的海军作战提供决定性的支持。此外，这将使中国在战后的许多年里，成为我们永久的朋友。

陆军准将克莱尔·李·陈纳德

1942年10月8日

温德尔·威尔基后来将这封信转交给了罗斯福总统和美国陆军部，引起了一场轩然大波。

在当时的中国，上至蒋介石，下至普通的黎民百姓，都在期盼着美国政府能够增加援助。鉴于1941年12月罗斯福总统和丘吉尔首相的协议在先，中国方面很知趣地对美国政府在援助方面“欧洲优先”的政策给予了谅解，但是1943年1月卡萨布兰卡会议再次将中国晾在一边的做法却难免令其产生向隅之感。感觉自己被忽视了的中国通过摩洛哥向盟国表达了自己的强烈不满。为此，阿诺德将军和布里恩·萨默维尔两位“幸运”将军直接赶到重庆，代表美国政府做出了一系列许诺，试图平息蒋介石的怒火。蒋介石毫不客气地要求一支500架飞机的航空部队，这支部队将由驻华美军指挥官独立指挥，而且还要求从驼峰航线每月调运1万吨物资支援。阿诺德许诺会尽力而为，而如今中国人早就不是单靠许诺就能安抚的了。

1943年3月3日，我接到了自己被提升为少将的命令。7天之后，第十四航空队正式投入运转，我终于摆脱了比塞尔的控制。3月中旬，一批B-24轰炸机取道印度，加入了第十四航空队的作战序列。3月27日，埃德加·格列准将来华开始担任我的参谋长。跟随他一起来到中国的，还有我们渴望已久的参谋团队。更为难得的是，他还向史迪威传达了阿诺德将军的命令（这道命令的下达实际是在罗斯福总统的直接干预下实现的），将“驼峰航线”的控制权从比塞尔转移到我的手里。为确保这道命令得到有效贯彻执行，罗斯福总统还绕过阿诺德将军，以政府的名义同时下达了将“驼峰航线”指挥权移交给我的行政命令。罗斯福总统的决定充分说明他已经意识到将后勤补给线的控制权与严重依赖它的前线指挥官相分离的做法是极其危险的。出乎所有人意料的是，史迪威居然对阿诺德将军和总统的命令采取了置之不理的态度，“驼峰航线”的实际控制权最终仍然牢牢掌握在比塞尔的手里。

罗斯福总统对史迪威的抗命做法似乎毫无察觉。3月末的时候，他给蒋介石发电报，表示只要我确保当地的后勤供应和设施能保障飞机投入战斗，美国政府就马上就派遣最新式的飞机来华参战。总统恐怕做梦也想不到，他的命令下达后，我们通过“驼峰航线”获得的补给数量不升反降。

按照1942年9月制订的计划，我们本该在1943年3月获得1986吨补给物资。在史迪威的干涉下，这个数字后来被降低到了1000吨。更倒霉的是，由于1943年雨季的提前到来，“驼峰航线”运输机部队指挥官亚历山大上校手下的6个机场先后因为大水无法投入使用，我们实际获得的物资最终减少到了625吨。在这种情况下，4月初，第十四航空队的工作几乎陷入了停滞状态。

1943年4月20日，我正忙着培训新近来华的那批参谋人员，突然接到了史迪威从重庆发来的电报，声称他当天下午5点要来昆明视察。我丝毫不敢怠慢，立刻驱车赶往机场迎接。

这位老兄走下飞机见到我时显得很惊奇。“你的行李在哪儿？难道还没做好出发准备吗？”他嘟囔着说。

“去哪儿？”我奇怪地反问。

我们一言不发地对视了很久，都有些摸不着头脑。后来，还是史迪威率先打破了沉默。为避开其他人的视线，他特意把我叫到了飞机尾部。在那里，我终于让史迪威相信，自己对他此行的目的一无所知。解除了疑虑的史迪威向我解释说，已经接到华盛顿的命令，让我们两个立刻一起回去述职。他原本怀疑这是我私底下搞小动作的结果，便在刚才故意试探了一下。现在，疑虑解除了，他本人打算立刻前往印度，再从那里转道回美国，希望我能够同行。

听到这些话，我感觉异常震惊，因为我此前毫无准备。经过反复讨价还价，史迪威终于同意我先去重庆面见蒋介石，交代一下工作，两天之后再赶往卡拉奇与他会合。第二天一早，我就赶到重庆向蒋介石汇报了这个情况。蒋介石对此似乎不置可否，只是让我代他向美国方面转达“继续增加援助”，以及“将驻华美军航空队从第十航空队脱离出来”这两点要求。我对蒋介石解释说，驻华美军航空队马上就要独立了，所以我们现在唯一的问题就是呼吁美国方面继续增加援助。当天下午，我乘飞机赶回昆明。休息一夜之后，便在第二天早上飞赴卡拉奇，与史迪威会合。算起来，这两天我整整飞行了2800英里的距离。在赶往印度途中，我还有幸从天上“瞻仰”了比塞尔修建的机场。数日连绵不停的大雨早已将那里变成一片泽国。

到达卡拉奇的时候，史迪威已安排一架C-87运输机等在那里了。我们简单寒暄了几句，便动身返回美国。飞机起飞后，我突然想到自己对未来中国战场的空中战略还没有一个明确的思路，于是就决定利用路上的时间好好思考一下。一路上，我们的飞机先后飞越了非洲、大西洋和南美等地，我的思路也逐渐变得清晰起来。心里有了谱，我决定马上把这些想法落实在纸面上，避免事后遗忘。由于运输机上没有坐椅、小桌子之类的东西，我只好把公文包放在大腿上充当桌面，利用一支因为海拔过高、气压过低而不断漏水的钢笔，断断续续地写下了自己未来的计划。在这个过程中，史迪威多次好奇地打量我。不知道他心中是不是也有了一个基本成形的计划？不过话说回来，这种事情根本轮不上我插手，而且沉浸在未来憧憬中的我也顾不上去管别人的闲事。

随着飞机缓缓降落在华盛顿机场，我的计划草案也已经顺利完成了。带着这份手写的草案，我首先拜访了此时正在为中国国防采购部门工作的约瑟夫·艾尔索普，用他的打字机将正式文稿打印了出来，并在两天后把它提交给了前面谈到的三叉戟会议。这份计划获得了英美两方元首的一致好评。

返回华盛顿后不久，我遇到了一直在第十一轰炸机中队挑大梁的哈罗德·摩根中校，他也是因为一些事情刚刚回到美国。在接下来整整一个月的时间里，这位中校成了我唯一的助手，负责协助我处理各种文件，陪同我出席每次会议。每当会议涉及某些保密问题的时候，这位老兄就会被请到门外等我。

在五角大楼军容严整的环境里，不修边幅的我们显得非常格格不入。援华航空队改编成正规军以后，我虽然被提拔为准将，却没人记得应该发给我一套新制服。于是，在这次会议中我凑合能拿得出手的就是战前在航空队服役时配发的一套橄榄绿衬衣、铁灰色裤子，外加黑领带的老式制服。相比之下，哈罗德的情况更惨一些，尽管已经在驻华航空特遣队服役了很长时间，这位中校当时拥有的所谓“军装”其实就是条打了补丁的咔叽布军裤，连件制式衬衣都没有。幸运的是，作为史迪威的下属，我们可以共用他在五角大楼的办公室。要知道，这套办公室的会议室就比我在中国的整个司令部还大。当然，使用这间办公室也是要付出代价的。在史迪威手下那些盔明甲亮的参谋、行政人员的映衬下，我们这两个来自第十四航空队的“叫花子”看起来更加寒酸。

会议召开几天后，从中国方面传来消息说，日本人这次的情报工作做得不错，他们应该提前获知了我返回美国参加会议的准确日期，于是就在我和史迪威乘坐的运输机刚刚抵达非洲上空的时候，便趁机偷袭了第十四航空队在云南驿的机场。这次偷袭，我们总共有5架P-40和1架C-47被击毁，11架P-40不同程度受损，还有200多名中国劳工和两名美方人员牺牲。

在我看来，之所以发生这样的悲剧，主要原因并非我的暂时缺席，而是由于长期供给不足。在这次空袭前两天，日本人的飞机曾经多次袭扰云南驿机场，可是一旦我们的战斗机起飞迎敌，日机就会立刻调头逃跑。战斗机中队的指挥官知道这是日本人有意在消耗我们的汽油。为节省汽油，当他第三天再次得到日机来袭的消息时，并没有马上命令战斗机起飞迎敌，而是选择继续等待离机场最近的湄公河防空站发出警报以后再做打算。遗憾的是，湄公河防空站这次掉了链子。结果，机场上的飞机就被日本人堵了个正着。

尝到了甜头的日本人再接再厉，又在这年的4月29日“天长节”那天（当时我和史迪威的飞机刚好在华盛顿降落）突袭了昆明，我们的战斗机再次没能及时做出反应。在这次空袭中，我刚刚上任的值日官唐·里昂和一名B-25轰炸机飞行员当场阵亡，格列将军受了轻伤。不仅如此，日本人还顺便摧毁了我们的物资转运基地。得知这个消息的我原本打算立刻赶回中国，可是不计其数的会议、交际和采访把我牢牢拖在了美国。这期间唯一让我满意的就是自己的身份从被陆军航空队扫地出门的老上尉变成了现役陆军少将，许多原本在我面前盛气凌人的家伙因此变得俯首帖耳。

这次三叉戟会议上，亚洲战场的问题基本上处于被忽略的地位。败走新加坡的大英帝国似乎怀着与史迪威近似的强烈复仇心理，他们坚定地认为，自己在亚洲战场的所有行动必须以首先收复新加坡为前提。在此之前，他们不会在亚洲的其他地方动用一兵一卒。固执的英国人既然持如此态度，美国方面也就不打算在亚洲问题上浪费太多时间。

亚洲问题之所以会在这次会议上成为大家争论的焦点，主要原因还是在于我和史迪威的加入。实话实说，在这次会议上，我的身份确实是相当尴尬的。作为“中缅印”战区的一名低级指挥官，我实际上只是列席会议，根本就没有发言的机会，甚至没有权力配备助手；相反，作为战区的最高指挥官史迪威却可以在会上任意发言。不知道究竟出于什么动机，这位长官每次发言后总要征求一下我的意见，我则总会针锋相对地批驳他的某些观点。如此一来，就给别人造成了我时刻准备让自己的长官下不来台的印象。史迪威和他的好朋友马歇尔因此大为光火，倒是原本就和史迪威不对付的英国人对我表现出了特别的好感。

不管怎么说，在我看来，能在这样级别的会议上阐述自己的观点并和别人交换意见，终究还是一次非常难得的机会。史迪威却不这么认为。在这位固执的上级心目中，他提出的任何观点都无需争论，因为争论本身就是对他权威的极大冒犯。容不得丝毫冒犯的史迪威频频在会上失态，即便他的朋友马歇尔和史汀生对此也感到非常失望。

在整个会议过程中，我和史迪威争论的焦点主要集中在“应该把亚洲战场的重点放在日军重兵布防的缅甸，还是战况相对比较明朗的中国”这个问题上。按照史迪威的计划，我们应该首先重新装备和训练已经撤到印度的中国远征军。等到时机成熟以后，就率领他们横扫缅甸，洗雪前耻，然后再杀回中国。为配合这个计划，他希望英国人在仰光港展开两栖登陆行动，并要求美国训练的其他各中国师在萨尔温江前线发动进攻，向他在缅北的军队靠拢，以达到牵制、夹击日军的战略意图。全面收复缅甸以后，史迪威才准备将战略重心投向中国战场。首先重新装备、训练足够数量的中国军队，然后利用他们为美军在中国东部沿海夺取一个可以进行两栖登陆的港口，最终迫使在华的日军部队投降。

这个计划听起来很完美，实际上却已经落后于时代。在史迪威的整个阐述过程中，他甚至根本都没提到将如何使用自己麾下的空中力量。无论是在正面作战还是后勤运输方面，这位将军似乎都准备和日本人打一场纯粹的地面战争。

我在会上提出的计划基本上以提交给温德尔·威尔基那封信为原型，核心就是以中国为基地，通过空袭，打击日本的重要战略节点。为实现这个作战目标，我至少需要150架战斗机、70架中型轰炸机和35架重型轰炸机，还需要航空运输部门在行动开始的最初3个月为第十四航空队提供总计4790吨的各类物资。随着空袭行动的继续深入，我的部队为保证作战所需要的物资最终将增加到每月至少7129吨的水平。这个数字听起来有些吓人，其实却远远低于美军航空队同期在欧洲作战的物资消耗量，真正称得上经济实惠。这种适中的投入可以为整个太平洋战略提供一个可靠的侧翼，配合空海陆三军向西横扫太平洋。

据可靠情报显示，自从1942年夏天我着手制订这个计划开始，日本方面的情况就没有太大变化（这种情况一直持续到1944年秋季）。对于当时的盟军来说，中国是唯一可以用来空袭日本本土的前进基地。在最近一年的作战中，我们先后空袭了香港、汉口、广州、长江中下游港口，以及印度支那半岛等日军战略要地，并多次从桂林机场出动中型轰炸机打击日本人在台湾海峡和中国南海的海上运输线。如果第十四航空队能得到足够数量的B-24轰炸机，就可以把横滨、东京、名古屋、长崎、大阪、横滨等工业城市纳入我们的打击范围。事实上，配备这种轰炸机的第三〇八重型轰炸机大队目前已经抵达了中国。

有鉴于此，当时的关键问题就是必须抓紧时间。在我们能够及时得到足够的后勤补给，而且老天爷不捣乱的情况下，整个行动完全可以在同年7月全面展开。按照我的推算，即便算上夺取中国东部战场制空权，以及修整机场所花费的时间，第十四航空队的B-24也肯定来得及在1943年前将第一颗炸弹投向日本本土（如果这个计划能够得到落实，那么美军空袭日本的实际开始时间将至少提早半年）。

我的计划得到实现的前提是从这年7月初开始，用两个月的时间打败日军驻华航空队，取得中国战场的制空权。由于日军当时在中国的航空部队实力并不强大，这个目标其实非常容易实现。夺取制空权后，我们便可以派出B-25轰炸机轰炸中国东部沿海的港口，以及海南岛和北部湾。上述目标完成以后，我将从1943年9月开始整个计划的第二阶段，将B-25的打击范围扩展到台湾海峡和中国南海。届时，第三〇八轰炸机大队所属的B-24轰炸机还将靠前部署，对南京、上海等长江中下游地区的日军目标发动空袭。

一切顺利的话，我们最早可以从这年的11月开始，空袭日本在朝鲜与金兰湾之间的海上运输线，并对本州和九州等工业地区构成威胁。这个计划听起来似乎有些疯狂，不过我在这里有必要强调的是，第十四航空队在后勤补给严重不足的情况下，最终完成了除轰炸日本本土外的上述所有战略目标。

当然，正如前面所说，为将这个计划变成现实，我必须在现有兵力的基础上得到3个战斗机中队和3个B-25轰炸机中队的补充，并将“驼峰航线”每月的物资运输量提升到4700吨。

史迪威是这样批驳我的计划的：

1. 目前的空运能力达不到我所要求的水平。要在不到8个月的时间里让驼峰航线的运输能力提高到每月13000吨的，航空运输部会很快就不堪重负。

2. 我方夺取制空权的行动必然招致日军空中和地面的猛烈反击。据史迪威估计，在这种情况下，为保卫第十四航空队的各个机场，至少需要50个中国师的兵力。史迪威如此的谨慎小心令我大惑不解，因为他在制订规模大得多的收复缅甸计划时只准备投入两个中国师，外加3000名美军的兵力。

对此，我辩解说第十四航空队的空中支援将大大减少防守机场所需要的地面兵力，而且日军攻击机场的行动必然导致战线拉长，原本已经在兵力方面捉襟见肘的他们也就不可能对我们的机场发动大规模的攻势。

遗憾的是，史迪威拒绝接受我的意见，还举出了1942年杜立特轰炸东京后，日军迅速占领中国浙江全省的例子支持自己的观点。我则针锋相对地指出，当时日军面对的中国军队装备和训练水平极差，而且根本没有空中支援，现在的情况早已完全不同。史迪威却仍然固执己见。

在这次会议上，我还趁机要求美国方面通过"驼峰航线"为那些保卫第十四航空队机场的军队补充一批包括步枪、机枪、火炮及配套弹药在内的武器援助。当时的我完全没有意识到，作为"中缅印"战区指挥官的史迪威根本不想为中国军队提供一枪一弹。直到后来，我才终于搞清楚，原来他除了打算利用"Y部队"配合反攻缅甸之外，实际上并不打算在中国战场采取任何行动。在这种情况下，我仍然在会后将自己的上述计划以书面形式交给了史迪威，并再次要求为协助防守机场的中国军队提供武器弹药援助。史迪威对此仍然坚决反对。一怒之下，我干脆向他保证说自己完全可以单靠空中力量守卫我们的机场，根本用不着地面部队帮忙。

虽然下了这样的保证，但是我们后来的一系列行动其实还是在中国地面部队的积极配合下完成的，只不过史迪威本人并不知情而已。在我看来，对付这种死脑筋，最好的办法就是"阳奉阴违"。

我认为，会议期间，史迪威关于日军可能针对我们的行动所采取的反制措施的估计存在蓄意夸大的嫌疑。事实上，蒋介石早已向罗斯福总统、丘吉尔首相和我反复说明过盟军在中国战场按兵不动可能带来的各种负面效应。在他看来，盟军迅速采取果断行动可能带来的好处远远要比损失大得多。如果继续无所作为，中国战场恐怕将要面临失控的态势。因此此次会议的主题不应该是讨论是否应在中国展开行动，而是应该讨论如何在中国展开行动。

幸运的是，参加会议的英美高层人士并没有受到史迪威的干扰，而是明智地接受了我的计划。罗斯福总统在会后随即下令空中运输部门将每月通过“驼峰航线”运到中国的各类物资提高到8000吨的水平。这其中，第十四航空队可以优先分配到4700吨物资，用于计划中提到的各项行动。作为安抚，史迪威也可以拿到2000吨物资。这些物资将用于装备为萨尔温江战役驻守云南的中国各军，支持他的缅甸攻势。其余物资则由战区司令官（史迪威）自行决定在地面和空中部队之间进行分配。

三叉戟会议的决定将史迪威逼到了一个非常尴尬的位置。名义上，他还是战区的最高指挥官，然而实际上，他却已经被排除到了这个战区的最主要军事行动之外。在这种情况下，史迪威的最终卸任也就成了历史的必然。出乎所有人的意料，这位固执的将军并没有选择主动辞职，而是倔强地留了下来，继续为我的计划制造障碍，并试图将所有人拉到他划定的那条路上去。

史迪威的好友和后台，时任陆军部长的哈瑞·史汀生在最近出版的回忆录中这样写道：“尽管遭到了史迪威的竭力反对，陈纳德的计划仍然得到了会议的一致认可。史迪威这次可谓是一败涂地。”遗憾的是，会议之后的史迪威始终拒绝接受失败的现实，也根本不把罗斯福总统的命令当回事。类似这样的抗命行为对他来说并不是第一次。

整个会议期间，大家曾经有两次是在白宫与罗斯福和丘吉尔两位元首直接坐在一起讨论问题的，我也因此得到了两三次和他们单独交谈的机会（罗斯福两次，丘吉尔一次）。

第一次白宫会议开始一小时以后，罗斯福总统的军事助手沃特森少将打断了大家的发言，宣布会间休息。我则趁机和罗斯福总统私下交谈了起来。看得出来，总统当时对中国战局和太平洋地区形势都非常关心。他已经清楚地意识到中国在击败日本过程中发挥着举足轻重的作用，并决定不惜一切代价地支援这个盟友。深谋远虑的罗斯福还打算借助这次合作机会与中国建立一种长期而稳定的友好关系。毫无疑问，如果这位总统能活到战后，亲眼看看马歇尔在中国的所作所为，他肯定会大失所望。对于我提出的中美联手建立一支空中力量，互相学习、共同工作的想法，罗斯福大加赞赏，认为这不仅可以帮助中国最终建立一支独立的空军，还可以在潜移默化中增进两国的感情。然而目光短浅的陆军部官僚们却坚决反对这个计划。在他们看来，任何与当前战局无关的付出都属于白白浪费资源。正是通过这次经历，我才吃惊地发现总统与陆军部之间的分歧竟有如此之大。这或许就是我们能够赢得战争胜利，却难以在战后的和平环境中获得相应回报的根本原因之所在。

通过这次谈话，罗斯福第一次了解到我们在中国的实际兵力只有这么一点时，深表震惊。很显然，此前一定有人故意向他隐瞒了这些情况。知道了真相的总统不顾手下的反对，立刻下令空运部门通过"驼峰航线"加强针对中国的物资援助。"第三轮会议"结束后8个月的1944年1月，中国获得的各种补给就达到了1.3万吨的水平。

在我提出的各项空中打击方案中，罗斯福对空袭日本在台湾海峡和中国南海航线的计划特别感兴趣。他认为，截断了这几条航线，就等于截断了日本的命脉。因此，总统很关心地询问我，从中国起飞发动空袭的飞机是否有把握在一年之内击沉100万吨日本船只。我的回答是，如果我每月能得到一万吨的物资补给，肯定可以超额完成任务。

罗斯福听了我的话很高兴，重重地把拳头捶在桌子上："如果你一年内能炸沉100万吨日本船，咱们就可以掐断日本人的脖子！"

事实证明，我对总统的许愿并非吹牛。在"第三轮会议"后两年多的时间内，每月获得一万吨补给的第十四航空队总攻击沉了2270689吨日本商船，以及包括两艘巡洋舰在内的32艘日本军舰。

在"第三轮会议"上，罗斯福还表现出对蒋介石本人强烈的好奇。开会期间，史迪威曾经多次阐述了自己对中国领导层的不信任态度。有一次，总统突然打断他问："你对蒋介石究竟怎么看？"

"他是个反复无常、不守信用的老顽固，绝对不能信赖……"史迪威嘟嘟囔嚷地回答。

“你怎么看，陈纳德？”总统根本没听完他说的话，就转过头问我。

“长官，我认为蒋委员长是当今世界排名前二或前三的伟大军事和政治领导人。他对我从不曾食言，或者不守承诺。”我回答说。

会议结束，就在我准备离开华盛顿的那个上午，一位白宫官员突然来到正在五角大楼收拾行李的我面前，通知我总统打算再次接见。于是，我只好推迟一天起程，并在当天下午前往白宫晋见总统。罗斯福总统这次找我其实并没有什么大事，他只是想知道我是否已经在会议过程中完全陈述了自己的全部计划和要求。我向他保证说，只要得到足够的后勤补给，第十四航空队肯定不辱使命。得到我的保证后，总统叫人拿来中国地图，并让我根据地图再向他详细说明一遍自己的计划。我认真地从战术和战略两个层面为他进行了讲解。终于，罗斯福总统彻底打消了顾虑，他放松地靠在椅子上说：“现在，我命令你必须经常向我做出书面汇报，以便我能随时掌握你和你的部队在中国的情况。”

“您的意思是让我以私人名义写信？”疑惑不解的我赶忙追问。

“就是这个意思。”罗斯福总统斩钉截铁地说。

在这之后18个月时间里，我总共给总统写了6封信，每次都得到了他的回信和热情鼓励。后来，美国陆军部不知道通过什么渠道得知了这件事。马歇尔将军将我的行为视为越级汇报，并因此对我产生了很深的成见。在这位史迪威的老朋友看来，我的所作所为无疑是给史迪威背后下绊子。

晋见总统后的第二天，马上就要离开华盛顿的我又得到了与丘吉尔首相共进早餐的机会。在这次会面中，丘吉尔几次邀请我和他一块到英国走走，其背后的用意无非是想让我能够最终接受英国方面对亚洲战场的某些看法。遗憾的是，当时日军已经在这年5月15日再次轰炸了昆明，并可能对长江上游地区发动攻势，所以我只得拒绝了丘吉尔的邀请。

踏上归途的我心情非常复杂，既高兴，又担忧。高兴的是会议几乎完全采纳了我的方案，担忧的是未来的形势可能比我想象得还要复杂。过去40多年的经验告诉我，有些计划写在纸面上的时候可能条理清晰、逻辑严密，真正执行起来却又往往会变成一团乱麻。毕竟，再完美的计划也得靠人执行，而人是经常会犯错误、打折扣的。

形势发展果然不出我的所料，会议上达成的共识最终并没有得到完全落实，不过已经落实的那部分却也足够第十四航空队大干一场了。如果没有“三叉戟会议”做出的决定，改编后的第十四航空队很可能仍然会是驻华航空特遣队的换汤不换药，根本无法达到后来的规模，也不会在那个关系到中国生死存亡的时刻发挥出它应有的作用。

“第三轮会议”的决定得到部分落实后不久，美英两国又于1943年8月在加拿大魁北克召开了“四分仪会议”，集中讨论亚洲战场形势问题，并再次达成了一系列共识。这次，美国陆军部的官僚们显然吸取了上回的教训，根本就没邀请我参加会议。在我看来，这和日本人在自己的广播里频频宣布我被“击毙”一样，充分说明我的影响力正在提高。

第十五章

从1943年开始，获得充足物资、装备和人员的第十四航空队实现了从“空中游击队”向正规的战略空军打击部队的转化，开始将自己的空袭目标集中在日本的各种飞机和商船方面，意在掐断日本与海外占领区的联系。尽管得到了补充和加强，第十四航空队在当时美军的序列中仍然是规模最小的航空队，然而它承担的任务却是最繁重的。为了统筹调配兵力，按照与中国方面达成的协议，我们以长江为界将中国划分为南北两个战区。长江以北的空域由中国空军负责，长江以南的空域由第十四航空队负责。在这一年的时间里，第十四航空队相继在东至台湾，西到缅甸，北至长江，南到北回归线的广大空域内展开行动，并取得了辉煌的战果。

随着手下部队规模和性质的变化，我从援华航空队时期延续至今的很多工作、生活习惯都不得不进行调整。例如，由于部队规模的扩大，我再也不可能像以前那样，和每名刚到中国的新飞行员促膝谈心。部队规模扩大，同时也意味着有越来越多的日常工作等待我亲自处理。因此，我也不可能像以前那样四处乱跑，只好花费更多时间老老实实地待在昆明的司令部里。似乎是为了安慰我，中国空军专门在昆明机场的边上为我修建了一座看起来非常低调的瓦顶小屋，那里就成了我在中国的家。这些好心人的用意很简单，就是希望我将来无论走到哪里，都不会忘记曾经在中国的战斗岁月。深受感动的我就在这座被稻田和松树包围着的小屋里住了差不多3年时间。“二战”结束后，我还多次重访过这个在中国的家。

当年和我一起在这个家里生活的有我的参谋长格列准将、我的私人医生（也是第十四航空队的军医）汤姆·詹特瑞上校，以及我的副官乔·阿尔索普上尉。为我们料理家务的是两名充当仆人的中国男孩，还有那位从1938年开始就一直跟着我的中国厨师。除此之外，我们还养了只名叫乔伊的腊肠狗。

小屋里的陈设以及其他的日常用品充分说明我们当时的物资补给情况仍然不是特别理想。大家共用的那辆别克汽车还是当初从缅甸开回来的，曾经两次被日军的炸弹击伤。我的所谓“私人专机”是架C-47双引擎运输机，看起来很气派，其实却是用回收飞机残骸重新拼凑出来的。所幸，我的几位专机飞行员技术都比较精湛。要不是他们，这架东拼西凑的“老爷机”恐怕早就完蛋了。乘坐专机出行的时候，我通常都会坐在副驾驶的位置上。只要飞机来到昆明湖上空，我就会接过驾驶权，把飞机降低到距离湖面很近的位置，吓唬吓唬那些鸭子。

司令部相对稳定的定居生活使我能够重拾打猎的爱好。靠着我的那杆猎枪，我们的餐桌从来就没缺少过野味。由于野味太多，有时候我早餐就很奢侈地吃一只烤鸭，外加一杯黑咖啡。除了云南当地野味，路易斯安那老家的朋友每年都会按时给我寄来那里特产的蚝干，这些东西只要稍加烹调就可以变成美味的馅饼。运气好的时候，宋美龄、孙夫人和孔夫人[①]三位好心的女士也会给我送来一些特别的美味。工作之余，我还在房子周围种起了玉米。这些玉米种子的最早起源甚至可以追溯到援华航空队的初创时期，是我当初特地从美国带过来的。

1943年底，我的6个儿子相继成年，开始进入军队服役。大儿子杰克先是担任了驻阿留申群岛战斗机中队的指挥官，后来也跟随我的足迹来到中国服役，在第十四航空队领导一个中队；二儿子马克思在莫里森机场负责运输机部门的指挥工作；三儿子帕特在驻英国航空队驾驶P-51“野马”战斗机；四儿子查尔斯对无线电很感兴趣，后来进入陆军航空队服役，成为一名电子工程师；五儿子鲍比年龄还小，仍在航校学习飞行；六儿子是我的几个儿子里面唯一与飞行无关的人，他后来加入海军服役，作为“海伦娜”号巡洋舰的一员，参加过所罗门群岛大海战。

---

① 即蒋介石夫人宋美龄、孙中山夫人宋庆龄、孔祥熙夫人宋霭龄。——译者注

定居昆明时期的我每天早上7点起床，先处理半个小时的紧急电报，然后召集参谋人员开会。会议通常的流程是首先汇报工作，接下来再讨论一些具体的战术、战略问题。会议结束到午饭开始（每天下午1点30分吃午饭）前的这段时间被我用来处理无休无止的公文和会见各种来访人员，这样的工作令人厌烦，却永远无法摆脱。午餐之后，我一般习惯睡个午觉。下午3点起床后，就一直工作到晚上7点吃晚饭的时候。晚饭之前，为了增进食欲，我经常会和格列等人打会儿羽毛球。在没有紧急军情的情况下，我每周还要专门拿出一个下午出去打打猎，或者和朋友们进行一场棒球比赛。这样的活动可以让我充分放松下来，并且感到自己还不是太老。

晚饭之后，我习惯一个人安静地读会儿书，或者和格列一起打打桥牌。规律舒适的生活让我的身体变得有些发福。1945年夏天离开中国的时候，我的体重增加了45磅，胸围长了4英寸，腰围长了3英寸。

定居昆明时期，我的主要任务之一就是每天接待来自世界各地的来访者。这些人大多都是通过“驼峰航线”过来的，而且来得比我们的补给还要准时和踊跃。对此，我曾经多次建议过空中运输部门，希望他们能把有限的运力集中到运送急需的战略物资上面，可是没人听我的。我也就只好睁一只眼闭一只眼了。

除了第十四航空队的高层领导，战术部门的很多参谋军官都是我晚餐餐桌上的常客。事实上，航空队的很多问题大多是在这样的晚餐过程中讨论出来的。参加晚宴的不光是我们自己人，有时候，丘吉尔首相在亚洲地区的私人代表，只有一只眼睛和一只手臂的陆军中将阿德里安·卡顿·德·维亚尔爵士也会扮演一下“不速之客”的角色。这位老战士几乎参加过20世纪以来英国的所有军事行动，在军队里人脉很广、消息灵通。我有理由相信，关于我们这边的很多事情，很可能是由他直接汇报给丘吉尔首相的。当然，我们也通过这位老英雄了解到了英国那边的不少小道消息。和维亚尔中将一样乐于扮演“不速之客”角色的还有戈登少将——他是英国军方在中国的情报部门负责人，曾经给我们帮过不少忙。

我接待过的所有宾客中，最重量级的恐怕非后来担任美国副总统的亨利·华莱士莫属。这位老兄给我的印象是个非常具有运动天赋的人，到达昆明之后，这位未来的美国副总统做的第一件事情居然是提议打场排球赛。为满足他的要求，第十四航空队只好矮子里面拔将军，临时组织了两支排球队，我也跟在里面凑数。当天下午，亨利·华莱士就和大家一起连续打了5场比赛。5场比赛打下来，我早已累成了一摊烂泥，可是这位天生的运动员坯子却居然叫嚷着要打第六场。最后，实在撑不住了的我只好把格列留下当裁判，自己以办公为由，找借口溜了回去。据说，他们那天一直玩到吃晚饭的时候。最让我佩服不已的是，等我晚上回家吃晚饭时，精力过剩的亨利·华莱士居然又和格列几个人在小屋门口打起了羽毛球。一看见我，这位老兄立刻把羽毛球抛到了脑后，强烈要求和我来场棒球比赛较量一下。勉强奉陪了半个小时以后，实在坚持不住的我被迫和格列联手耍起了花招。我故意把球打到了一片被竹林遮掩着的稻田里，事先埋伏在那儿的格列乘机将球偷走。找不到球的亨利·华莱士急得在稻田里四处乱转，我们几个人则好像遇到大赦一样，立刻跑回屋里狼吞虎咽。

晚饭过后，最终也没找到球的亨利·华莱士又提议要和我来场乒乓球比赛。我勉强应付了一会儿，就溜回去睡觉，再次把可怜的格列留下当挡箭牌。第二天，格列偷偷告诉我，他们头天晚上一直玩到深夜11点。他自己连赢了12局，输急了的亨利·华莱士犯起了牛劲，非得赢一局才肯罢休。最后，实在困得不行的格列只好故意“放水”，这才被放回去睡觉。好在那天中午，我们就怀着非常愉快的心情把亨利·华莱士送上了开往重庆的专机。

后来听说，爱好运动的亨利·华莱士在重庆又闹了个大笑话。由于重庆的地形并不适合汽车通行，中国方面特意为他准备了黄包车充当交通工具。可是亨利·华莱士却拒绝领这份情，宁肯自己走着到处办事。因为在他看来，让别人抬着是对轿夫们人权的严重侵犯，有违“人人平等”的原则。最有意思的是，被安排来拉黄包车的中国劳工们也拒绝领他的情。在他们看来，这个洋人拒绝坐黄包车就是故意找茬砸他们的饭碗，大家决定要用拳头好好招待他一顿。亨利·华莱士懂得“好汉不吃眼前亏”的道理，立刻溜之大吉。

说了这么多题外话，还是继续谈谈第十四航空队的作战经历吧。当时的我虽然身为第十四航空队的最高指挥官，不过我下达的每道命令其实都是在诸多因素的共同参与下完成的。所谓的“诸多因素”，既包括我身边的工作人员，也包括那些身在华盛顿、重庆和德里的更高决策层。随着部队规模的扩大，我在作战方面也开始越来越依赖手下的中层指挥官。这些优秀的指挥官包括：文森特准将，他负责指挥印度支那边境以南和以东广大空域的作战；杰克·肯尼迪准将，他麾下的第六十九联队负责守卫印度支那与缅甸和泰国之间的空域，并为萨尔温江的中国军队提供空中支援；瑞斯·兰德尔准将，他平时主要负责保卫B-29轰炸机基地，并指挥四川、陕西两省以北空域的作战；摩尔斯准将以及他后来的继任者班尼特上校，他们指挥的是一个中美两军的混编联队，主要负责控制兰德尔和文森特两个联队战区之间的空白空域；攻无不克的第三〇八重型轰炸机大队在第十四航空队时代先后经历过3位指挥官，他们是毕比上校、费希尔上校和哈钦森上校；指挥B-25中型轰炸机大队的是塔比上校和约瑟夫·威尔斯上校，他们麾下的飞机在实战中通常会被化整为零地临时配属给各支参战部队，偶尔也会集中使用，与B-24轰炸机组成专门的轰炸机编队，攻击特定目标。

联队指挥官拥有这样能干的下属部队指挥官，就可以从联队派一个大队，有时能派一个中队独立完成作战任务。这些人在战场上实际发挥的作用经常大大超越他们的军衔和职权。限于本书的篇幅，这里就不一一列举了。

我们的一线指挥官非常优秀，司令部的参谋、行政军官与之相比却大多不太给力。中国战场偏远的地理位置，使得这里成了美国军方“发配”那些不称职参谋、行政军官的理想场所。当然，凡事都有例外，在我整体平庸的司令部军官队伍中，也有几个人显得鹤立鸡群，他们是：弗雷德·米勒上校，他是我的好帮手，也是我所见过的最出色的军人；杰西·威廉姆斯上校，这位老兄战前在中国贩卖过石油，入伍后主要负责情报收集工作；哈沃德·明斯上校和乔·阿尔索普上尉，这两名军官可以称得上是我的左膀右臂；约翰·威廉斯中校，他的任务是保证我们的无线电通信和预警系统；沃尔特·托曼中校，主要负责为我整理、分析通过各种渠道得到的情报；最后，还要特别感谢克拉伦斯·塔伯特上校和鲍勃·哈沃德上校，他们为第十四航空队的后勤工作费尽了心血。

有很多次，忍无可忍的我打算撤换那些不称职的司令部人员，却因为五角大楼的激烈反对最终作罢。为调教这些不上道的家伙，我整整花费了半年时间，最终才得以部分实现“废物利用”。在我看来，即便等到战争结束恐怕也无法真正让他们完全进入角色。这其中唯一令人刮目相看的可能只有格列将军。这位老兄当初来中国的任务主要是负责第十四航空队的军纪整顿工作，单凭这点就可以知道他是个坐惯了办公室的“老八板”。幸运的是，格列在战场上自学成才，成为我手下最出色的参谋军官，也和我建立了深厚的友谊。

随着第十四航空队的规模越来越大，我只好把更多精力投入到争取物资补给方面。正如前面所说，直到战争结束，物资补给始终都是驻华美军面临的最严重问题。由于距离美国本土太过遥远，物资运输非常困难，所以我们在这方面遇到的困境已经到了常人无法想象的程度，就连曾经出色地完成了诺曼底登陆后勤保障任务的亨利·奥兰德少将都觉得束手无策。

当时的美军运输部门要想把物资交到我们手里，首先必须走完本土与印度港口之间漫长的1.2万英里太平洋运输线。即便我们的运输船从美国本土的大西洋沿岸起航，航程也同样非常漫长。更何况，自从日军侵入东南亚后差不多一年的时间里，印度的所有港口中也只有卡拉奇和孟买能够被用于卸载运到的各种物资。物资上岸后，又面临印度境内1500英里的陆路运输。由于日军切断了滇缅公路，所以这些物资辗转运抵加尔各答后，又必须装上运输机，沿着“驼峰航线”飞跃喜马拉雅山脉，经过500英里的距离，最终抵达云南境内。这还不算完，物资到达云南后，还必须经陆路被分散配发到第十四航空队位于云南东部、距离昆明400至700英里不等的各个基地。这条运输线的复杂情况一点不比滇缅公路逊色，物资从昆明最终发到我们手里，往往都要经过8周左右的时间。为走完这最后一段路程，将近半数运到中国的航空汽油中有一半被负责运输物资的卡车消耗掉了。需要说明的是，由于中国的道路情况非常糟糕，所以地图上测量出来的距离与实际走过的距离经常是两回事。

很久以来，作为从美国到中国这条生死大动脉中最凶险一段的“驼峰航线”，始终被大家视作人类战争史上的奇迹。事实上，对于有经验的飞行员来说，开辟这条航线并不是什么特别艰巨的任务。早在1941年11月，受雇于民用性质的中国航空公司的美国飞行员就曾经驾机走过这条路线。后来的军方飞行员虽然可能在各方面表现得更出色，其实却是步了这些民间飞行员的后尘。

从1942年缅甸陷落开始，到1945年“史迪威公路”开通，“驼峰航线”是中国获取外部物资的唯一通道。在第十四航空队，大到油料弹药，小到擦屁股用的手纸，都是通过这条航线运过来的。即便是在“史迪威公路”开通以后，“驼峰航线”仍然担负着中国战场所需物资补给的很大一部分运输任务。

我认为，美军空中运输部门在这条航线上出现的很多问题并非偶然，而是飞行员经验不足、装备缺乏保养、气象条件复杂等诸多因素引发的必然结果。事实上，被派来执行“驼峰航线”运输任务的700多名飞行员中很多以前都是开战斗机的，完全没有驾驶双引擎运输机的相关经验。他们驾驶的C-46运输机一走下生产线就直接装备到了部队，事先根本就没经过调整、测试。再加上喜马拉雅山脉多变的气象条件，想不出事都难。正是由于事故连连，C-46在中国的名声非常不好。实际上，C-46是一种非常可靠的飞机。现在我满怀信赖地使用这种运输机，充当我在中国民用航线的运输主力。

1943年的夏天对于美军空中运输部门来说，简直就是一场噩梦。众多C-46因为机械故障被迫趴窝，机场跑道因为雨季到来变成了一片泽国，日本方面还趁机派出大量战斗机拦截“驼峰航线”上根本没有伴随护航、也没有配备武器的运输机。即便是在如此严峻的背景下，空中运输部门仍然凭借手里仅有的8架C-87和25架C-46，在那年7月为中国方面提供了5000吨左右的各类物资，并在“第三轮会议”召开前，在原有基础上每月保持着500吨左右的增幅。

在前后3年的过程中，空中运输部门通过“驼峰航线”总共向中国输入了736374吨的物资，损失了468架运输机。这个损失率与第十四航空队的战损率基本持平。能够取得这样的战绩，最早从事“驼峰航线”规划和指挥的爱德华·亚历山大上校、托马斯·哈丁上校，以及埃尔·霍格将军功不可没。后来接手的比尔·特纳则在前者的基础上更上一层楼，将“驼峰航线”的运输潜力发挥到了极致。

实话实说，“驼峰航线”任务的执行难度极大，而且凶险异常，可是第十四航空队的所有作战任务却从没因物资方面的原因受到过影响。从1944年初到战争结束，“驼峰航线”的实际运输能力已经大大超过了通过印度内陆运到该航线起始机场的物资总量。要知道，“驼峰航线”的运载能力是按照印度内陆运输线理论上的最大运输量设计的，但是这些物资在实际运输途中往往会遭到偷盗、自然损坏、武装袭击，以及被其他部队揩油种种情况，经常会损失许多。正是由于这个原因，1943年秋天的“三叉戟”决定增加“驼峰航线”的每月物资运输量后，航线本身并没有出现过载的问题。尽管最终运到中国的物资数量可能还不到在美国装船时的50%，不过这也足够第十四航空队维持正常的训练和作战了。与此形成对比的是，史迪威和沿路的英国人虽然利用这条运输线瓜分了不少物资，却仍然无法在1942年阻挡东南亚日军的铁蹄。

事实上，由于史迪威和比塞尔两人的有意忽视，“驼峰航线”在它存在的过程中始终就没能将自己的潜力完全发挥出来。这不仅影响了中国战场的局势，也极大损害了美国在太平洋地区的利益。如果史迪威能够在1942年下决心通过这条航线尽全力为中国输血，那么第十四航空队也就不会面临随之而来的物资补给困境了。

对于严重依赖“驼峰航线”的第十四航空队来说，整条补给线最艰险的地段并非翻越喜马拉雅山脉的空中航线，而是贵州山区将近500英里的盘山公路。由于当时中国西南地区铁路的最东端只能到达昆明东北方向80英里的曲靖，东部地区铁路的最西端只能到达贵州的独山，这之间隔着的500英里山路就成了我们后勤运输的瓶颈。物资通过“驼峰航线”运到昆明后，必须首先将其装上火车送到曲靖，然后从火车上卸下装上汽车，翻山越岭送到独山，再次装上火车继续运输到达柳州的物资集散中心，从那里分发到中国各个战区。

对于当时的中国战场来说，解决后勤补给问题的关键就是要将国内这段运输线的运力提高到每月一万吨的水平，然而贵州山区的这段瓶颈却将整条运输线的运送能力牢牢局限在每月2300吨左右。当时，在这条山区公路上往来奔驰的卡车五花八门，极其破旧。它们使用的燃料并非汽油，而是从300英里外的重庆运过来的酒精。除此之外，这条公路本身也已经破败不堪，很多地段甚至只能允许骡车通过。再加上特殊的地理位置，奔波在这条公路上的卡车司机们还要长时间忍受疟疾之类的各种疾病以及营养不良的困扰。

中国国内的这段运输线虽然非常脆弱，却对整个战局的发展起着至关重要的作用。从某种意义上来说，它关乎我们第十四航空队的生死存亡。事实上，我们的战绩是和能够得到的物资补给数量成正比的。如果每月能够得到5200吨物资，我们就可以坚守住目前中国东部战场的战线；如果每月得到1万吨物资补给，我们就有能力对北平—西贡一线广阔地区的日军目标发动空袭。如果史迪威打算把他重新装备和训练中国军队，并指挥他们收复广州的计划变成现实，就必须让这条公路的月运输能力至少提高到5万吨。

遗憾的是，对“驼峰航线”不闻不问的史迪威似乎也不打算关注中国境内的物资补给问题。由于这个原因，1942年前，中国方面从西南大后方向东部战场输送物资的能力几乎等于零。幸好史迪威本人终于在1943年意识到了问题的严重性，委派了一名民间人士泰勒，以一种非常暧昧的身份负责解决这个本该由军方承担的难题。正如所有人预料的那样，泰勒的一切努力很快便归于失败。因为史迪威除了给他设置了一个莫名其妙的官衔外，就再没有采取任何后续行动，反倒是中国方面以及其他西方国家的民间组织雪中送炭地为泰勒提供了数量有限的卡车，让这条摇摇欲坠的运输线勉强维持了下来。

这种糟糕的状况一直持续到1943年12月30日，忍无可忍的我给史迪威写了封措辞严厉的信，要求他立刻着手解决问题，并赋予我全权指挥中国境内物资运输的权力。为此，我还专门跑了趟德里的“中缅印”战区指挥部。最终，莫里斯·希恩上校在1944年2月被派到中国负责解决我们的后勤补给问题。平心而论，希恩上校确实尽了自己最大的努力，也让问题得到了部分解决，可是史迪威的不配合却使他难以发挥出自己的全部能力。在史迪威看来，中国境内的物资运输问题必须由中国政府自己解决，美国没有义务参与其中，因此他拒绝为中国提供运输物资急需的卡车，甚至还把原本用于后勤运输的酒精燃料挪用给了萨尔温江的中国军队。虽然遭遇了重重困难，希恩上校和泰勒两人最终还是在1944年10月将中国境内运输线的输送能力提高到了每月6000吨的水平。遗憾的是，这样的成功来得实在太晚。由于物资缺乏，第十四航空队在中国东部的所有航空基地都已经被日军占领。

物资补给决定第十四航空队作战的说法听起来有些耸人听闻，然而事实的确如此。举个例子来说，如果我们想把1吨重的炸弹投到日军占领的上海，就必须事先通过后勤补给线获得18吨的各类物资。这个账是这么算的：单在汽油方面，我们的1架飞机每在中国上空飞行400英里，就需要消耗1加仑的航空汽油。为了把这1加仑汽油交到我们手里，整个运输过程也需要消耗1加仑汽油。如果要将1加仑汽油送到我们最靠近东部前线的机场，那么运输消耗的汽油量就要变成两加仑。以上说的还是在中国境内运输物资的消耗量，要是再算上印度境内的陆路运输，以及“驼峰航线”的各种成本，那么我们每在中国使用1加仑汽油，就必须花费6加仑汽油用于运输。有一次，我的一位联队指挥官在撤出一个前进基地时，愚蠢地丢掉了4万加仑汽油，我顿时火冒三丈，因为我想到的是他等于一下子就白白烧掉24万加仑汽油啊。

话虽如此，在整个驻华航空特遣队时代，我的部队每月获得的物资补给量甚至还赶不上驻欧洲航空队一次轰炸行动的消耗。在1944年上半年的作战行动中，其实总共只有6艘运输舰负责从美国本土为中国运送物资。直到1945年8月，由于战局变化，麦克阿瑟才下令直接在中国海岸建立海运物资卸载点，并将运输舰的数量增加到了12艘。要知道，这些运输舰一次运送的物资数量就抵得上“驼峰航线”全年的运输量。

在如此糟糕的物资保障条件下，如果我手下的部队严格按照美国陆军部指示行事，恐怕坚持不了一个月就得散伙。幸好，长期在中国生活的经验让我学会了因陋就简。本着“有多大本钱做多大生意”的原则，第十四航空队的所有决策都是按照我们实际获得物资补给数量来制定的，就连作战也是如此。

由于物资缺乏，第十四航空队的任何行动都必须精打细算，绝对不能大手大脚。例如同样是轰炸一座桥梁，驻欧洲的美军航空队至少会派出一个大队的重型轰炸机，一次投下数百吨的炸弹，然而捉襟见肘的我们却只会派出一架B–25，从200英尺的低空（这样低的高度可以大幅度提高命中率，但是飞机被击落的危险也大大增加了）扔下两颗1000磅的炸弹。在对付水上舰船方面，我们借鉴了第十五航空队的成功经验，直接用战斗机充当轰炸机执行俯冲轰炸任务，从而大大降低了各种消耗。对于第十四航空队来说，我们最主要的“敌人”并非日军，而是那些打算瓜分物资的其他兄弟部队。我们必须和他们斗智斗勇，争取尽可能多的份额，然后又要为将争取到的份额全部落实而绞尽脑汁。

由于被物资补给拖了后腿，不想拿部下生命冒险的我只能被迫减少对日军作战的频率。在每月只能得到相当于其他美军航空队1/4份额物资补给的情况下，我们的作战强度理所当然地也只有他们的一半。由于人手严重不足，第十四航空队很多非战斗岗位，例如餐饮、住宿、机场维护、飞机维修、安全保卫等，全部都是由中方提供的人员担任。这些人绝对算得上忠于职守，许多负责保卫飞机的中国哨兵甚至在日机空袭的情况下都拒绝离开自己的哨位半步，最后就被炸死在那里。在我们的飞行员升空作战过程中，中国空军也经常派飞机协助作战，他们挽救了不少美国同行的生命。

在第十四航空队时代，黄仁霖领导的战地服务团仍然矢志不渝地陪伴着我们，料理所有飞行和地勤人员的吃喝拉撒，每天却仅仅收取每人一美元的微薄费用。很多美军官兵都自发地认为这些中国朋友完全有理由适当抬高一下价格，可是他们从来也没这样做过。只是到1945年初，由于大量非战斗人员的涌入，驻华美军人数膨胀到了7万人，使中国人难堪重负，这才取消了这项协定。

多亏有了战地服务团的无私付出，第十四航空队尽管物资匮乏，却依然活得有声有色。我们每天的饭菜可能不是那么可口，但足以保证训练和作战所需要的热量。我们的日常伙食标准虽然赶不上美国国内的水平，可是在身边中国人的眼中，仍旧显得非常奢侈。当时的很多中国人脑子里根本就没有副食、饮料之类的概念，他们每天完全依靠粗劣的主食和少许蔬菜度日，只有过节的时候才能吃上一点儿肉。一个美国士兵一顿饭吃掉的肉食可能要比一个普通中国家庭一年吃掉的肉食还多。为保证第十四航空队每天的肉类供应，中国人甚至不惜杀掉有用的牲畜。除了肉类，第十四航空队的鸡蛋消耗量对于中国人来说也多得吓人（每人早餐时都要吃两三个）。尽管如此，他们还是竭尽所能地满足我们的要求。

上面说的这些都是小意思，中国人在第十四航空队承担的最主要任务就是机场的修建和维护工作。由于条件所限，当时我们根本无法为这些人提供各种现代施工机械，就连铁锹和十字镐都做不到人手一副。在这种情况下，我们所有的机场全部都是由数不清的中国男人、女人，甚至儿童纯手工建造出来的。

有一次，我乘飞机来到成都视察正在修建中的B-29机场系统工程，便看到了一幕令人震惊的场景。当时，足有35万中国人在机场上辛勤劳作，给人的感觉就像是古埃及人正在修建金字塔。要知道，这些人的数量相当于美军的30个师，或者整个新泽西州的人口。在整整3个月的时间里，他们硬是全凭自己的双手完成了专供B-29重型轰炸机使用的机场系统，以及各种配套设施。本着“有钱出钱，有力出力”的原则，美国政府为这项工程提供了3亿5千万美元的投资，中国方面则几乎将四川全省的年轻壮劳力一扫而空，甚至因此延误了农时，导致许多田地颗粒无收。整个工程的施工量相当于绕着新泽西州铺设一条路面8英寸厚、16英尺宽的公路，挖出的土方量相当于开掘一条18英寸深、3英尺宽从纽约到凤凰城的水渠，修造建筑物的数量则相当于一口气建造1500间普通农舍。

除了这个B-29机场系统，中国方面还为第十四航空队在远离前线的西藏东部边界地区修建了不少机场。对于第十四航空队来说，那些任劳任怨的中国劳工就是最强有力的支持。正是由于他们的努力付出，日本人无论怎么狂轰滥炸，都无法彻底压制住我们。

尽管文化方面存在诸多差异，但第十四航空队与我们的中国朋友始终相处得很融洽。在我的印象中，双方的唯一一次摩擦发生在重庆，而且还是由驻扎在当地的“中缅印”战区司令部挑起的。我认为，中国人是一个非常容易打交道的民族。外国人无论做什么，只要被认为是对这个国家有益的，就都可以得到中国人的谅解和支持。遗憾的是，后来的很多美国官员完全忘记了“对这个国家有益”的前提，真的以为自己可以在这个古老的东方国家为所欲为。

想要在中国做些事情，拥有广阔的人脉是非常重要的。第十四航空队之所以能在中国如鱼得水，恰恰源于我此前数年在人脉方面的苦心经营。对中国人来说，“飞虎队”的战斗机远远要比美国大使本人亲切得多。这些飞机活跃在昆明以东直到海岸线的广大空域，成为中国军队发动各种地面行动的基本保证。如果实打实地论功行赏的话，第十四航空队几乎可以包揽当时美国的所有奖章。

抗战时期的中美两国之间，可能诱发矛盾的因素非常多。单是第十四航空队繁重的后勤保障任务，就足以令中国方面怨声载道。更何况由于装备和技术的限制，我们在训练和作战的过程中还经常误伤中方人员。我记得，在贵阳做生意的一位中国店主曾经给我写过一封信。信中他诉苦说我们派去空袭汉口的飞机出于试枪的目的，在半路上随便开了几下火，结果有几发子弹击中了他的店铺，造成了一些损失。然而这位大度的中国商人并没有要求赔偿，只是希望我们以后能够多加小心。还有几次，因为地图错误之类的原因，我们的飞机先后误炸了几座中国城镇，甚至还包括中国军队的一处司令部，中国方面也都没有深究。

话虽如此，日本人却从来没有错过利用这些小插曲离间中美两国感情的机会。更可气的是，他们还对第十四航空队上上下下的人明码标价，鼓励中国人用我们的脑袋换取赏金。我要是没记错的话，日本人对一名美军上校的开价是50万法币。为刺探我们的情报，搞破坏，日本人还试图在机场周围重金收买中国间谍，结果却收效甚微。在这方面，日本人唯一可以拿来夸耀的功绩就是曾经成功地在我们的威士忌酒里投了一次毒。幸运的是，他们投下的所谓“毒药”效果非常有限。

抗战时代的中国人对美国的支持和好感绝对是实打实的，其中没有任何虚伪的成分。他们表示自己友谊的最有力方式，就是随时乐于为我们献出自己的一切。在各种各样的节日里，四面八方的中国人会纷纷给第十四航空队寄来自己家乡的特产，以此向心中的英雄传达敬意。我记得在第十四航空队成立一周年的那天，基地周围的云南乡民们自发地带着一头牛、三头猪，还有100坛酒慰问我们。这令我和我的部下们深受感动。每次成功阻止日军空袭后，受到保护的那个地方的中国人都会敲锣打鼓地给我们送来条幅和礼物，以此表达自己的感激之情。仅仅是因为桂林的那次空战，城里的商会就组织人手给我们送来了几卡车各式各样的礼物。每天，第十四航空队司令部都会收到来自中国各地的信件，其中的内容大多是向心中的英雄表示自己的仰慕和鼓励。有这么一封信很具有代表性，它的作者是从东部日占区逃亡过来的中国难民。在信中，他附上了一幅自己无锡老宅周边的详细地图以及两万法币的捐款，强烈要求美国飞行员轰炸无锡的时候顺便炸了这座已经被日本人强占的房子。这位难民这样写道：“你们最好在春节那天去轰炸，绝对不能让这帮小鬼子过个舒服年，但是轰炸的时候请务必留意我家周围的邻居们。”

平心而论，中国方面为第十四航空队提供的帮助甚至远远多于史迪威的“中缅印”战区司令部。由于人手增多，我曾经数次给史迪威打报告，要求为航空队司令部调换一所大些的房子，却屡遭拒绝。不仅如此，他甚至连封锁司令部周边用的铁丝网都不愿意批给我们一点。最后，还是中国方面提供人手和物资，帮我们解决了这个问题。负责修建新司令部的中国官员告诉我，建房子的钱是中国空军出的，完工后免费提供给我们使用。史迪威不知道从哪儿听说了这件事情，为挽回美国人的面子，这才下令从中国空军那边将新司令部的工程接手过来。

在我看来，日占区的那些中国军民舍生忘死地营救跳伞美国飞行员，并自发为我们传递情报的行为，最能够体现抗战时期中美两国的深厚情谊。由于事先得到了蒋介石的允许，我可以在“为了抗战”的前提下，不受阻碍地与包括中共军队、敌后游击队在内的中国各派政治势力真诚合作。由于地域的关系，第十四航空队与新四军合作的次数最多，关系也处得最好。这些在日占区活动的勇士们曾经多次从日本人的鼻子底下营救出我们的飞行员，并把他们平安护送到重庆。作为回报，我们则会偷偷支援给他们一些药品、电台、手表，乃至指南针之类的军用物资。蒋介石本人对这些事情心知肚明，却从没出手干涉过。

新司令部的事情解决后不久，我又打算为手下的飞行员们修建一处疗养地。长时间的超负荷战斗已经令他们身心俱疲，但在当时的情况下，返回美国休养度假是根本不可能的事情，唯一的办法就是在中国找个地方让他们暂时放松身心。经过详细筹划，我决定把疗养地放在昆明附近的一处湖边。这个地方可以为休假的飞行员提供良好的食宿，还有配套的游泳、垂钓和划船设施，能够让他们在重返战场前得到充分的放松。然而史迪威再次拒绝了我的请求。更气人的是，与此同时，驻印度的第十航空队却修建起了极其奢侈的疗养设施，无论战斗人员，还是非战斗人员，都可以在那里花天酒地。就在我准备将计划搁置的时候，昆明的几位银行家听说了这件事。他们根本没和我们商量，就买下了那块地，又出钱、又出人，为我们修建了一处条件优越的疗养地。史迪威再次听说了这件事，为挽回他那点可怜的面子，这位将军再次下令中途接手了疗养地的修建工程。

由于中国军民的无私帮助，日军在抗战期间很少能抓到我们的飞行员。据战后统计，有95%左右的敌后跳伞飞行员都可以得到有效救援，最终重返战场。为遏制这种势头，日本人在1942年杜立特轰炸东京后，就下达了异常残酷的禁令，任何营救美国飞行员的中国人不但自己会被枪毙，而且会被灭门。尽管如此，日占区的中国军民仍然冒着极大的风险帮助我们。这其中既包括中共领导的抗日武装，也包括许多普通的中国百姓。无论何时何地，只要跳伞的飞行员被人看到，就一定会在第一时间得到自发且无私的援助。出于保护这些英雄的目的，各种报刊媒体上从未披露过美国飞行员获救的详细经过，所有成功返回后方的美国飞行员也都自觉地保守这些秘密，只有一个人因为不小心走漏了消息，导致自己的恩人遭到了日军屠杀。正因如此，我能了解到的消息也很有限，这其中就有这么一个故事。

有一次，在九江上空，来华前曾在布干维尔岛上空击落日本海军首脑山本五十六海军大将的雷克斯·巴博少校在击落一架“隼式”战斗机的同时，自己也被日机击落了。更糟糕的是，他不但手臂受伤，跳伞时还弄断了一条腿。由于跳伞的位置正好就在九江城郊，所以日本人很容易就发现了巴博，他们立刻派出巡逻队，打算活捉这名美国飞行员。然而就在同一时间，一位中国人却把巴博藏在了垃圾堆里，上面还盖了不少枯枝败叶。做完这一切之后，他自己也钻了进去。日本人在垃圾堆附近搜索了半天，却始终没想起到垃圾堆里翻翻。后来，负责带队的日军中尉失去了耐心，打算最后抽支烟就把队伍带回去。这名中尉当时站的位置距离巴博如此之近，以至于他不用怎么伸手，就可以捡起中尉丢在地上的烟盒。总算老天保佑，日军中尉抽完烟就带人回了城里。当天夜里，尽管日本人为抓捕美国飞行员实施了全城戒严，巴博却仍然被好心的中国人辗转送到了九江市区。他们就把巴博一直藏在那里，直到日军彻底死了心，这才又把他通过秘密渠道送回后方。

除了巴博，还有两名战斗机飞行员——格瑞格中尉和拜奈道中尉的经历值得一提。这两个人是在汉口上空的一次大空战中被击落的，我们整整60天没得到任何音信，大家都认为他们肯定已经阵亡了。可是4个月以后，格瑞格中尉和拜奈道中尉却风尘仆仆地返回了基地。据这两个人说，他们在空战中都受了伤，其中一个还断了一条腿。他们跳伞落地后马上就被好心的中国农民藏了起来，然后又被交给了在汉口附近活动的新四军。新四军方面并没有急着把飞行员送回来，而是安排他们去自己的后方医院养了两个月伤。养好伤之后，这两个人才被新四军辗转送了回来。

我记得在空袭上海的行动中也有4名飞行员被日军的高射炮火击落。要知道，上海距离我们最近基地的直线距离也有650英里，而且日军在这两地之间还布有重兵。尽管如此，那些勇敢的中国人硬是在日本人的眼皮底下把我们的飞行员全部藏了起来，后来又把他们交给了游击队。游击队带着他们冲破日军的重重封锁，最终平安返回了后方。

一个负责空袭香港港口设施的B-25机组的故事也非常具有传奇色彩。当时，大家都看到他们驾驶的飞机被日军的高射炮打成了一团火球，因而认定这几个倒霉的家伙肯定已经见上帝去了。出乎所有人意料，他们不但活了下来，而且还用飞机的残骸拼装了一条小船，打算从水路偷偷溜走。后来，日本人的巡逻船发现了他们，并紧追不舍。就在这个关键时刻，几名飞行员幸运地被中国人的走私船救了起来。这条走私船后来又把他们交给了另外一条走私船，他们就这么被走私船传来传去，最后终于到达了中国军队控制的海岸。

以上就是第十四航空队征战过程中，在中国真实的所见所闻。

第十六章

第十四航空队遭遇的第一次考验发生在1943年夏天。当时，我正在华盛顿参加“三叉戟会议”，日本人偏偏在这个时候从中国东西两线发起了一场钳形的攻势。进展迅速的东线日军很快占领了长江西岸，兵临宜昌城下，剑锋直指重庆。与此同时，驻缅甸的日军航空队也开始频繁空袭云南境内的战略目标。

由于我的缺席，格列将军临时接替了第十四航空队的指挥位置。为了同时支援东西两线作战，他制订了一张详细的兵力调配表。虽然计划非常周详，然而对于我们的飞行员来说，既要在东线空袭日军的地面部队，又要在云南抗击来袭的日机，仍然是件勉为其难的事情。尽管如此，第十四航空队还是挺了过来。由于我们有效的空中打击，东线日军的嚣张气焰被成功遏制。在他们撤退的过程中，我们还多次出动飞机，沉重打击了公路上无遮无掩的日军，将他们的归途变成了一条“死亡之路”。中国军民的士气因此大受鼓舞。

相比东线的地面部队，西线日军航空队的运气也好不到哪儿去。在我看来，日军航空队的上层非常缺乏战略眼光。他们把注意力全部放到了昆明之类的大中城市上面，却偏偏放过了我们异常脆弱的陆上补给线。日军对大中城市的空袭确实带来了一定程度的损失，却仍然在我们可以承受的范围内。反倒是他们自己因为承受不了不断增加的战斗损失，最终自动停止了空袭。

在这段黑暗的日子里，第十四航空队失去了自己最优秀的战斗机飞行员——约翰尼·霍普夏上尉。这位上尉在我们部队中的排名仅次于援华航空队时代的元老希尔、布鲁斯·霍洛韦和约翰尼·艾尔森。霍普夏在自己参加的最初6次空战中就击落了14架日机，他自己则在长沙上空被日本人的子弹击穿了胃部。在最后那次空战中，霍普夏一个人迎战两架“隼式”战斗机，结果不幸被敌人击落。中国方面派出的搜救队在湘江岸边找到了身受重伤的他，以及飞机的残骸。遗憾的是，上尉在被送往医院的途中伤重不治。

这年6月14日，根据“三叉戟会议”达成的共识，第十四航空队结束了此前东奔西走到处救火的被动局面，开始更加主动地攻击日军。文森特奉命率队移师东部前线机场，准备迎击冬季以后从广州、汉口方向发动反扑的日机。他将自己的指挥部设在桂林附近靠近一个伐木窝棚的山洞里，并在接下来一年多的时间里令日本人损失惨重。

出乎所有人意料的是，“三叉戟会议”达成的某些协议并没能及时得到落实。原定来华增援的战斗机部队由于印度进入雨季，被耽搁在半路上。通过“驼峰航线”运到中国的物资在7月比我要求的4700吨还少了1700吨。直到11月，空运部门才将这个缺口补齐。尽管如此，我却不能再等待了。因为适合空战的季节已经到来，即便我们不动手，日本人也不可能按兵不动。按照事先的计划，我留下1个中队防守云南，派出第23战斗机大队（内含两个战斗机中队的50架P-40，以及第十一轰炸机中队的15架B-25）前出防守“衡阳—零陵—桂林”一线，另外还留下第三〇八轰炸机大队在昆明待机，随时准备轰炸印支半岛或东部战场上的日军目标。

第三〇八轰炸机大队在当时美军所有的重型轰炸机部队中显得非常独树一帜，它在后勤补给方面完全实现了“自给自足”，基本不受“驼峰航线”的限制。有赖于自身巨大的航程和运载能力，第三〇八轰炸机大队每次作战前可以直接赶到印度的补给基地自己运送各种物资，然后再飞行500~900英里的距离将物资囤积到预定发起作战的前线机场。刚开始的时候，我觉得阿诺德将军把这支部队派到中国根本就是扯淡，因为这种战法实在太费汽油了。然而事实证明，我的想法是错误的，第三〇八轰炸机大队最终成了第十四航空队的杀手锏。相比之下，消耗的那点儿汽油还是物有所值的。

有时候，这些雄心勃勃的小伙子经常一次就准备好接下来几次战斗所需要的物资。然而事实证明，这种高强度的连续作战对他们来说确实有些勉为其难。长期不规律的生活令他们普遍出现了心理压力过大、身体素质下降等问题，因而经常在轰炸过程中犯错误（比如消耗几千加仑汽油飞到目标上空，却将炸弹扔到了附近的稻田里），不过他们对印度支那、香港等地的空袭行动仍然算得上是空战史中的上乘之作。战后，在美国陆军航空队的统计表中，第三〇八轰炸机大队获得了一系列“第一”的头衔。比如第一支轰炸上海和西贡的外军部队、菲律宾陷落后第一支空袭马尼拉的部队，等等。此外，他们还由于在中国南海上空对往来日本船只的成功拦截，受到了海军方面尼米兹和哈尔西两位五星上将的高度赞扬。

就像许多美制武器在中国的命运一样，第三〇八轰炸机大队的重型轰炸机执行了许多它原先的设计师做梦都没有想到的任务。很多时候，这种高空水平轰炸机经常被我们当作战斗机执行俯冲轰炸任务，从极低的高度攻击日军的舰船、港口、雷达站等目标。

同样是受到杜黑制空权理论的影响，派遣第三〇八轰炸机大队来华的军方高层觉得根本没必要为这些大家伙配备战斗机护航。尽管我自己可以从手下的战斗机部队抽调一些人手，却无法完全满足他们的作战需要。在这种情况下，308大队的小伙子们经常完全凭借勇气而非战术去舍命执行任务。在海防上空，我们派出的7架B-24有5架被日机击落，两架受损严重的飞机带弹返回昆明机场，还有1架在机场附近坠毁，机组人员全部丧生。还有一次是在汉口上空，同样是因为没有战斗机护航，我们的B-24损失惨重，最终没能完成预定的轰炸任务。重型轰炸机巨大的损失量令我深受触动，我曾经想尽办法去解决轰炸机编队没有战斗机护航的问题，但是就连一线的那些飞行员似乎也不愿意放弃杜黑“轰炸机执行昼间轰炸不需要护航”的过时教条。幸运的是，战后独立的美国空军终于接受了日德战场上的教训，改变了这种保守僵化的战术。

尽管问题重重，但第三〇八大队在华期间还是打了几次漂亮仗。1943年10月末，日军派了两个战斗机中队进驻缅甸北部。他们的首要任务是拦截有可能出现的蒙巴顿勋爵[①]及其参谋人员的访华座机，并顺便破坏“驼峰航线”的空中运输。

① 1900年6月25日生于英国，曾祖母为英国女王维多利亚，父亲为巴登堡亲王路易斯，母亲为赫茜·维多利亚公主，蒙巴顿曾担任英国最后一任印度总督。——译者注

这些日本人的运气不错，他们平均每天可以击落两架根本没有护航的运输机，严重打击了空中运输部门的士气。幸运的是，我很快找到了对付这帮家伙的办法。

为避免打草惊蛇，我在蒙巴顿勋爵访华前的几天并没有为空运部门提供战斗机护航，而是把第三〇八大队派了出去，并为他们配备了额外的机枪、加农炮。日本飞行员果然中计，把B-24错当成了毫无反抗能力的C-87。他们兴冲冲地俯冲了下来，结果却被结结实实地揍了一顿。就这样，日本人连续3天吃了亏，总共被三〇八大队击落了18架战斗机。杯弓蛇影的他们彻底放弃了原先的计划，蒙巴顿的飞机在毫无干扰的情况下平安抵达中国，“驼峰航线”也因此清静了不少日子。

从1943年7月9日开始，第三〇八大队发起了夏季攻势，对东京湾（北部湾）周边的日本舰船发动集中空袭。在前后6次的行动中，他们总共击沉了5万吨的各类船只，却只消耗了79吨炸弹。对于日本人来说，三〇八大队的行动起到了突然袭击的效果，因为在此之前，美军还没有在雨季对他们发动空袭的先例。三〇八大队的空袭不但成功利用了日军此时疏于防范的心理，同时，雨季厚厚的云层本身也为没有战斗机护航的他们提供了掩护。那些节省下来的战斗机正好又可以被投放到中国东线战场，可谓一举两得。

在日本人的战略体系中，法属印度支那半岛是一个非常重要的节点，他们通过这个地方获得的煤炭、钢铁、水泥、稻米等战略物资的数量仅次于荷属东印度群岛。所有物资的向外运输严重依赖东京湾（北部湾）周边包括河内、海防、鸿基、锦普在内的几个港口，这些地方还是日本海军维修战损船只的重要基地。

有鉴于此，我们发动夏季空袭的主要目的就是摧毁东京湾（北部湾）周边的港口设施，并彻底破坏它的通航能力。三〇八大队对于这个战略节点的打击非常成功。到了1943年末，这个地方几乎已经看不到日本船只的身影。无可奈何的日本人只好加紧扩建海南岛的港口设施，以此作为失去东京湾（北部湾）后的替代。

首战告捷，我们又把轰炸的目标转移到了当地的工厂和矿上，彻底切断了日本人的战争血脉。就这样，我们仅仅凭借1个轰炸机中队外加1个战斗机中队就完全封锁住了法属印度支那，并摧毁了那里的各种战略设施。日本人费了九牛二虎之力占领了这个地方，却没能享受到随之而来的胜利果实。

同年7月15日，东线前出指挥的文森特打电报给我，说他已经做好随时迎战的准备。根据情报显示，当时日本人驻汉口和广州的空中力量都已经有所加强。他们的首要目的就是主动出击，将第十四航空队赶出中国东线战场的上空，最终夺取制空权。战争虽然已经打了6年，日本人似乎并没有什么长进。他们对付我们的主要战术就是两个路数：白天用少量轰炸机充当诱饵吸引我们的战斗机，自己的战斗机躲在高空守株待兔；午夜以后则出动大批轰炸机对我们的机场搞地毯式轰炸。唯一与以前不同的是，日本人此时装备了两种新型号的战斗机："隼式-2"型和"东条式"。"隼式-2"型相比原先的型号主要加强了装甲防护，而且飞得更快。"东条式"则是一种机身短粗的飞机，很像后来美军装备的P-47。在当时的中国战场，"东条式"是性能最先进的飞机，已经远远超过了我们的P-40K。

尽管性能方面遥遥领先，日军在空战中还是没能占到什么便宜。一天下午，20架"隼式"突然空袭零陵。由于当地那天没有第十四航空队的飞机驻防，所以我们紧急从衡阳起飞了8架P-40去拦截它们。整个空战最终以0：5告终，我们毫无损失。不死心的日本人当天下午从广州方向派来了海军航空队的1架双引擎轰炸机，和它一起来的还有20架"零式"战斗机。这架轰炸机在零陵上空空投了英文传单，邀请美军战斗机指挥官和那些"零式"进行一场数量对等的公平决斗，并声称战斗的结果将证明中国战场上的美军航空队根本不堪一击。我们当然不能让日本人小瞧了，飞行员们驾驶着P-40很快就冲了上去。20分钟以后，我们的战斗机和那些"零式"打了个平手，一位打急了眼的飞行员根本不管什么决斗规则，直接把那架倒霉的轰炸机揍了下来。就在它落地爆炸的瞬间，那些传单依然还在空中飞舞。

在整个7月的空战中，日军的航空队指挥官表现出了相当强的"时间观念"。他们的每次进攻几乎都发生在相同的时间段，经常分秒不差。这使得文森特总能如有神助般地提前判断出他们的作战意图，并投入全部力量组织防御。当然，中国方面出色的防空预警网同样功不可没。要是没有他们，第十四航空队那点可怜的燃油恐怕早就被各种各样的虚假警报给消耗光了。

衡阳大空战连番上演的同时，狡猾的日军还悄悄从广州派出27架轰炸机打算偷袭桂林。被衡阳日机拖住手脚的文森特此时只剩下4架P-40可以升空作战，却没有了飞行员。无奈之下，这位老兄只好亲自出马，率领临时抽调的3名参谋人员驾机参战。他们的第一轮俯冲攻击就打乱了日军的阵脚。吓破了胆的日本轰炸机直接把炸弹丢弃到稻田里，然后就掉头向广州方向逃窜。在这次战斗中，文森特将他个人击落日机的成绩提高到了6架。如果不是我出于安全的考虑强行命令他降落，这个数字恐怕还有增加的可能。

日军对衡阳的空袭整整持续了8天零1夜。到了第八天的时候，我们总共经确认击落了62架日机，疑似击落46架日机，自己也损失了8架P-40和3名飞行员。第九天，空袭终于结束了。接下来是连续3周的平静时间，日本人重新调派了力量，调整了战术。第十四航空队则在这个短暂的间隙里得到了第四四九战斗机中队的增援。这个中队装备的是老旧的P-38战斗机。由于曾经在北非战场取得过不错的战绩，他们根本不相信自己的飞机敌不过日本最新式的"隼式""零式""东条式"等机型。事情的结果当然应了那句老话——骄兵必败。

就在中国东线战场上空激战正酣的同时，我和史迪威受邀去昆明参加了时任中国国防部长白崇禧举办的一次正式晚宴。就在这次晚宴前，我刚给美国陆军部打了报告，要求用最新型的P-51战斗机替换已经过时的P-40。气人的是，史迪威不知出于什么目的，也在同一时间给陆军部打了份报告，称赞P-40在中国战场上有多么多么神勇。不仅如此，他还极力游说中国空军继续购买这种落后的战斗机。在那次晚宴上，我和这位顶头上司被安排坐在白崇禧的左右两侧。史迪威再次抓住机会，卖力地推销起P-40来。

听着这些纯属扯淡的废话，我终于忍无可忍，直接驳斥史迪威说："的确，就像你说的那样，我们驾驶P-40照样可以打败日本人。不过你知道这么干，我们得冒多大的风险吗？"

史迪威不高兴地翻了翻白眼，终于放弃了这个话题。

从这年8月20日开始，调整了战术的日机又重新发起了空袭。这次，日本飞行员打算充分利用自己新式战斗机在升限方面的优势。他们每天都会派出20至50架不等的战斗机在广州、汉口两地之间以3万英尺的高度编队飞行，意在守株待兔，一旦发现我们的飞机就居高临下发起进攻。

在此前的空战中，为节省汽油，我曾经专门命令过文森特，只允许我们的飞机在日机飞到机场附近的情况下升空还击。但是由于日军调整了战术，我也不得不及时做出反应。本着打蛇打七寸的原则，我决定派第三〇八轰炸机大队直接从云南起飞，轰炸日军在汉口、广州两地的机场。在此之前，我首先命令文森特调动手头的一切力量空袭日军机场，迫使守株待兔的日本战斗机降低高度，并拖住它们，从而减少对三〇八大队的威胁。

然而计划总是赶不上变化。第一次空袭行动中，由于日军突然轰炸衡阳，原本预定为第三〇八大队护航的P-40没能及时赶到汉口上空，第308大队的多数轰炸机主动放弃了任务，但是仍有4个机组在没有护航的情况下冲破日军防空火力网，试图投弹。遗憾的是，他们的勇气并没有获得回报，反而还有两架轰炸机被日军高射炮和战斗机击落。

第二次，吸取了教训的我们提前为第三〇八大队准备好了P-38战斗机护航，但是结果比上回还要糟糕。已经有所警惕的日军这次根本没上当。不管文森特的手下如何卖力，他们就是不受诱惑，而是耐心等待我们的重型轰炸机。等到第308大队到达汉口上空时，这些忍耐多时的家伙终于得到了机会。他们旁若无人地冲进我们的轰炸机编队猛烈开火，负责护航的P-38却死脑筋地在3万英尺高空徘徊，寻找早已没了踪影的日军战斗机，任凭战斗在自己下方发生。此战之后，我们派去的7架轰炸机中有4架被日军击落。

所幸，我们的损失在一个小时后就得到了补偿。这次失败的空战结束不久，第十一中队的B-25轰炸机就在第二十三战斗机大队的P-40护航下，突袭了汉口机场，并击毁了10架日军战斗机。到了8月26日，日军已经有91架飞机确认被摧毁，26架飞机疑似被摧毁，我们自己总共被击落了19架飞机。如此算下来，整个夏天，我们在对日军的空战中取得了153：27的优良战绩。沉重的损失再次迫使日军停止了攻势。按照常理，我们本应该抓住这个机会乘胜追击，但是问题在于，长时间连续作战之后，我们的飞机也开始故障频频，急需大修（文森特手里只剩下8架P-40能够继续升空作战），所以只能很遗憾地暂时休兵罢战。

1943年夏季的空战明显改变了中国空中战场的力量对比。从这年秋天起，第十四航空队由守势转入攻势，开始主动对日军发动进攻。日军航空队则彻底放弃了把我们赶出中国的念头，转而将主要精力放在保卫己方机场方面，只是偶尔对我们搞搞夜间轰炸。在这种情况下，对我们构成最大威胁的已经并非日军航空队，而是他们的地面部队。

由于三叉戟会议许诺给我们的物资迟迟不能到位，我给了文森特30天的回国假期，顺便让他去五角大楼的陆军航空队司令部以个人身份催促一下。除此之外，文森特还带去了我分别写给罗斯福总统和哈里·霍普金斯[①]的亲笔信。在写给总统的信中，我介绍了当时的情况，并着重说明了由于物资不能及时到位，因而无法在1944年1月前兑现“歼灭日军空中力量主力，并击沉50万吨日本船只”的许诺。这封信的摘录如下：

到目前为止，我们仍然没能得到应得的物资。因此，很多战机就被白白错过了。按照之前的计划，我们此时应该已经取得了中国东南部的制空权，并开始计划的第二阶段，也就是继续削弱日军航空队的实力，并切断日本的海上交通线。等到第二阶段的战略目标实现后，我们就可以以中国为基地着手轰炸日本本土。

但是根据眼下的情况，整个计划的第一阶段能否全部落实都还是个问题。由于物资严重不足，我的部队实际上完全是在凭借自己的勇气和决心对抗日军。对于美军来说，这样的问题实在不应该出现。

在写给哈里·霍普金斯的信中，我也谈到了同样的问题：

目前有很多问题正在困扰着我的部队在中国的作战行动。坦率地说，如果这种情况持续下去，我们很可能将面临惨重的失败。我以自己的名誉保证，只要能够得到自己需要的一切，我们就可以彻底挫败日军的空中力量，并切断他们的海上交通线，从而最终颠覆日本的战略体系。

我的老朋友，时任麦克阿瑟将军的航空兵司令的乔治·肯尼将军和我互通信件。他在信中指出，我并非眼下唯一被物资短缺困扰的战场指挥官，这个问题带有普遍性。肯尼比我早几个月就去过华盛顿“朝觐”，在他离开时同样满怀热

---

① 罗斯福总统的重要顾问之一。

情，公文包里装满了承诺。9个月之后，他这样写信给我：

他们（华盛顿）已经给我的，而且正在给我的只有一大堆承诺，说会给我更多的飞机，但一切都进展缓慢。几支部队原定今年夏天来，现在推迟到明年春天。我的情况虽不像你那么窘迫，不过也好不了多少，看来在希特勒彻底失败，我们俩能放手大干之前，只能继续等待了。

这年初秋时节，“中缅印”战区的高层发生了很大的变动。在基本无战事的印度，英国的蒙巴顿勋爵刚刚成立了英军的“东南亚司令部”，他们将与自己的美国盟友联手抗击日军。我的老同事比塞尔终于调离了第十航空队的指挥位置，他的职务由乔治·斯特拉特迈耶少将接任。斯特拉特迈耶少将新官上任似乎对第十航空队并没有什么兴趣，他很快就在加尔各答组织起了400人规模的“东方航空司令部”，并将第十航空队的实际指挥权交给了霍华德·戴维森少将。对我来说，斯特拉特迈耶少将其实是个老熟人。这位老兄很有军事天赋，在和史迪威对着干方面，他也总是站在我这边。遗憾的是，当上了一把手的他很快就被自己的手下人给架空了。这些人除了混日子之外，根本不打算有什么实际作为。最可笑的是，这个新班子成立不久，就以斯特拉特迈耶少将的名义拉第十四航空队入伙，参加一个非常扯淡的作战计划。所幸蒋介石头脑还比较清醒，直接回绝了他们，不过双方不和的种子也就此种了下来。

9月的时候，“四分仪会议”在魁北克召开，大家着重讨论了亚洲战场的各种问题。当然，他们这次吸取了上回的教训，根本就没邀请我或我的手下参加。“四分仪会议”一如既往地达成了许多根本无法兑现的所谓计划。按照会上讨论的结果，英军准备在仰光发动一次两栖登陆，进攻缅甸日军。作为对这次行动的配合，盟军将在缅甸中部地区发起一系列空袭行动，以达到牵制日军的目的。与此同时，史迪威指挥下的缅北及怒江沿岸的中国军队也将发动进攻。他们的主要任务据说是要打通一条每月可以向中国输送10万吨物资的陆上通道。

为了这条见鬼的通道，成百上千的中国人、美国人、英国人和印度人丢掉了性命，落下了伤残，却根本没能换来当初承诺的兑现。后来，曾经出席会议，并参与制订这个计划的莫里斯·希恩上校来到中国，我通过他才了解到了其中的详情。

在会上，希恩上校从专业角度推断这条通道开通后的实际运力将只有每月两三万吨的样子，美国陆军部的另外一位专家不知道有什么根据，却推断这条通道的运力可以达到每月10万吨。最后，与会的官员们毫无理由地把这两个数字折了个中，得出了每月至少6.5万吨的结论。事实上，即便是这个折中的数字也定得实在太高了。

在我看来，魁北克会议完全是一场被地面部队指挥官控制的会议。这种情况直到在开罗和德黑兰召开的“六分仪会议”才有所改变。“六分仪会议”前，美国陆军部的老爷们照例准备将我从与会名单中划掉，不过蒋介石却打定主意让我参加这次会议。由于美国那边始终无法通融，他最终只好以“中国空军参谋长”（事实上，我从前一年的夏天开始兼任了这个职务）的身份将我带到了开罗。由于这个特殊身份，我被排除出了所有与中国无关的会议。不过这倒也好，身在开罗的我终于有了空暇时间可以和老朋友拉尔夫·劳斯莱斯少将打打桥牌，顺便游览游览古埃及遗迹。

在这次会议前，“四分仪会议”上达成的所谓登陆仰光或安达曼群岛、反攻缅甸的计划已经由于英国方面缺乏足够的两栖船只，美国方面不能及时提供原先许诺过的步兵师等原因流产了。与此同时，第十四航空队却通过一次出色的突袭行动，再次向世人证明了自己的能力。就在会议召开前不久，我们成功轰炸了新竹机场。那里是日军在台湾最大的轰炸机和战斗机训练、维修基地。

这次发生在感恩节的胜利能够取得的前提主要在于我们刚刚从日军手里重新夺回了遂川机场的使用权。这个机场位于中国东部沿海，距离桂林250英里，更靠近日本本土。由于获得了这个新的前进基地，我们的航程最远的飞机便可以跨过台湾海峡，攻击岛上的日军基地。

根据文森特的计划，第十一中队以及新近成立的中美混编联队的老手们驾驶的B-25轰炸机将是这次行动的主角，希尔率领第四四九中队的P-38战斗机，再加上隶属于第七十六中队、数量有限的P-51战斗机担负护航任务。为躲避日军雷达侦察，达到出其不意的效果，这些飞机在穿越台湾海峡时采用了超低空飞行战术。

当他们到达新竹机场上空时，一些日军战斗机刚好正在进行起降训练，另外还有两排双引擎轰炸机整齐地停在跑道上。我们的P-38首先发难，击落了天空中所有的日军战斗机，顺便还扫射了机场上的轰炸机。这之后，他们爬升到高空担任警戒任务，B-25开始轰炸、扫射机场上的装备和人员。新式的P-51充当了最后的压轴，他们击落了零星几架勉强起飞迎战的日军战斗机，然后再次将整个机场扫射了一遍。

在这次行动中，我们只损失了1架飞机；日本方面有6架战斗机被击落，还有40架轰炸机被击毁在地面。作为报复，日军在此后6个月的时间里连续轰炸了遂川机场。当然，在我们的有效反击下，他们并没能取得什么战果。与此同时，我们还重新取得了赣州、南雄、石城等几个与遂川具有同等战略意义的机场，形成了一个互相支持的体系。值得一提的是，我们超低空突袭新竹的办法后来被第5航空队的乔治・肯尼将军用在了轰炸韦瓦克和霍兰迪亚上面。这使他的部队最终获得了西南太平洋地区的制空权。

成功空袭台湾后不久，由于日军地面部队准备从汉口附近靠近洞庭湖的突出部发起攻势，蒋介石和史迪威联合下令，让我从开罗立刻返回中国，并组织空中力量协助防御。

在军事历史上，这场后来被命名为常德战役的战斗可能根本不值一提，然而它对于我却有特别的意义。首先，这是我与第九战区司令长官薛岳上将的第一次合作。薛岳上将是当时中国军队中非常善战的一位将军，而且我手下的机场也大多集中在他的防区内。其次，正是在这次战役中，我们第十四航空队的情报系统与中国陆军的情报系统实现共享。这使得我们能够及时和准确地为中国地面部队提供空中支援，让日本人变得更加不堪一击。正是靠着这种空地联合作战的优势，我们取得了1943年常德战役的胜利、1944年“怒江战役”的胜利，乃至1945年的芷江战役的胜利。事实证明，只要物资补给充足，这样的空地联合作战体系对于日本人来说就是不可战胜的。

在此前的很长时间里，情报问题始终是中国抗战的硬伤。由于现实利益的冲突，中美英法各国在这方面其实并不特别齐心协力。例如中国政府就始终怀疑英国和法国情报机构私底下搞小动作，试图在亚洲谋求战后霸权。因此他们在为第十四航空队提供任何情报的同时，都会附加上“不得向英国、法国方面透露”的条件。相比之下，第十四航空队之所以能得到中国方面的充分信任，恰恰是因为我们将这些纷争放到了一边，全心全意与他们合作。

事实上，作为一名纯粹的军人，太投入地与情报部门合作确实存在很多风险。正因如此，我在中国期间总是有意和戴笠领导的军统保持距离。我承认，军统在当时的中国确实是最神通广大的情报组织，但是他们在反共方面的态度也是最顽固的，而我的第十四航空队出于自身利益的考虑，恰恰需要经常和中共方面打交道。在这种情况下，我只能对各方都采取不偏不倚的中立态度，避免和其中的任何人走得太近。这不仅为我在中国赢得了好口碑，也使得第十四航空队能够调动周围的所有资源用到对付日本人上来。出于同样的原因，始终被后勤补给问题困扰的我毫不犹豫地拒绝了英国情报部门提供的100万美元情报经费，尽管这些钱可以明显改善第十四航空队的处境。

战争刚开始时，美国的对华情报收集工作就被罗斯福总统交给了海军的情报系统。整个抗战期间，领导这个情报团队的是梅乐斯将军（最初来华时只是海军中校，1945年晋升为战时海军少将）。据我所知，梅乐斯将军与戴笠是有某种秘密合作协议的。为方便开展工作，梅乐斯将军的很多手下都以参谋、行政人员的身份进入第十四航空队的司令部，名义上归我直接指挥。这些人为我们提供了不少情报，并帮助我们维持了与美军太平洋舰队之间的联系。当然，海军方面也通过这些人搞到了自己需要的不少情报。

作为一名纯粹得有些古板的军人，史迪威对情报收集工作几乎完全没有兴趣。做出各种决策的依据主要是来自中国国防部的情报，甚至是第十四航空队提供的二三手消息。这些消息传递到我们手里的时候，往往存在6周左右的“时差”，根本谈不上什么时效性。尽管如此，史迪威仍然严格禁止第十四航空队主动进行情报收集工作。可是作为美军在华最高等级的指挥机构，我们又确实需要及时、准确的情报。这就使我陷入了服从命令与捍卫自己部队利益的两难选择中。万般无奈之下，我只好要了“两面派”，将第十四航空队的情报人员放到了防空预警网的编制内。我们自己内部进行决策时，依据的是通过这些人获得的第一手情报，上报给史迪威的却仍然是和原来一样的二三手情报。正是依靠这些情报人员，我们才在第一时间得到了日军即将进攻常德的可靠消息。

第十四航空队获得的日军即将在常德地区有所行动的情报最早是在10月28日通过派遣到中国军队前沿的空地联络小组获得的。据他们说，日军1000人的先头部队已经在洞庭湖沿岸做好了战斗准备，另有40000人的部队正在沿长江向战场机动。相比之下，史迪威情报部门的反应就慢了许多。直到11月5日，他们才通知我们说日军即将有所行动。那时候，第十四航空队的飞机已经参战8天了。比史迪威情报部门更迟钝的是重庆那边的情报机构，直到11月15日，他们还在信誓旦旦地宣称日军根本不可能进攻常德，目前的行动只是一次规模有限的“演习”。幸运的是，薛岳将军根本就没相信他们的鬼话。

从11月27日开始，薛岳将军明确要求第十四航空队配合常德附近的中国地面部队抗击日军进犯。当天，我们便开始有针对性地空袭日军的后勤补给车队，并为前沿部队提供直接的火力支援。这个行动一直持续到12月2日。12月3日，常德陷落，战区司令部命令我们直接轰炸城区。12月8日，常德在陷落5天之后被中国军队收复，我们的空中支援任务正式结束。需要说明的是，整个常德战役期间，第十四航空队依靠的全部是来自前沿联络官提供的第一手情报，史迪威的司令部基本上无所作为。

由于吸取了此前的经验教训，最初挑选那些战地情报人员的时候，我有意识地招募了不少“中国通”。这些人大多战前就在中国生活，说一口流利的汉语，懂得各地的风俗，并且能适应中国人的饮食。这其中包括约翰·布里希上尉，他是名浸礼教徒，曾经在汉口一带传过教。这么一个和军队格格不入的人之所以能穿上军装，完全是因为杜立特和他的机组。实际上，布里希上尉是杜立特他们的救命恩人。这位传教士曾经将迫降在中国东部的杜立特机组一路护送到了我们这边，然后他自己也就留了下来。保罗·弗里曼少校，这位老兄战前在汉口干过新教传教士，援华航空队成立的时候当了我们的随军牧师，后来就摇身一变，成了第十四航空队的情报官。威尔弗雷德·史密斯中校，他不是传教士，而是传教士的儿子。史密斯中校出生在长江边，并在中国长大成人，战前是俄亥俄州立大学的汉学教授。在第十四航空队，他负责我们整个情报网的工作。山姆·韦斯特少校，他战前在中国当过很长时间的化妆品推销员。斯文·利耶斯特兰德下士，他的父亲也是位传教士，此前一直在成都传教。罗伯特·林恩，这个人战前在中国行过医。哈罗德·罗肖尔特上尉，他曾经担任过多家美国报纸的驻华记者。常德战役中，所有这些人都在前沿和普通中国士兵同吃同住，忍受着艰苦环境的考验，获得了中国人的尊重。

在这些情报人员里，布里希上尉绝对可以称得上是他们的元老。就在杜立特他们迫降中国的当天，这位传教士恰好在浙江省联络教友。此前，他在汉口经营多年的关系网已经由于日本人的突然袭击分崩离析。由于出手营救杜立特机组，日本人再次捣毁了布里希刚刚建立的教友圈子。残酷的现实使这位教士最终选择放下《圣经》，拿起了宝剑。此后的3年时间里，他一直奔走于中国各地的战场，名义上提供医疗救护方面的帮助，暗中替我们收集情报。很多人曾经劝他暂时回美国避避风头，休息一下，可是这位教士的回答是："在日本人彻底滚蛋前，我绝不离开中国。"

1943年初，布里希几乎跑遍了中国东部的所有战场，帮助我们搞清了各地机场可以使用的航空汽油实际储量。为探听日本船只方面的消息，布里希多次穿越日军封锁线，在长江下游中国游击队的帮助下，搞到了不少有价值的情报。布里希和那些游击队一起生活了差不多一年时间。在此期间，他发现了对日军具有重要战略价值的石灰窑①铁矿及附属的冶炼厂，并引导我们的飞机对其进行了轰炸。同样是在这段时间，布里希通过游击队得知日军在汉口附近的一座小城有处秘密的军营和军火仓库，建议我们炸掉这个秘密据点。由于执行任务的轰炸机无法找到目标，布里希再次冒着风险担任地面引导员。据那些游击队员说，他们在附近的山上眼睁睁看着这座小城变成了火山。后来，日军派了整整30辆卡车去那里清运尸体。这座秘密营地从此就被彻底废弃了。

1944年春天，我派布里希到华北地区与当地地下抵抗组织取得联系，以便获得华北日军铁路网的相关情报。布里希在日本人的眼皮底下穿越了平汉铁路封锁线，搞到了我们需要的情报。

除此之外，布里希还多次通过自己的关系网提前获得了日机即将来袭的消息，使得我们的飞机可以平安转移。更具传奇性的是，这位前传教士还在日军战线后方

---

① 长江下游地名。——译者注

发现了一股离散的中国军队。他就利用这些人，在日军后方为我们修建了一座秘密机场。6个月以后，我们的B-25就在布里希的机场顺利降落了。后来，夏季暴雨导致的洪水冲垮了这座机场，可布里希马上又组织人重新建起了3座。正是靠着这些秘密机场，我们长途奔袭华北地区的飞机才得到了一个补充油料弹药的中转站，将自己的打击半径延伸到了长城附近，日军的华北后方从此开始屡遭空袭。立下汗马功劳的布里希再接再厉，带着电台进一步深入敌后，最后竟将自己的侦察范围拓展到了满洲。不管走到哪里，他都始终保持对第十四航空队的忠诚。

布里希上尉后来死于一次营救西方战俘的行动，地点是在徐州附近。这之后10天，日本人就宣布投降了。

拥有传奇经历的不仅是布里希，事实上，我们的每位情报人员身后都有成堆的故事。比如在常德陷落前夕拒绝撤退、坚持用电台为我们指示目标的弗里曼。这位勇敢的少校直到日本人占领常德的当天夜里，才侥幸逃了出去。后来，弗里曼又辗转来到了中国西线战场。在宝庆战役中，他冒着日军炮火为中美混编的第十五战斗机大队指示目标，协助中国守军将对面的敌人阻挡了整整30天。这里还需要提一下利耶斯特兰德下士和列兵约翰·西曼德尔。他们两个人在长沙保卫战中将自己的对空联络点设在了岳麓山上，为我们的P-40指示目标，并一直坚持到长沙陷落。

第十四航空队情报官们的出色表现使得此前某些人“中美军方无法在战场上通力合作”的论调不攻自破。事实证明，只要能够真正做到肝胆相照、荣辱与共，两国军人就可以在战场上创造令人瞩目的奇迹。

在我看来，第九战区司令长官薛岳上将就是一位理想的合作伙伴。薛岳上将虽然貌不惊人，却是中国军队中最彪悍的一位将军。薛将军的身材矮小而瘦削，与他经常穿的那双高筒大马靴非常不般配。在为人处世方面，薛将军是个很传统的中国人，说话温文尔雅、彬彬有礼，完全像个学者，很难让人将他本人与“华南虎”这个外号联系起来。就是这样一个外表看似柔弱的人，却具有异常坚定的决心和坚强的意志，率领手下的军队取得了数不清的胜利。

薛岳将军算得上是少年得志，在很多美国青年刚刚踏进西点校门的年纪就当上了师级指挥官，并参加了北伐战争，成为蒋介石的亲信。因此，薛将军被蒋介石任命为湖南——这个中国最富庶省份的省主席。在保卫长沙的过程中，薛将军连续取得了3次大捷，打得日本人丢盔弃甲。

无论在天上还是地上，日本人似乎始终都难以摆脱“死脑筋”的坏名声。他们每次南侵湖南，总会选择岳州作为自己的突破口，并将后勤补给基地设在洞庭湖边。与许多中国将领不同的是，薛将军并没有选择在正面和日军硬顶，而是采取层层阻击、诱敌深入的战术。每次，他都会把日军放到距离长沙很近的位置，然后再组织部队包抄日本人的后路，合围他们。靠着这种战术和手下士兵们的奋不顾身，尽管没有什么像样的重武器，薛将军还是连续3次取得了长沙保卫战的胜利。日本情报部门因此将薛将军列为最具有威胁的中国指挥官。

在历次长沙保卫战中，薛将军唯一能够依靠的重武器就是我们的飞机。对于第十四航空队来说，帮助薛将军其实也就是帮助我们自己。因为在薛将军沿湘江至汉口一线布防的军队背后，就是我们在中国东部的几个重要机场。

在为期两年的配合作战过程中，我和薛将军主要通过电波和战报维持并增进我们的友谊。鉴于两人体型上的巨大差异，我们分别为自己取了“大老虎”和“小老虎”的代号。薛将军经常会送给我一些湖南蘑菇之类的土特产，我则会送他一些美国香烟、威士忌之类的东西作为回赠。相比温和的中国米酒，薛将军似乎对美国产的玉米威士忌更感兴趣，并很愿意在宴会、聚餐的时候饮用这种酒来显示自己的酒量和气魄。常德战役结束后，薛将军送给我两件纪念品——一把在常德战场上缴获的日本武士刀，一顶被我们P-40上机枪打穿的日军钢盔。

第九战区所属的部队在当时的中国军队中非常具有代表性。他们大多是农家子弟，由于物资短缺，所有士兵配发的就是一套夹军装。冬天在夹层里塞上棉花就成了棉衣，夏天把棉花拿出来又成了单衣。平时，这些人主要的伙食就是米饭和少量蔬菜。由于营养不良，不少人患有疟疾之类的疾病。他们的所谓“厨房”就是一口黝黑的大铁锅，粮食则用长条形的干粮袋分散背在每个士兵的身上，即便打仗的时候也要带着。由于缺乏交通工具，他们平时行军基本全靠双脚步行，速度极其缓慢，战斗部队和后面的辎重部队经常很难拉开距离。

这支军队使用的武器主要是中国自己生产的步枪。由于使用时间过长，很多枪的膛线早就磨平了，还经常发生走火事故。除了步枪，他们还装备了少量进口机枪，以及缴获的日本迫击炮。最有威力的重武器是那些法制、俄制的大炮，但是炮弹储备普遍不足。由于电台之类的通信设备严重缺乏，这支军队在战斗中很难形成真正意义上的协同作战。许多军官甚至需要依靠民用电报和电话传达命令。为了与我们联合作战，薛将军不得不临时借调了30个携带电台的中国报务组，这才在通信方面勉强和我们实现了对等。遗憾的是，这些报务组在常德战役中并没有发挥什么实际作用，反而白白损失掉了不少。常德战役之后，为了弥补这个损失，薛将军打算不惜代价购买50部美制V-100电台。可是直到1944年以前，史迪威的“中缅印”战区司令部也没提供这批电台，甚至还不同意中国方面开设专门培养电台通信人员的学校。

中国军队的武器装备尚且如此，医疗防护方面的糟糕情况就可想而知了。事实上，很多中国部队根本就没有任何医疗卫生条件，很多受伤士兵因此白白丢掉了性命。常德战役中，由于缺乏防毒面具，面对日本人释放的刺激性毒气，中国士兵只好采用最原始的防护方法，将衣服里的棉花拽出来，用尿打湿，然后捂在口鼻上。

虽然装备补给方面存在严重困难，中国士兵却始终没有失去自己的战斗意志。当然，他们在战斗中的损失非常惨重。好在中国是个人口大国，补充兵员比补充装备容易得多。据我所知，在苦战数月的最后，薛将军有一个军14000人只有2000支步枪。也就是说，7个人共用一支步枪。这种情况即便在物资同样短缺的其他中国军队中也非常少见。通常情况下，是两三个人共用一支步枪。拿枪的人阵亡或者受伤了，其他人再顶上去。

在指挥官方面，中国军官并非都像薛将军那样英勇善战，他们手下的军队各方面条件甚至还赶不上第九战区。其中很多部队储备的物资甚至只够打一场仗，最多仅能维持30天。由于舍不得用掉这些物资，许多中国军官采取了消极避战的态度。在所有这些军队中，只有顾祝同上将和龙云上将的部队条件稍好一些。不过他们在不能得到重庆方面提供的物资补给的情况下，同样采取了保存实力的做法。

值得庆幸的是，薛将军从来没有因为这些事情影响过自己的作战。常德战役后，由于损失惨重，他的部队至少需要6个月进行休整和重新装备。然而就在5个月之后，日本人却又卷土重来，薛将军只好在准备不足的情况下组织反击。到了

1944年末，他的部队已经减员2/3，却仍没有放弃抵抗。这使得史迪威“中国军队无法在中国军官的指挥下抗击日军”的言论不攻自破。事实上，在我看来，薛将军的军事水平其实比史迪威高得多。

常德战役证明了中美联合空地作战的有效性。根据情报，日本人在常德投入了4万精兵，另外还有两万多人的伪军部队（包括朝鲜人、外蒙古人和中国人）在洞庭湖西岸蓄势待发。他们进犯常德的目的，是为了以那里为前进基地，最终占领长沙。苦战3个月的日本人最终以巨大的代价攻占了常德，5天之后却又在中美方面的联合反击下放弃了那里。

为配合反攻常德的中国军队，我们派出了4个战斗机中队和两个B-25中队。日军航空队曾经花费两天时间，并投入最新式的“东条”式战斗机，试图夺取常德上空的制空权，却没有成功。我们的轰炸和扫射沉重打击了从常德向北撤退的日军，使他们在此次作战中的伤亡人数上升到了1.5万人（其中有一半是被飞机打死的）。据随中国军队一起反攻常德的情报官弗里曼报告，由于我们的轰炸，日军主动放弃了不少工事和据点，中国军队因此省了不少麻烦。除此之外，他还报告说在城内发现了堆积如山的中日两国军人的尸体，这说明当初坚守常德的中国军队确实战斗到了最后一个人。

由于中美方面的共同努力，1943年12月底，日本人又被赶回了他们的出发点。我们虽然取得了最后的胜利，不过日军的行动再次证明他们的地面攻势其实恰恰是对付第十四航空队的最有效办法。在这年临近尾声的时候，从各方面传来的情报证实，日本人正在中国东线战场酝酿一次大的行动。

同一时间，我们也开始在桂林组织部队进行攻击日本船只的针对性训练。还是在这年初秋的时候，文森特就在桂林一处水面上用原木搭建了模仿日本船只的全尺寸模型。按照计划，我们的轰炸机和战斗机将全部在那里接受海上俯冲轰炸的训练。西南太平洋地区的实战证明，这种战术是对付日本船只非常有效的方法。只不过由于常德战役的突然爆发，我们只好临时调整了自己的训练计划。常德战役刚一结束，第十四航空队立刻就恢复了海上俯冲轰炸训练。

众所周知，日本是一个海岛国家，由各种船只组成的海上运输线对这个国家具有关乎生死的作用。美国军方战后的相关研究显示，海上运输线其实是“二战”中日本战略体系最薄弱的一环。早在1942年，日本的各种运输船只就因为盟军的持续打击，出现了入不敷出的状况。到了1943年，这个问题已经到了非常严重的程度。

当然，以上这些都是美国军方1945年以后得出的结论。在太平洋战争如火如荼之时，却很少有人能注意到日本的这个“阿喀琉斯之踵”。例如在1944年，阿诺德将军就曾经命令手下的第二十航空队集中轰炸日本的钢铁厂和冶炼厂，却很“大度”地放过了那些在海上往来穿梭的日本船只。事实上，正如前面所说，由于从1942年起运输船只的巨大损失，这些工厂早已因为原料不足处于半停工的状态。到了1945年3月，日本国内出现严重饥荒，原先所有负责运送铁矿石的船只全部改为运送粮食和副食品，那些钢铁厂和冶炼厂因此停了工。在这种情况下，阿诺德将军的轰炸只能说是浪费炸弹。

类似的情况也发生在日本的石油工业方面。日本本身并不出产石油，他们在“二战”中使用的石油资源主要是从荷属东印度通过船只输送回国内的。同样是因为船只损失的原因，日本人输送到国内的石油数量从1942年开始就已经出现了明显下滑，可是我们的军方却在1943年才想起要去轰炸荷属东印度群岛上被日本人占据的油井。

根据美国战略服务局[①]的情报，日本人的战争机器在1944年中期其实就已经因为海上运输线的巨大损失，到了支持不下去的地步。1945年，日本的工业体系由于海上运输受阻，产量已经降低到了战前水平的一半。如果当初我们那些B-29不是舍本逐末地被派去轰炸日本的工厂、机场、港口之类的工业设施，而是集中力量封锁他们的海上交通线，那么战争将很可能提前结束。在我看来，上面这些经验教训并不会因为战争的结束而失去意义。今天，当我们面对苏联这个庞大的陆地国家时，是否也可以开动脑筋，找到她的“阿喀琉斯之踵”呢？

正因为意识到海上运输对日本的战略意义，第十四航空队才将破坏日本海上交通列为仅次于夺取中国上空制空权的重要任务。即便是在1944年日军对中国发

① 英文是“The Office of Strategic Services”，简称“OSS”，成立于1942年7月，主要任务是在敌占区进行谍报和破坏行动，是美国中央情报局的前身。——译者注

动最后一次大攻势的情况下，这个任务也没有被彻底放弃。

利用中国东部的机场，第十四航空队可以控制日本方面的两条重要水道。一条是长江水道，它是日本人运输在中国掠夺到的各种物资的主要通道；另一条是台湾海峡和中国南海，日本人在东南亚获得的各种战略物资正是通过这里运回日本本土的。除此之外，长江边上的石灰窑以及海南岛上的两处高品位铁矿也处于我们的打击半径之内。

决心掐断日本命脉的我们首先派出飞机轰炸了宜昌至南京的长江航道。一时间，这段长江江面上到处都是被击沉的日本船只和物资。由于台湾海峡和南海距离我们的基地相对较远，所以派去执行轰炸任务的两个B-25中队先要在遂川机场中途补充燃料。这之后，他们就直扑日本人的海上运输线，利用刚刚掌握的俯冲轰炸战术，击沉所有运送物资的日本船只。除此之外，驻扎桂林和柳州的第三〇八重型轰炸机大队由于巨大的航程，还可以将我们的打击半径扩展到菲律宾周边，并与美国海军的潜艇部队配合作战。正是这些重型轰炸机炸毁了日军设在澎湖列岛和普拉塔斯群岛①上的雷达站，击落了日军布置在台湾沿海的反潜巡逻机，并封锁了台湾及大陆沿海所有被日军控制的港口。

为进一步打击日本的海上运输，我们的重型和中型轰炸机还分别轰炸了香港及和平湾地区的港口和船只，以及专门负责输送海南岛铁矿石的巴基利港和莎玛港。1944年1月，受到我们攻击的日本船只已经达到7.8万吨，其中有5.69万吨被击沉。2月，我们攻击了10万吨，击沉了6.5万吨。要知道，此时日本在太平洋地区损失的船只总吨位只有每月17.5万吨的水平。也就是说，第十四航空队的战绩差不多占到了这个总数的1/3。

志得意满的我给罗斯福总统写了封信，向他报告了我们目前取得的成绩，并许诺说当初在“三叉戟”上提出的目标肯定可以超额完成。如果第十四航空队通过“驼峰航线”获得的物资真的可以达到每月10000吨的水平，那么我们每月就可以击沉17.5万吨至20万吨的日本船只，而不是当初计划的每月15万吨。

罗斯福总统给我的回信这样写道：“我已经意识到对日本海上运输线进行攻

---

① 西方对东沙群岛的旧称。——译者注

击的巨大战略意义，你们取得的成绩令我非常欣慰。”

总而言之，尽管困难重重，1943年的第十四航空队仍然基本实现了自己的战略价值，并将在整个太平洋战场发挥出更加巨大的作用。正是意识到我们的存在价值，美国军方总算姗姗来迟地给第十四航空队派来了装备照相侦察机的第二十一中队，我们从此摆脱了依靠那架从皇家空军“借”来的照相机改装的P-40B苦苦支撑的尴尬局面。

由于有了第二十一中队这些装备专门照相设备的P-38，我们的空中侦察范围已经可以覆盖北到满洲、南到西贡的广大地区。后来，这些飞行员还成为继杜立特之后，首批飞临日本本土的美国飞行员，以及菲律宾陷落后，首批重返那里的美国军人。1943年末，第二十一中队对满洲和日本本土的反复侦察，使我们详细了解了包括九州基地在内的各种战略目标。不仅如此，他们还为第十四航空队空袭台湾岛上的日军机场提供了大量有价值的情报。美军后来空袭满洲、菲律宾、法属印度支那，以及日本本土等地的行动中，第二十一中队搜集到的情报都发挥了不容忽视的作用。

第二十一中队的辉煌战绩同样说明了第十四航空队在中国的存在价值。1943年末的我们，已经取得了中国战场上空的制空权，与中国军队联手阻挡住了日军南下的铁蹄，并沉重打击了他们的海上交通线，还为盟军提供了数不清的战略情报。所有这一切，只让美国军方付出了极其微小的代价。

就当时的情况来看，我们首要的问题，也是唯一的问题仍然是后勤补给不足。与我们做出的贡献相比，美国军方提供的那点物资实在是太小家子气了。要知道，很多纯粹是在战场上混日子的部队得到的补给也比我们多得多。

随着1944年春天的到来，第十四航空队已经做好了收紧套在日本人脖子上那根绞索的准备。可是无论我们自己人，还是敌人，似乎都不希望我们这么做。

第十七章

日本最初的战略漏洞出现在1944年初。盟军在1942年至1943年发动的攻势并没有起到太大作用，我们在付出巨大代价后，对日军防线造成的伤害却显得微不足道。此后，日本人开始转变策略，准备进行一场持久战和消耗战，意在迫使盟军走上谈判桌。他们为和谈开出的价码就是让盟军承认其对占领区的控制权。

中途岛海战给日本人好好上了一课，这让他们明白，即使是其引以为豪的海军也无法在美军航空队的攻击范围内为所欲为。太平洋战争的节节胜利使我们不断获得位置更佳的航空基地，从而逐渐接近了日本南部的生命线。到了1944年初，对于日军高级指挥官们来说，形势已经非常明显，他们赖以生存的海洋屏障再也无力阻挡灵活机动的美军航空队。与此同时，航空队已经成为美国在太平洋战争中的关键性力量。乔治·肯尼麾下的部队此时已经深入到了西南太平洋。在中国南海，日本舰船则要面对我所率领的从中国基地起飞的飞机的狂轰滥炸。美军航空队至此完成了对日本南部生命线的空中封锁。由于我们的封锁，日方由台湾海峡和中国南海组成的海上运输线已经变得极其脆弱。为了应对这一局势，日本企图开辟一条贯穿亚洲的陆上生命线作为替代方案。

时间进入到1944年，为打通这条生命线，日本人陆续动用了150万兵力，开始将他们在亚洲的全部兵力重新集结为太平洋战争中规模最大的陆军攻击单位。他们的首要目的，就是通过地面攻势打败被视为眼中钉的第十四航空队。

虽然史迪威事后一直坚称，是第十四航空队的攻击引发了日军大规模的报复性行动，但“二战”结束后日本战犯的供述却证明了他的言论完全是一派胡言。

侵华日军参谋长高桥中将[①]曾对美国的战后审讯团说，美国驻华航空队所发动的攻击，让他们付出了高昂的代价，甚至已经到了难以承受的地步。在美国取得对太平洋的绝对控制权并无限接近中国沿海的情况下，日本的海上生命线面临被封锁的威胁。因此，日军才决定发动一次大规模的军事行动。这是日本在太平洋中部及西南部遭到决定性失败后，经过全盘考量做出的战略选择。

日本人的方案十分高明，差不多是在丧失空中优势的情况下所能做出的最好战略选择。那时的日军高级指挥官们已经对自己的空中力量失去信心，只希望尽量避开盟军的空中优势，转而在其他领域获得补偿。为此，日军准备在1944年发动一次大规模的亚洲攻势，第一阶段就是从缅甸北部向印度进军，斩断支撑阿萨姆基地和“驼峰航线”的供给大动脉，彻底切断中国军队和第十四航空队最后的补给线。一旦阿萨姆基地被日本人攻占，中国就将面临全面崩溃的危险，第十四航空队也将岌岌可危。攻势的第二阶段，是试图染指中国中部和西南部的心脏地带，将中国军队从唯一一条贯通南北的铁路线周边驱逐出去，控制这一地区内的航空基地，并将盟军舰队阻挡在中国海岸线以外。要知道，这些靠近中国沿海地区的航空基地可以为任何想在中国海岸登陆的舰队提供空中火力掩护。日本人进一步将第二阶段的攻势细分为三个组成部分。

首先，他们准备南渡黄河，进入河南省境内，从而打通由北平至汉口的平汉铁路，为其从满洲和华北向汉口调集兵力铺平道路。对他们来说，这是一条最为便捷的运兵路线。兵力在汉口完成集结后，日军继而将从这里发动一次大规模的攻势。

第二阶段攻势的另外两个组成部分，是以50万兵力从汉口出发，沿汉口至广州的广汉铁路南下。与此同时，另一支部队将从广州出发北上，两只部队会像蟹钳一样牢牢锁住我们位于中国东部的军事基地。发动攻击的日军不但在数量上占绝对优势，而且在机动性和贯彻作战意图方面也远超中国军队。他们由此预计这次攻势将耗时3个月，到仲夏时节便可完全肃清中国东部。

---

① 原文如此，但日本中国派遣军历任总参谋长从来没有姓高桥的，投降时的总参谋长是小林浅三郎陆军中将。小林的罗马拼音拼写为“Kobayashi”和高桥的“Takahashi”略为相近，作者可能混淆了。

广汉铁路完全落入日本人手中后，他们便可以利用广州、香港两地的港口，在48小时内将军队从中国运往菲律宾。如此一来，日本人便打通了连接满洲和马来半岛的陆上走廊，他们交通线中最薄弱的环节就只剩下日本本土与韩国间狭窄的对马海峡，以及荷属东印度到新加坡间的短距离海路，整条交通线的抗打击能力将大幅度增强。通过这条交通线，他们的兵力可以快速调动到中国海岸线上任何遭受威胁的地区，还可以将战略物资从东北亚源源不断运回日本本土。这样一来，解除后顾之忧的日本便可以放手对抗来自太平洋方向的所有攻势。

由于此次攻势的庞大规模，日本人想要做到完全保密是不可能的。当然，这还要感谢我们的军事情报人员，正是由于他们的努力，日本人的攻势才没使第十四航空队措手不及。第十四航空队的每周情报例会早在1944年1月27日便注意到日军准备发动攻势的种种迹象，我们的情报通报中说："敌军已经同时从中国北方和南方展开行动。目前，日军一部正在黄河下游集结，准备向郑州发动攻击。"当时，郑州是中国军队在平汉铁路上控制的最接近沦陷区的交通枢纽。

我们第一次接到日军重兵准备从南方渡过长江进攻汉口的警报是在2月10日。随着后续情报越来越多，我们逐渐明晰了日本人在中国这块大棋盘上所做的军事部署。截至此时，日本人在长江流域的驻军已由1943年夏的3个半师团，增加到1944年春的14个师团。进入2月后，奉命前出的文森特开始沿长江轰炸日军的运输线和兵力集结地。到了3月中旬，我们从重庆北部调用了一架P-38战斗机，对黄河沿线的日军进行严密监视。与此同时，敌军在黄河流域和汉口的空中力量也在持续增加。3月15日，一名日本战俘透露了日军准备从汉口南下的作战计划。3月底，沦陷区的平汉铁路已经全部戒严，只对军事运输开放。

当日本人正专注于集中兵力、在亚洲开展一次大规模协同作战的时候，美国人却将原本就很单薄的兵力分散在中国、缅甸、印度3个战区，形成了3个相互独立、无法协同的作战单位，他们包括：缅北集群，主要负责打通进入中国的通道；马特霍恩集群，负责用B-29轰炸日本本土；第十四航空队，我们的任务是针对日本的海上交通进行作战。

史迪威自从1942年春历尽千难万险逃离缅甸以来，便憋着一股火，总想杀回缅甸报仇雪恨。为此，他开始沉迷于缅甸战区，一门心思地想要挽回颜面，丝毫不顾当时的整个战局。1942年秋，史迪威准备在缅甸发动第一次攻势，可当时他指挥的中国远征军残部仍然被困在娜迦山中，因此根本没有足够的兵力展开攻势。1943年春，史迪威不顾在印度驻训的中国军队仍未完成训练的情况，再度尝试发动进攻。可是就在此时，怒江的远征军也和他们在印度的战友一样，既没有完成训练，也没能获得足够的武器装备。由于这个原因，史迪威所有相关计划最终都被蒋介石否决了。

尽管如此，史迪威自始至终都没有放弃杀回缅甸报仇雪恨的打算。他一厢情愿地认定自己投入到缅甸的兵力可以很快取得胜利，并能收复缅甸全境。为达到这个目的，史迪威要求英军从缅甸南方登陆，切断日军的补给线，同时还需要美国的空中力量，以及中国在印度和怒江的军队作为配合。这显然是不切实际的。

由于上述原因，史迪威在"三叉戟"上提出的缅甸作战计划再次流产。这次攻势是由战区盟军参谋长策划的，前提仍是要求多国协同作战，而这恰恰是它无法真正得到落实的最根本原因。经过反复磋商，英国方面终于在"四分仪"上同意发动一次针对缅甸的全面进攻，具体行动包括在仰光进行两栖登陆，以及让温盖特将军的空降部队在缅甸北部实施空降，配合史迪威指挥的中国军队发动进攻。美国方面则许诺用3个师强化史迪威的兵力。与此同时，蒋介石也同意投入他部署在怒江的兵力。

这个计划提出没多久，英国人便以登陆艇不足为由，恳请取消针对仰光的军事行动，整个作战计划也随之被废弃了。后来，英国人又提出了登陆仰光的替代方案，即改在安达曼群岛登陆，反攻缅甸计划因此再次被提上日程。

安达曼群岛毗邻新加坡，英国人对于这片土地的迷恋程度与史迪威对缅甸的迷恋程度简直不相上下。遗憾的是，英国人的热情并没能持续多久，美国也未能按照约定提供3个师的加强兵力，这次作战计划最终被彻底取消了。蒋介石将这次计划的失败归咎于英国和美国的不作为，并为此大失所望。心灰意冷的他命令史迪威撤出怒江前线的所有中国军队，不过作为补偿，蒋介石同意史迪威继续指挥驻扎印度的中国军队，并允诺他可以任意使用这支部队。不仅如此，自知食言的美国政府还为史迪威提供了3000名志愿者赴缅作战，用以替代那3个迟迟没有到位的美军师。这些志愿者就是后来闻名于世的"梅里尔突击队"。

反攻缅甸计划一次又一次搁浅令史迪威大为光火。1943年11月，他把自己手头的中国军队从莱多抽调了出来。1944年1月，这些中国军队就在“梅里尔突击队”配合下，沿胡康河谷一路战斗前行，前往密支那，将曲折的莱多公路远远抛到身后。史迪威的行动让我非常吃惊，因为他一直声称需要50个师来保卫美军在中国东部的机场，现在却只带着两个半师的兵力就准备征服缅甸。

一直以来，开辟“史迪威公路”都被认为是史迪威发动这次军事行动的主要原因。事实上，这条公路根本就没起到史迪威所宣称的那种作用。

截止到1945年5月，即“史迪威公路”开通的4个月后，通过它向中国运送的物资每月仅有6000吨。然而与此同时，空运部凭借600架飞机和20个机场，每个月却可以经“驼峰航线”运输7万吨物资。仅在1945年8月1日的一天时间里，我们就飞越“驼峰航线”向中国运输了5327吨物资，这几乎相当于“史迪威公路”每月运输量的总和。由于担心丑闻被曝光，美国陆军部通过无线电告知中缅印战区：“‘史迪威公路’一定要以正面的形象示人。”在这种情况下，战区指挥部只好想尽一切办法提高这条运输线的运量，即便如此，“史迪威公路”的月平均运货量也从没超过2.5万吨。

之所以出现这样尴尬的局面，是因为史迪威他们忽略了一个重要问题，那就是中国方面的后勤保障能力。众所周知，“史迪威公路”上卡车是运输的主力。提高运输量，就意味着进入中国的卡车数量增多，然而这个数量却不可能被无限提高。因为如果卡车太多，它们返程时消耗掉的油量就可能比实际运进中国的油量还多；如果让这些卡车“自带干粮”，不依赖中国的油料补给，那么它们也就没有多少富余再为中国运输物资了。为了解决这个问题，史迪威他们最终想出了个让人哭笑不得的“解决方案”。这些人干脆将“史迪威公路”变成了“单行线”。也就是说，很多卡车将物资运到中国后，自己也就留在了那里。

就这么勉强维持了一段时间之后，“史迪威公路”的实际执行者们开始面临一个两难的选择。要么承认“史迪威公路”是彻头彻尾的失败，并立即停止运输；要么继续维持公路运行，并让大批卡车就此滞留在中国境内生锈。很遗憾，他们选择了后者。抗战结束后，仅昆明当地就塞满了各式各样的卡车。锈迹斑斑的它们成为“史迪威公路”这个愚蠢决定的绝佳见证。

当时的很多有识之士认为，与其将大量卡车作为“一次性用品”投入到“史迪威公路”，还不如干脆利用这条公路铺设一条连通中国的管线。这样起码可以将大量油料方便快捷地送进中国。可惜，史迪威拒绝了这个理智的解决方案，他对此的解释是：“我根本不在乎那些该死的管线。我需要的是弹药！弹药！”所幸，在在军需供应局局长布里恩·萨默维尔将军坚持下，这条管线最终还是铺设完成了。事实证明，如果没有这条管线，“史迪威公路”的运输量甚至还赶不上“驼峰航线”上一个运输小队的运输量。

以上就是史迪威花费“中缅印”战区九成资源最终获得的结果。根据事后统计，“史迪威公路”的直接成本高达两亿美元，这还不包括英国人、中国人和美国人为此付出的鲜血和生命的代价。

对于我们要求在中国东线发动任何军事行动的请求，史迪威总是会以“担心遭到日本的报复性攻击”为由拒绝，但他自己在发动缅甸攻势的时候，却丝毫没考虑到日军的反应。作为对史迪威进攻的回应，日军在3月仅留下少量兵力进行防御，其余部队主力则翻过“不可能逾越”的钦山到达印度，切断了阿萨姆基地与外界的所有通信。日本人的突然袭击让史迪威和英国人都大吃一惊，并引发了随后持续3周的大溃败。这不禁让人想起了我们在1942年曾遭遇的惨痛失利。最后，幸亏有了英国人在英帕尔要塞的拼死阻击，我们才在距离“阿萨姆—孟加拉”铁路20英里的地方挡住了日军的猛攻。通过这次攻势，日本人不仅将史迪威的部队围困在丛林中，还切断了通往中国的最后一条补给线。这之后的数周时间里，阿萨姆基地都处于岌岌可危的境地。

在这个关键时刻，盟军的空中力量力挽狂澜，不但将大量物资通过“驼峰航线”运送给印度第5师，缓和了英帕尔要塞的危局，最终还成功解除了这次险情。缓过气来的盟军鉴于“阿萨姆—孟加拉”铁路的重要地位，不得不调动手头所有的军队和补给帮助英国人实施反击，最终将日军赶回了缅甸。

正是因为史迪威导演的这场闹剧，在这段时间里，通过“驼峰航线”运往中国的物资锐减了40%。如果日本人当时选择直接北上钦敦江，而不是围困阿萨姆驻军的话，史迪威和他的部队将不可避免地被困在莱多到密支那之间。幸运的是，日军高层不知道出于什么原因选择了后者。

由史迪威的战略失误所导致的另一件让中国元气大伤的事情是“怒江战役”。事实上，“怒江战役”是史迪威缅北作战计划的一部分。然而就在反攻缅甸战役发起的同时，日本在中国东线的压力也变得越来越大。在这种情况下，蒋介石根本不愿意动用留守在云南、配备了大量美式装备的远征军投入“怒江战役”。

如果史迪威仅仅不顾一切率领他指挥的那些中国师进入缅甸，哪怕他手下的中国军队全部打光，蒋介石恐怕也不会再派一兵一卒的支援。在蒋介石心中，缅甸是中国军队的“泥潭”。1942年，他的两个军以及所有摩托化重炮部队在史迪威的指挥下全部丧生缅甸。1943年，又有10万军队从中国飞赴印度的史迪威蓝姆迦训练营。经历过如此之大的损失后，蒋介石手中的王牌就只剩下驻守怒江的远征军。为避免自己在缅北的全面溃败，史迪威强迫蒋介石在怒江东岸发动攻势。为了迫使蒋介石就范，史迪威再次利用自己掌握的《租借法案》，以断绝援助相威胁。没想到，蒋介石这次的态度异常坚决。于是在同年4月，史迪威停止了“驼峰航线”上的一切运输行动，转而将这个包袱甩给了我的第十四航空队。

当时，史迪威通过重庆司令部转交给我一份电报。他是这样对我说的：

对于你来说，这将是一个好消息。尽管我们已经尽了最大努力向中国运送物资，蒋介石却仍不愿意和我们并肩作战，而你陈纳德也因为短浅的目光根本不顾战争全局，只盯着中国那点事。现在，我决定4月以后运输战备物资的工作将全部由第十四航空队承担。

到了5月，支持不下去的蒋介石终于同意在怒江发起攻势。然而此时已经进入雨季，泥泞的道路不但不利于地面行动，遮天蔽日的阴霾也使得我们无法提供任何空中支援。与此同时，中国东线的日军机械化部队却在以最快速度挺进河南平原地带。

雨季中的“怒江战役”打得异常艰苦。直到10月雨季结束，我们才有条件提供空中支援，可是此时已经有两支中国军队遭到了重创。为完成预期计划，我们不得不从中国北方紧急空运过去两支部队作为补充。为了供养这些增援部队，“驼峰航线”每月必须额外运送5000吨物资。

在“怒江战役”实施过程中，代表史迪威到怒江沿岸亲临督战的是弗兰克·多恩准将。多恩准将是位典型的中国通，早在中国被迫开放通商口岸的年代就已经来到中国。1942年，正是他和史迪威一起走出了缅甸丛林。在我看来，多恩是个头脑简单、对航空兵战略战术一窍不通的蹩脚军人。有一次，他曾经大言不惭地对我抱怨，说我手下的一名联队指挥官靠不住，因为他拒绝为多恩的部队在大雨滂沱、能见度几乎为零的雨季攻势中提供近距离空中支援。

按照史迪威的计划，多恩原本有18个月可以用来准备这次攻势，可是在这么长的时间里，这位老兄竟然没有制订出一套可行的补给计划。直到战役打响前两星期，他才突然意识到远征军的食物和弹药补给由于全都依赖200英里外的云南，根本无法保证战役发起后的需要。

为弥补这个漏洞，多恩打算临时征用7万匹骡马，负责前线部队的后勤运输任务，根据我长期以来对中国农业的了解，他的计划无疑将导致西南三省的农业生产彻底瘫痪，并在6个月内引发中国西南地区的饥荒。所幸，中国方面及时劝阻了多恩的愚蠢之举，不过他随后又打起了那些“闲置货车”的主意。所谓“闲置货车”，指的是缅甸公路关闭后闲置下来的那些运输卡车。中国方面并非不想将这些卡车废物利用，但正如前面所说，他们根本拿不出那么多燃料，所以只好任凭它们停在那里生锈。经过反复讨价还价，多恩如愿以偿地得到了这批卡车，顺便还侵占了很大一部分东线航空基地的酒精燃料配给。他的所作所为直接导致了这年春末夏初东线航空基地的后勤补给运输彻底瘫痪。

更可气的是，就在远征军发动攻势前两天，多恩突然又改变了主意，转而要求第十四航空队为怒江前线提供空中补给支援。为了支持这个异想天开的计划，第十四航空队不得不每月额外消耗1500吨至2000吨燃油。

史迪威在缅甸和怒江两地的行动差不多耗尽了第十四航空队的补给，这时候偏偏又来了个“马特霍恩计划”。具体负责实施这个计划的是第二十航空队，他们装备的B-29轰炸机是那场战争中最伟大的武器之一。来中国前不久，第二十航空队曾让马里亚纳群岛地区的日军闻风丧胆。1944年初夏时节，这支勇猛的部队转战中国战场，随即便陷入了自己人制造的无休止麻烦之中，“马特霍恩计划”只是其中之一。

所谓“马特霍恩计划”是一个由美国军事高层背着中国制定的单边方案。“珍珠港事件”爆发后，终于参战的美国召开了盟军参谋长联席会，然而专程赶来赴会的中国代表团却被美方以“这次会议内容并不涉及中国问题”的借口挡在了会场外面。更加令人匪夷所思的是，根本没资格参会的中国却被美方要求必须无条件服从大会达成的各项决议。

“马特霍恩计划”是大会决议的一部分。根据这个计划，第二十航空队在1944年进驻中国。需要特别说一句的是，虽然他们在中国执行任务，却并不隶属于“中缅印”战区，而是直接向美军参联会负责。对于那些“唯轰炸机主义者”而言，B-29轰炸机为他们证明杜黑“轰炸机可以在不用护航的条件下执行高空昼间轰炸任务”的理论提供了最后机会。在此之前，杜黑的理论已经导致欧洲战场上的美军轰炸机损失惨重，可是“唯轰炸机主义者”仍然没有接受教训，反而希望能在亚洲挽回面子。为了达到这个目的，身处五角大楼的阿诺德将军还将亲自操刀指挥第二十航空队。

事实证明，杜黑提出的是一个既轻率又愚蠢的理念。事实早已证明，无论何时何地，在没有其他军兵种支援的前提下，单纯使用轰炸机赢得战争的做法都将是天方夜谭。因为这个见鬼的制空权理论，美军在“二战”中不仅损失了大量时间和物资，还白白牺牲了数以千计的人员。

战后，美军关于战略轰炸方面的调研报告曾经得出结论：“美军部署在中国的B-29根本没有达到预期战果。如果将耗费在它们身上的后勤补给投入给第十四航空队，很可能将取得更加丰厚的回报。”这份报告还提到：“由于炸弹数量不足，投弹精度有限，部署在中国的B-29投下的800吨炸弹很难对日军造成大规模的破坏。”

作为直属五角大楼的幸运儿，第二十航空队拥有数不清的特权。为加强第二十航空队，乌尔夫准将指挥的“中缅印”战区B-29部队，以及我的老朋友汉塞尔指挥的马里亚纳群岛B-29部队先后划归到了柯蒂斯·李梅少将麾下。李梅少将是位经历过“一战”的老兵，是“全球空中打击理论”的提出者，也是战略轰炸思想的信奉者和实践者。正是他让B-29在战争史上留下了浓墨重彩的一笔。

根据五角大楼的命令，乌尔夫带领打前站的第一批B-29轰炸机来到中国。对形势估计过于乐观，而且对亚洲的地理毫无概念的他划定了3个轰炸目标。这其中的两个——东京和大阪，全部超出了B-29从成都机场起飞后的最远打击半径。对此，我曾建议他将部队部署到我们位于遂川、新城和柳州的东部基地。在那里，既可以主动出击，直接轰炸包括东京在内的日本本土，也可以引而不发，对日本人形成威慑，牵制他们的兵力。可惜，乌尔夫最终仍然坚持使用成都基地。

在这种情况下，日军要想反制我们的B-29其实非常容易。要知道，日本当时在中国北方部署有700多架飞机，其中大部分是战斗机。如果他们打算对执行轰炸任务的B-29进行中途拦截，那将是易如反掌的事情。所幸老天保佑，遭到轰炸的日本人仅仅提高了本土的防空等级，并先后对成都搞了几次报复性轰炸。尽管如此，我还是让中国东部的几个基地做好了部署B-29的准备，以防乌尔夫哪天突然想起要使用它们。

第二十航空队全部来到中国开始执行对日本本土的大规模轰炸以后，我曾经劝说李梅将军用燃烧弹替代普通炸弹轰炸日本城市，并建议将轰炸目标选定在对日本海上运输至关重要的港口城市，而不是华盛顿高层们感兴趣的炼钢厂和炼焦厂。这样做的原因很简单，由于海上运输逐渐受阻，当时的日本已经出现了严重的资源短缺现象，各个工厂基本都处于停产状态。在这种情况下还去轰炸它们就等于浪费资源，还不如集中力量继续破坏日本的海上运输。很可惜，我的意见也没有得到李梅的采纳。

上述所有这些不快与为第二十航空队提供补给方面遇到的麻烦比较起来，根本微不足道。早在“马特霍恩计划”刚刚提出的时候，我就曾经就此向罗斯福总统和阿诺德将军提出过警告。阿诺德将军的回答很简单：“‘马特霍恩计划’是一个自给自足的计划，有单独的预算，不会为此占用陈纳德或史迪威的补给分配。”

阿诺德将军所说的“自给自足”，其实就是让第二十航空队自己从加尔各答向成都空运补给。这样一来，他们在后勤补给方面的压力就不会转嫁给我或史迪威。然而正如其他许多计划一样，“马特霍恩计划”最终也打了折扣。

在计划实际执行的过程中，第二十航空队的B-29只有一小部分改行当起了运输机，用于从加尔各答运输航空汽油，其余大部分补给则仍然需要“中缅印”战区的C-46通过“驼峰航线”完成运输。这样一来，第二十航空队不但瓜分了我们的物资配给，为他们服务的C-47还大量消耗了阿萨姆基地本已紧张的航空汽油储备。由于第二十航空队横插一脚，第十四航空队在1944年3月平白损失了1500吨物资补给，而且这个数字还呈现出每月递增的趋势。1944年10月，被第二十航空队挤占的物资补给数量达到了峰值的8000吨。

消耗如此之多的物资究竟都干了些什么呢？我在这里可以用一件看似微不足道的小事做出说明。当时，第二十航空队下辖的每个B-29轰炸机大队都拥有自己的情报部门，规模绝不亚于第十四航空队的情报部。这些人完全没有当年援华航空队的吃苦耐劳精神，他们虽然身在中国，生活标准与身在五角大楼时相比却有增无减。

由于这个原因，瓜分来的物资加在一起也仍然无法满足第二十航空队的日常需要。几个月之后，成都贮存的航空汽油已经到了不足以维持当地战斗机正常巡逻的程度。尽管如此，为保证成都B-29机场的安全，第十四航空队在五角大楼的严令下还是不得不派出6个P-47战斗机中队到成都昼夜不停地执行防空巡逻任务。与此同时，我们用来保卫昆明机场的却只有1个P-40战斗机中队，坚守中国东部前线的也不过只有4个战斗机中队。

相比P-51，P-47的耗油量要高出50%。实在搞不明白为什么五角大楼会把P-47派到物资捉襟见肘的中国，而将更经济实惠的P-51留在什么都不缺的印度。最终，忍无可忍的我终于向美国陆军部提出建议，要求将驻防中国的P-47与第十航空队的P-51进行对调。如此一来，“驼峰航线”为了保证战斗机日常巡逻的燃料补给运输量就可以从1100吨下降至650吨的水平。五角大楼这次总算听了我的劝，并在那年10月纠正了失误，可是此时的我们已经白白浪费了2700吨燃油补给。

即便这样，第二十航空队获得的物资仍旧无法满足他们的巨大胃口，这群饥不择食的家伙最后只好拿自己的战友开刀。根据“马特霍恩计划”，第二十航空队的补给问题原本不该和第十四航空队扯上关系，但是由于他们手中握有参联会和史迪威赋予的“尚方宝剑”，我们也就只好任人宰割。作为补偿，美国陆军部曾经承诺通过“驼峰航线”为第十四航空队补足缺口，但这不过只是张空头支票而已，因为阿萨姆基地已经没有燃油储备再为我们提供额外的运输补给了。最终，第二十航空队和中国远征军获得了实实在在的燃油，第十四航空队则只好满足于手里的空头支票。可是在“中缅印”战区司令部提交给政府的报告中，第十四航空队却是“得到了”足额补偿的。

“马特霍恩计划”大量挤占第十四航空队燃油补给的同时，美国陆军部那边又有了新的“高见”：他们打算将驻华航空队作为美军在整个太平洋战场的侧翼支援力量。为此，我们从1944年4月开始接到命令，要求加紧储备燃油及其他物资，以备将来在太平洋战区执行特殊任务使用。对这道见鬼的命令，我唯一的回答就是：“哪儿还有燃油让我储备？”由于不能凭空变出储备燃油，我很快得到了史迪威开出的第二份行政警告通知，而且我本人还没有任何申诉或辩解的权力。

就这样，承受着日军在中国越来越大压力的第十四航空队由于物资补给方面的困扰，正在丧失与对手抗衡的底气，面临逐渐边缘化的命运。1944年1月，打算露一手的空运部门将“驼峰航线”的运输量提升到了创纪录的1.3万吨（其中包括足够使用两年的1000磅炸弹在内的7130吨物资，被分配给了第十四航空队）。不过，这个纪录却是以少运燃油、多装炸弹的方式获得的。相比液体的燃油，装卸和运输炸弹自然方便许多，也更容易出成绩。可是这些人却从没动脑子想过，没有燃油，我们要那么多炸弹又有什么用？！更何况我们现在最缺的就是燃油。对此，我向空运部门提出了措辞严厉的抗议，可是这些人正在为创造新纪录而热情高涨，根本没人理睬我的不满。炸弹的装卸十分容易，是创造运载量纪录的理想货物。眼睁睁看着这些投机取巧的家伙得到总统的表彰，我手下的小伙子们感到十分气愤。

整个1944年，第十四航空队从来就没靠“驼峰航线”吃饱过肚子。颇具讽刺意味的是，“驼峰航线”开辟的初衷其实恰恰就是为第十四航空队提供补给。然而随着时间的推移，我们通过“驼峰航线”获得的物资越来越少。这年2月，我们的物资补给缩减到6844吨；3月的情况更糟，直接降到了4735吨；4月的时候，虽然史迪威补偿给我们一部分物资，但第十四航空队获得的物资总量也仅仅与3月的数字持平。

对第十四航空队来说，这几个月过得相当艰难。根据当时的情况分析，日军很可能会在5月1日前后从黄河流域发动攻势，他们航空部队的主力则会从7月1日中国东部天气转好后以汉口为基地发动空袭。因此，我们必须在这年春季储备好足够的物资，才能有把握应对日军的夏季攻势。关键的问题是，我们所剩的时日已经不多，来自日本人的压力却越来越大。例如这年3月的时候，为轰炸长江上的日军船只，我们曾经要求将每月的物资补给至少增加2000吨，可是直到4月，这个数字也没有达到，整个行动只好作罢。到了5月，由于持续作战的消耗，“中缅印”战区整体后勤补给陷入了朝不保夕的尴尬境地。

从这年春天开始，我就一直在提醒史迪威必须正视中国当前的严峻形势，最终却只是白费工夫。事实上，去年11月缅甸作战打响后，史迪威的全部精力就被吸引了过去。除了偶尔来中国转转，向蒋介石施施压之外，这位战区司令平时很少在中国露面。到1944年夏天，日军在缅甸和中国两个战场连续得手，中国的形势急剧恶化，史迪威却仍然长期滞留缅甸，对中国不理不睬。由于史迪威不在其位，此时的“中缅印”战区居然出现了“四权分立”的局面。当时的战区，除了史迪威自己在缅甸丛林中的前线指挥部外，还有重庆和德里的两个战区指挥部，以及他的航空队副手斯特拉特迈耶设在加尔各答专管战区空中力量的指挥部。这4个指挥部各自为政，第十四航空队因此经常可以收到相互矛盾的命令。

1944年2月12日，我第一次向史迪威发出了日军即将发动攻势的警告，并告诉他说日军很可能会同时发起大规模空袭。从那时开始，史迪威就不断给我们的情报部门找麻烦。正如前面所说，史迪威自己的情报部门毫无效率又并不完全信任我们的情报部门。将信将疑的他甚至在日军的第二轮攻势发起后，还觉得我们是在大喊“狼来了”。

1944年3月，日本发起的攻击准备进一步加强。根据我们得到的情报，3月上旬有22辆装载日军部队的列车驶入黄河河曲。空中照相侦察显示，日军在这个地区集中了大量坦克、火炮、卡车和装甲车辆，规模超过以往任何一次攻势。不仅如此，在长江流域，每周都会有新的日军舰船抵达汉口，规模同样超过以往。更糟糕的是，由于中国东部地区天气条件转差，再加上补给严重匮乏，我们的轰炸机也难以对这些舰船发动有效的空袭。这其中补给方面最成问题的就是河南省，当地机场只能勉强维持P-38日常飞行侦察的油料，其他所有作战飞机只好暂时趴了窝。

到了这年3月底，第十四航空队燃油储备已经到了快要揭不开锅的程度。万般无奈之下，我只好同时给罗斯福总统、蒋介石、史迪威和阿诺德发了告急电报，这些电报的内容大致相同，核心的意思就是向他们说明中国正面临致命的威胁，如果得不到足够的后勤补给，我们就不可能打败日本人。

写给总统的电文是这样的：

我希望能在对日作战方面向您做出更加乐观的保证，我也坚信中国军队能够抗战到底，并取得最后的胜利。不过要想取得这样的结果，我们就必须给予中国一定的帮助，比如空中支援。可是目前，由于我们将大部分物资被挪用到了缅甸战区，第十四航空队不但无法支援中国友军，自己也到了自身难保的地步。如果情况能稍好一点，我不会对您说出如此悲观的话，可是我们眼下的局面确实极为艰难。

更让我忧心忡忡的是，日军在中国的节节胜利，已经对很多人造成了消极影响。目前，在中国高层持悲观态度的人并不在少数。

写给蒋介石的电文是这样的：

我不得不遗憾地通知委员长阁下，由于严重缺乏补给和准备不足，盟军所有的航空兵部队，包括B-29战略轰炸部队已经无法为战区内的中国军队提供空中支援。日本的攻势迫在眉睫，为改变这种糟糕的状况，必须立刻采取极端措施。

写给史迪威的电文是这样的：

我们3月份得到的补给总量只有4736吨，这个数字根本不足以维持第十四航空队的正常运转，更别说配合地面部队作战了。如果4月份的后勤补给数量仍然无法增加，我们只好主动放弃对日军舰船、机场和补给线的空袭，第十四航空队将面临彻底瘫痪的危险。

更糟糕的是，如果目前的形势持续下去，我们将很难储备足够的物资，为中国军队即将在湖南、湖北、广西和广东等地展开的攻势提供空中支援。如果日军利用这个机会发起攻势，那么整个中国战场都将岌岌可危。

为此，我已经强烈建议蒋介石和参联会立即着手为驻华航空队补充物资，避免我们陷入进一步的危机。正是由于充分认识到目前后勤补给方面的严峻形势，以及缅甸作战和“马特霍恩计划”的消极影响，我希望您重新考虑自己的战略、战术。

对此，史迪威给我的答复是：

在英帕尔的形势稳定前，我认为不可能改善你的补给状况。当前，印度正面临实质性的威胁，参联会不会因为你的凭空臆想而向第十四航空队提供任何优先补给权。你唯一的办法就是尽量节约物资。

所幸蒋介石比史迪威明智多了。他在收到我电报的第一时间，就命令暂停怒江攻势，以便将远征军换防至中国东部，为日军可能发起的攻势做准备。这个决定最直接的后果就是将一直神龙见首不见尾的史迪威从缅甸丛林引到了重庆。气急败坏的他威胁蒋介石说，如果中国政府终止怒江攻势，就将切断美国对中国的所有援助。

后来，阿诺德将军也在4月24日给我回了电报：

我们同意适当减少驻华美军地面部队的补给，优先保证第十四航空队。不过，你必须清楚，这个提议需要战区总司令（史迪威）的首肯。

一个月之后，阿诺德将军再次给我发了电报：

我们已经了解了你对中国当前局势的担忧，并将采取行动为你的部队提供更多补给。在这方面，我们原本打算从“驼峰航线”的物资储备中优先为你们提供8000吨补给，不过却没能取得一致意见。现在，我们正考虑对中国进行空投补给的可能，但这一切仍然需要听听战区司令部的意见。

正如阿诺德将军预料的那样，史迪威根本就不同意为第十四航空队提供更多补给。不仅如此，他还对我“中国正面临危机”的警告置之不理，并建议我“等待更好的时机”，以及“尽量利用好手头的资源”。那年4月，史迪威再次通过“驼峰航线”截留了第十四航空队2000吨的补给，顺便还从中国强行征集了1000吨补给。

这次，我真的忍无可忍了，于是便在4月8日给他写了封措辞严厉的信，指出所谓的“尽量利用好手头的资源”这种陈词滥调简直就是扯淡，并再次强调当前的严峻形势。如果不能及时采取果断行动，我们很可能将眼睁睁地看着日本占领中国东部。

我在信中这样写道：

我们曾打算将中国作为未来空袭日本本土的基地，可是现在这个基地自身却已经危如累卵。为此，我不得不将自己所知道的情况罗列出来，以便你们明白目前中国的紧张局势。

在我到达这个战区后，最大的威胁始终来自日军的航空队。与此同时，日军在华地面部队的威胁也达到“珍珠港事件”以来的顶峰。目前，日本国内的资源已经山穷水尽，除了海外掠夺，他们别无选择。面对盟军的攻势，日军将不得不放弃一些不太具有战略价值的地区，从而收缩兵力，守住自己的要害所在。为达到这个目的，他们必须想办法压制盟军在中国的存在，同时确保台湾时刻掌握在自己手中，这是他们亚洲内陆防御战略的关键所在。要想阻止日本人的企图成为现实，就必须出动B-29对台湾和日本本土采取行动，但这势必会引发日军的报复性攻击。

现在局势已经非常明朗，如果日军取得了决定性胜利，战争将会持续升级，中国的政局也将继续动荡不安，他们上上下下的抵抗决心也将随之减弱。这将使中国面临极其严峻的形势，它的政治和经济形势继而将发生巨大转变。一旦日本人达到了目的，无论是在经济方面，还是在政治方面，对盟军来说，都将是一次彻头彻尾的灾难。

我们心里都很清楚，第十四航空队原本可以发挥更大的战略价值，但现在它的作用仅仅被限制在保障“驼峰航线”安全并支援缅甸作战，以及确保“马特霍恩计划”顺利执行上面。即便如此，在目前的后勤补给条件下，第十四航空队承担上述这些任务其实也是勉为其难的。事实上，就算是大幅度削减军事行动，每月获得的补给数量也无法满足第十四航空队一半的需求，更何况我们还被要求必须储备足够的物资。目前，第十四航空队的物资储备量甚至不足其他战区标准量的50%，我们前线基地现有的物资储备甚至低于最低标准的40%，这样的储备量在遇到敌军攻击后仅能维持几天。

针对上述情况，我提出4点建议：

1. 立刻扭转4月以来“驼峰航线”物资运输量不断削减的局面，5月底前为第十四航空队提供8000吨紧急补给，并在随后的每个月将物资补给维持在8000吨的水平。

2. 战区司令部应立即向中国提供500辆卡车，尽最大努力确保提高中国东部补给线的运输能力，以便从印度调运大批美式装备来华。与此同时，还应紧急向中国空投1000吨货车引擎以及其他必备零件。

3. 将驻印度航空队压缩到目前1/10的水平作为战区预备队，其余人员装备全部调到中国，将美军驻华航空队的规模提升到最高级别。

4. 暂时停止“马特霍恩计划”，集中物资保证中国东线战场的最低额度战略储备。如果战场形势继续恶化，应该考虑出动B-29轰炸日本战略后勤补给基地的可能性。

我在信中最后总结道：

我很遗憾打扰百忙中的您，不过既然您发起缅甸战役的首要目的是为打通连接中国的陆上补给线，那么中国自身的安危显然应该被放在更重要的位置。我相信，只要在中国建立起强有力的空中力量，这次的难关就一定可以安然渡过。我也相信，您肯定会为实现这个结果而采取断然措施。请相信我，中国目前的局势相当严峻，然而我们的准备却非常不充分。

对此，史迪威回复说：

印度危机消除前，我无力为中国提供更多的补给。我们基本的战略方针不会改变，蒋介石也没有权力要求第十四航空队执行能力范围以外的任务。就目前的情况来看，我只能建议你尽量减少军事行动，在形势好转前继续坚持下去。

就在大家相互扯皮的时候，日本在中国东线的攻势却已经展开。4月10日，史迪威重庆司令部的情报部门还在信誓旦旦地声称："日本没有能力在黄河流域展开攻势。"然而就在4月16日夜间至次日白天，日军3个师团的兵力在大量坦克和装甲车的配合下强渡黄河，横扫河南省的平原地区。这次攻势的发起时间比我预期的提前了12天。3天之后的4月20日，斯特拉特迈耶又带来一个令人震惊的消息：史迪威决定将第十四航空队的首要任务转变为保障"马特霍恩计划"的顺利实施，这意味着第十四航空队必须放弃针对日军舰船的空袭，以及为中国军队提供空中支援的任务。

我简直不敢相信眼前的命令。要知道，当时日军进入河南的兵力已经增加到8个师团，他们正在势如破竹地突破中国军队的防线。史迪威似乎从来就没想过如果我们失去了中国东部，中国在对日作战中的战略价值将大打折扣。对他来说，只要能守住成都就足够了。

焦急万分的我从昆明通过电台和史迪威取得了联系：

斯特拉特迈耶已经致信给我……第十四航空队的首要任务将从保障"驼峰航线"最东段的安全和为中国军队提供空中支援转为保卫成都等地区……我希望您能重新考虑这个决定，并澄清4月17日发出的"斯特拉特迈耶将军有权缩减航空队的军事行动以备紧急情况之需"的命令。

之所以要求对命令做出澄清，是因为我根本搞不清楚到底该由谁来决定什么是"紧急情况"。不过战区司令部既然要我对所谓的紧急情况负责，那么在类似情况真的发生时，我就不希望被束住手脚。毋庸置疑，应对突发事件往往需要快速做出决定，对于空战而言更是如此。可是这道命令却为我们制造了障碍，让我很难相信这是您的本来意图，更何况，这和您与中国政府达成的不干涉中国国内空中力量指挥权的承诺恰好相反。

我认为，在目前的情况下，保卫成都根本没有任何意义。我可以向您保证，凭借驻扎在此地的200架战斗机，成都根本就没有任何危险，况且还有中美混编联队部署在重庆的东部和北部。除此之外，成都附近的防空预警网也可以提前两小时发出警报。

目前我们最应该做的就是阻止日军在黄河流域的攻势，并为“怒江战役”以及中国军队在湖南的行动进行前期准备。与这些任务相比，保卫成都简直就是轻而易举的事情。鉴于现在的形势，我需要您的信任和大力支持，这才是我们真正需要的。

史迪威的回复是：

我很高兴看到你在保卫成都方面所表现出来的信心。中国是“马特霍恩计划”乃至未来打击日本本土计划的基本立足点。你4月8日的来信使我对中国的安全感到非常担忧。如果成都真的能守住，那就太好了。

日本人的攻势发起后不久，很多人就清醒地意识到，河南保卫战已经不存在任何胜利的希望。由于4年来的无所事事，汤恩伯将军的军队早就变成了一群军纪涣散的暴徒。当地农民对他们的仇恨与对日本人的仇恨相比，毫不逊色。与此同时，由于后勤补给的严重匮乏，我们也无法对日军的补给线进行有规模的空中打击，以起到阻滞他们攻势的作用。作为应急措施，第三〇八重型轰炸机大队的B-24匆忙移师成都，并从那里出发执行了几次轰炸黄河大桥和渡口的任务。随后，中美混编联队的P-40虽然对黄河上的几座渡桥实施了俯冲轰炸，却仍然无法阻止日军的渡河行动，相反，执行空袭任务的部队还遭到了高炮及其他地面火力的猛烈反击。

河南的溃败引发了多米诺骨牌效应，常年战乱积累的危机好像脓疮一样突然爆发。1944年底的时候，整个中国差点沦陷在日军的铁蹄之下。我的预言基本变成了现实。更糟糕的是，从1942年开始已经遭受了两年饥荒的河南本来有望在这年获得小麦的大丰收。现在，这些来不及收割的麦田却大都被以“避免资敌”的名义付之一炬。

就在日军横扫河南平原地区，并逐步打通平汉铁路的同时，重庆战区司令部的官僚们却仍然置身事外，不打算采取任何行动。这年5月13日，日军完全打通了原先因为中国军队的坚守而被拦腰截断的平汉铁路，开始沿铁路从满洲向汉口调兵，这些司令部的官僚们依然言之凿凿地声称日军对河南的攻势只是一次演习，他们很快就将退回原来的占领区。由史迪威情报部门提供的所谓“准确情报”已经让他们认定目前的日军根本没有能力在中国发动大规模的攻势。

绝望中的我只好派格列将军前去面见史迪威，将我们的急迫需求当面告知他。临危受命的格列火速飞往印度，却吃惊地得知原来史迪威眼下正在位于缅北丛林的夏杜苏战地指挥所。焦急万分的格列马上换乘小飞机前往夏杜苏，却又被告知史迪威早已带着一支小部队，还有不少记者深入丛林深处去了，并且已经跟夏杜苏指挥所失去了无线电联系。格列在夏杜苏等了几天，最终只好无奈地返回中国了。

由于失去无线电联系的原因，我在5月18日发送给史迪威的告急电报直到一周后才送到他手上。在这份报告中，我仔细分析了中国局势的恶化程度，并请求变更第十四航空队当前的任务，集中力量支援中国东线作战。当然，我也再次重申了为第十四航空队增加后勤补给的要求。由于“马特霍恩计划”和缅甸作战，我们获得的物资在5月份进一步降低到了5460吨的水平，比4月还少。尽管史迪威曾经多次声称他无法在后勤补给方面帮助第十四航空队，但是参联会实际上早就赋予了他根据战区情况适时调整战略物资和军事力量分配的权力。例如阿诺德将军就在1944年2月25日的通报中明确说明了这点：“我赋予所有战区司令在遇到紧急情况时随意调动其辖区内军队的权力。”参联会也曾经发出过类似的命令。

鉴于情况万分紧急，我在5月20日再次请求史迪威使用这项权力，并立即启动针对中国的应急方案。5月24日，史迪威给我回了电报：“在目前中国局势还没彻底恶化前，我必须耐心等待高层的指令。”

两天后，完成兵力调动的日军从汉口发动了第二波，也是规模最大的一次攻势。

第十八章

1944年日军第二轮攻势发起时正值梅雨季节，中国东部一望无际的稻田上空愁云惨淡。大片大片的乌云掠过洞庭湖，转瞬间化为暴雨，冲刷着湘江谷地以及湖南省内的众多丘陵。清晨时分，薄雾四处弥漫，太阳只是偶尔才露出真容。尽管整天见不到阳光，大地却已经回暖，早稻也被沉甸甸的稻穗压弯了腰。空气中浓重的湿气预示着一个炎热夏季即将来临。对于第十四航空队来说，这样的天气是非常不利的，它将使我们直到6月底都无法正常升空作战。正是由于这个原因，日军才特意将攻势发起的时间安排在5月底。选择这个时间进攻是对第14航空队的一种真正的致敬。而日军进犯长沙的规模是对薛岳将军的军队和战略的一种致敬。

攻势开始后，日本第六军从汉口兵分七路南下，意在对长沙实施合围。当时的长沙是通往中国东部各机场道路上的 个重要战略目标，也是湖南省的省会，自古以来便有“鱼米之乡”的美称，是非沦陷区最大的稻米集散地。

由于吸取了此前被薛岳的部队3次从侧面包抄的教训，第四次进犯长沙的日军8个师团这次采取了在120英里宽的攻击正面上七路并进的战术。这样一来，无论薛岳集中兵力对付哪路日军，其余6路都可以对中国军队进行合围。战术调整后的效果非常明显。此前3次长沙战役中，日军从攻击发起，到兵临长沙城下往往都需要数月之久，然而这次，他们只用了10天就成功挺进至长沙市郊，并在随后一个多星期的时间里完成了对长沙的包围。毫不夸张地说，日军此次的行动达到了迅雷不及掩耳、虎口拔牙的效果。这次是薛岳的部队处于人数劣势，被包抄，被屠杀了。

为达到速战速决的目的，日军在进逼长沙的过程中始终避免与中国军队发生大规模的正面冲突。突破第一道防线后，他们由原先的七路逐渐合并为三路，专挑中国军队纵深防御阵地的结合部实施穿插，躲过了薛岳的层层阻击。为配合这次行动，日军专门为参战部队调配了一批久经战阵的老兵，其中的某些人甚至从1937年就已经在中国打仗了。除此之外，进攻日军中还夹杂着不少伪军。他们身穿便衣，为每天3500元法币的军饷而战。进攻过程中，这些伪军配备着手榴弹、手枪和信号弹，充当了日军的开路先锋，主要承担侦察、破坏等特种任务。面对日本的强大攻势，恐慌气氛在湖南省内迅速蔓延，大批难民纷纷沿着湘江南下，躲避日军的铁蹄。

在日军的进攻面前，第十四航空队没有丝毫畏惧，而是像勇猛的拳击运动员那样左突右挡、四处出击。当时，我们的飞机总量已经达到了500架，可用于作战的差不多有400架，但其中有200架战斗机却因为参联会的命令被用来保卫成都，还有150架被史迪威用来支援“怒江战役”，只有150架（可用于作战的只有90架）可以投入到豫湘桂战场。所幸这些飞行员大多是忠诚可靠的老兵，他们全部被编入希尔上校（他已经是第二次服役）指挥的第二十三战斗机大队和第十一轰炸机中队。后来，随着战局的发展，我又将第四九一轰炸机中队配属给文森特指挥的部队，并重新起用驻扎昆明的第三〇八大队，配合他们对中国东部的日军目标进行空袭。补给匮乏的我们之所以能在紧急关头调动这么多部队，是因为我在这年4月时将压力相对较小的驻昆明部队的物资暂时挪用给了其他地区的部队。这些物资的数量可以维持30天满负荷作战的需要。如果没有这些物资，“豫湘桂战役”最后的结局恐怕就要打一个大大的问号了。

正如前面所说，中国五六月的天气并不适于升空作战。当时，日军驻扎在汉口和广州的航空队就都因为天气原因无所事事。本着以己度人的心态，日本人理所当然地认为在这样的天气条件下，第十四航空队当然也就无法对他们的地面部队发动空袭。可惜，他们低估了希尔率领的第二十三大队的战斗热情。面对嚣张的日军，这些勇敢无畏的小伙子们日复一日地驾驶飞机冲出泥泞不堪的飞机跑道，驶入危机四伏的天空，经衡阳、零陵和桂林一路北上，支援豫湘桂战场上的中国军队。到达战场后，他们会将飞机的高度降低到300~400英尺，避开浓重的雾气，提高对地面日军的打击精度。这么做当然是有风险的，因为高度越低，飞行员遇险时的跳伞反应时间也就越少。在这种情况下，一旦飞机被日军地面炮火击中，飞行员往往需要紧急爬升，才能保证足够的高度跳伞逃生。除此之外，恶劣的天气还为他们在返航和编队飞行过程中制造了不少麻烦。

接连几个星期，一根筋的日本人都固执地认定恶劣的天气可以为他们提供掩护。这无疑是我们的天赐良机。在日军进犯长沙的过程中，希尔率领他的战斗机群一路“陪伴”着他们。有好几次，他们在毫无隐蔽的公路上遇到了200~2000名不等的日军骑兵。由于道路两侧都是泥泞的稻田，这些骑兵除了留在路面上挨打，根本无路可逃，直接被从飞机上倾泻而下的机枪子弹和炸弹撕裂成了碎片。当时，日军的西线部队曾经多次乘着小艇和舢板试图强渡洞庭湖，向湘江上游挺进。我们的战斗机在开阔的湖面上抓住了他们。聪明的飞行员先是一轮炸弹，击沉了大小船只，然后又用P-40上的机枪扫射落水的日本兵。与西线部队不同，日军东线部队主要沿陆路开进，补给线是一条公路。驻遂川机场的P-38中队将他们的补给线当成了自己的主要攻击目标。由于连日大雨让道路变得泥泞不堪，日军满载补给的卡车和护送部队在公路上排起了长龙，正好成了P-38战斗机20毫米加农炮的活靶子。持续一周的狂轰滥炸让日军在这条路上留下了无数烧焦的卡车底盘，东线日军的后勤补给基本被切断。

根据常德战役获得的经验，我们在此次长沙保卫战中再次向薛岳将军的部队派驻了携带电台的联络小组。这些联络小组全部受文森特手下爱将威尔弗雷德·史密斯中校的直接领导，总共有12个。正是由于他们的准确情报，我们的空袭才进行得异常顺利。战斗中，这些情报小组经常深入到最前线，冒着枪林弹雨将日军的兵力部署和火力配置报告给我方的轰炸机。

在这方面，有个非常突出的例子。电台操作员列兵约翰·施蒙德尔随中国军队一起沿洞庭湖南岸撤退时，发现一支日军小规模登陆部队正在建立滩头阵地。发现敌情的他每隔15分钟便通过电台汇报一次敌军的最新动向，一直持续了30个小时。由于信号太差，他甚至无法确定我们是否收到了这些情报。幸运的是，我们收到了施蒙德尔发回的无线电信号，并派出3架P-40战斗机消灭了将近1000名敌军和150艘登陆艇。

就这样，在整整5个星期“不适宜飞行”的天气条件下，第二十三战斗机大队每天都要针对日军前线部队或后方补给线发动8~10次空袭，平均每名飞行员每天都要执行3~4次任务。大家忙得连饭都顾不上吃，只能利用任务间隙吃口干粮，喝杯热茶，顺便还要听取关于下次任务的简报。飞行员休息的时候，地勤人员却不能闲着，他们必须抓紧时间为飞机补充燃料和弹药。

空袭持续几天以后，日军逐渐想出了应对办法。他们为部队紧急调派了数量众多的地面防空火力，甚至连普通士兵携带的步枪也被组织起来进行对空射击。不仅如此，日军还为水面船队配备了护航炮艇。出于上述原因，我们在不到一个月时间里就因为日军的高射炮火损失了4名中队长，其中还包括援华航空队的元老乔治·迈克米兰。他当时是第二次来中国服役，负责指挥第四四九战斗机中队。随着日军对空火力的不断加强，在这个血腥的夏季，第二十三战斗机中队有将近一半飞行员阵亡或被俘。

这其中比较具有传奇性的是亚瑟·克鲁克香克上尉的经历。他来自路易斯安那州拉斯顿地区，平时脾气比较暴躁。在作战开始后仅3周的时间里，克鲁克香克上尉总共执行了47次空袭任务，还曾经创造过一次战斗中击落3架日机的辉煌战果。有句话说得好：杀人一千，自损八百。战绩不俗的克鲁克香克上尉曾经先后两次被日军地面火力击落过。第一次被击落时，他成功跳伞逃脱，顺利地降落在一片无人区，然后避开日军巡逻队平安返回基地。第二次跳伞时，克鲁克香克上尉的运气就没那么好了，他直接落在了日军战线后方。所幸上尉落地后首先遇到的是两名伪军。伪军们控制住他以后，其中的一个就跑回去叫人增援，克鲁克香克趁机用应急包里的砍刀杀死了留下看守的伪军，然后徒步行军了四天四夜才回到我方阵地。以下是选自他战斗回忆录中的段落：

很多时候，地面的能见度仅有100英尺。6月初的一个下午，我们在长沙北部发现了日军大部队，其中包括不少骑兵。当时，他们中有不少人正在一条小溪旁边饮马。我们派了4架战斗机出其不意地俯冲下去。日军原先一直没发现我们，直到空袭开始后，他们才手忙脚乱地四处逃窜。在这次战斗中，我们射杀了大约300匹战马以及数量更多的日军。

这天的晚些时候，我们沿汨罗江飞行，发现有日军正从水路向南开进，江中塞满了运兵的舢板和驳船。出于防空的目的，这些船都用树叶做了精心伪装，岸上的人很难发现它们。我们驾驶战斗机沿江面来回穿梭，向江中的船只倾泻子弹，日军船只在我们的攻击下很快便燃起熊熊大火。扫射总共进行了3轮，当我们准备开始第四轮时，江面上已经没剩下几艘船了。水里漂浮着密密麻麻的日军尸体，还有船只的碎片。少数残存的日军试图游向岸边逃命，于是我们就把剩下的子弹都"送"给了他们。

第二天，尝到甜头的我们特意在飞机上加挂了炸弹。由于这天的大雾实在太重，什么也看不清，大家决定取消任务。正当我准备返航时，却透过浓雾的缝隙发现了日军船队，于是便俯冲下去，对他们猛烈扫射。这天7点钟左右，雾气淡了一些，我们再次起飞，对沿湘江上溯的日军船只投掷了炸弹。之后，我们巡逻途中又在一处高地发现了日军的临时营地，就对其进行了低空扫射，打死了大概100名正在用餐的日军。下午，我们再次沿江而上，途中发现有差不多300名日军骑兵正在涉过一条小溪。我们的突然出现把他们打了个措手不及，日军再一次损失惨重。

日军开始强渡洞庭湖后，我们也相应地将攻击目标转向日军船只和位于湖南岸的登陆场。在空袭过程中，我们使用了炸弹、火箭弹和机枪，战果显著。这一次，恶劣的天气倒是帮了我们大忙。浓重的雾气让我们很难发现湖面上的日军，不过从另一个方面来说，日军也不容易发现我们，而且船只的马达声恰好可以掩盖我们飞机发动机的轰鸣，大多数时候，使得我们可以来无影去无踪地飞到他们头上。

由于云层太低，无法进行俯冲轰炸，所以我们大多使用500磅炸弹或火箭弹从高空对付日本人。在一次执行任务的过程中，我向一艘三层楼式的运输船发射了火箭弹。第一发没击中，第二发恰好击中了中间那层。运输船立刻被浓烟和烈火包围，船上的日军纷纷跳入水中，我的战友们开始来回向他们俯冲扫射。这些日军很倒霉，因为一些舢板恰好装载了成桶的汽油。它们被击中爆炸时，会将周围一大片水域变成火海，附近的人员、船只插翅难逃。

日军攻占长沙的同时，史迪威突然离开缅甸丛林，飞往重庆面见蒋介石。走出丛林的他丝毫没有理会我发给他的"关于派遣飞机支援豫湘桂战场"的电报。6

月6日下午，也就是在史迪威离开重庆的返程途中，他突然出现在第十四航空队的指挥部，并声称自己只有半个小时的时间跟我及我的同事讨论豫湘桂战场形势。

史迪威很直白地开始了这次谈话。他说，自己认为现在根本就没有什么能阻止日本人在中国东线发动的攻势。与其白费力气，不如集中力量首先解决缅甸目前面临的困境。因此，他绝不会同意动用"中缅印"战区现有的物资支援中国东线战场。除了这些废话之外，他对于我们的恳求仍然完全无动于衷。在我看来，史迪威的所作所为简直不可理喻。直到几周之后，他的助手才向我透露说，放弃中国东线战场其实是史迪威精心谋划的策略，他的目的就是要借此夺取全部中国军队的指挥权。

碰了钉子的我转而请求史迪威批准我即将采取的3个行动：其一是将"驼峰航线"分配给第十四航空队的物资总量增加到每月1.1万吨；其二是尽最大努力增加中国东线陆地补给线的运载量；其三是执行一次B-29轰炸任务，将日军在中国东部的重要据点汉口夷为平地。然而史迪威还是没给我面子，只同意为我们适当增加物资补给，具体方法是让第七轰炸机大队临时充当运输机，从印度向中国东部运输汽油。由于这个原因，第十四航空队这年6月获得的补给总量提升到了1万吨，不过这个数字直到10月再也没有什么变化。在这方面，史迪威中国战区的参谋长汤姆·赫恩准将向我解释说："虽然采取了应对措施，但是具体效果至少要到9月以后才能显现出来。"

事实上，实际增加的这点物资最终也没有发挥出什么明显的作用，因为史迪威在增加补给的同时，固执地拒绝加强通往中国东部的陆路补给线。换句话说，"驼峰航线"运到中国的物资虽然增加了，可是我们却没有办法把它们运到最需要的地方。史迪威对不插手中国东部补给问题给出的理由是"这是中国人自己的事情"。在我看来，这个理由根本不成立，因为同时依赖这些物资的还包括我们第十四航空队以及其他驻华美军部队。

所有在史迪威那儿碰到的钉子中，最让我痛心的还是用B-29轰炸汉口的请求遭到拒绝。很久以来，第十四航空队就想拔掉这颗钉子，但是我们的轰炸机和战斗机载弹量实在太小，难以对日军实现有效的打击。为此，我曾提议使用100架B-29执行对汉口的轰炸任务。与此同时，第十四航空队的全部兵力将支援作战，从而一举摧毁日军在汉口的补给基地，让他们在中国东线难以立足。为了不增加中国的后勤补给负担，我还特别提议让B-29直接从加尔各答起飞。

史迪威虽然口头上同意了这个计划，其实却只是敷衍而已。他收下我的报告，例行公事般地上交给参联会，就再没了下文。等得实在不耐烦的我只好再次将报告提交给了阿诺德将军。正如前面所说，驻中国的第二十航空队由他直接指挥，因此将军有权决定动用这支部队参加针对汉口的作战计划，然而阿诺德给我的答复却是“我不会授权B-29前往B-24轰炸机攻击范围可及的地区执行任务”。我认为这纯粹就是借口，因为没过多久阿诺德就派第二十航空队的B-29轰炸了曼谷。那个地方在此之前就一直是英国皇家空军及美军第十和第十四航空队B-24轰炸机的打击范围。后来，被我缠得实在不耐烦的阿诺德又反过来建议我借助中国空军的力量空袭汉口。这更是扯淡。经过连年征战，当时的中国空军只有9架过时的哈德森轰炸机以及当年苏联人援助的、早就飞不起来的俄制SB-3型轰炸机。

就这样，夏天过去了，针对汉口的空袭计划原本可以成为扭转战局的杀手锏，却因为阿诺德和史迪威的不断推诿无疾而终。直到史迪威离任，阿尔伯特·魏德迈中将出任中国战区参谋长后，我提交的动用B-29轰炸汉口的作战计划才获得批准。1944年12月8日，也就是中国东部地区大部沦陷的一个多月后，77架B-29才摧毁了汉口的日军基地。

在昆明会晤过程中，我还曾试图与史迪威详谈我制订的在中国东线配合防御的计划。为此，我们甚至提前准备了一份详细的书面报告。我在报告中提出的最重要的两点要求就是要让第十四航空队物尽其用，尽快从“怒江战役”的支援任务中脱身。除此之外，为落实这个防御计划，我还要求史迪威通过“驼峰航线”每月至少为我们提供1.1万吨的物资补给。遗憾的是，我根本还没来得及开口，史迪威就看了看手表，将我的报告直接揣进口袋里，告诉我说他以后会给我答复。说完，史迪威便登上飞机，奔赴他念念不忘的缅甸。这是我在1944年中国东线大溃败前最后一次见到他。之后，我曾几次电报询问史迪威对我的计划的看法，却始终没有下文。这年6月8日，也就是日军在河南展开攻势第45天、侵入湖南第13天后，史迪威终于认识到了中国目前的严峻形势。然而此时距我首次向他发出警告已有3个月之久了。

在长沙保卫战中，薛岳最初的打算还是希望诱敌深入，在长沙城下挡住日军的攻势，然后再对来犯之敌发起反包围。为此，他特意将所有炮兵部队——一共60门大炮部署在可以俯瞰长沙全城的岳麓山上。一旦日军被阻挡在长沙外围，这些大炮就可以居高临下地痛击日军。在这次行动中，第十四航空队得到的任务则是沿汉口一路破坏日军的补给线。明眼人可以看出，此次长沙保卫战，第十四航空队担负的实际只是配合防御的次要任务。然而史迪威等人事后却编造出了我曾经大言不惭地宣称“仅凭飞机就可以挡住日军”的无耻谰言，意在将中国东线惨败的责任转嫁给我。

事实证明，日军这次的行动的确不同以往。我们的空袭虽然对日军造成了沉重打击，极大延缓了他们的进攻速度，却并没能彻底阻住他们的攻势。当时的局面非常微妙。我们对日军补给线进行的空袭产生效果的前提在于防守长沙的中国军队必须尽可能拖住他们，只有这样，日军才可能最终陷入弹尽粮绝的窘境，为薛岳的反攻创造条件。可实际的情况是，日军的进攻实在来得太快，中国军队的溃败实在也来得太快，日本人还没来得及把随身带的那点物资消耗光，就已经杀进了长沙城。这样一来，我们的空袭虽然在战术层面给日军造成了不少损失，却没有起到预期的战略效果。

日军多路并进合围长沙的战术让薛岳最初的打算落了空。他的部队白白耗尽了自己的弹药和给养，最后只好任日军宰割。攻陷长沙后，日军又潮水似的席卷了衡阳。长沙的陷落在重庆引发了一阵恐慌，中国国防部下令将此次失利中负有责任的指挥官执行死刑，并开始越俎代庖地通过电话和电报遥控指挥湖南前线的部队。

史迪威的重庆司令部也受到这种消极氛围的影响。6月26日，留守重庆的最高指挥官费里斯准将给史迪威发了份电报：“中国人守不住衡阳了，敌军有可能在7日内抵达桂林，因此十分有必要提前放弃桂林机场。”除此之外，费里斯还命令驻中国东西线的美军部队全线后撤。7月初，驻桂林美军开始撤离，将他们的大量设施和装备，包括中国东线条件最好的野战医院全部丢在了那里。要知道，当初为建立这家医院，我们曾经动用了大量通过“驼峰航线”运来的物资。进入8月后，随着战局逐渐明朗，一些美军人员又陆续返回桂林，并在那里坚守到桂林陷落。

日军逐渐掌握战场主动权后，我们千辛万苦在湖南建立的防空预警网基本失去了作用。即便如此，希尔仍然率领他的部队在衡阳又坚持战斗了3天。所幸当时恶劣的天气成功阻止了日军航空队起飞执行任务，冒死起飞支援前线作战的希尔才没有雪上加霜。6月26日，日军距离衡阳机场只剩下20英里的路程时，希尔的部队这才陆续从衡阳撤离。航空队撤走后的当天晚上，最后撤离的美军士兵炸毁了基地的全部设施和建筑，然后乘摩托艇从水路撤出了衡阳。第二天，在衡阳以南100英里的零陵重新建立基地的第十四航空队继续起飞对日军实施空袭。

6月28日，日军攻占衡阳机场，进而开始合围衡阳城。在与机场一河之隔的地方，方先觉将军指挥的第十军依托城墙和城内建筑群与日军展开了殊死搏斗。

学聪明了的日军巧妙地穿插到第十军后方，切断了他们的后路，然后便开始向奉命死守衡阳的第十军发动猛攻，惨烈的“衡阳保卫战”就此拉开帷幕。据统计，中日双方参战兵力加起来超过50万人。遗憾的是，美国媒体对于规模如此之大的“衡阳保卫战”从没作过什么像样的报道。1944年的整个夏天，报刊的头版头条充斥的全部都是来自欧洲战场的消息，零星一两条涉及亚洲战场的新闻也大多是和史迪威有关。

衡阳守将方先觉将军是薛岳手下的得力干将，曾参加过“台儿庄战役”，并让不可一世的日军尝到了入侵中国以来的首次溃败。除此之外，方先觉将军还参加过第二次和第三次“长沙保卫战”，战功显赫。奉命死守衡阳的他手下有1万名士兵，重武器只有3门法制75毫米火炮，还有一些机枪和迫击炮，普通士兵装备的主要是陈旧的“汉阳造”。面对日军重重包围的他们事实上已经身临绝境。正是在这样的情况下，抗战史中最具传奇色彩的“衡阳保卫战”打响了。

由于第十军的顽强防守，日军的第一波进攻并没有取得预想的战果。平心而论，向衡阳发动首轮进攻的这批日军实力本身也并不是太强。在到达衡阳之前，这支从湘潭一路赶来的先头部队已经被我们连续空袭了30天，伤亡率接近30%。正如前面所说，因为中国军队败得实在太快，这支先头部队中的很多人到达衡阳前甚至根本就没开过枪，士兵随身携带的弹药、物资基本处于原封未动的状态，暂时还不必依赖后方补给。当然，面对第十军的顽强防守，这点有限的补给是远远不够的。要想夺取衡阳，日军还需要更多兵力、装备，以及物资。然而孤军深入衡阳的他们身后还有大片地区控制在中国军队的手里，只要这些军队坚守阵地，衡阳城下的日军就无法获得有效的支援，取得对衡阳守军的压倒性优势。就这样，日军的闪电战在衡阳城下被迫变成了持久战。

对于第十四航空队，这实在是天赐良机。不想错过战机的我们立刻将攻击重点从日军前线部队，转向了他们的补给线和位于后方200英里处的岳州补给仓库。

当时，日军总共有3条途径为衡阳城下的部队提供支援保障，即洞庭湖及湘江水路、湘潭至衡阳的废弃铁路，以及与这条铁路平行的公路。无论走哪条路线，日军的补给都必须从汉口运出。衡阳之战打响后，这3条路线途经的较大村镇都被改造成了军需供应站和交通中转站，那些较小的村庄则成为沿途警戒部队的驻地，这些部队同时还是进攻衡阳日军的预备队。

无论日军如何小心，这3条路线上的任何一点都免不了成为第十四航空队的全天候打击目标。在衡阳作战期间，我们派出去执行空袭日军补给线任务的飞行员往往都会遵守这个流程：首先深入日军后方，炸掉他们的物资囤积点，返航途中再用机枪扫射一切活动的目标。执行任务时，P-40总要尽可能多带炸弹，B-25则要尽量降低高度用机枪扫射地面目标，所谓战斗机和轰炸机的界限其实并不是那么明显。至于湘潭、长沙和汉口等地的大型基地，则交给从昆明起飞的B-24负责。到了晚上，我们的飞行员还会轰炸日军位于中国北方的机场。由于我们的连续空袭，日军的水上运输线只能利用夜色偷偷运行。相比之下，他们陆路运输线的情况更糟。为对付执行夜间运输任务的日军车队，我们采取了用B-25空投照明弹、P-40紧随其后扫射目标的战术。日军燃起熊熊大火的车队和物资甚至可以从汉口连绵到衡阳城下，某些物资囤积点的大火甚至能够连烧七天七夜。在整个空袭过程中，我们的地面情报小组起到了至关重要的作用。

7月初天气好转后，驻汉口的日军航空队迫不及待地起飞参战。此时的日军飞行员已经没有了抗战初期的霸气，虽然装备了最新式的“隼式”和“东条”战斗机，不过他们却将自己的任务谨慎地局限于为地面部队提供空中掩护，根本不敢找我们的麻烦。尽管如此，我们的战斗机还是在4周时间内击落了120架日军飞机，并利用黎明时的夜色打垮了湘潭的日军机场，击毁了90架日机。日军航空队后来采取了相应的报复行动，但效果并不十分明显。

因为我们的持续空袭，日军从7月初开始已经明显出现了补给短缺的情况，中国军队俘获的私自外出寻找食物的日军人数越来越多。这些人被俘时有的正在树上摘水果，有的正在地里挖土豆，全部衣衫褴褛、消瘦不堪。据他们交代，自己所属的部队已经有7~10天没吃到米饭了，弹药也十分紧缺，很多人手中仅存的一点弹药还是从湘潭出发时配的。由于我们的空袭，他们白天必须就地隐蔽，行军与战斗只好安排在夜间进行。

7月8日，衡阳城下疲惫不堪的日军先头部队撤了下去，配属重炮的攻城部队接替了他们的任务，继续加强对衡阳的攻势。与此同时，一支原定从广州北上参加衡阳战役的日军突然撤了回去。所有这一切让中国方面产生了错觉，认为日军即将全线撤退，他们对衡阳发动的最后猛攻只是为自己安全撤退提供掩护而已。这之后的整整一个星期，桂林的大街小巷到处都在燃放烟花爆竹庆祝胜利，明亮的烟火让广西温暖的夜空不再像以前那样阴暗。桂林的商人们将大量象牙、丝绸、玉石、漆器之类的东西装车运到机场，当作礼物送给美军士兵。日军攻势的暂时停顿也让中国方面获得了足够的喘息时间，来自4个战区的6支部队已经整装待发，准备开赴衡阳解围。回过神来的薛岳也开始派部队沿日军的左翼展开反攻，协助第十四航空队打击日军的补给线。

衡阳战役暂时停顿的当口，太平洋战场上的日军丢掉了塞班岛，东条英机内阁也已经垮台。后院起火的日本人打算全面调整在中国东线战场的战略、战术。抗战结束后，根据多名日军战犯交代，他们那时有很多人都倾向彻底放弃1944年发起的攻势。时任日军华中派遣军司令的高桥三吉中将和他的部下们甚至认为，如果美军再增加50%兵力空袭衡阳日军的补给线，他们就必须放弃衡阳，退回到长沙，并在那里挖壕据守。

然而就在这年7月中旬，原本准备放弃的日军却再次投入4万人的兵力，在重炮和坦克的配合下对衡阳发动强攻。截至此时，日军先后投入衡阳城下的兵力总数已经超过了20万。面对日军的疯狂进攻，我们只留下少数战斗机在衡阳上空巡逻，防备日军航空队偷袭，部队主力则全部用于轰炸、扫射日军的炮兵阵地和火力点，帮助中国守军阻击日军的攻势，将他们压制在战壕里动弹不得。没有制空权的日军只好把攻城安排到夜里。每天天色转暗，他们的重炮就会将衡阳变为一片火海。作为反击，我们专门派出B-25在夜间搜索、打击日军的炮兵阵地。

此时，衡阳城内方先觉的第十军面临弹尽粮绝的境地。收到方将军的急电后，我多次请求史迪威向城内空投物资，哪怕只空投一次也好，却始终没得到他的同意。史迪威对此提出的理由是："一旦开了先河，以后类似的请求就会源源不断地出现。"无可奈何的我只好在自己的权限内，使用B-25和C-47向衡阳城空投大米和其他补给。为解方将军的燃眉之急，文森特还特意从自己的弹药储备中挤出一部分75毫米口径的炮弹和点50口径机枪子弹支援衡阳守军。具体负责空投任务的是卢克·威廉姆森。他曾多次亲自驾驶毫无武装的C-47运输机，突破日军部署在衡阳周围的层层高射炮阵地，从300英尺高度向衡阳空投补给。

据我所知，这点可怜的物资就是衡阳守军当时从美国这边得到的全部支援。就这样，衡阳的第10军在缺枪少弹、没吃没穿的情况下死守孤城，史迪威却以一个又一个借口阻止将美国的援助空投给他们。他这么做的唯一目的就是向蒋介石施压，试图夺取中国军队的全部指挥权。直到9月，这样的情况才略有改观，可是那时中国东线战场的局势已经恶化到不可收拾的地步。

史迪威的所作所为加深了中国方面对他的憎恨。此时的他，脑子里除了缅甸，就是夺取中国军队的最高指挥权。身在缅甸的史迪威坚信，日本在中国东线发动的攻势即将取得胜利，中国东部的机场很快就要落到日军手里，这个生死存亡的关口正好可以成为要挟蒋介石的绝妙良机。在这方面，接替费里斯出任史迪威中国司令部最高指挥官的汤姆·赫恩准将发出的几份电报耐人寻味。例如，当我请求将第十四航空队的1000吨物资补给转运给薛岳的军队时，赫恩这样回答：

我们已经认真考虑过你提出的将1000吨补给转运给中国军队、帮助他们死守衡阳的申请……在这方面，史迪威有他自己的看法。目前，他已经意识到有必要采取一次行动挽回中国东线的局势，而且正在酝酿一次大动作，不过这暂时有些困难，因为直到现在中国政府对史迪威的权限还没有明确的认定。有鉴于此，我们决定在事情水落石出前，不采取任何支援中国军队的行动。在史迪威做出正式决定前，我们也不会发表任何看法。

大约就在同一时间，我接到了派驻薛岳将军身边的联络官发回的电报：

薛岳今天下午问我，他要求物资援助的请求是否有了回信。薛将军不是个胆小怕事的人，作战热情比任何人都高，但这次他一反常态地点起一根烟，满脸都是无奈的苦笑，摇着头说："我们现有的武器很难与日军对抗。"昨天，林德赛将军（Z部队指挥官）与薛岳见了面。我问薛，林德赛将军是否能为他提供一些帮助，薛说林德赛只是敷衍地说"驼峰航线"运力不足，恐怕很难提供援助。薛将军希望第十四航空队能尽量为他的部队提供物资支援，只有这样，他才能继续抗击日军。

接到这份电报，我再次向赫恩发出愿意为薛岳提供500吨武器弹药的申请，得到的回答却是：

综合考虑薛岳部队的现状，我们认为目前的局势是因为中国军队训练不足和武器使用不当造成的。有鉴于此，你提出的为他们提供500吨轻武器和弹药的建议完全是对美国军火的浪费。第十四航空队还是应该将精力继续集中在对日军的空袭上为好。

这时薛岳的军队正在日军突出部东侧，在一些地方距离湘江已经不到10英里，处在能切断敌军主要补给线的绝佳位置。他当时的任务一如既往，就是消灭日本鬼子。至于史迪威他们所说的中国军队对武器"使用不当"，那纯属扯淡。在衡阳以东与薛岳手下的两支部队并肩作战了一个月的第十四航空队情报官海军中尉麦卡弗蒂曾递交过一份报告：

两支部队目前的情况都很艰难。这些士兵的年龄大多集中在18~25岁之间，服役期限从3~7年不等。他们大都是穷人，很多人营养不良。然而就是这样的士兵，却已经和日军周旋了有7个月之久。

士兵们普遍衣衫褴褛，条件好点的缠着绑腿，但大部分人没有。某些幸运的人能穿上草鞋，多数人只能赤脚。他们的步枪老旧不堪，子弹也很少。两支部队的重武器极其缺乏，只有一些轻机枪，重机枪和迫击炮根本没有，仅有的几个掷弹筒还是从日军那儿缴获的。他们的补给都是民工从后方运上来的，仅能果腹而已。这里很难吃到肉和蔬菜，如果每人一天能吃上两碗米饭，那就非常不错了。虽然士兵的健康状况很差，伤号也很多，可是医护用品却严重匮乏，而且根本得不到任何补充。很多人罹患疟疾，因疾病造成的战斗减员人数高得吓人。第20军满员时曾有两万人，现在却只剩下不到5000人，基层军官少得可怜。

虽然这些士兵的健康状况很差，不过他们的精神面貌却非常好。面对装备精良的日军，这些手拿陈旧武器、饥寒交迫的军人们没有丝毫气馁或抱怨，而是鼓足勇气、顽强奋战。我发现，无论军官还是士兵，都表现出了惊人的勇气。这里没有纸上谈兵、光说不干的闲人。军官们晚上制订作战计划，白天则披坚执锐、身先士卒，他们都是值得后世敬仰的斗士！

就在薛岳将军的部队死守衡阳的同时，第十四航空队自己的补给情况也开始恶化。由于频繁升空作战，我们在中国东线的汽油消耗量比4月增加了60%，文森特所属桂林机场的月均汽油消耗量甚至达到了月均补给量的两倍，真正算得上寅吃卯粮。更糟糕的是，6月初开始的大雨造成独山公路多处山体滑坡，极大地延缓了卡车的运输效率，史迪威原先许诺的在6月初用第七轰炸机大队向中国东部运送汽油的承诺直到7月末也没能实现。每天，盼油心切的文森特都会派飞行员驾教练机沿铁路南下柳州、北上独山巡逻，以便及时发现运送汽油的卡车。

这年6月，从桂林起飞执行任务的B-24中队开始装备低空投弹雷达。这种仪器的主要作用是提高轰炸机夜间低空轰炸的精度，对付日军舰船特别有效。整个6月，这些装备投弹雷达的飞机平均每次空袭可以击沉排水量900吨日军船只，以最少的代价给敌人造成最沉重的打击。在这之后的4个月中，他们平均每投掷2.5磅炸弹、消耗两加仑燃油，就可以击沉1吨日军的船只。

尽管B-24表现出色，我还是在7月的第一个星期命令他们停止对日军舰船的空袭返回昆明，因为此时中国东部的燃油储备已经降到了极低的水平。7月13日，燃油储备情况进一步恶化，文森特向我报告说，柳州只剩下4000加仑的燃油储备，桂林也只有8500加仑的燃油储备，正在运输途中的燃油合计也仅有1.3万加仑。在这种情况下，我不得不进一步命令所有B-25停飞，返回中国西部基地待命。

这年7月初，中美混编联队第五战斗机大队从位于芷江的新机场起飞，加入衡阳保卫战。可惜，严重的物资不足使这支部队无法真正对日军补给线形成威胁。捉襟见肘的文森特此时已经拿出了手里所有的储备燃料，甚至还派人抽干了那些损毁战机油箱里残存的燃料，勉强让部队维持了3天的正常运转。7月17日，他手中剩下的燃料就只够让所有飞机撤离中国东线战场、返回昆明用的。就这样，在仅仅5天时间里，中国豫湘桂地区几乎所有飞机都因燃料不足停飞。只有芷江机场还残留少量燃料储备，从那里起飞的几架P-40就成了唯一在衡阳上空持续作战超过一周的盟军战机。

正是因为我们自己的主动放手，已经被掐住喉咙、奄奄一息的日军又缓了过来。恢复过来的日军迅速行动，再次加强了对衡阳的攻势，却错失了彻底消灭第十四航空队的机会。说到这里，要特别感谢老天爷赐给我们的3天坏天气。要不是有恶劣的天气做掩护，我们因燃料短缺而停飞的飞机恐怕就真成了日本人的活靶子。不过也有证据表明，即便当时的天气很好，日军恐怕也没有放手一搏的勇气。事实上，他们在那3天将注意力全部转移到了袭扰岳州的盟军轰炸机上面。

3天后，救命的飞机燃料终于运抵桂林，重新焕发生机的第十四航空队在第二天黎明将岳州机场的日军飞机一举歼灭了40多架。此时，第七轰炸机大队终于开始向柳州运送燃料，我们的补给数量也逐渐增加，到了9月，输送到中国东部的补给已经达到6500吨。

获得补给的我们逐渐增加了对日军的压力，并在8月中旬达到顶峰。可惜为时已晚，日军利用我们停飞的几周时间，调动大批部队和物资，终于在围城后的第49天，也就是8月8日，以压倒性的优势夺取了衡阳城。第十军不到300人的残余部队只好放弃防守，杀出一条血路突围，与衡阳以东两英里处的友军会合。

衡阳陷落，标志着中国东线战场的彻底失败。在整个东线战场上，中国军队开始整体收缩防御，除薛岳部队组织了不间断反击外，鲜有其他的中国军队进行抵抗。好在我们的空袭对日军造成了沉重打击，以至于衡阳陷落一个月后，他们才重新向零陵发动进攻。

事情发展到这个地步，一切都如史迪威所预想和希望的那样，这是否会让他得到某种满足感呢？答案应该是肯定的。不过在我看来，这实在没有什么值得骄傲的。如果战区高层能多做出几个正确决定，保证我们获得足够的物资补给，这场战斗的胜利原本可以属于我们。胜利曾经离我们如此之近，如果能在2月至3月间从“驼峰航线”多分配几千吨补给用来摧毁长江上日军控制的渡口；如果能在4月多增加几百辆卡车，来为中国东线输送汽油，保证第十四航空队的正常运行；如果战区司令部能批准我们执行一次对汉口的轰炸任务；如果能及时为衡阳城中浴血奋战的守军空投几百吨弹药补给……事情本可以是另一个结果。身为战区司令的史迪威注意到了日军此次的攻势非比寻常，却拒绝调整物资补给计划应对眼前的危局，白白浪费了许多人力、物力。从某种意义上说，这才是中国东线惨败最重要的原因。

衡阳战役后，中国方面在那里修建了一座纪念碑，碑下埋葬着这场战斗中阵亡的5000名士兵的遗骸。这座精魂铸就的纪念碑正是对那些“中国人不抵抗论者”的无声驳斥。

这年夏末及秋天的大部分时间里，日本人继续为打通汉口到印度支那的运输线而奋力出击，第十四航空队则针锋相对地进行了一系列压制行动。焦急万分的日军不断加码，希望尽快结束这次攻势。衡阳战役虽然失败了，但是长达6周的战斗毕竟打乱了日军的部署。他们多耽误一个星期，就意味着多消耗一些战略资源。由于中国军队的顽强抵抗，再加上第十四航空队的有力配合，日军已经失去了攻势开始时的锐气。

9月15日，桂林沦陷；11月7日，中国东线战场最后一个重要据点柳州失守。坦率地说，日军在此次攻势中基本实现了预期的战略目标，不过他们原定90天的速战速决计划，最终却被迫变成了一场历时6个月的持久战，消耗了大量人力、物力，以及宝贵的时间。从衡阳保卫战开始到第十四航空队撤离柳州的这段时间里，太平洋战区的整个战局也发生了巨大变化。截至这年秋天，美军已经在塞班岛和关岛建立了B-29机场。乔治·肯尼的远东航空队飞临菲律宾各机场上空，海军航母特混舰队正在攻打台湾海峡。第十四航空队则抓住机会，继续对中国东线战场上的日军展开攻势。这样一来，我们就在10月中旬从东西两个方向完成了中国沿海日本海上运输线的空中封锁。

这年8月，驻柳州的B-24开始封锁台湾海峡，平均每次出击可以击沉1100吨的日军船只，平均每磅炸弹可以炸沉1吨日军船只，平均每消耗1加仑燃油可以重创两吨的日军船只。如果这样的势头持续下去，这支部队便可以在6个月内，以平均每月消耗2000吨物资补给的代价，击沉上百万吨的日军船只。这些辉煌战绩主要该归功于霍普森中校、埃夫里尔中校以及卡斯韦尔少校的杰出领导，他们也因此获得了“杰出服役十字勋章”。

“豫湘桂战役”结束后，第十四航空队采取的第一次行动就是在10月16日当天与航母舰载机及驻华B-29轰炸机组成混合编队，对台湾的港口和机场进行了持续3天的空袭。在我们不间断的打击下，总共有近20万吨的日本船只被迫从台湾的各个港口开往香港暂避风头，却被我们抓住机会击沉在了半路上。为了这次行动，第十四航空队将所有能起飞的飞机都派了出来。昆明基地的B-24负责对台湾各港口实施高空水平轰炸，柳州的B-25以及我们所有的P-51战斗机采用俯冲轰炸的方式对日军舰船进行精准打击，挂不了重磅炸弹的P-40则专门负责空中掩护，他们击落了大量“零式”战斗机。经过这次空袭，日本的海军可以说真正到了山穷水尽的地步。

不久之后，被美国海军誉为“二战中的决定性海战”的第二次菲律宾海海战①打响，第十四航空队也参与其中。在当时的条件下，只有第十四航空队的B-24可以在美国海军主力的左翼，也就是中国南海地区执行侦察任务。为了支援海军作战，我们的飞机不间断地进行巡航活动。出于尽量扩大航程的目的，很多飞行员甚至放弃携带武器，将节省出来的载荷全部换成了燃油。正是我们的飞行员最早向美国海军舰队发出了日军舰队已经从澎湖列岛起锚、准备向南挺进、袭击莱特湾滩头阵地的警报；也是我们的飞行员，在海战结束后准确捕捉到了日军舰队撤退的路线，引导美军潜艇将他们赶尽杀绝。由于第十四航空队的出色表现，尼米兹上将和哈尔西上将特地对我们提出嘉奖。

顺便说一句，同样是第十四航空队的这些B-24，在“豫湘桂战役”的几个月

---

① 指莱特湾海战。——译者注

中奉命轰炸从上海至西贡海岸线的日军大型码头，总共炸毁日本商船25万吨，日军巡洋舰两艘、驱逐舰4艘。这当然也增加了日军占领中国东部地区的惨重代价。

这年9月13日，史迪威再次莅临第十四航空队昆明司令部，对我们宣称桂林的沦陷已经在所难免，必须炸毁当地的各种军事设施。第二天，我们便一起飞赴桂林，视察那里的机场。视察之后，史迪威立刻命令文森特动手摧毁包括 3 个轰炸机机场和 1 个战斗机机场在内的所有军事设施。4天后的9月17日，认定“豫湘桂战役”已经彻底失败的史迪威终于授权我们向保卫桂林的中国守军空运了500吨的美式装备和弹药。这是继第十四航空队向衡阳守军提供少量75毫米口径炮弹和点50口径机枪子弹后，美军第一次为“豫湘桂战役”中的中国军队提供支援。可惜史迪威的命令来得太晚了，以至桂林陷落前只有极少量的弹药被落实到位。剩下的那些根本没来得及派上用场的物资只好被空运到柳州，然后又装上火车运往独山。后来，某些受雇于战略服务局的爆破专家无意中发现了这批武器，并将它们当作“中国囤积武器”的证据上报给了美国高层。不仅如此，这些专家还严格依照“撤退时销毁一切敌军可利用之物”的军规将这些物资全部销毁。

事实证明，史迪威的确过虑了。即便是在只遇到中国军队有限抵抗的情况下，日军先头部队还是花了几周时间才到达桂林和柳州周边地区。在此期间，由于获得的补给数量明显增加，第十四航空队实际已经达到了作战的巅峰状态。然而过分悲观的史迪威却把反击日军的最后机会白白错过了。更有甚者，他还在这年10月命令第十四航空队将此前从战区储备物资中获得的临时援助立刻偿还给战区，并将通过“驼峰航线”分配给第十四航空队的8000吨物资优先提供给了第二十航空队。这一决策的直接后果就是使我们的战斗力锐减了1/4，眼睁睁看着日本人在桂林和柳州耀武扬威。

10月17日，史迪威从重庆给我发了份电报：

类似你这种级别的军官，在未经授权的情况下，私自挪用战区的物资储备，会给下级军官做出很坏的榜样，并对我们将来的军事行动造成破坏。由于你不准确的情报和不当的建议，我在援助太平洋战区的问题上做出了一系列错误的判断。这种拙劣的表现与你现在的军阶和地位非常不符。

对此，我针锋相对地回应道：

你上封来信的措辞和指责令我十分震惊且大惑不解。就我个人而言，很难接受你在字里行间表达出来的充满敌意的态度。关于挪用战区物资储备的问题，早在上周，我们就在你的指挥部谈论过这个事情。当时，你的态度和现在完全相同。我必须在此强调，我的所作所为完全是为了保住我们位于中国东线的机场。关于误导你做出错误判断的这项指责，我感觉十分不解。我认为，这是个非常严肃的问题，为了能给你一个满意的答复，我将在随后的信件中进行详细说明。

史迪威给我的回复是：

我必须说明，上封信是对你私自挪用战备物资的正式行政警告，目的是以儆效尤，避免再有人犯下同样的错误。因此，不允许你为此做出任何辩解。

1944年11月初，我乘飞机前往柳州，这也是我最后一次视察豫湘桂战场。那天天空乌云密布，我们头顶着雨云，从800英尺的高度进入柳州。当时，日军就在离机场不到50英里的地方，看起来仿佛随时都可能冲过来抓住我们。11月7日夜里，文森特手下的士兵开始有计划地破坏机场。第二天，厚厚的云层依旧笼罩着柳州周边的群山，机场上飘扬的星条旗降了下来，我们的飞机陆续起飞撤离。最后起飞的是一架银色P-51，它原来的驾驶员由于病重，只好走陆路撤离，暂时由文森特亲自驾驶。当天的天气糟糕至极，以至有3架战斗机在途中迷失了方向，坠毁在群山中。就在我们撤离的这天，日军切断了柳州以西30英里处的铁路线，并于3天后占领了该城。

柳州陷落后，无论是日军，还是参联会，都认为第十四航空队在中国东线从此将一蹶不振，然而事情的结果却让他们大吃一惊。

第十九章

就在中国东线战场局势陷入扑朔迷离状态的同时，史迪威与蒋介石的关系也恶化到了无以复加的地步。10月19日，史迪威被美国陆军部解除了职务，“中缅印”战区司令随即一分为二。原先在蒙巴顿勋爵手下担任参谋的魏德迈少将奉命出任中国战区司令，并被提升为中将。史迪威原先的参谋长丹尼尔·苏丹少将则担任了“缅甸—印度”战区的司令。

我对史迪威的离去并不感到遗憾。这个执拗倔强的小个子男人带着种种复杂的情绪，包括骄傲、偏见和误解离开了中国。而他的错误决定在过去关键的两年损害了中美关系，而且削弱了盟军在亚洲大陆的战略效率。

在这方面，不明真相的美国媒体几乎异口同声地将史迪威塑造成一个由于偏见和误解而不得不黯然退场的战士，并认为亚洲战场将由此受到无可挽回的损失。这与实际的情况简直风马牛不相及。事实上，史迪威的离开对于巩固中美关系，乃至盟军各方齐心协力对付日本人都有着特别积极的意义。可以这样讲，史迪威的突然离去实际上是为一个更加务实而有效的指挥集体扫清了道路，中美由此可以真正团结一致打败日本人。就在史迪威离开6个月后，魏德迈中将和他的助手罗伯特·麦克卢尔少将便与中国军方建立了更加紧密的合作关系，这在史迪威时代简直是无法想象的。然而就在美国公众不约而同地为史迪威叫屈喊冤的同时，魏德迈和麦克卢尔两位将军的杰出工作却被人们忽视了。

史迪威虽然已经离开了，但他对中国局势的影响一直持续到了今天。事实上，战后美国的对华政策基本延续了史迪威的老路子，并且完成了他的“未竟之业”。正是由于美国方面的政策失误，才使得我们曾经的盟友最终一败涂地。

史迪威在中国遭遇的挫折背后存在许多因素。这其中首要的原因就是他个人僵化的军事思维，以及过于简单的头脑。在我看来，缺乏战略眼光的史迪威充其量只能是一名一线战地司令官。他自己似乎也很乐于扮演这个角色。身先士卒的史迪威可以作为普通一兵去冲锋陷阵，却不善于组织自己手下的部队在战略层面和敌人决战。身为一名彻头彻尾的步兵，史迪威脑子里想的永远就是出击，击溃敌人，然后再出击。这样的战术水平可以勉强领导一个师，却无法担当战区司令的重任。某些不太厚道的人因此将史迪威评价为“美国陆军有史以来最出色的上将级营长”。在我看来，他们说的确实也有几分道理。

更倒霉的是，本身就不怎么样的史迪威偏偏还被美国军方派到了局势最复杂的战区。这无疑令史迪威的工作变得更加棘手，也最终导致了他的失败。平心而论，要求史迪威这样一名纯粹的军人处理那些本该由政治家解决的问题确实有些强人所难。所幸，后来接替他的魏德迈和麦克卢尔两位将军在这方面的能力要稍强一些。

有个问题值得注意：在史迪威接受军事教育的时期，美国军方高层几乎无一例外地对开发新武器和战法不感兴趣，这也在潜移默化中影响了史迪威。正是由于这个原因，史迪威自始至终都是一个狂热的“大步兵主义者”。在他看来，我手下的飞机除了为他充当交通工具，就是替他的步兵扮演“救火队”的角色——直接提供战场火力支援。即便是在离开中国以后，固执的史迪威也没有放弃这种陈腐、过时的战法。

1945年4月，史迪威正在指挥攻打冲绳的第10集团军（陈述有误，史迪威直到6月下旬才在冲绳战役的最后几天接管第10集团军指挥权）。那时，他信誓旦旦地向媒体宣称，要想取得对日作战的胜利，至少还需要两年时间。因为在他看来，打败日本的唯一办法就是派步兵登陆日本本土，然后逐个占领他们的战略要地。谢天谢地，日本人3个月之后就很知趣地投降了。否则如果按照史迪威的打法，恐怕又要有成千上万的美国人当了异乡之鬼。

史迪威战略眼光狭窄的最突出表现就是他在任职期间仅仅盯着缅甸那么一小点地方，根本不考虑太平洋战场的大环境。整天叫嚷着要把日本人赶出缅甸丛林的史迪威可能在短期内迎合了英美高层的战略意图，却无法将自己的计划变成现实，因为他明显缺乏一名战区指挥官的最基本素质：情报搜集和处理能力，以及战略层面的指挥协调能力。

在史迪威看来，反攻缅甸最主要的战略意义就是可以为中国获得外部物资援助打通一条陆上通道。然而史迪威和他的团队不仅没有为执行这个任务的部队提供足够的后勤补给，在通道打通之后，也拿不出那么多物资可以支援给中国。这条以史迪威命名的通道最初的时候每月仅能为中国输送几千吨物资，到了后来，就连这个数字也达不到了。事实证明，史迪威白白耗费了成千上万人的生命，还有数不清的物资和金钱，却根本没有起到任何实际效果。

最可笑的是，“史迪威公路”开通之后，我们面临的最主要问题居然是找不到足够的卡车运输那些物资，因为史迪威坚持认为这项工作必须由军方的运输部门负责，可是军方又实在无能为力。最后，还是接替他的魏德迈将军解决了这个问题。魏将军直接命令手下人找到一家拥有500辆道奇卡车的外国运输公司，然后把运输工作承包给了他们（这家公司1944年初的时候就通过联邦经济委员会联络过史迪威，却被他严词拒绝了）。于是，一个在史迪威那儿根本无法解决的问题就这么轻而易举地被化解了。

固执的史迪威在自己的任期内始终对“驼峰航线”的空运计划持否定态度，然而“驼峰航线”在它的巅峰时期只动用了3000人和600架运输机却可以达到每月7.1万吨（1945年7月）的运量。相比之下，为了开辟“史迪威公路”，盟军花费了将近一年时间，动用了包括第十航空队和英国皇家空军在内的成百上千部队，以及数百万美元，得到的回报却微乎其微。以至于1945年6月，中国战区参谋长正式对外宣布，“史迪威公路”的开通毫无价值。

史迪威在情报搜集方面的无所作为是有目共睹的。无论是在缅甸，还是在中国，他的司令部自始至终就没能建立起一个完善的情报网。情报的严重缺乏导致史迪威在做出决断的时候频频失误。最可怕的是，这个人不但自己不想建立一个完善的情报网，也拒绝接受来自其他渠道的情报。正是由于这个原因，日本人才在1944年轻而易举地偷袭了印度，使得史迪威在缅甸的部队差点就被分割包围。还是在这年春天，史迪威完全不顾日军即将在中国东线战场发动一次大攻势的情报，导致已经成为强弩之末的日军最后在中国耀武扬威了一把。

恰恰是因为以上这些原因，原本对史迪威抱有好感的蒋介石逐渐改变了态度，并坚决反对他收复缅甸的计划。那个时期的史迪威曾经多次抱怨中国军队消极避战。的确，当时的蒋介石确实不愿意将自己的部队投入这个根本不可能实现的计划。在蒋介石这个久经沙场的老兵看来，史迪威的计划无疑是一次愚蠢的冒险。

蒋介石最终之所以同意反攻缅甸，主要是因为英美高层的游说，并得到了他们利益方面的相关许诺。在我看来，即便是蒙巴顿提出的缅甸两栖登陆计划也要比史迪威的反攻计划明智得多。因为从仰光等地登陆至少可以抄缅甸日军的后路，截断他们的后勤补给，最终是有可能取得成功的。蒙巴顿的计划对于日本人来说可谓一剑封喉，一旦日军的后勤补给被切断，他们就会不攻自破。相反，史迪威从缅甸北部逐渐向海边压缩日军的做法则是舍本逐末，而且他越是把日军往一起压缩，日军的兵力就越集中，我们可能遭遇的抵抗也就越强。事实上，密支那地区长达10周的苦战恰恰证明了这点。随着雨季到来，缅甸战局开始朝着对我们不利的方向发展。在这种情况下，英国人首先以船只不足和美军预定的兵力不能到位的原因取消了两栖登陆计划，蒋介石随后也改变了自己对缅甸作战的支持态度。正如他早就预料到的那样，缅甸北部的作战只是白白消耗了中国的军队和物资，根本就没有取得什么实质性的结果。由此看来，蒋介石的军事天赋明显要比史迪威高很多。

史迪威之所以念念不忘反攻缅甸，恐怕是因为这个计划在当时的整个“中缅印”战区是最容易执行的。对于史迪威来说，反攻缅甸不需要事先进行太多的图上参谋作业，也不需要收集什么情报。更重要的是，从缅北突袭日军将是一场彻头彻尾的步兵战争，非常符合史迪威的胃口。他需要做的就是组织好部队，然后命令他们冲过去就可以了。

鉴于史迪威一系列令人失望的举措，中国方面逐渐收回了对他的配合态度。与之相反，中国方面在整个抗战期间却始终遵守与英国人战前达成的各种协议，这一点有罗伯特上将的报告可以证明。

以上是我个人根据自己8年来在中国的征战经历得出的结论。有意思的是，魏德迈中将在战后提交给国会的报告中，对史迪威的表现也给出了相同的评价。

尽管史迪威在反攻缅甸作战前曾经一再宣称，收复缅甸是为了将来在中国的进一步军事行动，然而事实上，“中缅印”战区司令部存在期间，无论史迪威本人，还是他的参谋团队，除了调动远征军配合反攻缅甸之外，都从没有制订过任何与中国有关的军事计划。魏德迈中将接任以后做的第一件事情就是要求史迪威的原班人马移交相关方面的各种材料，然而史迪威留在重庆的参谋长汤姆·何恩将军却什么也拿不出来。

任何稍具军事常识的人都明白，情报是制订任何军事计划的基础。遗憾的是，史迪威却把这么重要的工作完全委托给了中国国防部。这些本来就不太靠谱的情报还必须通过外交渠道，由中国国防部首先交到史迪威的重庆司令部，然后再由他们转发给身在印度的史迪威。可以这样说，等到这些情报送到史迪威手里的时候，什么都晚了。更有甚者，史迪威不但自己忽视情报工作，还反对我们第十四航空队自己动手搜集情报（例如美国战略服务局的多诺万少将曾经主动为我们的情报人员提供了一批电台，却因为史迪威的反对没能兑现），由于这个原因，直到1944年新的战区情报主管上任以前，我们的情报部门都只能以“防空预警网”的名义保持着地下状态。

不知道什么原因，身为“中缅印”战区司令的史迪威对于中国军队始终抱有非常深的成见，认为他们完全不能作战，而且根本无视来自海军和陆军航空队方面各种关于中国军队英勇抗击日军的报告。在这方面，古尔德上校的经历非常具有代表性。古尔德上校是美国陆军部军事情报部门的人，1945年被派到中国战场搞调查。当时，日军正在猛攻潼关（通往西安的咽喉要道）。得知这个消息的古尔德上校准备到战场上实地看看，却遭到了史迪威的前情报部门负责人的劝阻，理由就是中国军队根本不会打仗，所以根本没必要去和他们浪费时间。古尔德上校最终仍然坚持去了潼关前线，平安返回西安的他向大家宣称：“中国军队就像美国海军陆战队那样在战斗。”

史迪威在中国的另外一个不明智行为就是他始终在试图掌握全部中国军队的指挥权。就蒋介石来说，他倒是不反对将自己的部队交给值得信赖的美国军官。因此，史迪威1942年来中国的时候，蒋介石就把缅甸中国远征军的指挥权全部交给了他。当时的史迪威自己也非常清楚，对于一名外国军官来说，这意味着极高的信任和支持（顺便说一句，蒋介石曾经有两次打算把中国空军的指挥权交给我，不过由于美国陆军部的命令我不得接受）。

蒋介石对史迪威的支持和信任一直保持到1942年的缅甸大溃败。从那时起，蒋介石对史迪威的军事指挥能力逐渐产生了怀疑。这倒是没冤枉史迪威。事实上，缅甸战局失利的最主要原因就在于他关键时刻动用中国远征军去救援陷入重围的英国人，从而错失了战机。不过蒋介石对此只是表示了少许不满而已，他继续将撤到印度的远征军指挥权交给了史迪威，后来还通过"驼峰航线"为他补充了十万多人。要知道，这些都是在中国战场本身吃紧的情况下抽调出来的精锐部队。

史迪威名义上虽然是"中缅印"战区的指挥官，其实却从来没获得过整个战场的指挥权。一向傲慢自大的英国人根本不服他的招呼，美国对他的支持也仅仅是派了3000多名步兵。相比之下，中国对这位战区指挥官绝对仁至义尽了。然而史迪威却得陇望蜀，居然又打起了中国军队最高指挥权的主意。这实际上等于夺蒋介石的权，当然是不可能实现的，然而史迪威就是执迷不悟。1942年6月刚从缅甸大败而回的他就向蒋介石提交了一份计划，要求将中国军队团以上职务全部移交给美国军官，他自己则担任中国军队的总司令。蒋介石毫不犹豫地拒绝了他。

在维系与蒋介石以及其他中国同仁的关系方面，史迪威的所作所为非常失败。这位几乎完全靠中国撑腰的战区司令固执地对中国军队保持了一种不信任的态度，无视这些将士浴血沙场的事实，到处宣扬他们根本不配走上战场。更有甚者，他居然认为领导这支军队的最高指挥官，也就是蒋介石本人，是抗战取得胜利的最主要障碍。严重依赖中国支持的史迪威似乎根本就没有什么平等的观念，他和中国人合作的基本策略就是"一骂，二闹，三吓唬"，动不动就以断绝美国援助为要挟，逼迫别人服从他的意志。当中国方面不再理睬他的威逼利诱以后，史迪威也就干脆放弃了与他们合作的努力，开始自行其是。这么一来，他在中国的处境只能越变越糟，人缘越变越坏。自认为不得志的他只好回美国诉苦，到处说中国各级官员的坏话（例如他在1943年初对一名美联社记者语出惊人，称中国当年最需要做的是处决一百名高官）。这些言论后来又通过各种渠道传回中国，令史迪威成了大家的眼中钉。

有了上司的率先垂范，史迪威手底下的那些参谋们也纷纷上阵，对中国的内政外交大放厥词。在我看来，史迪威这么做的目的似乎是想向蒋介石施压，不过对于向来软硬不吃的蒋介石来说，这样的把戏实在是选错了对象。

记得有一次是在讨论“Y部队”后勤补给部门指挥官人选问题的例会上，史迪威居然当着不少中国军官的面说陈诚将军是他心目中最诚实可靠的中国军人，但是这位将军最理想的位置应该是在前线，而不是后勤指挥岗位，否则他很可能会“犯错误”①。你可以想象一下，在场的中国军官听到这样的话，会产生什么想法。

正如前面所说，史迪威任职期间对中国战局基本上采取了不闻不问的态度，不过这位自诩的“纯粹军人”却对中国的政治问题表现出了过分的热心。1943年秋天，他和中国各方面的关系已经恶化到了无以复加的地步。意识到问题严重的罗斯福总统给马歇尔写了封信，认为史迪威已经无法在中国实现自己的价值，建议撤换掉他。马歇尔给总统回信说，眼下还没有合适的人选可以接替史迪威，只能先让他干着。于是，史迪威就在中国又混了一年，这年对中国来说也是异常艰难的一年。

1943年10月，国民党中的激进派开始集中对史迪威发难，最主要的理由就是这位将军忽视中国战场，导致抗战形势每况愈下。为了自保，史迪威也对他们频频发动反击。终于，在史迪威和国民党保守派的联合压制下，这些激进派在政府和军队中的势力遭到了沉重打击，很多人因此丢官罢职。事情过去不到6个月，国民党保守派在史迪威和他留在重庆的参谋长的暗中支持下，取得了国民政府的控制权。这些保守派之所以选择与史迪威联手，是因为史迪威在中美合作方面的消极态度对他们极其有利，而国民党激进派恰恰是竭力鼓吹中美合作的。

保守派的得势严重损害了中国战局的发展。1944年，包括薛岳将军、张发奎将军在内的许多中国高层指挥官因为激进派的身份受到压制。高层指挥官的失势使得他们手下的中下级军官人心惶惶，部队开始失去控制。为挽救这个局面，远在重庆的中国国防部开始以电报、电话的形式远程指挥这些部队，但这反而加剧了部队的混乱。偏偏就在这个时候，后勤补给方面又出现了严重的问题。这无疑使得情况雪上加霜。身为战区指挥官的史迪威对此却毫无察觉，反而认为一切都

① 暗示陈诚有贪污问题。——译者注

在按自己的计划进行。

1944年仲夏时节，史迪威再次开始为获取中国军队的最高指挥权频频出招。他之所以没有取得最后的成功，仅仅是因为被长达10周的密支那围攻战束缚住了手脚。密支那战局的胶着状态迫使史迪威暂时放下手里的其他事情，全力投入军事指挥。因为在他看来，如果不能攻克日军占据的密支那，自己的反攻缅甸计划也就不能算是圆满成功。

就在密支那之战打响的同时，我提交给史迪威的一大摞请求增加后勤补给的报告全部被他束之高阁。很明显，当时的史迪威根本不希望我们在中国东线战场发动任何攻势。我原本以为他这么做的目的就是为了不干扰自己的缅甸计划，直到后来才知道，史迪威对我的冷落原来还另有深意。就在我的报告交上去不久以后，汤姆·何恩悄悄给我传来一句私人口信说："史迪威打算让中国军队好好打几场败仗，只有这样，我们才能取得中国军队的最高指挥权。在此之前，他不会对中国战场采取任何明显的支持态度。"也就是说，即便身陷缅甸泥潭，史迪威仍然没有放弃用断绝物资供应迫使蒋介石就范的想法。

密支那之战结束不久，史迪威全面恢复了对中国军队最高指挥权的争夺。为达到这个目的，美国陆军部负责军火生产的帕特里克·赫尔利少将和唐纳德·尼尔森少将专门率领一个小型代表团来华，与中国政府进行谈判。与此同时，史迪威本人还被提升成了四星上将，以便与他未来的中国军队最高指挥官职务相称。

志在必得的史迪威和这个代表团一起来到了重庆，与他们同行的还有唐·苏丹。这个人的主要任务是时刻帮助脾气暴躁的史迪威保持冷静，以免他把事情搞僵。

当时的重庆政府正被悲观失望的气氛笼罩着，急切地渴望得到外部援助。为达到这个目的，他们愿意满足史迪威的一切愿望。在长达7年的艰苦抗战之后，这个国家虽然已经胜利在望，但也到了即将崩溃的边缘。在蒋介石看来，总是掐着自己脖子的史迪威恰恰是这一切的始作俑者。他并不情愿做出妥协，却已经别无选择。

到了这年9月中旬，双方的谈判已经呈现出了非常明朗的态势，史迪威可谓胜券在握。在这种情况下，松了一口气的苏丹率先返回了印度。偏偏就在这个时候，史迪威又节外生枝地提出要将第十四航空队撤出中国。为达到这个目的，从

10月开始，他还将对第十四航空队的补给数额降低到了原来的25%（这非常明显地影响了桂林、柳州两地的防空）。也就是说，如果中国方面拒绝他的要求，继续留在中国的第十四航空队也只有等待自行消亡的命运。

事实证明，苏丹的率先离开绝对是个错误，得意忘形的史迪威似乎忘记了不能欺人太甚的道理。这年9月19日，史迪威不知道动用了什么手段，居然搬出罗斯福总统给蒋介石发了份电报。据某些看过这份通过史迪威转交给蒋介石的电报的人回忆，罗斯福在电文中的语气非常傲慢，他毫不避讳地就中国的许多问题对蒋介石进行指责，并命令他将中国军队的指挥权交给史迪威。对于一向谦和的罗斯福来说，这份电报的措辞显得非常不同寻常，以至于很多人认为，电文实际可能出自史迪威自己的手笔，罗斯福只是在国务院某些人的蒙蔽下，糊里糊涂地签上了自己的名字。

这份所谓的总统电报送到史迪威手里时，赫尔利和尼尔森两位将军其实已经就史迪威的指挥权问题与代表中国政府的宋子文达成了最后协议，蒋介石本人也同意做出妥协。出于这个原因，两位将军非常明智地建议史迪威不要把电报交给蒋介石，以免节外生枝。史迪威同意了他们的建议。于是，两位将军就放心地返回位于重庆郊外黄山的蒋介石官邸继续进行最后阶段的谈判去了。

9月21日，史迪威突然出现在官邸，打断了双方的讨价还价。他对两位将军说，自己经过反复考虑改变了主意，觉得还是应该把电报交给蒋介石。说完这些话，史迪威扔下目瞪口呆的两位少将，直接就去见蒋介石。

蒋介石面无表情地听史迪威宣读完电文，平静地看着他离开，这之后，便直接把宋子文叫了过去。气急败坏的蒋介石对宋子文说，罗斯福的电报是对中国主权的严重挑衅，他决不愿意在这方面示弱。就算中国战场的局势彻底崩溃，史迪威也必须滚蛋。

此时的史迪威对此一无所知，在他看来，自己已经取得了最后的胜利。为此，史迪威甚至还写了一首名为《复仇时刻》的诗，庆祝自己的胜利。在这首蹩脚的诗里，他自我感觉良好地认为总统的那份电报对于蒋介石来说，是“压死骆驼的最后一根稻草”。

的确，那份所谓的总统电报真的是“压死骆驼的最后一根稻草”，只不过它实际压死的却是史迪威本人。在我看来，这位将军最大的失败之处就在于根本不了解中国人的心理。他的所作所为让蒋介石颜面尽失，最终决定死扛到底。整个局势由此发生了逆转。

就这样，因为史迪威的不理智行为，中美双方在即将达成协议的关键时刻陷入了僵局。其他参加谈判的人员为挽回局面花费了几周时间，但蒋介石在史迪威问题上就是不松口。更糟糕的是，史迪威甚至根本不知道问题究竟出在哪里，而且也没向自己的手下人透露过有关总统电报的事情。史迪威的某位中国军事幕僚只能凭空认为蒋介石对这位上司的不满，可能是因为他和中共方面走得太近，便建议想办法补救一下。依然蒙在鼓里的史迪威马上就给他在中国最大的反对者，时任国民党国防部长的何应钦写了封信。信中史迪威承认自己此前与中共合作的打算是不理智的，他愿意和中共断绝往来，以此换取蒋介石的支持（史迪威后来一直极力否认这封信的存在，但它眼下就保存在公开出版的史迪威日记337页）。

在我看来，这封信是史迪威犯下的第二个愚蠢错误，因为它挑战了蒋介石的底线。很快，蒋介石便向美国方面明确表示，自己可以接受美国军官接管中国军队的最高指挥权，但决不接受史迪威这个人选。在这种情况下，美国国防部只好于当年10月9日命令史迪威回国，并由魏德迈接替他的职务。

史迪威就此离开了中国，可是他留下的影响还在。在他任职期间，许多原本许诺给中国的物资被以种种借口挪作他用。事情的最终结果可以说是两败俱伤，史迪威没能获得梦寐以求的指挥权，蒋介石的政府和军队也因为“供血不足”，没能像我们希望的那样强大起来。事实上，即便史迪威真的取得了中国军队的最高指挥权，对于中国，事情的结局也不会发生丝毫改变。因为这位战区指挥官从来就没把中国纳入自己的考虑范围。

之所以会发生这样的问题，从根本上来说，仍然是一种国家歧视在起作用。在史迪威心中，中国政府软弱无能，中国军队根本就不配被称为军队（除非在外国军官的指挥下）。他试图以切断补给的方式迫使中国方面就范，结果却只能搬起石头砸自己的脚。好在魏德迈的到来终于令这一切发生了改变。他用几个月时间就调整了中美两国的关系，建立起了与蒋介石以及其他中国官员的互信。

我认为，魏德迈将军是个非常正直，并且能够谦和待人的人，他懂得如何去跟蒋介石还有那些中国官员打交道。这样的努力很快就得到了回报，中国方面对魏德迈采取了积极配合的态度。魏德迈则为中国军队提供了20个师的美式装备，并让这20个师成为精锐中的精锐。需要强调的是，所有这些物资都是通过“驼峰航线”运到中国的，“史迪威公路”的作用微乎其微。

史迪威时代的结束，使得中美两国在接下来的两年时间里真正实现了合作。抗战结束后，魏德迈继续在中国发挥了积极作用。在我看来，魏德迈的某些思路至今仍然对美国处理中国问题具有现实意义。如果他能够继续留任，那么中国现在的局面可能就会完全不同。

第二十章

为了在地面上消灭我们，日本人付出了高昂的代价，最后却偷鸡不成蚀把米。持续6个月的地面进攻之后，我们的战机依然在中国东部的天空纵横驰骋。

通过这次作战，第十四航空队击毙了3000名左右日军，还击落、击毁了大量日军飞机、船舶和车辆。付出高昂代价的日军却仅仅开辟出一条通过中国内陆连接东南亚的狭窄陆上通道，并占领了我们的几个机场。

在我看来，获得充足的后勤补给对于第十四航空队此次的出色表现至关重要。丰衣足食的我们不但抗击了日军的进攻，也使得他们千辛万苦开辟出的那条通道无法充分发挥作用。到抗战结束之前，尽管他们又先后占领了我们的几个机场，却始终无法遏制第十四航空队的强劲势头。事实上，日军真正能对我们形成威胁的仍然是面对面的空战，但是自从1943年夏天开始，他们的空中力量就已经被削弱到不足以全部消灭我们的地步。由于被我们掌握了制空权，日军的地面攻势频频遭受挫败，即便偶尔占领了几个地方，也没办法享受获得的“胜利果实”。

柳州陷落后不久，日军便开始向印度支那增兵，试图打通广西到贵州的铁路。在没有遭遇抵抗的情况下，这支轻装部队（其中包括大批骑兵）爬上了海拔4000多英尺的贵州高原，开始向贵阳挺进。日军一旦占领贵阳，也就意味着打开了通往重庆和昆明的门户。这些突然出现的日军骑兵给贵州高原带来了极大恐慌，引起了中美方面的高度关注。重庆方面的情报部门甚至通知履新不久的魏德迈中将说，日军有可能一鼓作气占领昆明。

相比之下，我的看法倒没有这么悲观。在和魏德迈举行的第一次例会上，我向他反复说明，日军目前的后勤补给状况其实比我们强不了多少，根本不足以保证他们对昆明发动攻势。我认为，日军的前锋很可能将在河池一带停下脚步，并在那里建立防线，然后为发动最后攻势积蓄力量。谨慎小心的魏德迈最后仍然坚持从缅甸和华北地区抽调部队空运过去，加强贵阳的防御。这些部队入冬以后才基本完成布防。然而就在此前，缺吃少穿的日军却早已溜下贵州高原，撤到海拔更低的河池去了。

根据情报显示，在这个冬天，日军指挥高层一直极力游说东京方面同意对昆明和重庆发动进攻。可是东京方面拒绝了这个请求，理由是因为我们的持续空袭，日本从中国实际获得的各类物资已经降低到了原先水平的40%，再加上交通工具的严重损失，根本不可能维持这么大规模的一场攻势。这充分说明了第十四航空队战略、战术的有效性。

就在日军袭扰贵州的同时，失去柳州基地的第十四航空队早已从失败的阴影里走了出来，继续保持着中国东线战场的空中优势。实话实说，自从衡阳陷落以后，我就一直通过各种演习，培养部队的应变能力。现在，我们的努力获得了回报。为了对付日本人新开辟的路上交通线，我按照从北到南的方向（最北点在西安，最南点在百色）布置了一系列与这条交通线平行的机场体系。利用这些机场，我们的飞机可以随时打击日军交通线上的所有重要节点。根据我的安排，瑞斯·兰德尔指挥的第三一二联队驻扎在西安、安康及汉中等地；中美混合联队负责老河口至芷江的路段；文森特（他的位置后来由我麦克斯维尔机场时代的老战友克莱顿·克拉西上校接任）则率领元老级的第六十八联队重点"照顾"昆明以东衡阳至柳州的日军交通线；在整个防线的最南端，杰克·肯尼迪将军指挥的第六十九联队将我们的打击范围从中国西南省份一直延伸到印度支那。如此算下来，第十四航空队实际上已经控制了北到长城、南到东南亚，南北纵深将近2300英里的广大空域。

从这时开始，我们面对的主要任务包括：

1．守住中国东部已经被我们控制的区域，等待与地处东南亚的乔治·肯尼迪将军的航空队在中国沿海会师。

2．从根本上彻底打败日军的驻华航空力量。

3．从空中截断日军刚刚开辟的陆上交通线，使其失去战略价值。

对于我们来说，守住中国东部的各处机场是当时的重中之重。为达到这个目的，第十四航空队开始了自成军以来最密集的一系列空袭行动。在我们的连续打击下，日军被迫主动放弃了遂川附近沿衡阳—柳州—线布防的许多阵地，向东撤退了将近250英里。除此之外，敌人还忽略了衡阳以西一百英里的芷江。

正如前面所说，自打开战以来，日军一直试图将我们的防区向西压缩，但他们付出的努力收效甚微。第十四航空队只有六十八联队和另外两个战斗机中队因为日军的地面攻势向西进行过战略转移，其他部队虽然暂时丢掉了某些机场，实际却始终在向东延伸自己的作战范围，并新建或收复了遂川、赣州和南雄等地的机场。这些机场可以说是直接安插到了日军的眼皮底下（其中遂川机场距离最近的日军地面部队只有85英里），能为我们的各型飞机提供保障服务。

由于位置特殊，这些基地的补给工作只能通过被戏称为“小驼峰航线”的空中运输完成。具体负责这个任务的是卢克·威廉姆森。他的手下以芷江为起点，日夜驾机穿越日军战线，为我们的“敌后空中游击队”输送物资。他们经常会以10机或12机编队的形式直接飞越被日军占领的衡阳机场，然而日本人却已经失去了起飞拦截的勇气。他们能够做的，仅仅是组织高炮部队进行一些零星的对空射击。

入秋之后，昆明以东的道路普遍出现了拥堵。造成拥堵的最主要原因是从长沙、衡阳等新日占区撤退下来的难民。除此之外，随着气温降低，贵州高原上的道路开始结冰，更令本已严峻的交通问题雪上加霜。在这种情况下，中国方面的陆上交通线甚至不足以保障那些新近驻防贵阳的部队吃饱穿暖。为了尽可能把道路让给他们，第十四航空队只好将“驼峰航线”又向东延伸了1000多英里，直接把物资送到一线机场。在这种情况下，运输部队每向遂川输送两加仑汽油，自己就必须消耗3加仑汽油。

柳州陷落不久，日军利用新近占领的机场，最后一次对我们发动大规模空袭。充分准备之后，他们集中了三四十架轰炸机以及30架战斗机，从衡阳起飞，对祁阳开始了连续打击。

空袭整整持续了一个下午。第二天，也就是11月11日清晨，中美两国的战斗机便从芷江出发，对日军还以颜色。第一波P-51是在黎明前后到达衡阳上空的。他们遭遇到30架“隼式”战斗机的拦截，击落了其中4架，自己却毫发无损。双方交战20多分钟以后，我们的P-51调头返航，日军的飞机则纷纷降落，重新加油、装弹。利用这个机会，中美两军的混合编队突然出现在衡阳上空。这些低空突袭的P-40首先用炸弹轰炸了机场跑道，然后又开始用机枪扫射地面上的日军飞机。根据第二天的照相侦察显示，衡阳机场上到处都是日军飞机的残骸，只有少量运输机幸存。这些运输机也在当天黄昏和第二天陆续撤离了衡阳。在接下来的12月里，我们对日军的作战可谓秋风扫落叶。曾经被大家认为不堪一击的第十四航空队经过为期3年的艰苦作战，终于彻底打掉了日本人的嚣张气焰。

为了对日本人还以颜色，掌握了战场主动权的第十四航空队决定在这年“珍珠港事件”的周年纪念日对香港、南京两地的日军目标发动空袭。负责轰炸南京的是约翰·郝伯斯特上校，他是位36岁、灰色头发的战斗机飞行员；负责指挥轰炸香港的则是麦科马斯中校。

根据事先的计划，郝伯斯特上校率领的P-51战斗机将对南京周边的铁路枢纽实行俯冲轰炸，进一步削弱日军的后勤补给能力。这些小伙子出色地完成了轰炸任务，还击落了前来拦截的12架“东条式”战斗机中的5架。后来，打上了瘾的他们又顺便扫射了南京3个主要机场上停放的60多架日军飞机，其中至少有20架中弹起火。

就在郝伯斯特驰骋南京上空的同时，麦科马斯中校的队伍也在香港击沉了1艘运输船，击毁了3架运输机，另外还打掉了4架起飞迎战的“隼式”战斗机。不仅如此，麦科马斯率队返航途中，还突然发现有1艘日本驱逐舰正准备回港休整。大喜过望的他们立刻杀了个回马枪，至少有4颗500磅的炸弹击中了这艘倒霉的驱逐舰。

10天之后，我们又对日军的华中重镇汉口发动了空袭。为了彻底扫荡这个地方的日军地面部队，我曾经花费整整半年时间请求史迪威和阿诺德为第十四航空队调派B-29重型轰炸机，却始终遭到他们的拒绝。直到魏德迈接任，我才通过他获得了随时调用100架B-29的权限。这充分说明有个好上司是多么重要。

魏德迈认为，我制订的扫荡汉口计划非常具有战略意义。在他的干预下，负责指挥驻亚洲B-29部队的柯蒂斯·李梅（他是刚从欧洲调过来接替沃尔夫的）直接来到我的昆明司令部领受命令。尽管手下那些B-17已经因为没有战斗机护航在德国上空吃尽了苦头，此时的李梅却仍然坚信根本没必要为轰炸机提供战斗机护航。我针对这个问题对他进行了详细说明，并和他讨论了具体的战术细节。在我看来，对汉口日军最有效的轰炸方式是使用燃烧弹。这么做既可以给日军造成严重损失，也可以对当年他们在重庆上空的所作所为以牙还牙。除此之外，为了提高投弹精度，并达到出人意料的奇袭效果，我还建议李梅的B-29从两万英尺的高空突防。很遗憾，李梅拒不接受我的建议，并坚持使用普通高爆炸弹。经过反复讨价还价，我们最终决定拿出所有B-29中的4/5装载燃烧弹，从两万英尺高度突防，另外1/5的飞机则装载普通炸弹。

这次的主要攻击目标被确定为港口设施及周边的仓库，那里堆满了华中日军巧取豪夺来的各种物资。轰炸成功之后，除了负责协防怒江前线的第六十九联队，第十四航空队将动用全部兵力，趁势消灭汉口地区的日军空中力量。根据我们的照相侦察，当时汉口的4个日军主要机场上至少停放着200架战斗机和50架轰炸机。在第十四航空队的战史上，集中如此多的兵力攻击同一个目标的行动绝对算得上空前绝后。

1944年12月18日临近中午的时候，我们的77架B-29率先发起了对汉口的空袭。全部B-29分成7个波次，以10分钟的间隔轮番投弹。最前面的35架飞机完成投弹后，汉口就已经被大火引发的浓烟遮蔽了起来。由于能见度实在太差，后面4个波次的B-29甚至误将炸弹扔到了武汉二镇的市区。

在这次空袭行动中，日军的反应明显慢了不少，他们的战斗机是在我们的B-29完成轰炸后一小时才起飞升空的。这些战斗机恰好碰上了第十四航空队前来“补枪”的其他飞机。按照事先的安排，我们的飞机分别从高空和低空轰炸了日军的机场跑道，并扫射了机场的附属设施。此时，武汉上空的能见度仍然没有好转的迹象，负责低空轰炸的B-25不得不完全依靠仪表突防到200英尺的高度，脱离烟雾区，然后再投出自己的炸弹。就在轰炸进行的同时，我们的战斗机也没闲着，他们在烟雾区上方与升空拦截的日军战斗机展开了激战。为了彻底消灭日军的空中力量，我们还在汉口周围方圆100英里的范围内安排了战斗机巡逻，专门“照顾”那些漏网之鱼。一天战斗下来，第十四航空队总共在汉口上空动用了200

架次飞机的兵力，击落了64架日军飞机，自己则毫无损失。

更为重要的是，12月18日的进攻使得汉口这个华中日军重镇彻底失去了她的战略价值。空袭引起的大火整整燃烧了3天，城中大量设施和物资被付之一炬。在这次空袭之后的一个月时间里，我继续部署第十四航空队的轰炸机和战斗机保持对汉口空中和地面目标的压力，并将攻击范围扩展到与之隔江相望的武昌。等到1945年1月30日，我们对汉口发动了最后一次大规模空袭的时候，日军已经无法组织起像样的战斗机编队起飞拦截了（据此前一个月的照相侦察显示，空袭结束之后，汉口机场只起降过5架战斗机，轰炸机则根本没有）。可以这样说，我们的行动已经彻底砸断了华中日军航空队的脊梁，日本人离他们的末日越来越近了。

12月18日的空袭还带来了一个意外收获，那就是让李梅充分认识到了使用燃烧弹的战略价值。不久之后，这位老兄便被调到马里亚纳，专门负责指挥B-29机群对日本本土的空袭行动。在这个岗位上，李梅创造性地发明了白天使用普通炸弹轰炸重点目标、晚上使用燃烧弹连锅端的特殊战法。毫不夸张地说，李梅对日本人造成的打击绝不亚于后来的原子弹轰炸。

1944年12月，第十四航空队不但将自己的战绩提升到了击落日机241架，还有效破坏了华北日军的铁路运输系统，平均每天至少可以击毁37列运送各种物资和人员的火车。在攻击日本人的海上运输线方面，我们继续保持着每月击沉4万吨船舶的水平。除此之外，我们还和海军潜艇部队积极配合，为他们提供情报。整个12月，潜艇部队根据我们提供的情报总共击沉了159艘日本舰船。当然，潜艇部队也经常会为第十四航空队轰炸海上目标指示方位。我们之间实际上形成了一种双赢关系。

第十四航空队之所以能在12月取得如此显著的战绩，与史迪威的离职密不可分。首先，接替他的魏德迈将军是一位真正理解我们，并愿意为我们解决问题的上司；其次，中国战局的变化使得我们可以从繁忙的对地支援任务中摆脱出来（从1942年开始，我们就不得不拿出大部分兵力帮助中国军队守卫地面防线），真正策划一些具有战略意义的行动；再次，没有了史迪威的横加干涉，我们终于可以凭借内行的眼光选择空袭目标；最后，我们得到了新飞机和飞行员的补充。1944年柳州陷落后不久，第十四航空队终于大量装备了日思夜想的P-51C战斗机。

与这些战斗机一起到达中国的，还有在美国完成训练、技术精湛、充满朝气的年轻飞行员。

在那个冬天，第十四航空队完成的另一个重要任务就是对日军在中国东部战场的封锁线发动了规模有限的空袭。那时日本人最担心的事情就是盟军在中国某处沿海地区登陆。为此，他们沿着上海到香港的海岸线部署了严密的防御体系。对于当时中美两国军方的高层人士来说，“登陆中国”始终是个值得讨论的话题。在这种情况下，第十四航空队理所当然地需要做一些前期准备。

执行这些任务最理想的前进基地无疑就是那些深入敌后的机场。正如前面所说，这些机场始终是日本人的眼中钉。我的老朋友薛岳将军从湖南撤退以后，不少中国军队因为各种各样的原因被滞留在了日军防线的后面。这些军队以少数几个机场为依托，和我们的飞机形成了一种“共生”关系。双方的合作非常成功，以至于日本人后来发展到了天气晴好时根本不敢在这些机场附近活动的程度。为解除自己的心腹之患，在那年12月底和来年1月初，日军曾先后几次试图夺取遂川机场，却都在我们的空中阻击下不了了之。

莱特岛战役之后，吕宋登陆计划被提上了日程，各个敌后机场因此变得更加忙碌起来。当时，日军在中国东海和南海，以及台湾海峡的交通仍然没被彻底掐断。这些敌后机场的首要任务就是为执行海上轰炸任务的轰炸机提供保障服务。不过由于物资实在来之不易，敌后机场上的主角很快便被战斗机取而代之（两架B-24消耗的补给可以供养50架战斗机）。

由于战斗机航程有限，第十四航空队针对那些敌后机场，采取了首先派轰炸机外出侦察目标，然后再派战斗机执行具体攻击任务的战法。就在那个12月，我们的轰炸机从遂川机场连续起飞了几个架次，侦察到了上海、香港、台湾海峡附近的不少目标。这之后，得到情报的两个P-51中队（第74和第118中队）闻风而动，炸沉了2.5万吨日军船舶，击毁、击落了512架日军飞机，还轰炸了不少港口、仓库、兵营等战略目标。以上两个数字分别占据了第十四航空队击沉日军船舶总量的60%，以及击毁、击落日军飞机总数的40%。

在这一个月出色的行动中，第七十四中队的指挥官郝伯斯特和第一一八中队的指挥官麦科马斯，以及我们的情报官保罗·弗里曼少校功不可没。正如前面所说，弗里曼少校在中国东部沿海省份建立了完善的电台网络。凭借这个网络，他可以随时掌握日军人员和装备的调动情况。有一次，他甚至利用电台引导我们的P-51使用500磅炸弹对在厦门饭店开会的日本海军参谋人员实施了定点清除。

尽管史迪威已经离开，可是第十四航空队在后勤保障方面的问题仍然没有得到完全解决。相比其他部队，我们战斗机中队只配备了正常数目一半的地勤人员。轰炸机中队的情况更差，他们根本就没配备地勤人员，所有工作都必须由机组人员自行搞定。

为了对付我们，日本人还经常派飞机到遂川和赣州搞夜间轰炸，干扰正常的补给运输，有时候还能炸掉花大价钱运过来的汽油。日军的反制措施确实起到了明显的效果。有一次，整个赣州机场的汽油储量只剩下不到500加仑。弗里曼和郝伯斯特两个人四处翻箱倒柜，紧急从附近的中国人那里搞到了一批数量有限的汽油，这才勉强堵住了缺口。汉口空袭行动结束以后，这些敌后机场的汽油彻底用光了，所有轰炸机只好停在跑道上，等着运输机从中国西南把汽油运过去。很多时候，为了对上海搞一次空袭，我们不得不提前一周储备汽油。为节省汽油，机场上各种车辆使用的全部是当地生产的劣质松木油。更糟糕的是，我们的武器弹药储备情况也不容乐观，轰炸机有时甚至根本找不到可以挂载的炸弹。

1945年1月中旬，吕宋战役正式拉开序幕。与此同时，从菲律宾起飞的美军飞机开始有计划地空袭台湾。随着各战区美军间的距离逐渐缩短，误伤之类的事情也就越来越多。有一次，第十四航空队派到印度支那半岛海岸线巡逻的一架B-24恰好碰上了附近一艘美国航母上起飞的舰载机。这架倒霉的B-24给我们发回的最后消息是："正在被海军的多架战斗机围攻。"

由于天气原因，以及日军的反攻，我们在敌后的各种作战行动也逐渐告一段落。话虽如此，日军却并没有从中得到太多好处。这年1月12日，就在第十四航空队的敌后作战临近尾声的时候，美军航母上的舰载机开始了对中国沿海地区的首轮空袭行动，目标涵盖厦门、香港、海南等地，乃至行驶在中国周边的各种日本船只。由于事先和我们实现了情报共享，海军执行起这些任务来可谓如虎添翼。1月底的时候，我们因为前面所说的原因暂停了针对日占区的空袭行动，但是驻菲律宾的美军航空队很快又把这个任务接了过去。落在日军头上的炸弹密度不但没有降低，反而还有所增加。不久之后，日本在中国沿海及周边海域的运输航行活动就被我们的空袭彻底封锁住了。

1945年1月中旬，由于天气情况继续恶化，我们的飞机无法起飞作战，日军地面部队终于得到了攻占遂川机场的机会。实话实说，从前年10月开始，我就已经料到这天早晚都会到来。为了防患于未然，我曾多次给薛岳将军发电报，请求为守卫这些机场的中国军队配发一些迫击炮和机枪之类的武器，却始终没有回音。之所以会出现这种情况，主要是因为薛将军这个人平时过于心直口快，在重庆那边得罪了不少人。事实上，薛将军自己当时的情况也不容乐观。经过去年夏季和秋季的连续作战，他手下的军队已经从25万人减员到了15万人，而且这15万人总共只有5万支步枪。重庆国防部从1944年5月以后就再没给他们补充过一枪一弹。

无可奈何的我只好又把问题交给了自己的直接上司魏德迈，但是这位上司手里却根本没有向中国供应军火的权力，最多只能为我们补充些药品之类的东西。最后，还是薛将军通过蒋介石解决了这个难题，中国国民党国防部的那些老爷们终于同意为守卫机场的中国军队补充武器弹药。可是等到2月23日武器装备实际交到那些中国士兵手里的时候，我们的全部敌后机场早已被日军占据了两周之久。在这种情况下，我只好下令所有前出敌后的部队撤回位于中国西南的基地。由于天气实在太差，转移行动遇到了许多困难，我们还因此损失了几架飞机。

为了弥补失去这些敌后机场的损失，我很快又派了一组地勤人员在距离赣州以东100英里的长汀建立了机场。直到抗战结束，这个机场都是第十四航空队空袭厦门、香港、上海等地的中转站，也是远东地区美国陆海军航空队的重要据点。

1945年2月中旬日军占领赣州、遂川等机场以后，又趁机对薛将军的部队发动了进攻，并将他们压缩、包围到了辰溪附近的狭小地域。面对这样的危局，薛将军并没有失去信心，而是命令部队就地组织防线。此时的他将全部希望寄托在第十四航空队能够及时为自己的部队提供空投补给和火力支援上面。就在我们的支援行动还没正式开始以前，薛将军就在3月10日至11日夜间发起了收复遂川的战役。出乎所有人意料，这支严重减员、装备不足的部队居然真的收复了遂川，并且牢牢守住了那里，直到战争结束。就这样，3月底的时候，我们的飞机不但回到了失而复得的遂川，还在北面的阳河获得了一个新机场。这两个机场相互呼应，将日军占领的衡阳夹在了中间。

进入1945年以来，无论日军航空队，还是我们，都将自己的主要兵力运用到了配合地面部队的作战方面。特别是日本人，捉襟见肘的他们已经拿不出像样的飞机进行面对面的空战。在这种情况下，我们偶尔的几次空袭行动简直可以说是如入无人之境。中国地面战场的大规模作战结束以后，我们很快便补充了大量新飞机和新飞行员，敌我双方的力量对比进一步发生了逆转。占据优势的第十四航空队开始有计划地消灭驻华日军航空队，夺取中国战场上空的制空权。

按照魏德迈的设想，我们当下的首要任务是将日军飞机彻底驱逐出中国的天空，为下阶段的地面攻势扫清障碍。一旦这个计划变成现实，我们就可以将中国作为跳板，直接空袭日本本土。为达到以上两个目的，第十四航空队就必须尽可能将日军航空队的装备和人员消灭在中国境内，避免他们撤回日本国内，对我们未来的空袭行动构成威胁。

根据情报，当时的驻华日军总共有1200架各型飞机，他们训练新飞行员的基地也大多集中在中国境内，正好处于我们P-51战斗机的打击范围之内。

话说到这里，应该好好谈谈美军在中国使用的两种最主要的战斗机型号了。在P-51全面换装前的3年时间里，中国战场上美国飞行员驾驶的战斗机主要都是P-40。相比日军飞机，这种战斗机从1943年夏天就已经出现了明显落后的趋势。直到P-51出现在中国战场，我们的被动局面才终于有了改观。为对付P-51，日军后来也先后改装了两种新型号的战斗机，不过由于它们的数量非常稀少，所以对我们并不能构成实际的威胁。

第十四航空队当时装备的主要是P-51C。这种飞机的时速达到150英里每秒，明显比P-40快，航程也是后者的两倍。P-51性能方面的优势使我们在面对日军飞机时往往能够以少打多。通常来说，4~8架P-51就可以对付一个拥有30~40架飞机的日机编队。除此之外，这种飞机的低空性能也非常出色，经常可以贴着树梢突防；遭遇日机拦截的时候，又可以迅速爬升到高空从容应战。

相比我们，战争末期的日军航空队已经到了山穷水尽的地步。他们的飞机在性能方面已经明显落后，技术精湛的老飞行员也因为长年征战损失殆尽，新补充上来的年轻飞行员除了把飞机开到天上挨打，并没有什么特别的本事。与此同时，日本人在物资供给方面的危机比我们还要严重，许多飞机因为没有燃料，只能停在跑道上生锈。

就在战争接近尾声的时候，瑞斯·兰德尔率领的第三一二战斗机联队（装备P-40和P-51两种飞机）又在华北地区开始了大规模的空袭作战。他们的攻击目标既包括沿海地区的台南、青岛等地，也包括日本人做梦也想不到的北平和徐州。在针对北平的一次行动中，我们的P-51很幸运地击落了一架满载日军参谋人员的运输机。尝到甜头的第312联队后来又在台南和青岛两地发动了空袭，分别击落了64架和25架日军飞机。由于部队素质的下降，日军在我们每次行动前都没能及时发出预警，目标上空几乎看不到起飞拦截的日机。

在华中和华南地区，赫伯斯特和麦科马斯两个人利用几个敌后机场逐步对香港、广州，以及南京至汉口的长江中下游地区发起了空袭，意在吸引并歼灭日军的空中力量。针对广州的空袭从过程到结果都可以说是以前驻华航空特遣队行动的翻版。通过前后3次空袭，我们总共在广州上空击落了38架日机，其中一次空袭时投出的炸弹还正好击中了日军飞行员就餐的餐厅。根据中国方面得到的情报，日军总共有40名飞行员和100名地勤人员被炸死。在最后一次广州的空袭行动中，赫伯斯特亲自率领18架P-51在广州上空1.2万英尺的高度来回盘旋，引诱日机出战。死心眼的日本人果然中计，又被我们击落了13架。意犹未尽的赫伯斯特等人后来又驾机低空扫射了日军机场及上面的各种装备设施。空袭结束后几个月的时间里，被打疼了的日军飞机再也没能出现在广州。

1945年所有这些作战行动中，最令我满意的还是对上海的空袭。当时，这座城市周边总共有5座机场，他们成为日军飞机往返日本和中国两地的中转站。由于P-51到来之前，这些机场完全处于我们的打击范围以外，所以日军在这个地方的戒备始终非常松懈。

对于赫伯斯特来说，上海之战是他在中国的“告别演出”。在第十四航空队的战史中，这位击落11架日机的传奇飞行员以他自己独创的“实战训练”以及一次所谓的“勤务飞行”成为大家津津乐道的话题。

总的来说，赫伯斯特是个做事情喜欢标新立异、从来不走寻常套路的人。在他看来，帮助飞行员尽快进入状态的最好办法就是让他们到实战中去学习，因此赫伯斯特经常会把头次参加战斗的飞行员派去空袭只有少量日机驻防的厦门等机场，直接让日本人给他们当“陪练”， 还美其名曰“实战训练”。胆量极大的赫伯斯特不但喜欢鼓励别人冒险，自己对此也乐此不疲。有一次，这家伙居然从敌后机场直接把一架出了故障的P-51开回芷江修理。当时，这架飞机的6挺机枪坏了3挺。飞行途中，赫伯斯特遇上了两个编队8架“隼式”战斗机，并很幸运地先后击落了两个编队的长机。在这个过程中，他的机枪又坏了两挺，头上也被子弹擦了个大口子。所幸老天保佑，满头是血的赫伯斯特最终还是把飞机开回了芷江。尽管这次充满风险的旅行名义上只是一次“勤务飞行[①]”，美国军方还是授予了赫伯斯特“银星勋章”和“紫心奖章”。据我所知，赫伯斯特是美国军队历史上唯一凭借“勤务飞行”获此殊荣的飞行员。遗憾的是，这位在中国经历过大风大浪的飞行员最后却在阴沟里翻了船。1947年7月4日，赫伯斯特在圣迭戈死于一次飞行事故。

针对空袭上海任务航程过长的特点，赫伯斯特计划使用距离日军南昌据点仅有100多英里的一处敌后秘密机场作为飞机的中途补给点。我们的P-51在那里经过两次加油，就可以直扑上海。根据美国军方的规定，身为高级指挥官的赫伯斯特原则上是不应该驾机亲临战场的，不过这个一贯我行我素的家伙最终还是以“观察员”的身份，自己开着战斗机随同我们的编队一起去了上海并负责战场指挥。空袭上海编队名义上的指挥官则是援华航空队的元老查尔斯·欧德斯中校。

空袭上海编队的16架P-51首先以离地200英尺的低空飞行方式抵达了南昌附近的补给点，并在那里补充燃油。1月17日，这些飞机突然出现在上海上空。松懈惯了的日军对此毫无准备，他们的飞机整齐地停放在跑道上，根本没有任何隐蔽措施。原本应该有人值班的高炮阵地空无一人，大炮上还蒙着炮衣。天空中唯一飞翔着的是3架从台湾飞过来的日军轰炸机。我们的P-51直接把这3架倒霉的轰炸机揍了下去，然后就开始轰炸、扫射机场上停放的飞机及各种附属设施。惊慌失措的日军在空袭开始很长时间后才组织起零星的高射炮对空火力。此外，还有两架日本战斗机打算强行起飞迎战，却被“观察员”赫伯斯特亲自驾机击毁在了地

① 即非战斗飞行。——译者注

面。根据事后统计，赫伯斯特编队此战总共击落、击毁了73架日机，我们自己毫无损失。两天以后，赫伯斯特再次带人空袭了上海。由于有了之前的教训，日军这次加强了戒备，但还是被我们击落、击毁了至少25架飞机。我们自己也有4架P-51被日军高射炮火击落，不过飞行员跳伞逃生后，全部得到了当地新四军的及时营救。

从4月开始，冲绳战役正式打响，驻上海的日军航空队提升了战备等级，随时准备跨海支援500英里外的兄弟部队。为了破坏日军的计划，就在4月1日冲绳战役开始的当天，中美混合联队对上海的日军航空队发动了空袭。两天之后，第23战斗机大队再次光顾上海，并将日军准备派到冲绳执行空中支援任务的30架轰炸机全部击毁在地面。

1945年1月底，我们击落日机的总数从去年12月的241架上升到了334架。这之后，由于日军空中力量已经被越打越少，我们在接下来的3月只击落了47架日机。到了4月，我们的飞行员在天上总共只遇到过3次日机，而且全部都是轰炸机。从5月15日到7月1日，尽管第十四航空队的作战范围不断扩大，却再没有了击落日机的记录。如此算下来，从1944年日军发动攻势算起，直到1945年5月15日，我们总共击落了1634架日机，自己的损失却只有16架。经过第十四航空队的浴血奋战，日本人已经被彻底赶出了中国的天空。

第二十一章

彻底掌握中国战场的制空权以后，第十四航空队剩下的最主要任务就是破坏日本在华的陆路交通。这样做的目的有两点。首先是为了阻止日本将掠夺到的各种物资运回本土，进一步掐断他们维持战争的命脉。由于海上交通被盟军彻底封锁，中国及周边地区已经成为日本获取战争资源的重要基地，所有掠夺到的物资都必须通过中国内陆的铁路运输到达朝鲜釜山港，再从那里装船经短途海运送回日本。这对于当时的日本来说，华北地区的铁路网具有举足轻重的战略地位。掐断了这条大动脉，也就意味着扼住了日本人的喉咙。

破坏日本在华陆路交通的第二个目的是为了扰乱当地日军的防御体系，为中国军队即将到来的大反攻奠定基础。即便是在抗战临近尾声的1945年初，日本仍然在中国拥有100多万人的军队。这其中华北地区有35万多人，长江中下游地区有30万人（即日军第13军[①]），汉口—衡阳—柳州一线有35万人（即日军第6军），广州周围还有10多万人。虽然已是强弩之末，这些日军对于中国来说仍然非常具有威胁性。为对付他们，魏德迈已经着手策划一次夏季攻势。发动这次攻势的前提是用美国武器和战法重新训练并装备25个中国师，然后指挥他们对柳州方向发起攻击。最终的战略目标是要在广东沿海为美军的补给船只打开一个出海口。这个战略目标实现之后，直接从海上得到美国补给的中国军队将挥师向东，收复广东全境。第十四航空队在这次行动中担负的任务就是破坏柳州方向日军的陆上补

① 原文如此，实际应为第13方面军，下同，作者对日军编制及番号并不了解。

给线，争取迫使他们不战自乱。

从1944至1945年的那个冬天开始，第十四航空队便开始有计划地对日军的后勤补给线实施空袭。在我看来，如果这个行动能够提前一年得到实施，那么日本人的1944年攻势很可能不会变成现实。好在亡羊补牢，犹未为晚，1945年空袭行动的实际效果大大出乎所有人的意料。根据战后缴获的日军文件显示，他们原本打算在1945年夏天对桂林—柳州一线发动一次大规模的地面进攻，意在夺取重庆和昆明。这个计划最终却因为后勤补给线上的严重损失不了了之。

就在竭力破坏日军后勤补给线的同时，我们对长江中下游地区的空袭力度也丝毫没有减弱。因此，在1945年初的时候，日本人已经根本不敢使用目标较大的轮船在南京下游的长江江面执行物资运输任务，取而代之的是大量不起眼的木质运输船。针对这个情况，我们的空袭策略也进行了相应的调整。

正如前面所说，时间进入1945年以后，中国内陆的铁路网对于日本已经具有了生死存亡的重要意义。为掐断日本人的这最后一根“大动脉”，第十四航空队投入了西安—保山一线的全部兵力，将我们的作战范围扩展至北到长城、南到印度支那、东到大海的广大地区。这个范围的长度相当于从蒙特利尔到迈阿密的距离，宽度则相当于从华盛顿到堪萨斯城的距离。所有在这个区域内运行着的交通运输工具，包括火车、卡车、驴车，乃至驮东西的挑夫，全部都是我们的攻击目标。

此前的经验让我相信，这次行动必将取得显著的战果。事实上，早在1944年春天，我就曾派出一支编队沿平汉铁路北上扫荡，一直打到了距离北平很近的地方。这支编队总共炸毁了50辆运送人员和物资的军列，还顺便轰炸了北平周边的日军防御工事，而自己却没有任何损失。只不过是因为飞机油箱容量的限制，轰炸行动才不得不结束。

沿铁路线轰炸的行动粗看起来杂乱无章，具有偶然性，实际却是经过用心策划的。我们的根本目的就是要破坏日军的铁路运输系统，进而削弱他们的后勤补给能力。由于华北地区的铁路网纵横交错、异常复杂，所以我们在执行轰炸任务时只好采取“广撒网”的方式，尽可能提高袭击的有效性。实话实说，日军在对抗我们的空袭方面确实采取了一些不错的办法，避免了自己的铁路系统被我们彻底弄瘫痪，但这并不能改变他们最终失败的命运。

按照我们事先的分工，载弹量较小、只装备了航空机枪的战斗机负责搜索，并用机枪扫射那些日军军列和铁路沿线的堆货场。携带大口径加农炮的B-25则专门负责破坏日军的铁轨。他们每隔一定距离就用机炮在铁路线上轰出个口子，日军军列走到那里稍不注意就可能发生翻车、出轨事故。为了躲避空袭，日军后来大多安排军列在夜间运行。我们则针锋相对地把破坏铁轨的行动放在了黄昏之前。这样一来，随后而至的夜色恰好可以帮助我们掩盖那些挖好的“陷阱”。不明就里的日军做梦也想不到这些“陷阱”是用飞机在空中“挖”出来的。直到战争结束，他们都固执地认为这是当地游击队的杰作。

除了铁路线本身，铁路经过的大小桥梁也是我们攻击的重点目标。本着“要么不做，要么做绝”的原则，我们特别要求轰炸机飞行员必须以低空俯冲轰炸的方式击中最关键的桥墩。对于日军工兵来说，修复彻底炸塌的桥墩要比简单修补桥面上的几个弹坑难度大得多。况且我们的飞行员往往等不到桥修好，就又会带着炸弹去“慰劳”他们。正是由于我们持续不断的空袭行动，开封附近的黄河大桥在1945年有超过65%的时间都处于无法使用的状态。为破坏这座大桥，1945年执行轰炸任务的第三〇八轰炸机大队特地使用了最新式的1000磅可操控炸弹。这种炸弹与普通炸弹的区别在于它的尾翼是可以遥控调整的。投弹手投出炸弹以后，可以继续调整炸弹下落的方位，从而提高命中精度。据我所知，轰炸黄河大桥是这种炸弹的第一次实战使用。

从1945年春天开始，第十四航空队特别加强了对日占区桥梁的轰炸力度。在汉口及周边地区，我们一口气炸毁了当地的所有重要桥梁，致使华中日军的铁路运输在那个春天彻底中断。不仅如此，当我们得知日军正在进攻法属印度支那，并将法国殖民军打得溃不成军的消息后，便立刻动手炸毁了当地首府河内周边的9座重要桥梁。这次行动不但阻止了日军进一步的攻势，还使得他们无法将从当地掠夺的大米运回国内，最终造成了日本国内严重的饥荒和骚乱。

法属印度支那之战再次暴露了美英两国在东方国家政策方面的分歧。日本人的进攻发起后不久，我便派第十四航空队的情报官秘密前往印度支那，与当地的法军高层交涉。经过反复协商，我们同意通过空投方式为他们提供武器弹药和药品食物。这本是一个双赢的协议，可是得知消息的战区司令部却专门发来电报，禁止我们在任何情况下直接向法军提供任何帮助，但我们自己可以根据需要在印度支那进行独立的作战活动。于是，我只好下令部队轰炸了通往河内的9座桥梁，算是间接帮了法国人一个忙。后来，由于当地战局持续吃紧，战区司令部才允许我们动用飞机帮助法国当局撤离侨民。

据我所知，所有不准我们帮助法军的命令都是美国陆军部通过魏德迈转发过来的。在华盛顿的那帮政客看来，战争结束以后，法属印度支那应当脱离法国殖民当局的控制。如果日本人能提前把他们从这个地方赶出去，那当然可以省掉不少麻烦。与美国人的态度正好相反，被日本人赶出东南亚的“日不落帝国”做梦都想恢复战前的荣光。在他们看来，法国势力在当地的削弱对自己来说肯定是弊大于利的事情。出于这个目的，他们非常慷慨地从加尔各答为法军空投了数不清的军火和其他物资。

1945年4月，驻华日军发起了最后一次攻势。他们的目的之一，是要夺取我们位于最北方的老河口航空补给基地。这个机场的最主要作用就是为空袭华北铁路网的飞机提供各种地面勤务。在进攻这个机场的同时，另有5000多名日军向祁阳发动了进攻。

对于中国东线战场的日军来说，芷江机场就好像一把插进他们胸膛的尖刀，不除不快。这个机场是我们空袭日军铁路网的大本营，也是为遂川、长汀、建瓯几个机场提供后勤补给的重要基地。当时，负责防守芷江机场的是第6战区的所属部队，他们刚刚在1943年的常德战役，以及1944年的日军夏季攻势中遭受了严重损失。为这些部队提供空中支援的是第十四航空队中美混编联队的第五战斗机大队，还有中国空军的两个B-25中队。那时的我们并不知道，这场战斗其实是第十四航空队与中国地面部队相互配合的最后一仗。

在持续6周的艰苦战斗中，中美两国军队联手挫败了日军的进攻计划，并将他们打得溃不成军。根据日本军官战后的回忆，由于中美空中力量的参战，他们的部队为躲避空袭只能在夜间活动，因而大大降低了机动性。值得一提的是，在芷江保卫战的战场上，我们还第一次使用了凝固汽油弹。这种炸弹可以在瞬间将距离爆点100码内的一切烧成灰烬，非常适合对付隐藏在洞穴和战壕里的敌军。

中美两军之所以能取得芷江保卫战的胜利，我认为最主要的原因还在于得到了魏德迈的全力支持。为了给我们提供充足的后勤补给，这位上司甚至不惜暂时断掉其他部队的供应，优先保证我们。正是因为齐装满员、粮弹充足，我们和中国空军才有可能持续不断地对日军保持压力，最终迫使他们放弃了原先的计划。

芷江保卫战期间，我曾经派第三〇八大队轰炸过日军在宝庆的物资储存中心。据说爆炸引起的大火整整烧了三天三夜。宝庆空袭后的5月12日，魏德迈命令第三〇八大队撤出中国，理由是他们消耗的后勤补给实在太多。宝庆因此也成为第三〇八大队在中国的最后一战。

不管怎么说，中美军队的联合行动还是挫败了日军最后一次夺取我们机场的企图。我对这个结果感到非常满意，因为它充分说明了中美两军联合作战的有效性。需要强调的是，在芷江保卫战中，负责指挥中国军队的全部都是中国自己的军官。这令史迪威“中国军队在中国军官指挥下无法作战”的悲观论调不攻自破。

到了1945年3月，我们对日军铁路网的攻击效果已经明显显现出来。由于我们的空袭，平汉铁路的运力降到了原来的25%，津浦铁路的运力则降到了原来的60%，已经无法满足汉口、上海、南京等地日军的正常需要。1944年的时候，日军通过铁路在汉口、北平两地调运兵力只需要1周时间，现在却需要3个月，甚至更长时间。例如1945年5月驻汉口的日军第六坦克旅团奉命调往北平，可是等他们乘坐军列赶到目的地时，却已经是那年的10月，天皇早就宣布无条件投降了。铁路的情况是这样，日军水陆的运输也好不到哪儿去。由于我们的长时间空袭，南京至汉口段的长江江面运力减少到了原先的60%。

直到1945年7月，在第十四航空队的有计划轰炸下，日军总共损失了2500列火车，2000辆运货卡车，5000辆普通汽车，以及373座桥梁。除了物资、人员方面的直接损失，为修复空袭造成的各种损伤，日军还不得不抽调宝贵的兵力充当修理工。即便如此，由于工人大量逃亡，再加上工作量实在太大，日本人对铁路系统的修复能力仍然降低到了正常水平的25%。在运输系统遭到严重破坏的情况下，从1945年3月开始，华中地区日军实际获得的补给数量已经不足的一半，根本无法满足他们的日常需要。

因为战争时期特殊环境的限制，上面的数字全部来自情报部门的分析和估计。直到整个空袭行动结束，我们其实也并没有完全掌握这次持续数月的作战所产生的实际效果。战争结束以后，大家才通过各地日军指挥官的回忆、供述，间接了解到曾经发生过的一切。据时任华中派遣军①司令官高桥中将②战后回忆，他的部队在1945年5月甚至连一半数量的补给也没有得到。其他地区日军的补给情况稍好一些，但在1945年5月时也只有正常水平的80%。到了1945年6月，这个数字也只降低到70%。鉴于后勤补给严重不足，当时的高桥甚至已经制订出在同年9月彻底放弃铁路运输，改由其他方式为部队提供补给的计划。

1945年5月底，我们的行动真的达到了“不战而屈人之兵”的效果。在没有任何先兆的情况下，日军于同年5月16日放弃了南宁，并开始向柳州方向撤退。与此同时，中国东线战场的日军也开始向汉口以北收缩兵力。据日军指挥官战后回忆，他们之所以奉命撤退，是因为当时的铁路补给线已经无法满足汉口以南地区军队的需要。有鉴于此，上级命令他们必须在第十四航空队彻底切断中国内陆的铁路运输前，将部队撤出这个鞭长莫及的死亡地带。随着日军不断向北撤退，到1945年5月底的时候，中国东线战场出现了一个日军兵力的“真空”地带。两个月之后，发动反攻的中国地面部队没有遭遇任何抵抗，便进入了这个地区。

即便是在日军收缩兵力的过程中，第十四航空队也没忘记给这些“老朋友”多制造些麻烦。被我们打怕了的日军开始有意回避我们。例如广东日军向北撤退时就没有选择处于我们打击范围的连接汉口地区的直线通道，而是宁可从赣州附近的赣江河谷一路血战突进到了长江下游地区。

饥寒的威胁迫使日军蜂拥北撤。为填饱肚子，他们杀掉了路上遇到的所有牲畜家禽，那种感觉一点不亚于蝗虫过境。1945年6月从柳州撤退的日军不但吃掉了当地所有的鸡犬和农民手里的种子粮，就连地里的老鼠也不放过。日军撤退过程中的混乱无序为我们提供了机会，第十四航空队在第一时间便破坏了他们撤退路上的桥梁和道路。每发现一股规模较大的日军，我们就会派出飞机日夜不停地跟着他们轰炸、扫射。根据中国情报部门的报告，由于我们的不间断空袭，北撤的道路已经被鲜血染红，甚至赣江也被漂浮的日军尸体和船只残骸阻塞了河道。相

---

① 日本华中派遣军番号早在1939年就已撤销，作者的叙述无疑有误。

② 原文如此，当时日本中国派遣军根本就没有姓高桥的中将。1944年11月以后负责华中战事的第11军司令官先后为上月良夫中将和笠原幸雄中将。

比之下，还是遂川附近的那个日军师团比较聪明。接到撤退命令的他们压根就没敢从我们的机场周围经过，而是绕了个大圈子，悄悄溜掉了。

由于忍饥挨饿，卫生条件恶化，再加上盛夏已至，撤退中的日军出现了大规模患病的情况，疟疾之类的疾病开始肆虐军营。更糟糕的是，在我们的穷追猛打之下，日军根本来不及照顾这些病号。于是，侵华日军有史以来第一次出现了大量丢弃伤病员和同伴遗体的现象。

随着日军在中国的土崩瓦解，我作为第十四航空队司令官的日子也进入了倒计时。事实上，早在1942年，就有人希望把我从这个位置搞下去。从那以后，类似的举动花样翻新，一直就没停止。这其中真正对我形成威胁的是卸任回国的史迪威。据我所知，这位睚眦必报的上司自从踏上美国的土地，就从没间断过说我的坏话。目前，算上小动作不断的史迪威，总共有3件事对我非常不利：

1. 史迪威曾经多次向马歇尔进谗言说，他在中国出现的一系列问题主要责任都在我。正是由于我个人单方面的诸多缺陷，他才没能在中国实现自己当初的战略意图。不仅如此，史迪威还多次在华盛顿的军方高层人士中散布谣言说我曾经夸下海口，保证自己单凭航空队就可以守住中国东部战线，却只字不提我们缺吃少穿的困难情况。即便是在成为地面部队司令以后，我的这位前上司也丝毫没有收敛自己的意思。他居然编造出一个以我为核心的所谓“中国帮”，甚至连接任的魏德迈也被牵扯其中。

2. 目前，缅甸境内的战事已经基本结束。在华盛顿陆军航空队司令部颇有影响的斯特拉特迈耶少将并不打算在印度、缅甸战区采取更进一步的行动，而是准备到中国东线战场来搅局。

3. 虽然日军还没有正式宣布投降，但中国境内的战争实际已经结束。曾经叱咤风云的第十四航空队陷入了没有对手可打的尴尬境地，大家现在能做的只是无所事事地等待胜利时刻的到来。

事实上，早在1945年2月，魏德迈就中国战区问题回国述职时，我就间接了解到马歇尔对我的成见颇深。他曾当着魏德迈的面指责我对史迪威不够忠心，处处拆上司的台，并应该对中国东部战线的失利负责。除此之外，马歇尔似乎对我的为人颇有看法。他对魏德迈坦言，只要自己在位一天，就决不会晋升我的军衔或给我颁发任何勋章。这年4月，魏德迈返回中国便马上告诉了我自己看到、听到的一切。从那时起，我就清醒地意识到，自己在航空队的路这次真的走到了尽头。对于马歇尔的种种言论，魏德迈似乎并不愿意完全相信，可他除了遵守命令却也别无选择。我相信，如果有办法的话，他肯定会为我据理力争的。如果马歇尔对我的指控属实的话，应当将我送上军事法庭，而如果他不这么做的话就是玩忽职守。我两度告诉魏德迈，自己愿意接受这样的考验。因为马歇尔所说的一切本身就是私底下的谈话，并非正式的文件或命令，根本没法拿出来对簿公堂。考虑再三，我最终接受了他的建议。

这件事情发生不久之后，魏德迈下辖的战区发生了明显变化。在斯特拉特迈耶少将的力促下，驻加尔各答陆军航空队司令部2400名人员中的2000多人转移到了重庆，开始组建隶属于中国战区司令部的航空队司令部。这个航空队司令部负责指挥的部队和单位包括：美军第十和第十四航空队、中国空中运输指挥部、中国空中运输联队，以及全部中国空军。这其中中国空军的加入尤其令我感到愤愤不平，因为此前蒋介石曾经两次打算将中国空军的指挥权移交给我，可是华盛顿那边却以各种理由命令我不得接受这个请求。只是在罗斯福总统的直接干预下，我才好不容易接受了中国空军参谋长的任命。

对于斯特拉特迈耶少将的新司令部来说，人多意味着力量大，但也意味着有更多张嘴等着吃饭。新增加的23500多人要求“驼峰航线”必须将每月的总运输量再提高1.1万吨，不过华盛顿那边很轻易地批准了这个请求。耐人寻味的是，就在不久以前，第十四航空队也曾经提出过相似的要求，华盛顿对我们的回答却是“将作战任务降低到80%的水平，以便节省物资”。

在我看来，这个计划的目的非常明显。新司令部成立以后，总部设在成都的第十四航空队的活动范围被限制在了中国西南的狭小地域。与此同时，通过“驼峰航线”运过来的物资有20%都被调运到了长江以北，我们只好继续勒紧裤腰带过日子。更过分的是，司令部还把我们最精锐的第二十三和第五十一战斗机中队，连同两个B-25中队全部划给了第十航空队。按照司令部的规划，得到加强的第十航空队将主要负责长江以南地区。如此一来，曾经浴血奋战的第十四航空队就被挤到了角落里，既没有物资补给，也没有仗打，还必须眼睁睁看着别人摘走自己的胜利果实。

为掩饰自己的不地道行为，这些人还给第十四航空队编派了一个“战略部队”的名号，试图将我们与担负所谓“战术任务”的第十航空队区分开来。然而事实上，美国陆军航空队部署在中国的唯一战略部队其实是第三〇八大队。他们在一个月前早已奉命撤出了中国。留在中国的第十和第十四航空队装备的全部都是P-51和B-25两种飞机，根本谈不到什么战术和战略方面的区别。就此，我专门找过斯特拉特迈耶少将，建议他不如把第十航空队从缅甸和印度调到成都附近驻防，第十四航空队继续待在原来的防区。这样一来，可以免去许多麻烦，还节省不少物资。非常遗憾，斯特拉特迈耶拒绝了我的建议，理由居然是“第十航空队更熟悉与中国地面部队配合作战”。

这个防区调整计划从表面上看来自华盛顿高层，其实却是由斯特拉特迈耶的加尔各答司令部一手策划的。实际负责计划制订的查尔斯·斯通准将此前连中国都没来过。

军令如山，虽然心里并不情愿，第十四航空队还是从这年5月初开始按照计划向成都方向转移，就在我们的第一批家当已经通过水路和旱路运抵成都的同时，魏德迈那边却突然传来消息，要求我们暂时停止行动。之所以做出这样的决定，是因为空运部门向魏德迈报告说，他们无法按要求完成防区调整后的后勤补给任务。为了解决问题，魏德迈只好把各部队的后勤部门负责人召集到重庆开会，然而斯特拉特迈耶少将派去参加会议的却是他的参谋长查尔斯·斯通准将。尽管奉命参加会议的查尔斯·斯通有意避开了我的防区，甚至都没让乘坐的飞机在昆明降落、加油，不过我还是通过其他渠道得到了有关这次会议的消息。作为回应，我也派出了自己的参谋长阿尔伯特·阿尔弗雷德·赫根伯格准将（他是格列将军的继任者）和援华航空队的元老约瑟夫·艾尔索普上尉一起去重庆对付查尔斯·斯通。

不出所料，这次所谓的“例行会议”很快就演变成了一场口水战。我派出的两员大将从多个层面论证了斯特拉特迈耶少将计划的荒谬性，并向与会者们明确说明，在目前的后勤补给条件下，这个计划根本就不可能得到执行。在他们看来，整个计划最大的致命之处就在于低估了从中国西南为东线战场的中国地面部队提供物资补给的难度。司令部的老爷们想当然地认为，将物资从昆明运到中国东部前线需要耗费的各种成本只相当于全部物资量的20%。然而实际上，这个数字却达到了50%。为进一步增加说服力，我自己也在会议的最后一天赶到重庆，并向与会者进一步强调，斯特拉特迈耶少将的计划将使驻华美军航空队的战斗力下降50%以上。

听了我的话，魏德迈非常震惊。他要求手下的参谋人员对这些问题做出解释，但所有人都哑口无言地坐在那里。最后，还是格拉夫利将军吞吞吐吐地说，有些问题确实被他们忽略了。会议结束之后，魏德迈立刻命令冻结正在执行的防区调整计划，并给马歇尔写信说，鉴于目前的物资补给情况，这个计划根本不可能实现。

经历过这次教训，魏德迈决定将第十四航空队的司令部调到重庆，主要的目的是随时可以从我们那里得到比较专业化的建议。做出这个决定后，他开始亲自为我们挑选新司令部的驻地，并要求我手下的霍华德·明斯上校和约瑟夫·艾尔索普上尉重新就中国战区的实际情况制订一份计划。

5月29日，我从魏德迈那里得到消息说："为你的新司令部挑选驻地的工作目前仍在进行中。由于房屋不足，你手下的部分人员可能要等到6月20日才能来重庆。我们在6月1日时只能先为阿尔弗雷德·赫根伯格或你本人，以及12名司令部人员准备好相应的工作和住宿条件。"

不管怎么说，这次会议仍然是第十四航空队的一次完胜。它让斯特拉特迈耶少将的处境变得非常尴尬。斯特拉迈耶新获得的指挥职务让参议院草草通过了将他晋升为中将的决定，而他现在得到了第三颗星，却没有指挥岗位匹配。不仅如此，参议院还要求阿诺德和马歇尔就远东地区出现的一系列问题接受质询。为了搞清情况，阿诺德将军专程赶到马尼拉，同时还邀请魏德迈带人过去开会。魏德迈礼貌地拒绝了阿诺德的邀请，却建议斯特拉特迈耶少将带上我一起面见阿诺德。斯特拉特迈耶当然不会接受这个建议，他最终一个人去了马尼拉。这期间，他还和自己在华盛顿的各种关系进行了频繁的联络。不久之后，斯特拉特迈耶从马尼拉平安返回，还带来了阿诺德给魏德迈的亲笔信。

6月20日，第十四航空队在重庆的新司令部准备就绪。与此同时，魏德迈召集驻华美军所有将级以上军官到成都开会。这次会议非常简短，不过保密级别很高，不允许拍照，也不允许其他人员列席旁听。与会的将军们必须把自己的所有随从留在会场之外。

会上，魏德迈宣读了阿诺德的信。这封信表达了阿诺德和马歇尔两个人的意思，要求我们不惜任何代价，必须尽快完成原定的防区调整计划。除此之外，听信了史迪威谗言的马歇尔还明确要求我必须结束自己的职务。听到这些话，我的脑海中一片空白，几乎不敢相信自己的耳朵。魏德迈对此也很无奈，却只能屈从于这两个人的意愿。毕竟，他只是一名战区指挥官，还达不到和马歇尔、阿诺德平起平坐的地步。

就这样，心里好像打翻了五味瓶的我默默地登上了返回昆明的飞机。一路上，我回顾了曾经的艰苦岁月，展望了即将到手的胜利，还有那些英勇捐躯的普通官兵。如今，这些人的累累白骨居然成了斯特拉特迈耶之流的垫脚石。这令我感到非常失落。

魏德迈总算给我留下了一个比较圆满的结局。1945年7月6日，也就是我担任驻华美军航空队最高指挥官3周年纪念日两天之后，命令正式发布，斯特拉特迈耶将得到提升并担任重庆驻华美军航空队的司令官，同时指挥第十和第十四航空队。命令发布后不久，第十四航空队的司令部就从昆明迁到了距重庆只有40英里的白市驿，以便斯特拉特迈耶更好地掌控这支“非嫡系”部队。7月8日，来华参战已满8年的我正式向魏德迈申请退役。在接下来的日子里，我又按照要求留任了一段时间，以便斯特拉特迈耶可以尽快熟悉工作。

实话实说，退役对我来说根本算不上什么了不得的事情。如果不是这场战争，8年前我其实就已经告别了自己的军旅生涯。即便没有之前发生的这一切，我在打败日本人后照样会主动脱下军装。阿诺德和马歇尔只不过把这个时间提前了一点。

在留任白市驿的日子里，受我掌控的部队规模已经缩减到了一个联队的水平。所有人都明白，这样的调整在军事上弊大于利。魏德迈自己对此也心知肚明，但他无力改变马歇尔和阿诺德的决定。明知整个调整计划无法兑现的他只好暗地里打起了“折扣”。原定全部来华的第十航空队最后只是把司令部的部分人员迁了过来，然后又从第十四航空队那边划过去一些部队归他们指挥。至于第十航空队自己的人员和装备，则全部被补充给了驻菲律宾的美军航空队。因为他们即使飞到中国，也得不到足够的物资补给维持作战和训练，只能趴在机场上生锈。也就是说，驻华美军航空队除了平白无故地多了几层上级单位外，作战部队的数量根本就没有增加。最幸运的是那些奉命待在印度的留守人员，他们无所事事地度过了战争的最后时光。

我本人在中国的作战指挥工作事实上从5月初日军开始收缩兵力以后就基本结束了。7月的时候，随着柳州被收复，第十四航空队的日常作战就变成了轰炸、扫射那些溃退中的日军。我本人当然想继续留在中国，等到胜利的那天，品尝属于自己的胜利果实。这对于我来说，是理所应当的。然而马歇尔和阿诺德却不希望给我这个机会，所以我只能离开。

我为自己退役选择的理由是“健康原因”，这在中国官场倒也算是个屡试不爽的老套路。当时的我虽然心中充满怒火，却不打算和任何人算账。起码在我们的军队彻底打败敌人之前，我不打算这么干。

辞呈提出以后，斯特拉特迈耶要求我继续留任到7月31日。与此同时，查尔斯·斯通被提升为少将。很显然，他将接替我成为第十四航空队的司令官。唯一值得欣慰的是，我的老朋友阿尔弗雷德·赫根伯格也被提升成了少将。他将接替因心脏病返回华盛顿修养的戴维森将军，担任第十航空队的司令官。

不久之后，成都会议以及会后发生的一切使传回了美国本土，舆论哗然。大家纷纷要求政府必须说明在这个胜利时刻将我解职的理由，美国陆军部方面对此的答复则是一大套老生常谈的官腔。

时任陆军部副部长的帕特森对外宣称，近期中国战区美军所有的人事和建制调整全部属于该战区的内部事务，华盛顿方面只是在形式上签字批准而已，其间没有任何个人因素在起作用。帕特森还特别提到了斯特拉特迈耶，认为这位将军“非常善于处理中国事务”。很显然，副部长要么是被蒙在鼓里，要么就是睁着眼睛说瞎话。

就在斯特拉特迈耶新官上任三把火的同时，我则开始了自己的告别中国之旅。我要告别的第一个人是薛岳将军。为了和这位老朋友说再见，我乘着飞机穿越日本人的战线，来到阳河机场。薛岳将军比我还要心急，他提前两天就赶到了那里。当时的薛将军仍然在策划对日本人发动一次进攻，然后趁势强渡赣江。因此，他非常希望得到各种物资给养的支援。我却只能很遗憾地告诉薛岳，这些东西早已被分配给了中国西线战场的部队，他什么也得不到。在接下来的时间里，我们一起回忆了往事，惜别之情难以用语言形容。临别之时，我将自己战前在航空队服役时佩戴的一条武装带送给他留作纪念。这位钢铁般的军人将武装带系在腰间，泪水从他的脸颊滑落了下来。

告别薛岳之后，我又在重庆待了一天。对我来说，这是永生难忘的一天。到达重庆的当天夜里，蒋介石曾邀请我去他的官邸过夜，不过我还是礼貌地拒绝了，住进了第十四航空队司令部的招待所，为的是可以和我的部队、战友们更近一些。第二天上午，蒋介石派自己的汽车接我去他的官邸。一路上，我乘坐的汽车几乎寸步难行，因为街两边站满了四面八方赶来的人群。他们高举着“飞虎队”的标志，向着我们的车队欢呼。由于人群越聚越密，为了避免发生意外，司机只好彻底熄了火，不过我们的车并没有停下来，因为周围正有成百上千只手推着它前进。我的视力所及全部都是真诚的面孔。鞭炮的声响从远处传来，空气中弥漫着浓郁的火药味道。

人群将我们的车推到了一处事先搭建了天棚的广场，更多的人等待在那里，他们一边欢呼，一边挥舞着手里的旗帜。广场正中搭建着高台，高台中间摆放着一个放大的“飞虎队”队徽，队徽周围环绕着鲜花以及各地人士赠送给我的礼品。

在当天夜里的正式晚宴上，蒋介石授予我代表最高荣誉的“青天白日勋章”，魏德迈则为我的“杰出服役十字勋章”加上了第二个橡叶标志。晚餐结束前，蒋介石把我叫到身边单独谈话。

那天的蒋介石显得非常难过。我们漫无目的地闲聊了一会儿，最后蒋介石非常坦诚地对我说：“我对所有这一切感到非常遗憾，却没有任何办法。如果夫人在这里（宋美龄当时正在访问巴西），她也许能为你做些什么。我希望你理解我的难处。”

我对蒋介石表示，我对他本人以及所有中国人没有任何不满。如果有一天他们再次需要我，我会毫不犹豫地回到这里。蒋介石之所以对我说这些话，是因为那时有很多人质疑他为什么不动用自己的权力阻止整个事情发生。毕竟，他此前有过“打败”史迪威的成功经历。问题其实恰恰就在这里。由于史迪威的事情，蒋介石已经和美国政府搞得很僵。可以这样说，他是冒着非常大的风险才赶走了史迪威，换来了能和他真诚合作的魏德迈。如果这时候再因为我的事情和美国方面闹起来，不但可能于事无补，此前获得的战果也面临付诸东流的危险，最终受损失的只能是中国的抗战大局。这也是我不希望看到的事情。

离开重庆之后，我先后访问了白市驿、西安、龙陵等几个重要基地，最后回到了昆明。每到一处，我都会和自己的美国下级互道珍重，还会向所有中方人员表示感谢。当时还不知道美军在日本扔了原子弹、苏联已经出兵满洲的我，向他们预言说胜利就在眼前，日本人到不了圣诞节就会投降，希望“飞虎队”所有中方人员战后能够继续发挥聪明才智，将中国建设成为一个富强、民主的现代国家。除了军职人员外，许多基地周围的中国平民也都来到机场与我告别。据我的老朋友黄仁霖说，我可能是继马可·波罗之后，在中国知名度最高的外国人。

回到昆明后，我开始着手收拾私人物品，并在8月8日将它们装上了C-47运输机，这其中包括不少中国各界人士送给我的纪念品。战后，我把这些纪念品全部捐赠给了路易斯安那大学。

说再见的日子终于到了，成百上千的昆明人聚集在跑道两侧为我送行。我的专机飞行员，也是援华航空队的元老克莱顿中校驾驶着C-47驶离了跑道。坐在飞机里的我俯视着脚下的稻田和湖泊，遥望着远方的缅甸，对以往8年时光的回忆占据了我的全部心灵。

在过去8年的艰苦作战中，我们以损失500架飞机的代价，确定击落日机2600架，疑似击落日机1500多架，击沉了44艘日本军舰、223万吨日本商船，炸毁桥梁573座，歼敌66700人。在我看来，对第十四航空队的历史功绩做出最客观、公正评价的非高桥莫属。这个前日军华中派遣军司令官在战后心有余悸地说：“在整个中日战争期间，最让我感到头痛的就是第十四航空队。这支部队牵制了我们60%~75%的兵力。要不是他们，我们在中国绝对可以为所欲为。”就冲着这样的评价，我相信，所有参加过“飞虎队”的人都有理由为自己的经历感到骄傲。

我是在尼罗河三角洲上空通过电台获知日本无条件投降的消息的。当时，我正从特拉维夫飞往雅典。得知这个好消息的我随后又赶到罗马晋见教皇，并前往柏林拜访了老朋友克莱将军。这之后，我又飞到伦敦，寻访皇家空军中的旧相识。已经升任皇家空军上将的查尔斯·波特尔爵士留我在英国住了几周，并就第十四航空队的作战经历为皇家空军的军官举办了几次演讲。在演讲过程中，我特别强调了战争中出现的一系列问题。

“如果战争再次爆发，我担心我们也得干你做过的事情。”查尔斯·波特尔爵士苦笑着补充道。

寻访完故友的我无意在英国停留，直接命令C-47横越大西洋，返回美国。起飞后的第二天上午9点，我平安返回了祖国。实话实说，此时的我心中充满了怒火和怨气。过去整整8年时间里，我唯一的人生目标就是要打败日本人。可是现在，我却被剥夺了享受自己胜利果实的权利。在这个举国欢庆的日子里，我真希望自己也能站在“密苏里”号战列舰上，亲眼见证日本人签字投降。

返回美国一个月之后，恰好是中国的“双十节”。那天，美国的华人、华侨举行了大规模游行。看着这些熟悉的面孔，我不禁又想起了自己的中国岁月。战争毕竟已经过去，这个国家终于可以从战争的废墟中恢复过来了。

本书重要人名、地名互译表

Akyab	阿恰布（缅甸）
Amoy	厦门
Andaman	安达曼（缅甸）
Ankang	安康
Arnold	阿诺德
Assam	阿萨姆（印度）
Bakli	巴基利港（缅甸）
Bangkok	曼谷（泰国）
Bombay	孟买（印度）
Burma	缅甸
C.C.Wong	黄镇球
C.J.Chow	周至柔
Cam Ranh Bay	金兰湾（越南）
Campha	锦普港（越南）
Canton	广州
Ceylon	锡兰（斯里兰卡古称）
Chang Fa Kwei	张发奎
Chang Hsueh Liang	张学良
Changsha	长沙
Changteh	常德
Chanyi	沾益
Chekiang	浙江
Chen Cheng	陈诚
Chengchow	郑州
Chengtu	成都
Chiang Kai Shi	蒋介石
Chiengmai	清迈（泰国）
Chihkiang	芷江
Chin Hill	钦山（缅甸）
Chindwin River	钦敦江（缅甸）
Chuhsien	衢州
Chungking	重庆
Clayton Bissell	克莱顿・比塞尔
Delhi	德里
Dinjan	汀江（印度）
Don Muang	廊曼（缅甸）
East River	东江
Feng Yu Hisiang	冯玉祥
Fong Hsien Chien	方先觉
Foochow	福州
Formosa	台湾
H.H.Kung	孔祥熙
Hainan	海南
Han Fe Chu	韩复榘
HanChung	汉中
Hangchow	杭州
Hankow	汉口
Hanoi	河内（越南）

Heho	海霍（缅甸）	kienow	建瓯
Hengyang	衡阳	Kiukiang	九江
Ho Yin Chin	何应钦	Kobe	神户（日本）
Hochih	河池	Ku Chu Tung	顾祝同
Honan	河南	kunming	昆明
Hongay	鸿基（越南）	kutkai	库特卡（缅甸）
HongKong	香港	kutsing	曲靖
Honshu	本州（日本）	kwangnan	广南
Hsincheng	石城	Kwangsi	广西
Hsueh Yo	薛岳	Kwantung	广东
Huangshan	黄山	kweichow	贵州
Hukwang Valley	胡康河谷（ 缅甸）	Kweilin	桂林
Hunan	湖南	Kweiyang	贵阳
Hupeh	湖北	kyedaw	景东（缅甸）
Ichan	宜昌	kyushu	九州（日本）
Imphal	英帕尔（印度）	LaHoKow	老河口
Irrawaddy	伊洛瓦底（缅甸）	Lampang	南邦（泰国）
Jimmy Doolittle	吉米·杜立特	Lanchow	兰州
K.C.WU	吴铁城	Lashio	腊戍（缅甸）
kaifeng	开封	Ledo	莱多（缅甸）
Kalgan	张家口	Lin Sen	林森
Kan River	赣江	Lingling	零陵
kanchow	赣州	Linsi	临溪
Kansu	甘肃	Lishui	丽水
kao Li kung	高黎贡（缅甸）	Liu Xiang	刘湘
karachi	卡拉奇（印度）	Liuchow	柳州
kiangsi	江西	Loi-wing	垒允
kiangsu	江苏	Luliang	龙陵

Lung Yun 龙云
Luzon 吕宋
Maenam 湄南（缅甸）
Magwe 马圭
Mandalay 曼德勒（缅甸）
Marshall 马歇尔
Mow Pang Tsu 毛邦初
Mekong 湄公河
Mingaladon 敏加拉洞（缅甸）
Mongshih 孟欣（缅甸）
Moulmein 毛淡棉（缅甸）
Mukden 沈阳
Myitkyina 密支那（缅甸）
Naga Hill 娜迦山（缅甸）
Nagasaki 长崎（日本）
Nagoya名 古屋（日本）
Namsang 南桑（缅甸）
Nanchang 南昌
Nanking 南京
Nanning 南宁
Nilo River 汨罗江
Okinawa 冲绳
Osaka 大阪（日本）
Pai Chung Psi 白崇禧
Paoching 宝庆
Paoshan 保山
Peiping 北平
Peishiyi 白市驿
Pescadores 澎湖列岛
PingHan Railroad 平汉铁路
Po Yang Lake 鄱阳湖
Point Island 尖沙咀
Poseh 百色
Pratas 东沙群岛
Prome 卑谬（缅甸）
Pyinmana 彬马那（缅甸）
Ramgarh 蓝姆迦（印度）
Rangarh 罗安加尔（印度）
Rangoon 仰光（缅甸）
Saigon 西贡
Salween 怒江
Samah 莎玛港（缅甸）
Sanchau 三山岛
Shanghai 上海
Soong Ching Ling 石敬亭
Shihweiyao 石灰窑
Shimonoseki 门司和下关（日本）
ShinchiKu 新竹
Shwebo 瑞保（缅甸）
Siam 泰国（旧称暹罗）
Siang River 湘江
Sian 西安
Sienning 咸宁
Sittang 锡唐河（缅甸）
Stiwell 史迪威
Stratemeyer 斯特拉特迈耶

Suichwan	遂川
Sun Yat Sen	孙逸仙（孙中山）
T.V.Soong	宋子文
Tai Li	戴笠
Taierchwang	台儿庄
Taihoku	台北
Taiyan	太原
Taku	大沽口
Tali	大理湖
Tang En Po	汤恩伯
Tianan	天安
Tien Ho	天河
Tientsin	天津
Tonkin	和平湾（越南）
Toungoo	东吁（缅甸）
Tsai Tin Kai	蔡廷锴
Tsinpu Railroad	津浦铁路
Tungkwan	潼关
Tungting Lake	洞庭湖
Tushan	独山
Wanting	旺汀（缅甸）
Wedmeyer	魏德迈
Wei li Huang	卫立煌
Whampoa	黄埔港
Woosung	吴淞
Wuhsih	无锡
Wuhu	芜湖
Wong shu ming	王叔铭
Yangtze River	长江
Yellow River	黄河
Yen His Shan	阎锡山
Yochow	岳州
YoLoShan	岳麓山
Yu Han Mow	余汉谋
Yangkesu	阳河
Yu Ta Wei	俞大维
Yunnanyi	云南驿
Yunnan	云南
Yushan	玉山

图书在版编目（CIP）数据

战士之路 / （美）陈纳德 著；曹磊 译.—长春：时代文艺出版社，2014.6
ISBN 978-7-5387-4593-1

Ⅰ. ①战… Ⅱ. ①陈… ②曹… Ⅲ. ①陈纳德，C.L.（1890～1958）－自传 Ⅳ. ①K837.125.2

中国版本图书馆CIP数据核字（2014）第137031号

出 品 人　陈　琛
产品总监　郭力家
责任编辑　方　伟
装帧设计　孙　利
排版制作　李玉龙

战士之路

[美] 克莱尔 · 李 · 陈纳德 著　曹磊 译

出版发行 / 时代文艺出版社
地址 / 长春市泰来街1825号　时代文艺出版社　邮编 / 130011
总编办 / 0431-86012927　发行部 / 0431-86012957　北京开发部 / 010-63108163
网址 / www.shidaicn.com
印刷 / 三河市万龙印装有限公司
开本 / 710mm × 1000mm　1 / 16　字数 / 335千字　印张 / 22
版次 / 2014年10月第1版　印次 / 2014年10月第1次印刷　定价 / 45.00元

图书如有印装错误　请寄回印厂调换